# Introducción a la
# Sociolingüística Hispánica

# Introducción a la Sociolingüística Hispánica

Manuel Díaz-Campos

Con ejercicios y actividades
de Gregory Newall

**WILEY** Blackwell

This edition first published 2014
© 2014 John Wiley & Sons, Inc.

*Registered Office*
John Wiley & Sons Ltd, The Atrium, Southern Gate, Chichester, West Sussex, PO19 8SQ, UK

*Editorial Offices*
350 Main Street, Malden, MA 02148-5020, USA
9600 Garsington Road, Oxford, OX4 2DQ, UK
The Atrium, Southern Gate, Chichester, West Sussex, PO19 8SQ, UK

For details of our global editorial offices, for customer services, and for information about how to apply for permission to reuse the copyright material in this book please see our website at www.wiley.com/wiley-blackwell.

*Library of Congress Cataloging-in-Publication Data*

Díaz-Campos, Manuel.
  Introducción a la Sociolingüística Hispánica / Manuel Díaz-Campos. – First Edition.
    pages cm
  Includes bibliographical references and index.
  ISBN 978-0-470-65798-0 (hardback) – ISBN 978-0-470-65802-4 (paperback)  1. Spanish language–Social aspects.  I. Title.
  PC4074.75.D53 2014
  460.01'9–dc23
                                    2013018956

A catalogue record for this book is available from the British Library.

Cover image: Gregorio Coche Mendoza, Mercado Atitlán (Market of Santiago Atitlán), 1999
Cover design by Simon Levy Associates

Set in 10/12.5 pt Palatino by Toppan Best-set Premedia Limited

1  2014

# Dedicatoria

*A mi esposa Maribel Moreán por su amor incondicional y a nuestros queridos hijos, Anna Cecilia y Victor Manuel, que están por nacer*

# Índice

# Agradecimientos

La publicación de este libro ha sido posible gracias a la inmensa colaboración de Daniel Avon y Mark Hoff quienes tomaron el curso de Introducción a la Sociolingüística Hispánica cuando la idea del libro era sólo un proyecto. Las horas invertidas en este proyecto, las sugerencias y la discusión enriquecedora que han aportado Daniel y Mark son invalorables y reflejan la voz de los estudiantes en este libro. En el proceso de aprendizaje que nunca termina, mis estudiantes me enriquecen con su originalidad y puntos de vista. También quiero agradecer profundamente la generosidad de Gregory Newall. Su pasión por la sociolingüística y por la enseñanza ha contribuido en la producción de ejercicios y actividades que esperamos sean bien recibidos tanto por nuestros colegas como sus estudiantes. Mi más caluroso agradecimiento a Danielle Descoteaux por su entusiasmo, apoyo y por hacer posible este proyecto.

En la producción del libro también han colaborado como lectores Mark Hoff, Elizabeth Juárez Cummings, Stephen Fafulas y Susana Chávez, a quienes agradezco las observaciones y sugerencias que me han hecho para mejorar el manuscrito. Quiero agradecer sinceramente a todos mis estudiantes de pregrado y posgrado que han tomado Introducción a la Sociolingüística Hispánica por inspirarme a dar lo mejor de mí como profesor e investigador. Mil gracias a los colegas de mi departamento en Indiana University quienes, a través de la colaboración y el trabajo diario, me ayudan a mejorarme profesionalmente. A mis profesores, Alexandra Álvarez, Mary Beckman, Paola Bentivoglio, Irma Chumaceiro, Carmen Luisa Domínguez, Javier Gutiérrez Rexach, Elizabeth Hume, Donna Long, Fernando Martínez Gil, Norma Mendoza-Denton, Terrell Morgan, Enrique Obediente, Victor Rago, Scott Schwenter, Mercedes Sedano, Donald Winford y a todos los que no he mencionado pero que no he olvidado porque sus enseñanzas permanecen conmigo. Finalmente, quiero agradecer a todos mis colegas sociolingüistas que estudian el español, ya que con su obra han contribuido de manera directa en el contenido de este libro.

# Capítulo 1

# Aspectos fundamentales para entender la sociolingüística

Este capítulo ofrece un panorama de los elementos fundamentales para entender de qué se encarga un sociolingüista cuando realiza su trabajo. Por tal motivo, el capítulo se organiza en las siguientes secciones:

- Algunas ideas para reflexionar
- ¿Qué hace un sociolingüista?
- ¿Cuándo surgen los estudios sociolingüísticos?
- Metodologías desarrolladas y análisis de los datos
- La variación y el cambio lingüísticos

## 1.1 Algunas ideas para reflexionar

Estamos tan acostumbrados al uso del lenguaje en situaciones cotidianas de manera natural que no nos damos cuenta del valor social que percibimos en el habla de los demás. Tampoco nos damos cuenta del hecho de que quienes nos escuchan identifican en nuestra habla rasgos de identidad social e individual según nuestras selecciones lingüísticas. Imaginemos por un momento que hablamos con un desconocido por teléfono. Es casi seguro que por el tono de la voz y la forma como pronuncia el hablante podemos identificar una serie de rasgos como la edad, el sexo, el nivel socioeconómico, el nivel educativo, quizá el área geográfica de la que procede el hablante y el estado de ánimo, entre otros aspectos. Es como si nos hiciéramos una imagen de la persona en nuestra mente sin haberla visto. Por ejemplo, si un hablante de español emplea la palabra *zumo* revela que procede de España y no de Latinoamérica donde regularmente se emplea la

*Introducción a la Sociolingüística Hispánica*, First Edition. Manuel Díaz-Campos.
© 2014 John Wiley & Sons, Inc. Published 2014 by John Wiley & Sons, Inc.

palabra *jugo*. El uso del sonido fricativo, interdental, sordo [θ] para producir la "z" y "c" ortográficas como en el caso de la misma palabra *zumo*, también ratifica origen peninsular. Investigaciones previas han concluido que las mujeres tienden a usar formas diminutivas más que los hombres (Silva Corvalán 1989: 69). De manera que el uso del diminutivo se podría asociar con las diferencias de género y el papel de los géneros a nivel social. Transmitimos en la producción de nuestro mensaje la feminidad o masculinidad que revelan nuestras escogencias lingüísticas según parámetros que establecen los grupos sociales en que vivimos.

La selección de las palabras y estructuras oracionales también contribuyen en este proceso de identificación. En un sentido más amplio la interacción con personas de otras culturas revela contenidos sociales que resultan interesantes de observar. Concretamente, pensemos en una conversación informal para intercambiar saludos entre personas que viven en el medio oeste de los Estados Unidos. Luego, después de intercambiar saludos, uno de los temas que suele predominar es la condición del tiempo. En la cultura hispana, este mismo tipo de interacción puede incluir preguntas de tipo personal acerca de la pareja, la familia y los hijos sin que se sospeche que nuestro interlocutor trata de entrometerse en nuestra vida privada. Se observa entonces que en el medio oeste los interlocutores evitan la invasión del espacio personal. Quizá con la intención de indicar el respeto a la privacidad e individualidad, mientras que en la cultura hispana se espera como algo natural preguntas de tipo más personal. Se podrían hacer otro tipo de especulaciones, pero como aprenderemos más adelante cualquier análisis debe basarse en la evidencia lingüística que observe el investigador. La intuición es importante como una manera de adelantarse a las posibles maneras de analizar los datos, pero siempre sobre la base de evidencia concreta.

Estos ejemplos de carácter anecdótico nos conducen a pensar que no sólo transmitimos un mensaje meramente informativo a través del lenguaje, sino que también la selección y producción del mensaje tiene un valor simbólico de carácter social. En otras palabras, la observación detenida de la forma en como un hablante pronuncia, selecciona las palabras y estructura las oraciones nos indica acerca de su personalidad y de sus asociaciones en la comunidad en la que vive e inclusive nos permite hacer observaciones sobre el grupo social. El sociolingüista analiza la relación que se establece entre el uso de una determinada manera de pronunciar, usar las palabras y estructuras lingüísticas y la interpretación social que hacen los individuos que pertenecen a la comunidad de habla de esos rasgos.

*Preguntas de comprensión*

1. ¿Qué situaciones concretas o ejemplos podrías mencionar donde se observen diferencias según la edad, el sexo y el origen geográfico en el uso lingüístico?
2. ¿Te has puesto a pensar sobre el significado social que tiene la escogencia de "un lenguaje políticamente correcto" o "un lenguaje políticamente incorrecto"? Piensa en algunos ejemplos y en la interpretación sociolingüística que se puede hacer de tales ejemplos.

## Para investigar y pensar:

Piensa en tu forma de hablar en inglés. ¿Hay ciertas características de la pronunciación o del vocabulario que son distintas? ¿Te marcan como hombre/mujer, joven, de cierta clase socioeconómica o de cierto grupo?

Conversa con un(a) amigo(a) para saber lo que piensa él/ella.

## 1.2   ¿Qué hace un sociolingüista?

En la sección anterior hemos puesto algunos ejemplos de cómo se puede identificar a los individuos según los usos lingüísticos que seleccionan y como éstos indican asociaciones con diversos grupos sociales. El sociolingüista analiza el uso del habla en situaciones cotidianas por parte de los miembros de una sociedad con el propósito de determinar la evaluación social que tienen las variantes lingüísticas empleadas por los hablantes. Una **variable sociolingüística** consiste del fenómeno de habla que manifiesta diferentes formas de pronunciación o estructura gramatical condicionadas por factores lingüísticos y extralingüísticos. El uso de la palabra **variantes** implica que el hablante selecciona entre dos o más opciones y que tal selección, ya sea de una manera de pronunciar, una estructura gramatical, o una palabra, tiene un valor social para los miembros del grupo. El término **variable dependiente** se emplea generalmente para referirnos a los fenómenos lingüísticos que son objeto de investigación. El sociolingüista explica los usos lingüísticos en el contexto de la vida diaria. Se espera recoger muestras de habla vernácula que permitan observar el habla en los estilos más informales donde suele ocurrir la variación que se asocia con factores tales como el nivel socioeconómico, el género, la edad, la etnicidad, la procedencia geográfica, etc. Concretamente, el sociolingüista identifica regularidades entre el uso de variantes lingüísticas según su pertenencia a un grupo social. Por ejemplo, en el español de Caracas, la capital de Venezuela, los hablantes suelen producir de manera variable la /ɾ/ en posición final de sílaba como en el caso de *comer*, *cantar*, etc. Los investigadores han observado que *comer* se puede producir como [koméɾ] o con la eliminación del sonido [komé] (**elisión**). En la figura 1.1 se presenta un ejemplo de cómo el factor nivel socioeconómico se relaciona con la retención o elisión de la /ɾ/ a final de sílaba.

Los datos muestran que los grupos socioeconómicos más altos eliden mucho menos que los hablantes del nivel socioeconómico bajo. Este patrón sociolingüístico se puede interpretar como un marcador de grupo social. Los **marcadores lingüísticos** se asocian con cambios inconscientes (por debajo del nivel de la consciencia) que adquieren valor social. En términos de las variables sociolingüísticas suele mostrar estratificación social y estilística, así como actitudes negativas por parte de los hablantes (Labov 2001: 196). El investigador puede seguir estudiando e incluyendo factores como el estilo u observar las actitudes de los hablantes acerca del fenómeno para determinar el valor social de las variantes en

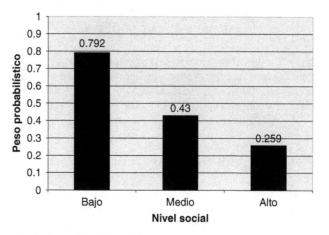

**Figura 1.1**    Elisión de la /ɾ/ final de sílaba según el nivel socioeconómico (Díaz-Campos 2005).

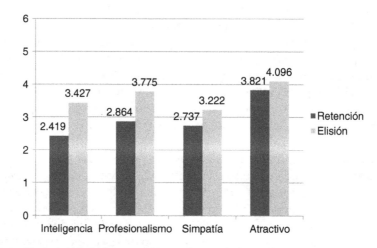

**Figura 1.2**    Evaluación de la retención y elisión de la /ɾ/ final de sílaba en el habla de Caracas (Díaz-Campos y Killam 2012: 95).

la comunidad de habla. En la figura 1.2 se muestran los resultados obtenidos en un experimento en el que se emplea la técnica imitativa (apareamiento disfrazado) para evaluar las actitudes de los hablantes en relación con la elisión de la /ɾ/ final de sílaba en Caracas.

En la figura 1.2 se observan los resultados del experimento de actitudes en el que se les pidió a los participantes en una escala del 1 al 6 evaluar la inteligencia, el profesionalismo, la simpatía y el atractivo de los hablantes según su pronunciación de la /ɾ/ final de sílaba. De acuerdo con la escala el valor 1 indica que el evaluador considera al hablante muy inteligente, profesional, etc. y el 6 indica lo contrario. Los resultados revelan que los participantes valoran de manera más positiva la retención de la /ɾ/ en comparación con la elisión. Esto nos conduce a concluir que la pronunciación de la /ɾ/ final de sílaba es evaluada como la forma de prestigio en la comunidad.

Los estudios que se caracterizan como parte de la sociolingüística tienden a dar mayor importancia a la perspectiva del análisis lingüístico, más que el énfasis en el uso de un enfoque social. Sin embargo, en un sentido amplio, la sociolingüística observa diversos aspectos del lenguaje en la sociedad y se pueden considerar como parte de sus intereses asuntos tales como las actitudes y la planificación lingüística entre otros temas que prestan más atención a aspectos sociológicos. En los primeros capítulos de este libro se hace mayor énfasis en el enfoque lingüístico, pero en el resto de los capítulos se incorporan aspectos que amplían esta perspectiva.

El estudio de la variación y de los aspectos sociales relacionados con el habla no siempre han sido considerados centrales para el avance de la teoría lingüística. La lingüística teórica contemporánea ha puesto mayor interés al estudio del lenguaje desde un punto de vista abstracto que concibe la lengua como un ente homogéneo para los miembros de la comunidad y el individuo. Según argumenta Noam Chomsky, en su propuesta original acerca de los objetivos de la lingüística, los lingüistas estudian la competencia lingüística en un hablante-oyente ideal sin tomar en cuenta la heterogeneidad propia de la comunidad de habla (para saber más detalles sobre la perspectiva inicial de Chomsky, véase Chomsky 1957). La sociolingüística presenta evidencias de que la variación ocurre en el individuo y en la comunidad y que esta variación es parte fundamental de cualquier sistema lingüístico. De igual forma, se propone que la variación es sistemática y se puede describir en función de una serie de factores lingüísticos y extra-lingüísticos (i.e. sociales).

*Preguntas de comprensión*
1. Explica en tus propias palabras de qué se encarga un sociolingüista.
2. ¿Qué es una variante? ¿Por qué se consideraría una variante como marcador de grupo social?

## 1.3   ¿Cuándo surgen los estudios sociolingüísticos?

En los Estados Unidos, la sociolingüística surge en la década de los años sesenta con las investigaciones pioneras de William Labov en la isla de Martha's Vineyard y en la ciudad de Nueva York (véase Labov 1972a). La **sociolingüística** es una disciplina que se encarga del estudio de todos los aspectos relacionados con la lengua en su contexto social. Entre los tópicos implícitos en esta definición se encuentran la identidad, las actitudes, las situaciones de bilingüismo o multi-lingüismo y otros asuntos de naturaleza sociológica como, por ejemplo, la planificación lingüística. De los trabajos de Labov se ha originado lo que hoy lleva el nombre de sociolingüística cuantitativa o estudios de variación. La **sociolingüística cuantitativa** es una rama que hace énfasis en la cuantificación de los factores lingüísticos y sociolingüísticos que condicionan los fenómenos de variación y cambio. Por lo tanto, es una aproximación teórico-metodológica que se basa en el estudio de datos orales en muestras de habla de muchos participantes para establecer generalizaciones representativas. En el trabajo sobre Martha's Vineyard, Labov (1972a) descubre que la centralización en la producción de los diptongos [ay] y [aw] se asocia con aquellos hablantes que se identifican con la vida y las tradiciones de la isla. También descubre que el cambio probablemente se origina en el grupo de los pescadores quienes representan las raíces más autóctonas en Martha's Vineyard y de dicho grupo se expande a otros miembros de la comunidad. Labov (1972b) investiga el habla de los trabajadores de las tiendas por departamento en Nueva York. El aspecto particular que estudia es la producción de la [ɹ] ante consonante y a final de palabra (i.e. *fourth floor*). En esta ingeniosa investigación Labov emplea la entrevista anónima y breve para obtener los casos estudiados. Los resultados indican que el habla de los trabajadores se estratifica según la categoría social de los clientes que compran en cada una de ellas. De manera que se observa un mayor grado de retención en la tienda donde acuden los clientes con mayores ingresos económicos. La retención aumenta también en los casos en que se repite la pregunta por segunda vez, lo cual revela que en un estilo más formal o cuidado se emplea la [ɹ]. Ambas investigaciones resultan pioneras en cuanto a la identificación de los factores sociales que contribuyen en la explicación de la variación sociolingüística, las actitudes de la comunidad hacia la variación y los procesos de cambio lingüístico.

La lingüística antes de los años 60 se dedicaba al estudio de la lengua sin tomar en cuenta el contexto social ni la variación característica del individuo y del grupo, ya sea según el origen social o regional. Esa visión de la lengua como una entidad abstracta requirió un cambio que tomara en cuenta al individuo en un contexto temporal y espacial en una comunidad específica. También se destaca el hecho de que hubo que introducir cambios en cuanto a la metodología de estudio, pues la sociolingüística examina los fenómenos lingüísticos en el habla vernácula que es aquella que se caracteriza como más informal y cotidiana. De manera que se requiere de la recolección de conversaciones que reflejen el habla del individuo y de los grupos que forman la comunidad. Más detalles sobre los aspectos metodológicos que incorpora la sociolingüística son discutidos en la siguiente sección.

Hemos hablado del origen de los estudios sociolingüísticos en los Estados Unidos, pero no hemos mencionado que la metodología desarrollada en la década de los sesenta se extendió a otros medios académicos, como por ejemplo la antropología y la educación, así como los estudios sobre la lengua española. En el caso de los estudios acerca del español, la metodología de la sociolingüística cuantitativa se incorpora de manera gradual tanto en Latinoamérica como en España. López Morales (2004) señala como uno de los trabajos sociolingüísticos pioneros el de Cedergren (1973) sobre el español de Panamá y más adelante los trabajos de Terrell (1976, 1977, 1978) sobre el español del Caribe. Tímidamente, se desarrollaron los estudios de sociolingüística hispánica, pues todavía predominaba en el ambiente académico de los países de habla española los estudios de dialectología y lexicografía. La **dialectología** es la disciplina que se encarga del estudio de las variedades y de las diferencias lingüísticas que se pueden identificar entre diferentes regiones geográficas donde se habla la misma lengua, mientras que la

**lexicografía** se encarga del estudio del vocabulario y de la elaboración de diccionarios. En las décadas siguientes, los estudios de sociolingüística habían adquirido mayor vitalidad entre los estudiosos de la lengua española. Sobre este particular desarrollaremos un poco más algunas ideas en los capítulos sobre la variación fonética y sintáctica en español.

*Preguntas de comprensión*
1.  Distingue el enfoque de la lingüística antes de los estudios pioneros de sociolingüística. ¿Cuál es el enfoque que se utiliza en los estudios sociolingüísticos modernos?
2.  ¿Podrías pensar en algún ejemplo (además de los ejemplos mencionados) en el que se pueda hacer un estudio sociolingüístico en el contexto de los Estados Unidos?
3.  Piensa en tu dialecto y en otro dialecto de tu idioma nativo. ¿Cómo los puedes distinguir? Considera la pronunciación y la morfosintaxis.

## 1.4   Metodologías desarrolladas y análisis de los datos

La necesidad de estudiar el habla de los miembros de la comunidad en su contexto social de una manera que refleje las situaciones cotidianas ya ha sido planteada en las secciones anteriores. Por eso, la sociolingüística se encarga del estudio del habla oral y de manera secundaria de la escritura, pues uno de los objetivos fundamentales es entender cómo los miembros de la comunidad emplean el habla en situaciones de la vida cotidiana y cómo esos usos reflejan la posición del individuo en el grupo social al que pertenece.

La sociolingüística es una disciplina que emplea el método científico para estudiar el comportamiento de los individuos según su **contexto social**, lo cual incluye la situación, las características del individuo mismo y de las personas con las cuales interactúa. El sociolingüista determina patrones lingüísticos que sean comunes por medio de la observación y análisis de las muestras de habla que obtiene en la comunidad. Por ejemplo, en el inglés de los Estados Unidos se ha observado que los hablantes suelen no pronunciar la [t] en palabras tales como *must, just, walked*. Dado este fenómeno de variación en la pronunciación de los estadounidenses, el sociolingüista se pregunta: ¿en qué regiones es más común? ¿Ocurre más en el habla de los jóvenes o de las personas mayores? ¿Ocurre más entre hombres o mujeres? ¿Es típico de ciertas comunidades étnicas o es un fenómeno extendido en toda la población? ¿Existen actitudes positivas o negativas asociadas con esta manera variable de pronunciar la [t] en estos contextos? Este mismo tipo de fenómenos de pronunciación se observa en las comunidades de habla hispana. Por ejemplo, el sonido [ð] en posición intervocálica como en las palabras *lado, hablado*, etc. suele ser eliminado en variedades del español hablado en España y América. Las mismas preguntas que nos hemos hecho anteriormente serían válidas para un sociolingüista que se encargue del estudio de este fenómeno. Estas preguntas apuntan a definir la identidad social del individuo. Se plantea la necesidad entonces de establecer qué fenómeno lingüístico ocurre en un cierto grupo de individuos y qué características tienen en la comunidad de habla.

## Comunidad de habla

El término **comunidad de habla** ha sido empleado en sociolingüística para definir a un grupo de individuos que comparten un conjunto de normas que se observan en la evaluación y el uso de ciertos patrones lingüísticos (ver Labov 1972: 121). El hecho de que los miembros de la comunidad compartan juicios evaluativos comunes es importante porque esas normas permiten reconocer a quienes pertenecen al grupo y distinguir a los miembros de otras comunidades. Uno de los pasos iniciales es decidir qué personas serán entrevistadas y si son representativas de los grupos que forman la comunidad. Por ello se hace necesario establecer un criterio de selección de la muestra de participantes. Una de las técnicas empleadas consiste en el **muestreo al azar**, la cual se define por el hecho de que todos los individuos de una determinada comunidad tienen la misma oportunidad de ser seleccionados. Para este fin se le asigna un número a cada individuo utilizando métodos estadísticos que garanticen que la selección de una muestra sea representativa de todos los grupos que conforman la comunidad. En los estudios de sociolingüística también se acostumbra a tomar muestras en las que se predetermina un grupo de hablantes según sus características. Es decir, el investigador escoge un número de individuos que posean diferentes niveles de educación, ingreso familiar, etc. con el propósito de garantizar que haya representatividad de la muestra. Este tipo de muestreo se conoce con el nombre de **muestreo intencionado**.

## Redes sociales

Tanto el muestreo al azar como el muestreo intencionado suelen ser práctica común en las investigaciones de corte cuantitativo en las que se examinan poblaciones grandes como, por ejemplo, una gran ciudad o comunidad grande. Se ha hecho la crítica de que estos análisis cuantitativos, si bien consiguen correlaciones entre el uso de ciertas variables lingüísticas y ciertos grupos sociales, no van al fondo de las razones por las cuales un individuo emplea ciertos recursos lingüísticos para construir su identidad. En algunos casos, tales recursos se usan de manera inconsciente, como por ejemplo, en algunos fenómenos de pronunciación. En otros casos, hay un uso consciente cuando se asignan valores sociales en la comunidad a un uso lingüístico particular. Por este motivo, se han propuesto maneras alternativas de cómo definir el grupo de personas que se desea investigar. Milroy y Milroy (1985) proponen el concepto de **redes sociales** para determinar cómo las relaciones del individuo en su contexto social contribuyen a entender la identidad sociolingüística y la difusión de los fenómenos lingüísticos en grupos sociales que mantienen contacto. Específicamente, en su estudio acerca de la posteriorización de la vocal /a/ y el alzamiento de la vocal /ɛ/ en la ciudad de Belfast, la posteriorización de /a/ se asocia con el habla de hombres, el estilo informal, el habla de los vecindarios populares del centro e interacción entre pares. Las variantes más altas de /ɛ/ se asocian con el habla de las mujeres y los estilos cuidadosos y con variedades consideradas prestigiosas. Milroy y Milroy (1985) descubren que los individuos que establecen lazos estrechos en su comunidad suelen ser más fieles a la variedad de lengua que se habla en la comunidad inmediata, mientras que los individuos con lazos débiles suelen ser más innovadores.

Los resultados de la investigación indican que las mujeres con mayor porcentaje de posteriorización de /a/ muestran mayor integración a su red social. Por eso, los autores proponen que la cercanía del individuo con la comunidad con que establece nexos estrechos implica un mayor compromiso con las normas del vernáculo. Un individuo tiene lazos densos y múltiples cuando mantiene relaciones amplias en su comunidad inmediata y, a la vez, mantiene relaciones con el mismo individuo en varios ámbitos ya sea en el trabajo, en la comunidad, en el grupo familiar, etc. En cuanto al fenómeno de alzamiento de /ɛ/, tiene mayor prestigio social y es adoptado por las mujeres jóvenes. Estas mujeres actúan como líderes del cambio en comunidades conservadoras cuyos miembros mantienen lazos densos y múltiples en el centro de la ciudad. Este grupo de mujeres jóvenes el cual mantiene lazos débiles con su comunidad actúa como promotor de la innovación en estos grupos que mantienen lazos densos y múltiples. El estudio de las redes sociales nos permite ver las relaciones que establece el individuo en su contexto social y determinar el efecto que estas relaciones tienen en la identificación de patrones sociolingüísticos.

Cashman (2003) presenta un ejemplo en el que estudia la red social en una comunidad latina en la ciudad de Detroit en Michigan. El estudio se centra en la observación de los aspectos que afectan el mantenimiento del español como lengua y los factores que determinan el cambio al uso del inglés en un grupo de 22 informantes. El estudio refleja el hecho de que tanto los no nacidos como los nacidos en Estados Unidos muestran un cambio hacia el uso del español. Este cambio es más acentuado en el grupo de la segunda generación pues emplean el inglés en dominios privados e informales con miembros de su propia generación y sus descendientes. Los resultados de su estudio demuestran que los hablantes nacidos en el exterior favorecen el español si llegaron a Estados Unidos a una edad mayor. También se observa que la integración de este grupo a la comunidad local latina favorece el mantenimiento del idioma como resultado de que poseen menos escolaridad en el sistema educativo estadounidense. Por su parte el grupo de latinos nacidos en Estados Unidos mantiene el español según su integración a la comunidad local latina y según el contacto con hablantes monolingües del español. Se observa a su vez que la falta de integración a una comunidad de hablantes monolingües de inglés también contribuye al mantenimiento del español.

En un estudio sobre la población de Lomo Largo en Tenerife (Islas Canarias), San Juan y Almeida (2005) analizan cuatro variables sociofonéticas: (1) la elisión de la /ɾ/ final de sílaba en infinitivos (come[ɾ]lo vs. come[ø]lo); (2) la elisión y la aspiración de la /s/ final de sílaba ([ma], [mah], [mas] *más*); y (3) la lenición de la palatal africada /ʧ/ (e.g. ha[ʃ]a vs. ha[ʧ]a *hacha*). Como era de esperarse, los resultados muestran que los individuos altamente integrados a su comunidad, según el análisis de las redes sociales, emplean las variables vernáculas con mayor preferencia. Las variables vernáculas en este estudio serían aquellas que se usan en los estilos más informales con miembros de la familia o amigos y, en este caso particular, nos referimos a la elisión del sonido [ɾ], la elisión de la [s] final de sílaba, y la producción fricativa de /ʧ/ (i.e. [ʃ]).

## Comunidad de práctica

Otra manera de concebir el grupo de individuos que se estudiará consiste en observar a los hablantes en su **comunidad de práctica**. A diferencia de la comunidad de habla, la comunidad de práctica consiste de un grupo mucho más pequeño de personas que participan en una actividad en común. Eckert (2000: 35) argumenta que la comunidad de práctica es un grupo de individuos que se juntan en función de un propósito común y que en el desarrollo de ese objetivo común comparten maneras de hacer ciertas cosas, maneras de hablar, creencias y valores. La comunidad de práctica permite observar cómo los individuos construyen su identidad en función de su participación en la comunidad. En un estudio sobre las pandillas (bandas, *gangs* en inglés) de mujeres jóvenes de origen hispano en el estado de California, Mendoza-Denton (2008) centra su investigación en la comunidad de práctica constituida por las estudiantes pandilleras en la Escuela Secundaria Sor Juana. Específicamente, la investigación examina los grupos sociales dentro de la escuela. Entre los grupos de latinos destacan las norteñas y las sureñas. Estos grupos se definen según las prácticas de hacer cosas en común como la manera de hablar, vestirse y relacionarse en la escuela. En la observación de patrones de pronunciación, Mendoza-Denton (2008) distingue más de dos categorías en las que se clasifican a las hispanas de la Escuela Secundaria Sor Juana: las norteñas, las aspirantes a norteñas, las chicas disco, las deportistas, las aspirantes a sureñas y las sureñas.

La investigadora examina los actos de identidad lingüística mediante la observación de patrones de variación fonológica y el uso del español y el inglés en los grupos referidos anteriormente. En cuanto al uso de español e inglés, Mendoza-Denton menciona que la identidad de las norteñas y sureñas está estrechamente ligada a la selección de lengua que se habla y la que no se habla también. La pandilla norteña se identifica con el inglés y los valores de la comunidad chicana estadounidense, mientras que las sureñas se identifican con el español y la sociedad mexicana. La identidad lingüística también se refleja en los distintos grupos, en sus patrones de pronunciación de la vocal /I/. En este caso, la diferencia fundamental ocurre entre las deportistas que favorecen una pronunciación laxa de la /I/ como en el inglés estándar, mientras que los otros grupos favorecen la variante tensa y ascendente. El trabajo de entrevistas en la comunidad de práctica le permite a Mendoza-Denton (2008) descubrir que, a pesar de la identidad autoproyectada en las entrevistas, existe una diferencia marcada entre los grupos según la lengua. Los hablantes manifiestan una competencia compleja de un individuo bilingüe más que de un individuo monolingüe. Este tipo de investigación tiene la ventaja de que permite observar la relación entre las prácticas lingüísticas e identificar los actos de identidad que el hablante proyecta en su propio contexto social, lo cual no se puede observar claramente en los estudios de gran escala en los que la muestra se define siguiendo los parámetros cuantitativos tradicionales.

Hasta aquí nos hemos referido a diferentes maneras de definir el grupo de personas que se incluye en un estudio. La comunidad de habla es un concepto más bien abstracto que nos permite estudiar amplios sectores de una determinada población. La red social, por su parte, nos permite observar al individuo y las relaciones que establece dentro de su contexto inmediato y fuera del ámbito cercano. La comunidad de práctica permite la observación más cercana de la construcción de la identidad social del individuo en la interacción con otros miembros con quienes mantiene contacto constante.

*Preguntas de comprensión*

1. ¿Qué diferencias hay entre una comunidad de habla, una red social o una comunidad de práctica?
2. ¿Qué se incluye en el contexto social?
3. Distingue el muestreo al azar del muestreo intencionado.
4. ¿Cuál es la conexión que encuentra Mendoza-Denton (2008) entre la producción y la identidad?

## Para investigar y pensar:

Piensa en las redes sociales de las cuales eres miembro (los amigos, la universidad, la comunidad, etc.) ¿Hay algunas características del habla de estas redes? ¿Hay algún elemento lingüístico en una red que no esté presente en otra(s) red(es)? Explica.

Ahora piensa en una comunidad de práctica específica de la cual eres miembro. ¿Cuáles son los vocablos o las características distintas del habla de esa comunidad? Ahora entrevista a un/a amigo/a para compartir ideas acerca de su comunidad de práctica.

## Técnicas de recolección de datos

En los estudios sociolingüísticos se ha empleado como recurso para recolectar datos la técnica de la **entrevista sociolingüística** en la cual se produce una conversación acerca de aspectos relacionados con la vida del entrevistado en diferentes etapas de su vida, aspectos de la vida de la comunidad y experiencias en general del entrevistado. Esta conversación ocurre una sola vez y puede durar de una a dos horas aproximadamente, aunque el tiempo que dura la entrevista puede ser variable. La entrevista suele estar estructurada de manera tal que se introducen bloques de preguntas que van desde aspectos generales a temas más íntimos sobre el entrevistado al final de la entrevista. Estos temas personales pretenden obtener muestras de habla en las que los individuos produzcan una variedad más vernácula que se aparte de la situación formal ocasionada por la presencia del grabador y de un entrevistador con el que, generalmente, no existen vínculos de amistad. Es un hecho reconocido por los investigadores que la interacción entre dos personas que no se conocen y la presencia del grabador no contribuyen en la obtención del estilo de habla más auténtico de las situaciones cotidianas. Esta problemática con relación a la situación en que se graba la entrevista y el propósito de obtener el habla vernácula se ha analizado como la **paradoja del observador**.

La entrevista sociolingüística tradicional también incluye la lectura de un párrafo, de una lista de palabras y de una lista de pares mínimos con el objetivo de observar el habla en estilos diversos. La conversación representa una variedad informal que se acerca al habla cotidiana, mientras que la lectura de textos y listas tiende a clasificarse como un estilo formal según la atención que los hablantes prestan a lo que están diciendo. Es decir, la lectura de las listas de pares mínimos representa el habla más cuidada, mientras que la conversación representa el estilo más coloquial durante la entrevista. Si bien la clasificación anterior es la que se suele aceptar por convención, bien es cierto que el contexto de una entrevista con un interlocutor desconocido no necesariamente conduce a obtener el habla vernácula, sino una variedad semi-formal.

En los estudios acerca de variedades de español, la técnica de la entrevista sociolingüística[1] se ha empleado desde muy temprano. Las muestras de habla que forman parte del *Proyecto de Estudio de la Norma Culta Hispánica* de las variedades de español habladas en Latinoamérica y España fueron grabadas siguiendo un formato muy parecido al de la entrevista sociolingüística. De igual forma se puede mencionar el *Proyecto de Estudio Sociolingüístico de Caracas* (Bentivoglio y Sedano 1993) donde también se empleó la entrevista sociolingüística. En el caso particular del Estudio Sociolingüístico de Caracas se incluían preguntas sobre la (1) infancia, (2) las fiestas caraqueñas como la Navidad, la Semana Santa, el Carnaval, (3) la ocupación de la persona entrevistada, (4) sus estudios y (5) la situación política del país, entre otros temas.

Labov (1972) empleó la entrevista breve y anónima como una técnica de recolección de datos en el estudio sobre la elisión de la [ɹ] en el inglés de Nueva York en las tiendas por departamento. Con el propósito de obtener como respuesta la frase *fourth floor* "cuarto piso" el investigador preguntó a diferentes trabajadores de la tienda en qué piso se encontraban los zapatos de damas (i.e. *Excuse me, where are the women's shoes?*). Esta pregunta inicial era complementada con otra para obtener la respuesta enfática. El investigador pretendía no haber entendido y preguntaba: *Excuse me?* "¿Perdone?" El uso de la entrevista breve y anónima le permitió a Labov recolectar suficientes datos para observar patrones sociolingüísticos según la categoría de la tienda, el sexo y la edad de los encuestados.

Mucho ha cambiado desde que se hizo la investigación de las tiendas por departamento en Nueva York. Hoy en día los investigadores en los Estados Unidos y otras partes del mundo requieren de la obtención de un permiso para trabajar con seres humanos por lo cual cualquier persona que participe en un experimento tiene que ser informada y dar su consentimiento. En los años setenta, el *Proyecto de Estudio de la Norma Culta Hispánica* en Latinoamérica y España recolectó algunas entrevistas secretas en las cuales los participantes eran grabados sin saber y luego se les pedía su consentimiento. Este tipo de procedimiento no es posible hoy frente a los protocolos establecidos por los comités que aprueban el trabajo experimental con seres humanos. La ventaja aparente de la encuesta breve y anónima y la entrevista secreta es que podría permitirnos acceder a la variedad vernácula del individuo dadas las condiciones de una situación cotidiana con un interlocutor del entorno de la familia o los amigos.

Los cuestionarios también resultan un instrumento de investigación útil para recolectar respuestas de los informantes acerca de usos lingüísticos y acerca de los juicios de valor que los hablantes tienen sobre las variantes lingüísticas que se emplean en la comunidad que se estudie. Los cuestionarios tienen la ventaja de permitir la recolección de datos de una forma relativamente rápida y de manera económica y eficiente. Obviamente, resulta importante elaborar cuestionarios que nos permitan obtener datos confiables que reflejen el uso o actitudes de los participantes. Sin embargo, éste es uno de los aspectos más difíciles, puesto que los hablantes tienden a proveer respuestas que no necesariamente reflejan su propio uso, sino lo que se considera prestigioso en la comunidad.

Con el objeto de evitar respuestas prejuiciadas de los participantes, los investigadores de las actitudes lingüísticas desarrollaron técnicas más sofisticadas para obtener datos de una manera más confiable. En particular, la **técnica imitativa** ("matched-guise"; véase la referencia a Díaz-Campos y Killam 2012 al principio del capítulo) fue desarrollada para estudiar las actitudes de los participantes hacia variedades de habla. Lambert et al. (1960) crearon esta metodología para medir las actitudes de los informantes con respecto a los hablantes de francés y de inglés en Canadá. El método implica el uso de un mismo hablante bilingüe o bi-dialectal el cual es grabado produciendo un texto en ambas variedades. Las muestras grabadas por este hablante bilingüe son evaluadas por los participantes en términos de atributos intelectuales (e.g. inteligencia, profesionalismo, etc.), atributos de personalidad (e.g. simpatía), entre otros aspectos. Dado el hecho de que un mismo hablante es evaluado sobre la base de las distintas producciones grabadas permite el control de una serie de aspectos relacionados con la cualidad de la voz. La técnica imitativa ha sido empleada desde su creación en una amplia cantidad de estudios sobre diversas lenguas.

## Codificación y análisis de datos

Hemos descrito de manera breve como se hace la selección de los hablantes y hemos visto como se recolectan datos para completar las muestras de habla que necesitamos para hacer estudios de los fenómenos lingüísticos que caracterizan una comunidad determinada. El siguiente paso consiste en analizar los patrones de pronunciación o de morfosintaxis, que resulten comunes en las muestras de habla, e incluir variables de estudio que sirvan para especificar nuestras hipótesis. El término **morfosintaxis** se emplea de manera general para hacer referencia a fenómenos que afectan la estructura léxica y/o sintáctica (e.g. la alternancia entre -*mos* y -*nos* en *cantábamos* vs. *cantábanos* o la alternancia en el uso u omisión de la preposición *de* en *me enteré de que* vs. *me enteré que*). Esto quiere decir que debemos codificar los datos de acuerdo con los factores que podrían tener un efecto en la explicación del fenómeno. Podríamos pensar en aspectos propiamente lingüísticos y/o en aspectos sociolingüísticos que potencialmente serían necesarios de tener en cuenta para entender el fenómeno bajo investigación. Como estudiamos en secciones anteriores, los estudios de sociolingüística desde sus inicios han adquirido un carácter cuantitativo lo cual implica la recolección de numerosas muestras y casos para estudiar patrones que permitan proponer generalizaciones que sean de validez para describir el comportamiento de la comunidad que se estudie.

A manera de ejercicio supongamos que estudiamos la pronunciación de la /ɾ/ en posición final de sílaba en ejemplos tales como *cuarto, torta*, etc. En muchos dialectos del español, el sonido /ɾ/ a final de sílaba suele alternar con el sonido /l/ por lo cual se obtienen producciones tales como [kualto] en lugar de [kuaɾto] o [tolta] en lugar de [toɾta]. Esta alternancia suele ser común en el Caribe hispánico en países como Puerto Rico, la Republica Dominicana, Cuba, Venezuela, entre otras áreas. Según una investigación previa presentada por D'Introno, Rojas y Sosa (1979) sobre el español de Caracas, las variantes de tipo [l] suelen ocurrir en el habla de los hombres y en los niveles socioeconómicos bajos. Supongamos también que hemos definido que nuestro estudio es acerca del habla de la ciudad de San Juan en Puerto Rico y que hemos colectado las muestras que necesitamos. Para analizar y proponer factores debemos tener en cuenta las investigaciones previas que se han hecho sobre el tema y qué factores se han considerado en esos estudios previos. En una investigación relativamente reciente sobre el español de Puerto Rico, Medina-Rivera (1999) incluye las siguientes variables en estudio sobre la /ɾ/ final de sílaba: (1) contexto fonológico: tipos de sonido que rodean la /ɾ/ final de sílaba, (2) acento: si la variante de /ɾ/ final de sílaba ocurre en la sílaba tónica o en una sílaba átona; (3) el valor morfemático de /ɾ/ final de sílaba (e.g. la /ɾ/ en *comer* indica infinitivo y la /ɾ/ en *porque* no tiene ningún valor morfemático); (4) el número de sílabas de la palabra. Entre las variables sociales que incluye el estudio de Medina-Rivera se encuentran las siguientes: (1) origen de los padres (urbano, rural, mixto), (2) el nivel educativo de los hablantes, (3) el nivel educativo más alto entre el padre o la madre con los que vive o vivía el hablante, (4) la edad y (5) el sexo.

Las variables que vemos propuestas en el estudio de Medina-Rivera (1999) constituyen el primer paso para pensar sobre los factores que podrían tener un efecto en la lateralización de la /ɾ/ al final de sílaba. Al observar los datos con detenimiento podrían surgir nuevas ideas; por ejemplo, variables nuevas que se pudieran incluir en nuestro propio estudio. Detrás de cada variable que se incluye debe haber algún valor explicativo que sirva para entender el fenómeno lingüístico que estudiamos. Por ejemplo, en los estudios previos sobre la /ɾ/ final de sílaba, se ha considerado el contexto fonológico que rodea al sonido con el objeto de analizar el efecto que la co-articulación tiene en la alternancia de [ɾ] y [l]. Recordemos que las **variables independientes** son aquellos factores que pensamos que podrían tener una influencia en el uso de una de las variantes de la variable dependiente. Las ideas que hemos expuesto anteriormente quedarán más claras con el siguiente ejercicio que servirá para practicar la codificación y el análisis de datos.

A manera de ejemplo veamos cómo se procede para organizar los datos que se van codificando a través de dos ejemplos:

*Ejemplo de codificación*
 (1)  Cantar una [kantaluna]

- Lateralización: el hablante produce [l] y no [ɾ].
- Central: la vocal [a] es el sonido que precede y se clasifica como central según la posición de la lengua en el plano horizontal.
- Baja: la vocal [a] que es el sonido que precede y se clasifica como baja según la posición de la lengua en el plano vertical.
- Posterior: la vocal [u] es el sonido que sigue y se clasifica como posterior según la posición de la lengua en el plano horizontal.
- Alta: la vocal [u] se clasifica como alta según la posición de la lengua en el plano vertical.
- Tónica: la sílaba donde aparece la [l] es la que lleva el acento prosódico.
- Con valor morfemático: la /ɾ/ realizada como [l] es marcador de infinitivo verbal.
- Dos sílabas: *can-tar* tiene dos sílabas.


 (2)  Porque [poɾké]

- Vibrante: el hablante produce [ɾ].
- Posterior: la vocal [o] es el sonido que precede y se clasifica como posterior según la posición de la lengua en el plano horizontal.
- Media: la vocal [o] que es el sonido que precede se clasifica como media según la posición de la lengua en el plano vertical.
- Velar: el sonido [k] es el que sigue la [ɾ] y se clasifica como velar por su punto de articulación.
- Oclusiva: el sonido [k] que sigue inmediatamente la [ɾ] se clasifica como oclusivo por su modo de articulación.
- Átona: la sílaba *por* no lleva acento prosódico.
- Sin valor morfemático: la [ɾ] no es un morfema.
- Dos sílabas: *por-que* se divide en dos sílabas.

La codificación de todos estos detalles nos permite observar la ocurrencia de patrones comunes y proveer posibles explicaciones. De igual manera, se codifican las características sociales de los hablantes que producen los enunciados para observar semejanzas según categorías como nivel socioeconómico, edad, sexo, etc.

*Análisis de datos*
 Los estudiosos de la sociolingüística han creado herramientas computarizadas para realizar los análisis de los datos. El análisis de la regla variable mediante el uso del programa VARBRUL o GoldVarb es uno de los métodos empleados por los sociolingüistas. Existe una página web donde se puede obtener una versión gratis del programa y un manual para el usuario (http://individual.utoronto.ca/tagliamonte/Goldvarb/GV_index.htm). GoldVarb ha sido especialmente diseñado para el estudio de la variación sociolingüística y permite observar de qué forma un grupo de factores internos o externos se relacionan con la variable dependiente. Por ejemplo, en el ejercicio anterior se ha propuesto explicar cuáles son los factores lingüísticos que favorecen la lateralización y hemos incluido el contexto fonético, el acento, el valor morfemático y el número de sílabas de la palabra. El programa permite analizar la influencia de estos factores en su

conjunto. Los resultados de la aplicación de GoldVarb indican el peso probabilístico de cada una de las variantes incluidas en los grupos de factores, así como la importancia que cada uno de estos grupos de factores tiene sobre la variable dependiente. Se ha de interpretar que un factor que presenta un peso probabilístico superior a .500 representa un factor que favorece la variable dependiente, en tanto que si el peso es inferior a .500, la desfavorece.

En el caso del ejemplo sobre la lateralización, la variable dependiente que deseamos estudiar es la alternancia entre la /ɾ/ y la /l/ en palabras como *parte*. Entre las variables independientes que hemos incluido en el estudio están las características fonéticas del segmento precedente y del segmento siguiente, el acento, el valor morfemático y el número de sílabas. El programa provee estadísticas descriptivas de los datos, las cuales nos permiten observar qué factores favorecen la lateralización.

A pesar de que este programa suele ser usado por sociolingüistas, hay otros programas con los cuales se puede realizar análisis similares. Un ejemplo es el programa estadístico para las ciencias sociales (SPSS, por sus siglas en inglés). Con este programa se puede obtener las estadísticas descriptivas y aplicar procedimientos más sofisticados incluyendo una regresión logística.

En las líneas anteriores hemos mencionado el análisis de la regla variable que realiza Medina-Rivera sobre la /ɾ/ final de sílaba en el español de Puerto Rico. Parte de su análisis se basa en factores extra-lingüísticos como la relación entre el hablante y el interlocutor y el tipo de situación. Veamos la presentación del análisis VARBRUL (análisis de la regla variable) que presenta Medina-Rivera (2011: 50) según la relación entre el hablante e interlocutor:

Los resultados de la tabla 1.1 sugieren que las variantes no estándares suelen ser más utilizadas cuando el hablante y su interlocutor se conocen lo cual podría a su vez suponer un estilo más vernáculo de conversación dada la relación de familiaridad entre los hablantes. La tabla 1.2 presenta los resultados obtenidos

**Tabla 1.1**   Variantes no estándares de /ɾ/ final de sílaba en Puerto Rico según la relación entre el hablante y el interlocutor (adaptado de Medina-Rivera (2011: 50).

|  | *Peso probabilístico* |
|---|---|
| Conocido | .58 |
| No conocido | .39 |

**Tabla 1.2**   Variantes no estándares de /ɾ/ final de sílaba en Puerto Rico según el tipo de situación (adaptado de Medina-Rivera (2011: 50).

|  | *Peso probabilístico* |
|---|---|
| Grupo | .66 |
| Individual | .54 |
| Presentación | .16 |

según el tipo de situación. Medina-Rivera identifica tres situaciones: (1) una conversación entre un grupo de participantes, (2) una conversación individual y (3) una presentación oral. Estos tres niveles suponen una escala que va de informal en la primera situación a formal en la presentación oral.

Los resultados evidencian que hay una relación que favorece las variantes no estándares en las situaciones que propician estilos informales como es el caso de la conversación grupal y, en menor medida, la situación de entrevista. Por el contrario, la situación de mayor formalidad desfavorece el uso de variantes no estándares.

Como se puede ver, el análisis cuantitativo de los datos muestra la relevancia de la relación entre el hablante y el interlocutor, y la situación en el estudio de las variantes no estándares de la /ɾ/ final de sílaba. Para los fines de este capítulo, el análisis de Medina-Rivera constituye un ejemplo claro de cómo se pueden emplear los programas estadísticos existentes al estudio de la variación en los dialectos del español.

*Preguntas de comprensión*
1.  ¿Qué técnicas nuevas se podrían incorporar para analizar los datos obtenidos mediante la entrevista sociolingüística?
2.  Distingue la variable dependiente de las variables independientes.
3.  Define la paradoja del observador y explica qué problemas puede ocasionar la paradoja en una entrevista sociolingüística.
4.  Si el objetivo es obtener muestras de habla vernácula, ¿qué otras técnicas distintas de la entrevista sociolingüística se pueden emplear?

## Para investigar y pensar:

Busca un artículo del fenómeno de variación en la pronunciación inglesa de [ɪn] vs. [ɪŋ] (*workin'* vs. *working*).

¿Cómo se describe la variable? ¿Qué factores se incluyen en el estudio que encontraste? ¿Qué generalizaciones propone el estudio?

## La variación y el cambio lingüísticos

Anteriormente, hemos mencionado que la sociolingüística presta especial atención a los fenómenos de variación según la influencia de factores lingüísticos y sociales. La variación lingüística definida de manera general como dos o más formas de decir lo mismo constituye una fuente de cambios lingüísticos a través del tiempo. En esta sección del capítulo estudiaremos con más detenimiento acerca de esta relación que se establece entre la variación y el cambio lingüístico.

El estudio del cambio lingüístico se ha transformado gracias a la contribución de las investigaciones en sociolingüística en las últimas décadas. La lingüística histórica era la disciplina que se encargaba del estudio de los cambios a través del tiempo mediante el uso del método comparativo. El **método comparativo** supone la observación de un fenómeno lingüístico en dos períodos de tiempo para describir la trayectoria del cambio. Antes de la aparición de las metodologías labovianas (de William Labov) en sociolingüística, se consideraba que los cambios lingüísticos sólo podían ser observados una vez que se hubieran realizado, pues era en ese momento cuando se podía reconstruir la trayectoria desde el punto de inicio hasta el punto final del cambio. La sociolingüística cuantitativa plantea que los cambios lingüísticos se pueden observar durante su progreso mediante la comparación del habla de grupos de distintas generaciones. Esta suposición, basada en el concepto del **tiempo aparente** en oposición al tiempo real, propone que los hábitos lingüísticos de los individuos permanecen relativamente estables a través del tiempo una vez que se han adquirido. El **tiempo real** consiste en comparar un mismo fenómeno en épocas diferentes. Es decir, se compara el mismo fenómeno en dos momentos diferentes del tiempo lo cual generalmente implica un período de diferencia de 10 años o más. Por ejemplo, comparar datos de un mismo fenómeno de 1960 con datos de 1990. De manera que la comparación de diversas generaciones nos permite comparar etapas diferentes en un punto del tiempo. El investigador se puede centrar en aspectos muy específicos de la pronunciación o estructuras morfosintácticas empleadas en la comunidad y establecer comparaciones según la edad de los participantes.

Es un hecho comprobado por los investigadores de la lingüística que las lenguas cambian constantemente a través del tiempo. La variación y el cambio muestran de alguna forma que las lenguas de manera flexible se adaptan a las necesidades de los miembros de la comunidad de habla. El vocabulario muestra evidencias obvias de adaptación cuando se trata de nombrar nuevas realidades del mundo de la computación o la tecnología. Es importante destacar que los cambios se dan a todos los niveles de la lengua como la sintaxis, la semántica y la fonología. Hay una serie de factores que contribuyen a facilitar la variación y el cambio lingüísticos. Se podría hacer una división entre factores de tipo lingüístico y factores sociales. Sin pretender hacer una lista completa sobre los factores que inciden en el cambio, nos concentraremos en los más destacados.

Los factores lingüísticos son aquellos que se pueden relacionar con aspectos de la estructura de las lenguas y de las relaciones que se establecen entre las unidades que conforman esa estructura. Una de las tendencias que identifican los investigadores en la dirección de los cambios es la **simplificación**. Es decir, estructuras complejas se reducen y se convierten en simples. En español, por ejemplo, muchos dialectos presentan procesos de elisión de consonantes en posición final de sílaba. Así, la palabra *más* se pronuncia [má] en lugar de [más] o la palabra *tomar* se pronuncia [tomá] en lugar de [tomár]. Estos ejemplos de elisión de consonantes en posición final de sílaba pueden ser vistos como simplificaciones de patrones silábicos complejos (i.e. CVC = Consonante Vocal Consonante) que son reducidos a patrones más simples como CV, el cual se considera como el patrón más común en las lenguas del mundo (véase Roca y Johnson 1999: 240). Los procesos fonéticos de coarticulación también se pueden tomar como ejemplos de simplificación. Cuando hablamos los sonidos que producimos de manera flexible y natural se afectan los unos a los otros. Un ejemplo claro ocurre con las nasales en posición final de sílaba. La nasal adopta el punto de articulación de la consonante que sigue lo cual facilita la articulación de los sonidos. La palabra *cambio* se pronuncia [kambio] en lugar de [kanbio] con una nasal bilabial [m] debido al efecto de la consonante [b]. La palabra *conga* se pronuncia [koŋga] en lugar de [konga] con una consonante nasal velar [ŋ] debido al efecto de la consonante [g]. Es decir, observamos un proceso de asimilación del punto de articulación de la consonante siguiente por parte de la consonante nasal.

Otros fenómenos de simplificación se pueden observar a nivel morfológico. Por ejemplo, el uso de la forma *cabo* en lugar de *quepo* o de la forma *andé* en lugar de la forma *anduve* son casos en los que los hablantes hacen uso de la regla general de la conjugación y la aplican a casos de excepción como lo son los verbos *caber* y *andar*. En el caso de *caber*, el hablante emplea el modelo general regular de un verbo como *comer* para el que la forma de la primera persona del singular sería *com-o*. En el caso de *andar*, el hablante toma como modelo una forma regular como sería el caso del verbo *amar* cuya forma del pretérito para la primera persona es *amé*. En ambos ejemplos se observan tendencias hacia la **generalización** o **regularización** de paradigmas irregulares. Estos ejemplos de simplificación presentan las características de **cambios por analogía** los cuales se basan en copiar patrones provenientes de paradigmas regulares y frecuentes para ser aplicados en paradigmas irregulares y menos frecuentes. Un cambio analógico que se observa en muchos dialectos del español es el uso de la -s en las formas de la segunda persona del singular en pretérito como *comistes* en lugar de *comiste* o *cantastes* en lugar de *cantaste*. Todas las formas de la segunda persona singular en español salvo el pretérito llevan -s como parte de la desinencia verbal (e.g. *comes, comerás, comías, comerías*, etc.) por lo cual el hablante establece una analogía y tiende a cambiar la forma irregular del pretérito.

Los factores de tipo funcional también han sido tomados en cuenta a la hora de explicar las razones que motivan el cambio lingüístico. Según este argumento los cambios en el nivel fonológico se ven sujetos a la conservación del contenido que se transmite a través de un enunciado. Por ejemplo, si una unidad lingüística en general contiene información importante, ésta tiende a preservarse. Kiparsky (1972) ha planteado, en este sentido, que existe una tendencia a mantener las unidades que contienen información semántica relevante. En un estudio sobre los marcadores de plural en el español de Puerto Rico, Poplack (1980) toma en cuenta esta hipótesis y observa el comportamiento de la {s}[2] y de la {n} cuando son marcadores de plural. Los resultados de su análisis le permiten concluir que los factores funcionales inhiben la elisión de la {n} como marcador plural en la frase verbal. Sin embargo, la {s} como marcador de plural no muestra el mismo comportamiento, por lo cual Poplack argumenta que la {s} es tratada como parte del mismo proceso fonológico de debilitamiento y elisión que afecta a la /s/ final de sílaba (e.g. [mihmo] en lugar de [mismo]). Poplack (1980: 383) concluye que su "estudio demuestra cómo operan los factores funcionales para impedir la pérdida de información en sólo aquellos contextos en los que se podría dar ambigüedad" (mi traducción).[3]

Los cambios lingüísticos se comportan de manera diferente según los patrones de uso por parte de la comunidad de habla. El concepto de **difusión léxica** ha sido empleado para explicar cómo hay ciertas unidades léxicas en los que el cambio avanza de manera más rápida, mientras que ciertos elementos léxicos parecen resistirse a los cambios. Bybee (2001) plantea que los cambios de tipo fonético, los cuales podrían deberse a factores de simplificación, están sujetos a los efectos de la frecuencia de uso. Bybee presenta evidencia de que los cambios fonéticos avanzan de manera más rápida en las palabras más frecuentemente usadas. En un estudio sobre la elisión de la /d/ intervocálica en el español de Nuevo México (e.g. [kantao] en vez de [kantaðo] *cantado*), Bybee encuentra que la elisión ocurre con mayor regularidad en los participios en *-ado* en comparación con otros contextos, debido a la frecuencia de uso. Bybee también se refiere a los cambios por analogía en los cuales la frecuencia tiene un efecto diferente. El cambio por analogía suele avanzar más rápido en las formas menos frecuentes, mientras que las formas más frecuentes se resisten al cambio. En el caso del inglés, verbos tales como *weep/wept, creep/crept* y *leap/leapt* se regularizan a *weeped, creeped* y *leaped*, mientras que formas como *keep/kept, sleep/slept* permanecen resistentes al cambio. En el caso del español, se podría predecir que la forma del participio pasado de *morir*, la cual es *muerto*, pudiera estar sujeta a regularización más que el participio del verbo *hacer* (i.e. *hecho*) debido a las diferencias en la frecuencia de uso. Bybee (2001: 12) explica que las formas irregulares frecuentes se resisten al cambio porque son patrones que poseen alta fuerza léxica. Es decir, su uso frecuente las convierte en formas comunes y de fácil acceso desde el punto de vista cognitivo.

Los estudios en sociolingüística han puesto particular énfasis a los factores sociales que motivan el cambio. Los factores sociales tales como el nivel socio-económico, la edad, el género, los tipos de relaciones que establecen los individuos en la comunidad, el contacto entre dos o más lenguas y los procesos de estandarización son algunos de los aspectos más destacados de los cuales discutiremos a continuación.

Los modelos lingüísticos que proveen los individuos de mayor jerarquía social son generalmente imitados por otros miembros de la comunidad. En un estudio sobre la elisión y aspiración de la /s/ en posición final de sílaba en el español de Cartagena, Colombia, Lafford (1986) muestra que existe una estratificación social según la cual la retención de /s/ se asocia con los grupos de alto nivel socio-económico y se emplea con mayor frecuencia en los estilos formales. En Cartagena la retención de la /s/ es el modelo de prestigio que sigue el resto de los miembros de la comunidad, pues a medida que aumenta la formalidad del estilo también aumenta la retención de /s/ en todos los niveles socioeconómicos. Según plantea Labov (1972a) cierto fenómeno de cambio, ya sea de pronunciación o de sintaxis, puede adquirir un significado sociolingüístico para un grupo de la comunidad y expandirse a otros grupos que se identifican con el valor sociolingüístico asociado a ese cierto fenómeno. En el caso específico de la investigación de Lafford acerca del español de Cartagena, se observa que la variante sibilante [s] se percibe como la de mayor prestigio, la variante de elisión [ø] parece estar estigmatizada, pues es preferida por los niveles socioeconómicos bajos y suele aparecer con mayor frecuencia en los estilos informales. La variante aspirada [h] presenta un valor neutro, pues varía según el estilo (i.e. es más frecuente en los estilos informales), pero no presenta una asociación clara según el nivel socioeconómico. En cuanto al avance del fenómeno en la comunidad de habla, Lafford observa que los jóvenes parecen favorecer más que los mayores el uso de la variante sibilante [s] en los estilos formales por lo cual ella interpreta esta evidencia como una prueba de que los jóvenes se resisten a la elisión o aspiración y como consecuencia el proceso de debilitamiento s>h> ø se ve retardado en esta variedad del español. El trabajo de Lafford (1986) es un ejemplo claro de cómo la interpretación de los patrones sociolingüísticos puede contribuir a describir la variación y el cambio lingüísticos.

El papel de la mujer en la difusión y avance del cambio lingüístico también ha sido discutido en la literatura sociolingüística (Labov 1990, 2001). Labov (2001: 307) observa que la mujer desempeña un papel fundamental como líder de los cambios lingüísticos en la comunidad y razona que esta función no sólo se debe a la actitud de las mujeres de favorecer formas que las distinguen de los hombres, sino también al rol como responsables en una buena mayoría de la crianza de los niños. En este sentido, los cambios lingüísticos que no se asocian con una evaluación negativa suelen ser favorecidos por las mujeres y, según lo que se había planteado anteriormente, se esperaría que avanzaran en la comunidad.

El estudio de las relaciones del individuo en la comunidad también ha sido un instrumento empleado para describir el avance del cambio lingüístico. En este caso, el enfoque no se basa en los grupos sociales según el nivel socioeconómico, la edad, entre otros, sino en los lazos que establece un individuo dentro y fuera de la comunidad. Milroy (1980) y Milroy y Milroy (1985), como hemos planteado en las páginas anteriores, observan que los cambios lingüísticos suelen ser promovidos por aquellos miembros de la comunidad que poseen lazos débiles dentro de ella. Por el contrario, las actitudes conservadoras se observan en aquellos individuos que poseen lazos estrechos y múltiples en su comunidad. Recordemos el estudio de Cashman (2003) en el que se observa como la integración de los latinos nacidos en los Estados Unidos contribuye al mantenimiento del español.

Finalmente, entre los factores de tipo social que son promotores del cambio lingüístico están el contacto entre lenguas y la estandarización. Con respecto al contacto de lenguas podemos mencionar como ejemplo el contacto con lenguas africanas en el caso del español de América durante el período de la colonización. Un buen ejemplo de pidginización y criollización lo constituye el palenquero: una lengua criolla producto del contacto entre el español y las lenguas africanas que se hablaban en la costa colombiana. El término **pidgin** se emplea para referirse a una lengua que aparece como resultado del contacto entre dos o más comunidades con lenguas diferentes que no permiten la comunicación. Para que se facilite la comunicación, se crea una lengua que tiene una estructura gramatical reducida, un léxico simplificado y poca variación estilística. Una **lengua criolla** proviene del desarrollo de un pidgin que se convierte en la lengua nativa de los miembros de la comunidad en contacto. Este desarrollo implica avances en la estructura gramatical. Se pueden observar rasgos de influencia africana en territorios del Caribe e Hispanoamérica donde hay fuerte presencia de descendientes provenientes de África. Las zonas fronterizas de los países hispanos que tienen límites con Brasil, país donde se habla portugués, constituyen fuentes vivas donde se puede observar el efecto del contacto de lenguas.

Los cambios promovidos por la estandarización pueden ser ejemplificados por el caso de la lengua catalana en España. En el período de la dictadura franquista (i.e. 1939–1975) estaba prohibido el uso del catalán. En el medio escolar y demás espacios públicos se imponía el español o castellano como lengua dominante y obligatoria. Sin embargo, el proceso de estandarización que ocurrió en los primeros años de la década de los ochenta, una vez caída la dictadura franquista, ha contribuido a la recuperación de la vitalidad lingüística del catalán que ahora se enseña en las escuelas públicas. Los jóvenes catalanes tienen una actitud positiva hacia su lengua y no es extraño oír catalán entre los jóvenes universitarios en las calles de Barcelona. En la recuperación del catalán ha sido de mucha influencia la norma lingüística (estandarización) que promueve la educación formal (Frekko 2009; Casesnoves-Ferrer y Sankoff 2004).

### Para investigar y pensar:

En la sociedad contemporánea hay cada vez más mujeres que trabajan fuera de la casa y desempeñan otros papeles históricamente reservados a los hombres, ¿cómo afectaría esta nueva situación social el papel que se le atribuye a la mujer como líder en la transmisión de patrones de variación y cambio sociolingüísticos? ¿Piensas que los cambios en la situación social de la mujer pueden afectar su habla? ¿Cuál podría ser el papel del hombre frente a estos cambios?

*Preguntas de comprensión*

1. ¿En qué consiste el método comparativo? Establece semejanzas y diferencias entre éste y el método sociolingüístico.
2. ¿Qué suponen los conceptos de tiempo aparente y tiempo real? ¿Por qué resultan importantes?
3. ¿Por qué se habla de factores que facilitan la simplificación o regularización de los usos lingüísticos?
4. Define en tus propias palabras el concepto de la difusión léxica. Coloca un ejemplo.
5. ¿Qué descubre el trabajo de Poplack (1980) con relación a la reducción de {s} y {n} en el español de Puerto Rico? Explica.
6. ¿En qué forma contribuyen los factores de tipo social a propiciar un cambio lingüístico? Explica.

### Resumen

Hemos estudiado en este capítulo algunas ideas fundamentales para entender que nuestra forma de usar la lengua revela nuestros lazos de identidad en la comunidad a la que pertenecemos. El sociolingüista se encarga de observar las relaciones que se establecen entre los usos lingüísticos y factores de tipo social como el nivel socioeconómico, la educación, la edad, el sexo, la etnicidad, entre otros, con el propósito de entender cómo estas categorías sociales se relacionan con la identidad sociolingüística de los miembros de la comunidad. Los estudios de sociolingüística en Norteamérica surgen en los años sesenta y han ejercido influencia en otras partes del mundo como es el caso de los estudios sociolingüísticos de la lengua española. Algunos de los más destacados estudios pioneros en español se desarrollan en los primeros años de la década de los setenta.

Como parte de la revisión de los conceptos fundamentales, se ha ofrecido un panorama breve de las metodologías desarrolladas y del análisis de datos. En cuanto a la definición del grupo de individuos cuya habla se pretende estudiar, ofrecimos una corta explicación sobre términos tales como la comunidad de habla, las redes sociales y la comunidad de práctica y lo que cada una de ellas implica en cuanto a los objetivos del grupo que queremos estudiar.

Se hizo mención a las técnicas de recolección de datos comúnmente empleadas por los sociolingüistas con especial énfasis en la entrevista sociolingüística, la entrevista breve y anónima, los cuestionarios y las pruebas de actitud hacia el uso de ciertas variantes. La codificación y el análisis cuantitativo de los datos se describieron de manera breve, pero con ejemplos prácticos que muestran cómo el sociolingüista organiza e identifica patrones comunes en los datos. Estos análisis le permiten proponer conclusiones acerca del fenómeno que estudia. Se hizo mención al análisis de la regla variable mediante el uso de VARBRUL para procesar los datos de manera estadística empleando este programa especialmente diseñado para el estudio de la variación lingüística.

La última parte del capítulo se centró en el estudio de la variación y del cambio lingüístico y cómo las investigaciones han encontrado factores que contribuyen a propiciar los cambios. A grandes rasgos se mencionaron explicaciones de tipo lingüístico y factores de tipo social. Entre los factores lingüísticos se destacaron la tendencia a la simplificación, los cambios por analogía, los factores funcionales y la frecuencia de uso.

Como parte de los factores sociales, se discutió el papel de líderes que desempeñan los grupos de mayor jerarquía social y las mujeres. También se hizo mención a los lazos que establece el individuo en su comunidad y de cómo los miembros con lazos débiles actúan como líderes del cambio. Por último, se discutió acerca del contacto lingüístico y de los procesos de estandarización.

*Ejercicio*

DEFINICIONES. Utiliza los términos de la lista para llenar los espacios en blanco de las definiciones correspondientes.

| | |
|---|---|
| Tiempo aparente | Muestreo intencionado |
| La paradoja del observador | La dialectología |
| Cambios por analogía | Comunidad de habla |
| Tiempo real | La sociolingüística |
| Muestreo al azar | Las redes sociales |

1. _____ es la disciplina que explica los usos lingüísticos y su valor simbólico en el contexto social.
2. _____ es el efecto que tiene sobre los usos lingüísticos el hecho de ser grabado, lo que puede ocasionar un habla formal.

3. _____ se definen como las relaciones que establecen los individuos en diferentes contextos sociales.

4. _____ es la disciplina que se encarga de la variación regional.

5. _____ está formada por un conjunto de individuos que comparten normas de evaluación y producción de fenómenos lingüísticos.

6. _____ se define como aquel en que todos los individuos de una comunidad tienen la misma oportunidad de ser seleccionados.

7. _____ consiste en la comparación en un mismo punto de diferentes grupos generacionales. Permite establecer hipótesis sobre el cambio lingüístico.

8. _____ consisten en el cambio de las formas irregulares a formas regulares por comparación.

9. _____ es la comparación de los individuos de una misma comunidad en dos momentos diferentes del tiempo.

10. _____ consiste en la selección de individuos según ciertas características sociales que se desean investigar.

*Aplicación*

Revisa nuevamente tus respuestas para las preguntas de tu dialecto en la primera sección de *Para investigar y pensar* en la primera sección del capítulo".

Elige un fenómeno fonológico o morfosintáctico específico que sea representativo de tu dialecto.

Contesta las siguientes preguntas.

1. ¿Cuáles son las variantes del fenómeno? ¿Cuáles son las variables independientes que podrían tener efecto en la producción del fenómeno?

2. Basándote en las ideas de la recolección de datos, ¿qué instrumento utilizarías para analizar la producción del fenómeno? Explica tu decisión.

*Términos importantes para estudiar y recordar*

| | |
|---|---|
| Variable sociolingüística | Dialectología |
| Variante | Lexicografía |
| Variable dependiente | Contexto social |
| Elisión | Comunidad de habla |
| Marcador lingüístico | Muestreo al azar |
| Sociolingüística | Muestreo intencionado |
| Sociolingüística cuantitativa | Redes sociales |
| Comunidad de práctica | Tiempo real |
| Entrevista sociolingüística | Simplificación |
| Paradoja del observador | Generalización (regularización) |
| Técnica imitativa | Cambios por analogía |
| Morfosintaxis | Difusión léxica |
| Variable independiente | Pidgin |
| Método comparativo | Lengua criolla |
| Tiempo aparente | |

# Glosario

**Variable sociolingüística:** una variable sociolingüística consiste del fenómeno de habla que manifiesta diferentes formas de pronunciación o estructura gramatical condicionadas por factores lingüísticos y extralingüísticos.

**Variante:** el término variante implica que el hablante selecciona entre dos o más opciones y que tal selección, ya sea de una manera de pronunciar, una estructura gramatical, o una palabra, tiene un valor social para los miembros del grupo. Las variantes son las realizaciones de la variable lingüística. Por ejemplo, la /ɾ/ final de sílaba en muchos dialectos del español en el Caribe y Andalucía se pronuncia como [l], se omite [Ø] o como vibrante simple [ɾ], entre otras variantes.

**Variable dependiente:** el término variable dependiente se emplea generalmente para referirnos a los fenómenos lingüísticos que son objeto de investigación.

**Elisión:** eliminación u omisión de un sonido ([komé] en lugar de [koméɾ]).

**Marcador lingüístico:** los marcadores lingüísticos se asocian con cambios inconscientes (por debajo del nivel de la consciencia) que adquieren valor social. En términos de las variables sociolingüísticas suele mostrar estratificación social y estilística, así como actitudes negativas por parte de los hablantes (Labov 2001: 196).

**Sociolingüística:** la sociolingüística es una disciplina que se encarga del estudio de todos los aspectos relacionados con la lengua en su contexto social. Entre los tópicos implícitos en esta definición se encuentran la identidad, las actitudes, las situaciones de bilingüismo o multilingüismo y otros asuntos de naturaleza sociológica como, por ejemplo, la planificación lingüística.

**Sociolingüística cuantitativa:** la sociolingüística cuantitativa es una rama que hace énfasis en la cuantificación de los factores lingüísticos y sociolingüísticos que condicionan los fenómenos de variación y cambio. Por lo tanto, es una aproximación teórico-metodológica que se basa en el estudio de datos orales en muestras de habla de muchos participantes para establecer generalizaciones representativas.

**Dialectología:** la dialectología es la disciplina que se encarga del estudio de las variedades y de las diferencias lingüísticas que se pueden identificar entre diferentes regiones geográficas donde se habla la misma lengua.

**Lexicografía:** la lexicografía es la disciplina que estudia el vocabulario y la elaboración de diccionarios.

**Contexto social:** el contexto social es una noción que sirve para conceptualizar la situación, las características del individuo mismo y de las personas con las cuales interactúa.

**Comunidad de habla:** la comunidad de habla es un concepto que ha sido empleado en sociolingüística para definir a un grupo de individuos que comparten un conjunto de normas que se observan en la evaluación y el uso de ciertos patrones lingüísticos (ver Labov 1972: 121).

**Muestreo al azar:** el muestreo al azar es un método que se define por el hecho de que todos los individuos de una determinada comunidad tienen la misma oportunidad de ser seleccionados.

**Muestreo intencionado:** el muestreo intencionado es un método según el cual el investigador escoge un número de individuos que posean diferentes niveles de educación, ingreso familiar, etc. con el propósito de garantizar que haya representatividad de la muestra que se recoge.

**Redes sociales:** la red social es una metodología que toma en cuenta los lazos que tiene un individuo en los contextos sociales en los que participa. Esta metodología se emplea para determinar cómo las relaciones del individuo en su contexto social contribuyen a entender la identidad sociolingüística y la difusión de los fenómenos lingüísticos en grupos sociales que mantienen contacto.

**Comunidad de práctica:** la comunidad de práctica consiste de un grupo mucho más pequeño de personas (en comparación con la comunidad de habla) que participan en una actividad en común. Eckert (2000: 35) argumenta que la comunidad de práctica es un grupo de individuos que se juntan en función de un propósito común y que en el desarrollo de ese objetivo común comparten maneras de hacer ciertas cosas, maneras de hablar, creencias y valores.

**Entrevista sociolingüística:** la entrevista sociolingüística es una técnica que se ha empleado como recurso para recolectar datos. La técnica permite obtener muestras de habla a través de una conversación acerca de aspectos relacionados con la vida del entrevistado en diferentes etapas de su vida, aspectos de la vida de la comunidad y experiencias en general del entrevistado.

**Paradoja del observador:** la paradoja del observador es la problemática con relación a la situación en que se graba la entrevista y el propósito de obtener el habla vernácula. Es un hecho reconocido por los investigadores que la interacción entre dos personas que no se conocen y la presencia del grabador no contribuyen en la obtención del estilo de habla más auténtico de las situaciones cotidianas.

**Técnica imitativa:** la técnica imitativa es un método diseñado para el estudio de las actitudes, la cual consiste en el uso de un mismo hablante bilingüe o bidialectal. Este hablante es grabado produciendo un texto en ambas variedades. Los participantes evalúan su percepción del hablante según una escala que se asocia con características relacionadas con atributos que reflejan el estatus social y la personalidad.

**Morfosintaxis:** el término morfosintaxis se emplea de manera general para hacer referencia a fenómenos que afectan la estructura léxica y/o sintáctica (e.g. la alternancia entre *-mos* y *-nos* en *cantábamos* vs. *cantábanos* o la alternancia en el uso u omisión de la preposición *de* en *me enteré de que* vs. *me enteré que*).

**Variable independiente:** las variables independientes son aquellos factores que pensamos que podrían tener una influencia en el uso de una de las variantes de la variable dependiente.

**Método comparativo:** el método comparativo supone la observación de un fenómeno lingüístico en dos períodos de tiempo para describir la trayectoria del cambio.

**Tiempo aparente:** el tiempo aparente es un concepto que emplea la sociolingüística cuantitativa y que supone que los cambios lingüísticos se pueden observar durante su progreso mediante la comparación del habla de grupos de distintas generaciones. Esta suposición implícitamente propone que los hábitos lingüísticos de los individuos permanecen relativamente estables a través del tiempo una vez que se han adquirido.

**Tiempo real:** el tiempo real consiste en comparar un mismo fenómeno en épocas diferentes. Es decir, se compara el mismo fenómeno en dos momentos diferentes del tiempo lo cual generalmente implica un período de diferencia de 10 años o más.

**Simplificación:** a través del proceso de simplificación estructuras complejas se reducen y se convierten en simples. En español, por ejemplo, muchos dialectos presentan procesos de elisión de consonantes en posición final de sílaba lo cual implica la simplificación de la estructura silábica.

**Generalización (regularización):** la generalización se puede considerar un tipo de simplificación que ocurre en el caso del uso de la forma *cabo* en lugar de *quepo* o de la forma *andé* en lugar de la forma *anduve*. En estos ejemplos los hablantes hacen uso de la regla general de la conjugación y la aplican a casos de excepción como lo son los verbos *caber* y *andar*.

**Cambios por analogía:** los cambios por analogía son una forma de regularización que implica el uso de un paradigma común y frecuente cuando se emplean unidades que constituyen una excepción al modelo. Por ejemplo, el uso de la forma regularizada del participio de *cubrir* como *cubrido* en lugar de la forma irregular *cubierto*. Esta analogía se basa en las formas de un verbo como *comer* cuyo participio regular sería *comido*.

**Difusión léxica:** el concepto de difusión léxica ha sido empleado para explicar cómo hay ciertas unidades léxicas en los que el cambio avanza de manera más rápida por razones de frecuencia de uso, en contraste con otros elementos léxicos menos frecuentes que parecen resistirse a los cambios.

**Pidgin:** el término pidgin se emplea para referirse a una lengua que aparece como resultado del contacto entre dos o más comunidades con lenguas diferentes que no permiten la comunicación. Para que se facilite la comunicación, se crea una lengua que tiene una estructura gramatical reducida, un léxico simplificado y poca variación estilística.

**Lengua criolla:** una lengua criolla proviene del desarrollo de un pidgin que se convierte en la lengua nativa de los miembros de la comunidad en contacto. Este desarrollo implica avances en la estructura gramatical.

# Notas

1  Para estudiar acerca de la influencia del investigador durante la entrevista, véase el artículo de Rickford y McNair-Knox (1994).
2  Los símbolos de llaves se emplean para indicar que {s} y {n} son morfemas de plural.
3  "This study has demonstrated how the operation of functional factors inhibits loss of information in just those environments in which ambiguity is most likely to result."

# Referencias bibliográficas citadas

Bentivoglio, Paola y Mercedes Sedano. 1993. Investigación sociolingüística: sus métodos aplicados a una experiencia venezolana. *Boletín de Lingüística* 8, 3–35.
Bybee, Joan. 2001. *Phonology and language use*. Cambridge: Cambridge University Press.

Casesnoves Ferrer, Raquel y David Sankoff. 2004. The Valencian revival: Why usage lags behind competence. *Language in Society* 33, 1–31.

Cashman, Holly R. 2003. Red social y bilingüismo (inglés/español) en Detroit, Michigan. *Revista internacional de lingüística iberoamericana* 3, 59–78.

Cedergren, Henrietta. 1973. Interplay of social and linguistic factors in Panamá. Tesis de doctorado. Cornell University.

Chomsky, Noam. 1957. *Syntactic structures*. La Haya: Mouton.

Díaz-Campos, Manuel. 2005. Lexical diffusion and phonological variation: An analysis of syllable-final /ɾ/ in Venezuelan Spanish. The 59th Kentucky Foreign Language Conference. University of Kentucky.

Díaz-Campos, Manuel y Jason Killam. 2012. Assessing language attitudes through a match-guise experiment: The case of consonantal deletion in Venezuelan Spanish. *Hispania* 95.1, 83–102.

D'Introno, Francesco, Nelson Rojas y Juan Manuel Sosa. 1979. *Boletín de la Academia Puertorriqueña de la Lengua Española* VII. 59–99.

Eckert, Penelope. 2000. *Linguistic variation as social practice*. Oxford: Blackwell.

Frekko, Susana. 2009. "Normal" in Catalonia: Standard language, enregisterment and the imagination of a national public. *Language in Society*, 38, 71–93.

Kiparsky, Paul. 1972. Explanation in phonology. En Stanley Peters (ed.), *Goals of linguistic theory* 198–227. Englewood Cliffs, NJ: Prentice Hall.

Labov, William. 1972. *Sociolinguistic patterns*. Philadelphia: University of Pennsylvania Press.

Labov, William. 1972a. The social motivation of a sound change. En *Sociolinguistic patterns*. 1–41. Philadelphia: University of Pennsylvania Press.

Labov, William. 1972b. The social stratification of (r) in the New York City department stores. En *Sociolinguistic patterns*. 43–69. Philadelphia: University of Pennsylvania Press.

Labov, William. 1990. The intersection of sex and social class in the course of linguistic change. *Language Variation and Change* 2, 205–254.

Labov, William. 2001. *Principles of linguistic change. Social factors*. Oxford: Blackwell.

Lafford, Barbara. 1986. Valor diagnóstico-social del uso de ciertas variantes de /s/ en el español de Cartagena, Colombia. En Rafael Núñez Cedeño, Iraset Páez y Jorge Guitart (eds.), *Estudios sobre la fonología del español del Caribe*. 53–75. Caracas: La Casa de Bello.

Lambert, W., R.C. Hodgson, R.C. Gardner y S. Fillenbaum. 1960. Evaluational reactions to spoken languages. *Journal of Abnormal and Social Psychology* 60.1, 44–51.

López Morales, Humberto. 2004. La investigación sociolingüística en Hispanoamérica durante los últimos veinticinco años. *Lingüística española actual* 26.2, 151–173.

Medina-Rivera, Antonio. 1999. Variación fonológica y estilística en el español de Puerto Rico. *Hispania* 82.3, 529–541.

Medina-Rivera, Antonio. 2011. Variationist approaches: External factors conditioning variation in Spanish phonology. En Manuel Díaz-Campos (ed.), *The handbook of Hispanic sociolinguistics*. 36–53. Oxford: Wiley-Blackwell.

Mendoza-Denton, Norma. 2008. *Homegirls. Language and cultural practice among Latina youth gangs*. Oxford: Wiley-Blackwell.

Milroy, Lesley. 1980. *Language and social networks*. Oxford y Baltimore: Blackwell y University Park Press.

Milroy, James y Lesley Milroy. 1985. Linguistic change, social networks, and speaker inno-
vation. *Journal of Linguistics* 21, 339–384.

Poplack, Shana. 1980. Deletion and disambiguation in Puerto Rican Spanish. *Language* 56,
371–385.

Rickford, John y Fay McNair-Knox. 1994. Addressee and topic-influenced style shift: A
quantitative sociolinguistic study. En Douglass Bieber and Edward Finegan (eds.), *Sociolinguistic perspectives on registry*, 235–276. Nueva York, Oxford University Press.

Roca, Iggy y Wyn Johnson. 1999. *A course in phonology*. Oxford: Blackwell.

San Juan, Esteban y Manuel Almeida. 2005. Teoría sociolingüística y red social: datos del
español canario. *Revista Internacional de Lingüística Iberoamericana* 5, 133–150.

Silva-Corvalán, Carmen. 1989. *Sociolinguistica: Teoría y análisis*. Madrid: Editorial
Alhambra.

Terrell, Tracy. 1976. La variación fonética de la /ɾ/ y /r/ en el español cubano. *Revista de
Filología Española* 58, 109–132.

Terrell, Tracy. 1977. Universal constraints on variable deleted final consonants: Evidence
from Spanish. *The Canadian Journal of Linguistics* 22, 156–168.

Terrell, Tracy. 1978. Constraints on the aspiration and deletion of final /s/ in Cuban and
Puerto Rican Spanish. *The Bilingual Review* 4, 325–326.

# Capítulo 2

# Lengua, edad, género y nivel socioeconómico

El estudio de los factores sociales ha sido fundamental en el desarrollo de la sociolingüística contemporánea. Labov (1972) en su famoso capítulo titulado, *La motivación social del cambio lingüístico*, emplea una serie de variables sociales para explicar como la centralización de los diptongos (ay)/(aw) en Martha's Vineyard se origina en el grupo de los descendientes ingleses y cómo ésta adquiere prestigio en la comunidad debido a su asociación con la isla. La ocupación, la edad y el origen étnico fueron algunas de las variables empleadas para estudiar el contexto social de la centralización vocálica en Martha's Vineyard. Estos factores sociales permitieron establecer cómo otros grupos adoptaron la centralización como una forma de mostrar su identificación con la vida y la comunidad local en Martha's Vineyard. La contribución teórica y metodológica de este artículo continúa siendo relevante para entender cómo la sociolingüística ha transformado el estudio de la variación y el cambio lingüísticos mediante la incorporación de factores sociales. Particularmente relevante es la incorporación de la noción de tiempo aparente (véase el capítulo 1 de este libro). El concepto de **tiempo aparente** supone que los cambios lingüísticos se pueden observar durante su progreso mediante la comparación del habla de grupos de distintas generaciones. Recordemos que la comparación de diferentes grupos generacionales se basa en la idea de que los hábitos lingüísticos de los individuos permanecen relativamente estables a través del tiempo una vez que se han adquirido. El concepto de tiempo aparente unido a factores comúnmente empleados como el género, el nivel socioeconómico y la etnicidad, entre otros, permiten, como plantea Labov (1972), indagar acerca del origen y expansión de la variación y el cambio lingüísticos. La expansión de este modelo de análisis cuantitativo de los fenómenos de variación y cambio que se origina en las investigaciones pioneras de Labov (e.g. *La estratificación social del inglés en la ciudad de Nueva York*, 1966; *Patrones sociolingüísticos*, 1972) generó un marco teórico que ya lleva casi 46 años de historia. Como ya se

*Introducción a la Sociolingüística Hispánica*, First Edition. Manuel Díaz-Campos.
© 2014 John Wiley & Sons, Inc. Published 2014 by John Wiley & Sons, Inc.

ha mencionado en capítulos anteriores, los trabajos de Cedergren constituyen las primeras aplicaciones de la metodología variacionista a datos del español. Este capítulo se organiza en cinco secciones que se enfocan en aspectos relacionados con el empleo de variables fundamentales como la edad y el género. La primera sección desarrolla el uso de la variable edad en estudios de tiempo aparente y su relación con los estudios en tiempo real. Las secciones dos, tres y cuatro examinan tendencias relacionadas con el comportamiento de los miembros de la comunidad según su género. La penúltima sección explora algunos de los retos de las investigaciones sociolingüísticas dedicadas al género, mientras que la última trata del nivel socioeconómico.

- Estudios de tiempo aparente: la comparación de grupos generacionales
- El estudio del comportamiento lingüístico de los géneros
- Comportamiento conservador e innovador en las mujeres
- Proyectando la masculinidad
- Retos en el estudio del género en sociolingüística
- El nivel socioeconómico

## 2.1  Estudios de tiempo aparente: la comparación de grupos generacionales

La incorporación de factores sociales en el estudio de los fenómenos lingüísticos ha permitido entender en qué sectores de la comunidad de habla se origina un fenómeno y cómo se expande hacia otros grupos sociales que lo adoptan por el prestigio que adquiere alguna de las variantes de una variable lingüística. Ésta es una de las contribuciones fundamentales que se deriva de los estudios labovianos y que aún mantienen vigencia en la investigación de la variación y el cambio lingüísticos. Como hemos señalado en la introducción a este capítulo, la edad como variable independiente ha permitido comparar el comportamiento de distintos grupos generacionales para establecer el curso que toma un determinado fenómeno de variación y cambio. La comparación de la conducta lingüística de grupos generacionales en una comunidad de habla se conoce como estudios en tiempo aparente. La idea fundamental es que al comparar a los individuos según su edad podemos observar el posible progreso de un fenómeno en el momento en que ocurre y establecer las motivaciones sociales que condicionan la variación. Esto quiere decir que a través de las investigaciones en tiempo aparente se reflejarían las transformaciones que sufren las variedades a través del tiempo (i.e. diacrónicamente). Las conclusiones que se puedan deducir acerca de las motivaciones sociales dependerán del conocimiento de la comunidad de habla según las variables sociales que se incluyan en tal análisis. Desde una perspectiva simplificada, se podría suponer que los fenómenos favorecidos por los grupos jóvenes avanzarían y se impondrían en el tiempo, mientras que los fenómenos predominantes en los grupos de edad mayor podrían estabilizarse y mostrar patrones de estratificación social constantes. El término **estratificación social** se emplea para indicar el uso diferenciado de las variantes de una variable según el nivel socioeconómico de los hablantes. El uso adicional de otras variables como el nivel socioeconómico o el grado de instrucción así como el género resultan complementarios para proponer interpretaciones acerca del futuro desarrollo de un fenómeno de variación y cambio.

En las investigaciones de Moya y García Wiedemann (1995) y Villena Ponsoda (1996) se muestra cómo en el sur de España se está dando un cambio en favor de la distinción entre [θ] fricativa, interdental, sorda y [s] fricativa, dento-alveolar, sorda. Este patrón de distinción es lo que denomina Villena Ponsoda y Ávila Muñoz (2012) *distinción meridional* debido a que en el centro norte de España se distingue entre [θ] fricativa, interdental, sorda y [ś] fricativa, ápico-alveolar, sorda. Tradicionalmente, en el habla del sur de España se ha descrito la existencia del seseo y del ceceo. Datos provenientes del *Atlas lingüístico y etnográfico de Andalucía* corroboran estas observaciones. Recordemos que el seseo es característico de toda Latinoamérica, partes del sur de España y las Islas Canarias en España. Este fenómeno consiste en la existencia de un solo fonema /s/ pre-dorso, alveolar, fricativo, sordo para pronunciar lo que en la escritura representamos mediante las letras "s", "c" y "z". El *ceceo* consiste en la existencia de un solo fonema /θ/ interdental, fricativo, sordo para pronunciar lo que en la ortografía representamos mediante las letras "s","c" y "z". En la actualidad, Villena Ponsoda y Ávila Muñoz (2012) afirman que la distinción meridional y la distinción "estándar" se imponen en la zona centro oriental compuesta por las provincias de Córdoba, Málaga, Almería, Jaén y Granada. En contraste, el uso del *seseo* y del *ceceo* predomina en el área occidental compuesta por las provincias de Huelva, Sevilla y Cádiz. Tanto los hallazgos de Moya y García Wiedemann (1995) como los de Villena Ponsoda (1996) muestran un cambio en progreso hacia la distinción como se puede apreciar en las figuras 2.1 y 2.2.

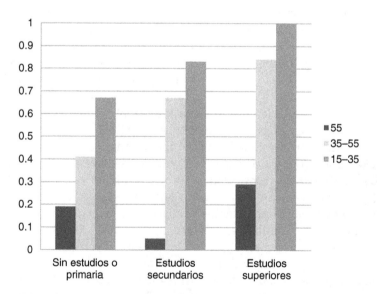

**Figura 2.1**   Estratificación educacional y gradación de edad en el uso de la distinción en Granada (Moya y García Wiedemann 1995, adaptado de Villena Ponsoda y Ávila Muñoz 2012: 55).

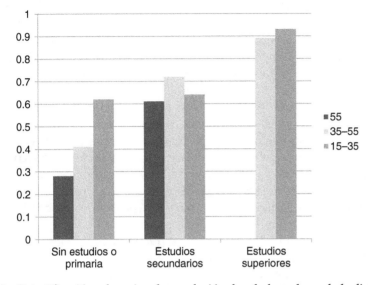

**Figura 2.2**  Estratificación educacional y gradación de edad en el uso de la distinción en Málaga (Villena Ponsoda 1996, adaptado de Villena Ponsoda y Ávila Muñoz 2012: 55).

Los datos sobre la distinción en las ciudades de Granada y Málaga muestran un incremento importante en la generación más joven compuesta por hablantes con edades que van desde los 15 a los 35 años. Los patrones de estratificación según la educación indican que los grupos con educación superior son los que más favorecen el uso de la distinción en su habla. Una estratificación semejante de incremento gradual también se observa en los participantes con edades comprendidas entre los 35 y los 55 años según aumenta el nivel de instrucción. Estos hallazgos en cuanto al uso de la distinción en Granada y Málaga son interpretados como evidencia de que en la zona centro-oriental de Andalucía (i.e. Córdoba, Málaga, Almería, Jaén y Granada) se observa un cambio en progreso (Villena Ponsoda y Ávila Muñoz 2012: 54–55). Los hablantes están abandonando el uso del *seseo* y el *ceceo* en favor de la norma que predomina en el centro-norte de España, la cual se considera como de mayor prestigio en ese país. Posiblemente, este prestigio vendría asociado a factores sociales relacionados con el hecho de que los grupos con mayor poder político y económico viven en la capital, Madrid. El término **prestigio** se usa para referirse a variantes que se asocian con los grupos sociales de nivel socioeconómico privilegiado cuya forma de habla se percibe como un modelo positivo para otros miembros de la comunidad. Los datos de estas investigaciones nos muestran cómo la edad nos permite la comparación de generaciones en *tiempo aparente* para proponer una interpretación sobre la posible dirección del cambio que se estudia. En este caso particular, los investigadores proponen que existe un cambio en progreso, pues la *distinción meridional* (i.e. [θ] fricativa, interdental, sorda y [s] fricativa, dento-alveolar, sorda) avanza entre las generaciones jóvenes del centro-oriente de Andalucía. En resumen, un **cambio en progreso** es un fenómeno lingüístico que avanza y se impone en la comunidad de habla. En términos de las variables sociolingüísticas se observa que lo favorecen los jóvenes y las mujeres.

El trabajo de López Morales (1989) muestra un patrón que ejemplifica la *estabilización* en la comunidad puertorriqueña de la lateralización de la /ɾ/ final de sílaba. En particular nos centraremos en la discusión de tres factores sociolingüísticos: (1) el estilo, (2) el nivel socioeconómico y (3) la edad. El **estilo**, entendido como el nivel de formalidad que adopta en su habla un individuo, fue dividido en espontáneo, semi-espontáneo, cuidadoso y muy cuidadoso. Las dos primeras variantes de estilo fueron el producto de la entrevista sociolingüística con una parte de conversación libre y una sección más estructurada. Los estilos formales fueron obtenidos mediante la lectura de un texto y el más cuidadoso mediante la lectura de una lista de palabras. La división por nivel socioeconómico incluye el grupo bajo, el medio-bajo, el medio y el alto. Los grupos por edad los hemos clasificado, por motivos de exposición, de la siguiente forma: 20 a 34 y de 35 a 55 o más años de edad. La figura 1.3 muestra los coeficientes probabilísticos de la lateralización de /ɾ/ según el nivel socioeconómico y el estilo.

Los hallazgos de López Morales indican que la lateralización en Puerto Rico está estratificada por nivel socioeconómico y por estilo. El nivel bajo emplea la lateralización más frecuentemente en los estilos semiespontáneo y espontáneo, una tendencia que se observa también en los grupos medios con algunas diferencias. En contraste, el nivel alto usa menos la lateralización en estos estilos informales. En los estilos más cuidadosos se observan tendencias que desfavorecen la lateralización en todos los grupos, pues en todos los casos se manifiesta una reducción consistente. Los coeficientes probabilísticos son todos desfavorecedores por debajo de .5 aunque se observa una diferencia del grupo medio con respecto a los demás niveles socioeconómicos en la figura 2.3. La figura 2.4 muestra los resultados de la lateralización en Puerto Rico según la edad en términos de porcentajes.

La distribución de los datos en Puerto Rico indica que los hablantes de 36 años en adelante son los que favorecen la lateralización. Las evidencias de

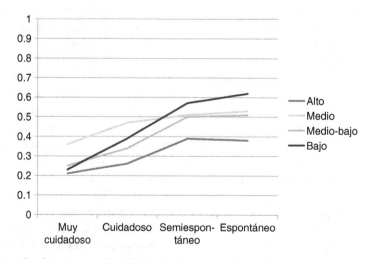

**Figura 2.3**  Coeficientes probabilísticos de la lateralización de /ɾ/ según nivel socioeconómico y el estilo (adaptado de López Morales 1989: 228).

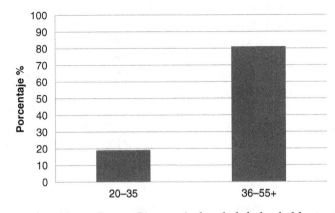

**Figura 2.4**  Lateralización en Puerto Rico según la edad de los hablantes (adaptado de López Morales 1989: 186).

estratificación, variación estilística y patrones de uso según la edad parecen indicar que se trata de un fenómeno estable en la comunidad. Adicionalmente, López Morales presenta resultados que indican que este es un fenómeno más común en los hombres (54%) que en las mujeres (46%), lo cual reforzaría la idea de que éste no es un patrón de variación que esté en progreso. Las investigaciones en sociolingüística han observado que las mujeres suelen liderar los fenómenos de cambio (Medina-Rivera 2011; Cameron 2011). Labov (2001) afirma que la estratificación social y estilística de la variable lingüística son factores fundamentales en la identificación de variables sociolingüísticas estables. De esta forma Labov predice que todos los grupos socioeconómicos se distinguen en el tratamiento de la variable lingüística al mismo tiempo que mantienen patrones semejantes de uso según el estilo. Éste es precisamente el caso de la lateralización en Puerto Rico. Unido a este hecho tenemos también dos elementos más: los grupos de mayor edad y los hombres favorecen la variante lateral, lo cual también se considera como indicativo de estabilidad del fenómeno en la comunidad. En resumen, se clasifica como una **variable sociolingüística estable** a aquellos fenómenos lingüísticos cuya producción muestra estratificación social y estilística, es favorecido por las personas mayores y no muestra diferencias según el género. En algunos casos, se observa mayor uso entre los hombres. Todos estos elementos indican que el cambio no avanza en la comunidad.

La validez del tiempo aparente como herramienta metodológica ha sido estudiada en diversos artículos (e.g. Cedergren 1987; Bailey et al. 1991; Díaz-Campos 2003, entre otros). Bailey et al. (1991) examinan datos en tiempo aparente provenientes de encuestas telefónicas realizadas en el estado de Texas en los Estados Unidos: la *Encuesta Fonológica de Texas* y la *Encuesta Gramatical de Texas*. Los datos de estas encuestas recogidas en 1989 se comparan con la información lingüística contenida en el *Atlas Lingüístico de los Estados del Golfo* colectada a mediados de la década de los 70. El trabajo incluye una serie de variables lingüísticas sociofonéticas (e.g. elisión de [j] después de un sonido alveolar [tu]esday en lugar de [tju]

esday; la neutralización de [ɔ]/[ɑ] en *lost/walk*, entre muchos otros) y morfosintácticas (e.g. *might could* en lugar de *might be able to* "podría", *fixin' to* en lugar de
*I am about to* "me estoy preparando para") características de la región de Texas.
La revisión de variables en los datos de las encuestas telefónicas y en los datos
del *Atlas Lingüístico de los Estados del Golfo* indica que cuando se observa un incremento en el uso de una variable lingüística en los datos más recientes de 1989 hay
mayores diferencias con lo que se reporta en el *Atlas Lingüístico de los Estados del
Golfo*. Esto quiere decir que hay menos uso de la variable en los datos de los 70.
Cuando se observan patrones estables en los datos de las encuestas telefónicas,
no se observan mayores diferencias con los datos del atlas. Las diferencias que se
observan entre el *Atlas Lingüístico de los Estados del Golfo* y los córpora más recientes
se toman como evidencia sólida que valida el uso del concepto de *tiempo aparente*
en la investigación de variables sociolingüísticas.

El primer trabajo que investiga datos del español en **tiempo real** es el análisis
que hace Cedergren (1987) sobre la lenición de [ʧ] en el español de Panamá. Se
considera un trabajo en tiempo real porque se comparan datos de dos épocas
diferentes que provienen de hablantes con características sociales semejantes. La
investigadora describe dos variantes: el sonido [ʧ] africado, palatal, sordo y la
variante "nueva" [ʃ] fricativa, palatal, sorda. El término **lenición** se emplea para
indicar que el sonido ha perdido el período de oclusión representado por [t] y se
ha convertido en fricativo [ʃ]. Cedergren compara los datos originales de su
trabajo de grado doctoral, recolectados en 1969, con datos recogidos aproximadamente una década más tarde (i.e. 1982–1984). De acuerdo con el análisis de las
variables sociales incluidas en la investigación de 1969, Cedergren reporta lo
siguiente: la variante fricativa es favorecida por los sujetos menores de 35 años,
las mujeres y los individuos nacidos o criados en la Ciudad de Panamá.

Desde un punto de vista interpretativo de los datos, la evidencia que muestra
Cedergren posee dos elementos clave: los fenómenos que emplean los jóvenes
suelen mantenerse y difundirse. Lo mismo se puede decir de los cambios que
promueven las mujeres, ya que ellas juegan un papel principal en la formación
de las nuevas generaciones. También es posible especular que la Ciudad de
Panamá, como centro político y económico del país, es donde se habla la variedad
que se considera de mayor prestigio debido a que es el centro sociopolítico y
económico de Panamá. Este "prestigio" contribuye a la difusión del cambio a otras
áreas del país. De hecho, la autora plantea, según la evidencia sincrónica obtenida,
que la lenición de [ʧ] es un cambio en progreso que probablemente se originó en
la ciudad de Panamá. Cedergren plantea la posibilidad de que se extienda desde
las zonas urbanas hacia las áreas rurales del país. Estas suposiciones se basan en
el análisis cuantitativo de los datos de 1969 sin la posibilidad de comparar con
data anterior. En el análisis de los datos recolectados entre 1982–1984, Cedergren
observa que la comparación entre los hablantes nacidos en 1909 o más temprano
y los que nacieron entre 1949 y 1955 muestran un incremento de uso de la variable
fricativa [ʃ] en un 55%. El hecho de que se observa un patrón similar de incremento
en el uso de la variable fricativa según la edad de los hablantes en ambas muestras,
le permite confirmar a Cedergren su hipótesis inicial, planteada con los datos de
1969, de que la lenición de [ʧ] manifiesta tendencias consistentes con un cambio
en progreso en la Ciudad de Panamá. En efecto, Cedergren (1987: 53) afirma: "lo

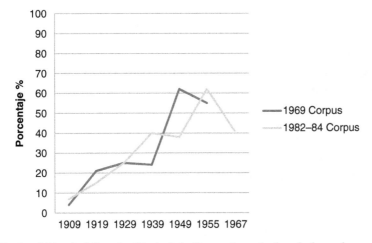

**Figura 2.5** Lenición de [ʃ] en la Ciudad de Panamá según la edad en el corpus 1969 y en el corpus de 1982–1984 (adaptado de Cedergren 1988: 54).

que emerge es una distribución que se asemeja al ***modelo de difusión lingüística en S*** en donde las innovaciones lingüísticas se extienden lentamente en las etapas iniciales y finales, en contraste con las etapas medias en las que el cambio se extiende rápidamente". Véase la figura 2.5 en la que se hace la comparación de los datos de 1969 con los de 1982–1984.

En resumen, hemos presentado un panorama breve con algunas referencias útiles para entender cómo se estudia la variación y el cambio mediante la comparación del comportamiento lingüístico de grupos generacionales diferentes que conviven en una misma comunidad lingüística. Sobre la base de esta metodología se pueden proponer interpretaciones sobre el avance o la estabilización en las comunidades de los fenómenos de variación y cambio. El primer ejemplo analizado muestra el avance de la *distinción meridional* entre los jóvenes andaluces de la zona centro-oriental (i.e. Córdoba, Málaga, Almería, Jaén y Granada). Los datos indican un patrón que se interpreta como consistente con un cambio en progreso (Villena Ponsoda y Ávila Muñoz 2012). En contraste, los hallazgos de López Morales (1989) muestran patrones consistentes con un *cambio estable* en Puerto Rico, pues se observa estratificación por nivel socioeconómico y estilo y mayor uso de la lateralización entre los hablantes mayores de 36 años. La validez de la noción de *tiempo aparente* se examina en los trabajos de Bailey et al. (1991) y Cedergren (1987). Mediante la comparación de datos en tiempo real ambas investigaciones argumentan que las predicciones hechas en tiempo aparente se confirman y muestran la validez de los estudios en tiempo aparente.

*Preguntas de comprensión*
1. ¿Por qué ha sido tan esencial la edad como variable independiente en el estudio de los fenómenos lingüísticos?
2. ¿Qué es lo que supuestamente ocurre con las variantes favorecidas por los hablantes jóvenes y por los hablantes de edad mayor?

3.  ¿Cuáles son los efectos de edad y nivel de educación en la producción de la *distinción meridional* en Málaga y Granada? ¿Qué está ocurriendo con el *seseo* y el *ceceo* en esta parte de España?
4.  En cuanto a la lateralización de la /ɾ/ a final de sílaba en Puerto Rico, ¿cuáles son las variables que influyen en su producción? ¿Por qué no se puede considerar un cambio en progreso?
5.  ¿Cómo se interpretan los fenómenos en el habla de Texas como representativos del *tiempo aparente*?
6.  ¿Cómo se explica el resultado de que los jóvenes de la Ciudad de Panamá favorecen la producción de /ʃ/? ¿Por qué este estudio es representativo del *tiempo real*? Explica.

## Para investigar y pensar:

Considera la metodología de las investigaciones de tiempo aparente y tiempo real. Piensa en tu idioma nativo y en dos variables fonológicas o morfosintácticas.

Diseña una investigación para una de las dos variables que siga la metodología de tiempo aparente.

Diseña otra investigación para la otra variable pero haz que la metodología concuerde con el tiempo real.

## 2.2   Comportamiento conservador e innovador en las mujeres

El estudio de cómo hablan las mujeres en comparación con los hombres y de cómo se reflejan estas diferencias en los fenómenos de variación ha recibido atención considerable en los estudios de sociolingüística. Las primeras investigaciones consideraban el **sexo** como una simple clasificación biológica de los sujetos participantes como macho y hembra. Esta clasificación permitía observar tendencias en la distribución de las variantes de las variables lingüísticas que se investigaban. La figura 2.6 muestra un ejemplo que proviene del estudio de López Morales (1989) sobre la lateralización en San Juan de Puerto Rico en el cual se puede apreciar el comportamiento conservador de las mujeres hacia variantes que se asocian con la variedad vernácula. En contraste los hombres muestran patrones que favorecen el uso de variantes vernáculas como se aprecia en la figura 2.6. Labov (1972: 243) documenta que la conducta de las mujeres muestra un mayor uso de variantes consideradas de prestigio en la comunidad de la que provienen. Labov señala que, cuando se analiza el uso de fenómenos estables en la comunidad según variables tales como sexo y estilo, las mujeres evitan el empleo de variables lingüísticas estigmatizadas. Un patrón que, según Labov (1972), se acentúa en el grupo de las mujeres de clase media-baja. El término **estigma** se emplea para hacer referencia a fenómenos lingüísticos que son percibidos negativamente y que suelen emplearse en el habla vernácula. Numerosas

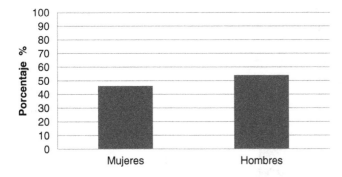

**Figura 2.6** La lateralización en San Juan de Puerto Rico según la el sexo de los hablantes (adaptado de López Morales 1989: 201).

investigaciones han corroborado patrones similares por lo cual se ha concluido que las mujeres son particularmente sensibles en el uso de aquellas variantes que tienen un valor sociolingüístico explícitamente negativo en la comunidad. Particularmente, en el caso del español, Holmsquist (2011: 231) cita una serie de estudios en los que se ha presentado evidencia fuerte de estas tendencias favorecedoras de variantes prestigiosas en el habla femenina. En la sección anterior se ha argumentado que la lateralización en Puerto Rico es consistente con los patrones de uso social que ejemplifican una variable estabilizada en la comunidad. De esta forma, la distribución de la lateralización según el sexo es una pieza más en el rompecabezas que nos indica no sólo su estatus, sino también la valoración que mujeres y hombres de la comunidad podrían atribuir a este fenómeno.

Si bien es cierto que las mujeres desfavorecen variantes del habla vernácula, las investigaciones variacionistas han documentado el liderazgo de las mujeres en el uso de variantes que tienen una valoración sociolingüística positiva. El trabajo de Rissel (1989) ilustra esta tendencia en el habla de un grupo de 56 jóvenes de San Luis Potosí en México. Rissel estudia la asibilación de la vibrante múltiple /r/ y de la vibrante simple /ɾ/ en posición final de sílaba y palabra. Recordemos que el término *asibilación* se refiere a la producción de las vibrantes con cualidades de segmentos fricativos sibilantes como la [s]. La figura 2.7 muestra la asibilación de la vibrante múltiple /r/ y de la vibrante simple /ɾ/ en posición final de sílaba y palabra según el sexo de los hablantes. Las tendencias que se observan indican que este grupo de mujeres jóvenes favorecen claramente la asibilación en la ciudad de San Luis Potosí. En su estudio, Rissel (1989) también considera las actitudes de los hablantes mediante la investigación de las opiniones de los participantes acerca de las mujeres y el trabajo profesional fuera de la casa después de casarse. El primer grupo es el más liberal que considera que la mujer puede trabajar fuera de la casa después del matrimonio. El segundo grupo tiene una actitud intermedia que considera que la mujer puede trabajar si existe la necesidad. Finalmente el tercer grupo es el tradicional que considera que la mujer debe quedarse en la casa luego de casarse. De acuerdo con esta división, los resultados muestran que los hombres y mujeres con actitudes tradicionales son los que tienen tendencias antagónicas: las mujeres favorecen la asibilación, mientras que los

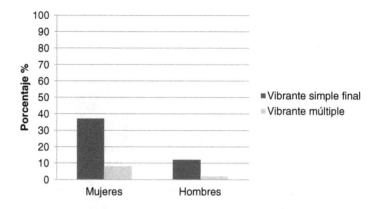

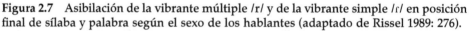

**Figura 2.7**    Asibilación de la vibrante múltiple /r/ y de la vibrante simple /ɾ/ en posición final de sílaba y palabra según el sexo de los hablantes (adaptado de Rissel 1989: 276).

hombres la desfavorecen fuertemente. La asibilación para este grupo de hombres con actitudes tradicionales es un rasgo asociado exclusivamente con el habla femenina.

Rissel (1989) explica que la asibilación es un rasgo propio del habla local que se considera prestigioso. Según interpreta la autora de acuerdo con las investigaciones previas, la asibilación se inició en los grupos de mujeres de clase media y clase alta y de allí se extendió a otros grupos como las mujeres jóvenes de nivel socioeconómico bajo dentro de la comunidad. El grupo de jóvenes del nivel socioeconómico bajo se resiste a la adopción de la asibilación en su habla debido a que éste es un rasgo que se asocia con las mujeres. Adicionalmente, los hombres con actitudes más tradicionales de cualquier nivel socioeconómico desfavorecen más la asibilación, lo cual hace que el proceso de adopción de la variante innovadora en el habla masculina sea más lento. Como bien explica Medina-Rivera (2011: 38), el prestigio sociolingüístico de la variable que se estudie es un elemento muy importante cuando se considera la conducta lingüística de las mujeres. Generalmente, si el fenómeno en cuestión es evaluado negativamente por la comunidad, las mujeres suelen desfavorecerlo. Lo contrario ocurre si se trata de un fenómeno que se considera prestigioso. Este par de ejemplos que hemos presentado en esta sección ejemplifica lo que se ha llamado la **paradoja en el comportamiento lingüístico de las mujeres** en cuanto a ser conservadoras y favorecer el uso de variantes consideradas normativas, por una parte, y, por la otra, favorecer el uso de variantes nuevas que poseen prestigio sociolingüístico en la comunidad en que se desarrollan.

En otros niveles de la gramática también se evidencian diferencias entre el habla de los hombres y de las mujeres. Por ejemplo, Díaz-Campos y Morgado (1998) encontraron diferencias en el uso de los diminutivos (e.g. *caballito*, *pequeñito*, etc.) en una muestra de hablantes de Caracas, Venezuela. La figura 2.8 muestra los resultados del empleo del diminutivo en la muestra analizada.

Las mujeres emplean el diminutivo mucho más que los hombres en todas las categorías gramaticales (i.e. sustantivos 65%, adverbios 56% y adjetivos 71%). Los investigadores interpretan estos resultados como parte de las estrategias

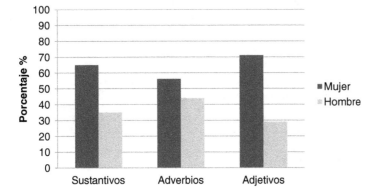

**Figura 2.8** Uso del diminutivo por categoría gramatical y según el sexo del hablante.

discursivas que emplean las mujeres para establecer lazos de solidaridad con los interlocutores. La carga afectiva que implica el uso de los diminutivos ayudaría a crear cierta conexión de intimidad que suele ser propiciada más por las mujeres que por los hombres cuando conversan con otras personas. El término **solidaridad** hace referencia a la empatía o adhesión que se da entre los interlocutores durante el momento en que interactúa. Un ejemplo similar a este patrón atribuido a las mujeres, pero en la lengua inglesa, se observa en el uso de las preguntas de confirmación (i.e. *This was a wonderful party, wasn't it? "La fiesta fue maravillosa, ¿verdad?"*). Meyerhoff (2011: 235) explica que en las investigaciones sobre este tema se ha determinado que el uso de preguntas de confirmación es típico del habla femenina. Esta tendencia refleja la búsqueda de la validación de opiniones y la clarificación de hechos como una característica discursiva más frecuente en el habla femenina.

En relación con la conducta de hombres y mujeres según el grupo de edad a que pertenecen, el trabajo de Cameron (2011) ofrece explicaciones relevantes para entender las diferencias que se observan en el desarrollo de la vida del individuo. Cameron (2011: 221) plantea lo siguiente: "Si los hombres y las mujeres tienden a separarse o a estar separados los unos de los otros en grupos de iguales, el grado de interacción entre los diferentes sexos no sería tan frecuente como el contacto con los miembros del mismo sexo. Si son menos frecuentes tales interacciones (. . .) se podrían predecir diferencias importantes [entre la forma de hablar de los sexos]". Sobre la base de esta idea general, Cameron (2011: 221) propone las siguientes hipótesis:

A. El grado de diferencia en el uso de una variable sociolingüística entre hombres y mujeres será fluctuante en su frecuencia o probabilidad a lo largo de la vida del individuo.

B. Cuando la separación por sexos ocurre en su máxima expresión, el grado de las diferencias cuantitativas será mayor. Este patrón se debe observar mayormente cuando la segregación sexual es una práctica obligatoria.

C. Cuando la separación por sexos ocurre en su mínima expresión, el grado de las diferencias cuantitativas será menor. Este patrón se debe observar mayormente cuando la segregación sexual ocurre en menor escala.

**Tabla 2.1**   Variantes de la /d/ intervocálica según la edad y el sexo en San Juan, Puerto Rico (adaptada de Cameron 2011: 222).

| Grupos | Retención | Elisión | Número de casos | Diferencia (% de elisión) |
|---|---|---|---|---|
| Pre-adolescente (femenino) | 69 | 31 | 200 | |
| Pre-adolescente (masculino) | 48 | 52 | 100 | 21 |
| Adolescente (femenino) | 91 | 9 | 100 | |
| Adolescente (masculino) | 50 | 50 | 200 | 41 |
| 20–30 femenino | 84 | 16 | 377 | |
| 20–30 masculino | 68 | 32 | 350 | 16 |
| 40–50 femenino | 72 | 28 | 200 | |
| 40–50 masculino | 60 | 40 | 250 | 12 |
| 60+ femenino | 84 | 16 | 300 | |
| 60+ masculino | 62 | 38 | 150 | 22 |

La tabla 2.1 muestra los resultados del análisis de la /d/ intervocálica en San Juan de Puerto Rico según la edad y el sexo del hablante.

Los hallazgos de Cameron (2011) indican que las mayores diferencias se encuentran entre los adolescentes en comparación con los grupos de adultos de 20 a 30 así como de 40 a 50 años de edad. De igual forma, hay diferencias importantes entre los hablantes mayores y los adultos jóvenes así como los de edad media. Por el contrario, el menor grado de diferencias lingüísticas se observa entre los adultos jóvenes y los adultos de 40 a 50 años de edad. Los resultados muestran que las diferencias entre los preadolescentes y los adolescentes no son tan grandes como se esperaban. Es posible que se pueda investigar en el futuro el hecho de que es en el período de la adolescencia cuando la identidad individual y de género es particularmente relevante en la interacción con el sexo opuesto. Otro tema para futuras investigaciones tendría que ver con el surgimiento de diferencias relacionadas con el género. También es posible que se investigue acerca de la frecuencia de las interacciones con los miembros del otro sexo, pues en esta época de la vida se suelen establecer grupos de amistades con miembros del mismo sexo y, por lo tanto, es posible que se pase más tiempo con miembros del mismo sexo y no del sexo opuesto, como se plantea en las predicciones originalmente propuestas por Cameron. La importancia de los resultados que presenta Cameron (2011) se basa en el hecho de que las conexiones entre variables, tales como el sexo y la edad, nos permiten entender la variación como un producto de las prácticas de socialización que son cotidianas en ciertas comunidades. A pesar de que los resultados presentados ejemplifican el modelo de lo que puede ocurrir en una sociedad occidental, estas mismas hipótesis se podrían modificar y emplear en el estudio de otras culturas con el propósito de descubrir discrepancias y semejanzas en cuanto al habla de hombres y mujeres según la edad. En resumen, de acuerdo con lo que plantea Cameron (2011), las diferencias entre hombres y mujeres se pueden explicar, en parte, por los cambios de socialización con el sexo opuesto que ocurren a lo largo de la vida del individuo según la edad. Ésta es una pieza importante que nos ayuda a entender la variación y el cambio lingüísticos entre hombres y mujeres.

Este interés en el estudio de las diferencias entre hombres y mujeres ha evolucionado a lo largo de los últimos 45 años. En estudios más recientes, el enfoque no se basa en la simple distinción de la diferencia biológica de sexo entre hombres y mujeres. Más bien se estudia la diferencia entre hombres y mujeres como el producto de las condiciones sociales que propician las características propias de cada género. El término **género** se considera un concepto dinámico que supone la construcción de una identidad propia que puede o no coincidir con la percepción social que existe de los papeles tradicionalmente atribuidos a los hombres y a las mujeres. De esta forma, se conviene que el género es un constructo social que depende de la identidad que desarrolla el individuo en su interacción con otros y la percepción que éste tiene de sí mismo. Esta aproximación permite observar diferencias más detalladas entre grupos de mujeres y hombres que se distancian de los estereotipos sociales.

En particular, este tipo de trabajos se ha enfocado en el habla de las comunidades de homosexuales, de lesbianas y de bisexuales para identificar cómo se emplea la variación en estos grupos. El estudio de Munson (2007) es un ejemplo excelente que ilustra cómo una serie de rasgos lingüísticos asociados con la orientación sexual se relacionan con juicios independientes acerca de la percepción de la masculinidad y la feminidad de un grupo de participantes. Los rasgos lingüísticos incluidos en el estudio se emplean para establecer conclusiones acerca de cómo tales variantes facilitan la percepción de la orientación sexual. El estudio incluye los estímulos experimentales producidos por 44 hablantes divididos según su orientación sexual: 11 lesbianas, 11 homosexuales, 11 mujeres heterosexuales y 11 hombres heterosexuales. Los estímulos estaban constituidos por 12 palabras producidas por los participantes con las siguientes características: tres palabras con vocales anteriores y consonantes sibilantes (e.g. gas, said, same), tres palabras con vocales anteriores sin consonantes sibilantes (e.g. bell, fade, path), tres palabras con vocales posteriores redondeadas con consonantes sibilantes (e.g. loose, soap, soon) y, finalmente, tres palabras con vocales posteriores redondeas y sin consonantes sibilantes (e.g. hoop, note, tooth). Los participantes escucharon los estímulos en tríos según las características descritas y evaluaron a los participantes según la orientación sexual percibida (e.g. 5 = nada masculino, 3 = más o menos masculino, 1 = muy masculino).

Los resultados de la investigación de Munson (2007) indican que hubo un efecto en la evaluación de las voces masculinas según la anterioridad o posterioridad de las vocales. Los hablantes fueron clasificados como menos masculinos cuando se evaluaron los estímulos que contenían vocales anteriores. También se señala en el trabajo que la orientación sexual reportada por los hablantes mostró un efecto significativo. De esta forma, las voces de los hombres que reportaron ser homosexuales fueron percibidas como menos masculinas que las voces de los hombres que se identificaron como heterosexuales. Entre los hallazgos también se reportan efectos significativos entre las variables posterioridad de la vocal y la orientación sexual, así como entre la posterioridad de la vocal, la presencia o ausencia de consonantes sibilantes y la orientación sexual.

En el caso de las mujeres, se encontró un efecto significativo según la presencia de una consonante sibilante y de acuerdo con la orientación sexual reportada. Es decir, los estímulos con consonantes sibilantes se asociaron con voces más masculinas en las mujeres. Se encontraron diferencias significativas entre las mujeres que reportaron ser lesbianas o bisexuales y las mujeres que reportaron ser heterosexuales. Las voces de las mujeres que reportaron ser lesbianas o bisexuales fueron evaluadas como menos femeninas. La medida del F0, el cual se asocia con la gravedad o la agudeza de la voz, fue uno de los parámetros acústicos fuertemente relacionados con las evaluaciones de masculinidad y feminidad. Altas medidas de F0 serían más típicas del habla femenina y lo contrario del habla masculina. Asimismo, las medidas de F2, relacionadas con la posterioridad de las vocales, fueron predictivas de la orientación sexual. Recordemos que hubo una asociación entre estímulos con vocales posteriores y masculinidad. Es decir, se observa una relación independiente de la orientación sexual percibida y de los rasgos lingüísticos que se asocian con masculinidad y feminidad. A pesar de que ambos tipos de evaluaciones se relacionan estrechamente en el estudio de Munson, el habla de los hombres homosexuales y de las mujeres lesbianas no se puede caracterizar globalmente como tal sin tomar en cuenta el efecto de ciertos rasgos específicos que forman parte del estilo de estos géneros. La investigación de Munson (2007) muestra cómo se puede ir más allá de la división biológica del sexo para estudiar los patrones del habla de acuerdo con la orientación sexual. En la sección que sigue, estudiaremos con más detalles el habla masculina mediante la presentación de algunos trabajos de investigación que se dedican a este tema.

*Preguntas de comprensión*
1. ¿Cuál es la relación sugerida entre las variables prestigiosas y el habla masculina y femenina? ¿Cuáles son dos ejemplos que ilustren estas hipótesis en español?
2. ¿Cómo se relacionan las actitudes sociales hacia el papel de la mujer y la producción lingüística de las vibrantes asibiladas en el estudio de Rissel?
3. ¿Cómo se explica el uso de formas normativas e innovadoras en el habla de las mujeres? ¿Por qué se considera "paradójico"?
4. ¿Por qué el estudio de la edad en combinación con el género resulta útil para el estudio del habla de los hombres y de las mujeres?
5. ¿Cómo se interpreta el hecho de que las mujeres producen más formas diminutivas en español y más preguntas de confirmación en inglés? ¿Estás de acuerdo con las conclusiones de Meyerhoff (2011) y de Díaz-Campos y Morgado (1998)? Explica.
6. ¿Cuál es la idea general de las hipótesis de Cameron (2011)? ¿Cómo se explican las diferencias en las tasas de elisión según el grupo etario?

## Para investigar y pensar:

Basándote en los resultados de las investigaciones previamente mencionadas, distingue entre el sexo (hombre-mujer) y el género (masculino-femenino). ¿Por qué sería importante hacer esta distinción cuando uno se refiere al comportamiento lingüístico? Considera los resultados de Munson (2007) para apoyar tus ideas.

¿Puedes pensar en otros ejemplos del habla de tu idioma nativo o dialecto que se consideran representativos del habla "masculina" o "femenina"? Explica.

## 2.3   Proyectando la masculinidad

En las secciones anteriores, hemos visto que los hombres suelen favorecer las variantes que se consideran vernáculas en su habla. En contraste con las conductas que se describen como típicas de las mujeres, los hombres no parecen orientados hacia las formas que se perciben como prestigiosas en su comunidad de habla. En los ejemplos que comentamos anteriormente se puede observar que la lateralización es favorecida por los hombres en San Juan de Puerto Rico. En los datos de Cameron (2011) son los miembros del sexo masculino de todos los grupos de edad quienes favorecen la elisión de la /d/ intervocálica, otro rasgo que se puede asociar con los estilos coloquiales de habla en Puerto Rico. Turnham y Lafford (1995) presentan datos de Madrid, España sobre lo que los autores denominan como la velarización de /s/ final de sílaba ante consonante velar en casos como *asco* pronunciado como [áxko] en lugar de [áško]. El estudio describe tres variantes de la /s/ final de sílaba ante consonante velar: [ś] ápico-alveolar, fricativo, sordo; [x] velar, fricativo, sordo; [Ø] la omisión completa del sonido. La variante [x] velar es típica del habla espontánea y refleja una producción que se favorece en la comunidad en situaciones con familiares y amigos. Veamos la distribución de las variantes según el sexo de los participantes en la tabla 2.2.

Las variantes velarizadas son más comunes en el habla masculina (21,1%) que en el habla femenina (9,8%). De igual forma, las variantes elididas se observan ligeramente más entre los hombres (8,3%) que entre las mujeres (5,6%). La velarización de /s/ final de sílaba ante consonante velar también muestra condicionamiento estilístico según los hallazgos de Turnham y Lafford (1995). El estilo distingue entre la conversación, la lectura de un texto y la lectura de una lista de

**Tabla 2.2**   Distribución de las variantes de /s/ final de sílaba ante consonante velar según el sexo de los hablantes en Madrid, España.

| Sexo | | [ś] | [x] | [Ø] | Total |
|---|---|---|---|---|---|
| Hombres | N | 993 | 298 | 117 | 1.408 |
| | % | 70,5 | 21,1 | 8,3 | |
| Mujeres | N | 1279 | 149 | 85 | 1.513 |
| | % | 84,5 | 9,78 | 5,6 | |

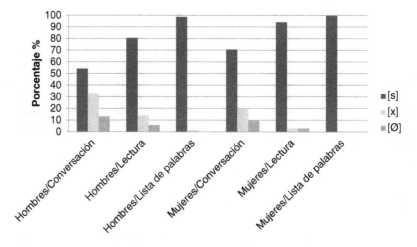

**Figura 2.9**   Distribución de las variantes de la /s/ final ante consonante velar según sexo y estilo (adaptado de Turnham y Lafford 1995: 325).

palabras. La figura 2.9 muestra la distribución de las variantes de /s/ final de sílaba ante consonante velar según el sexo y el estilo.

El uso de las variantes ejemplifica la conducta lingüística que se ha observado en los hombres con respecto a favorecer las variantes vernáculas. Especialmente en el estilo conversacional se observa que la variante velarizada es más común en los hombres (32,8%) que en las mujeres (19,3%). Los patrones que se revelan del análisis de la /s/ final ante consonante velar son ilustrativos de los que documenta Labov (1972: 243) en su trabajo sobre la **actitud conservadora** de las mujeres frente a variantes que no se perciben como prestigiosas y de la conducta de los hombres de favorecer variantes que se asocian con el vernáculo de la comunidad de habla a la que pertenecen. A pesar de que Turnham y Lafford (1995) proponen una hipótesis relacionada con el efecto de los cambios sociales en la España contemporánea, después de la dictadura de Franco, en la conducta menos conservadora de las mujeres, la investigación de estos autores presenta evidencias que muestran patrones extensivamente documentados: el uso de formas vernáculas en los hombres y el uso de formas prestigiosas por parte de las mujeres.

En cuanto a la percepción de la orientación sexual de los hablantes según el uso de variables sociolingüísticamente estratificadas, el estudio de Mack (2011) investiga la relación que existe entre las variantes de la /s/ final de sílaba: [s] retención, [h] aspiración y [Ø] elisión y la identificación de los hablantes como heterosexuales u homosexuales. El trabajo estudia de manera empírica el uso de la variante de retención como índice del habla de hombres homosexuales. En una serie de entrevistas realizadas en Puerto Rico por la investigadora algunos informantes establecieron conexiones entre la pronunciación cuidada de la /s/ final de sílaba y el habla "correcta" de los hombres gay (Mack 2011: 83). Para el experimento de percepción se seleccionaron 7 hablantes que fueron evaluados como homosexuales y 7 participantes que fueron evaluados como heterosexuales. Esta evaluación fue obtenida de 23 miembros de la misma comunidad que clasificaron las voces según la percepción subjetiva de la orientación sexual. La prueba de percepción fue completada por 43 participantes: 33 mujeres y 10 hombres.

Los resultados del experimento muestran que las variables orientación sexual percibida (i.e. homosexual vs. heterosexual) y la variante de la /s/ final de sílaba (retención, elisión, etc.) tienen un efecto estadístico significativo. La combinación de ambas variables también fue significativa de acuerdo con el análisis estadístico. Particularmente relevante es el hecho de que el trabajo muestra evidencia empírica según la cual las personas que respondieron a la prueba tendían a asociar la retención de la [s] final de sílaba con el habla homosexual. En resumen, la investigación de Mack (2011) muestra que la producción de la /s/ final de sílaba en Puerto Rico, un dialecto caracterizado por el uso de variantes aspiradas y elididas, se relaciona con el habla de los hombres gay. Este resultado refuerza, a través de un estudio de percepción, las observaciones hechas en estudios anteriores sobre los estereotipos que se asocian con el habla masculina. Por otra parte, Mack ofrece datos importantes sobre el habla homosexual en un país hispanohablante. Éste es un tópico que se ha estudiado muy poco y que requiere mayor atención en el futuro.

Más allá de las investigaciones variacionistas sobre el habla de los hombres, se han realizado trabajos que reflejan las estrategias discursivas que aparecen en el uso de ciertos marcadores del discurso. La investigación de Kiesling (2004) acerca del uso del término *dude* en el inglés estadounidense es un ejemplo de índice discursivo que se emplea en la interacción entre jóvenes del sexo masculino.

Kiesling plantea que *dude* es un índice discursivo que sirve para comunicar una actitud relajada y solidaridad masculina entre hombres jóvenes. Un ejemplo típico del uso de *dude* aparece en una película *Fast Times at Ridgemont High* (1982) en la que el personaje interpretado por Sean Penn se caracteriza por su rebeldía y naturalidad (véase http://www.youtube.com/watch?v=n9huSs0g67c) frente a la autoridad. En el marco de la solidaridad en el uso de *dude*, los hombres que interactúan usando el término también comunican su postura heterosexual. De esta forma, *dude* marca una postura casual, amigable y espontánea entre hombres heterosexuales. El punto que destaca Kiesling tiene que ver con el hecho de que *dude* se emplea para crear una postura interpersonal entre hombres que depende de la situación, el interlocutor y otros aspectos de la interacción que generan significados diferentes de la palabra *dude* cuando se estudian los contextos en los que ocurre. Entre las funciones que *dude* desempeña en el discurso Keisling destaca las siguientes: exclamación, mitigador de una confrontación, afiliación o conexión y acuerdo.

Este trabajo resulta particularmente interesante porque se puede observar cómo *dude* es una palabra que adquiere connotaciones particulares en el discurso masculino. Aunque no hay estudios que necesariamente se puedan citar, el uso de la palabra *huevón/güevón* en ciertos dialectos del español cumple con funciones relativamente semejantes. Es un índice que se emplea entre hombres para expresar solidaridad y camaradería (ejemplos de otras variedades podrían incluir: *macho*, *chaval*, etc.). A pesar de que es una palabra con connotaciones vulgares que hace referencia a los testículos, su uso entre hombres tiene el significado de amigo cercano como cuando se emplea la palabra *compadre* o *pana* "buddy".

La pronunciación *güevón* tiene una connotación rústica que resulta propia del habla vernácula. El uso de términos como *huevón/güevón* en el habla femenina no es común, aunque en las generaciones de mujeres más jóvenes la aceptación y uso de palabras groseras que constituyen tabú se ha hecho más frecuente. Esto podría considerarse como parte de los cambios en los papeles de los hombres y las mujeres en la sociedad contemporánea. De manera especulativa se puede ver que en el caso de *huevón/güevón* la idea de masculinidad podría estar asociada con el uso de un habla rústica y vulgar, aunque el término empleado entre amigos se entiende como índice de solidaridad.

*Preguntas de comprensión*

1. ¿Cómo se puede considerar que la diferencia según género en la producción de /s/ a final de sílaba es un ejemplo de la actitud conservadora de las mujeres según plantea Labov (1972: 243)?
2. Según la investigación de Mack (2011), ¿cuál es la conexión entre la percepción de la orientación sexual y la producción de la /s/ en Puerto Rico?
3. ¿Cuál es el significado sociológico de las palabras *dude* o *huevón/güevón*?

## Para investigar y pensar:

Piensa en un elemento de tu dialecto o idioma que parece ser común del habla masculina o femenina (un término como *dude/huevón*, o cierta manera de pronunciación o entonación). Encuesta a 10 personas (hombres y mujeres) que conoces. En la encuesta, pregúntales lo que opinan del fenómeno y si ellos lo consideran característico del habla de un género u otro.

¿Cuáles son las actitudes que observas? ¿Son parecidas a las hipótesis que tenías? Explica.

## 2.4    Retos en el estudio del género en sociolingüística

En las secciones anteriores de este capítulo nos hemos centrado en la descripción de algunos hallazgos sobre las diferencias entre hombres y mujeres heterosexuales, así como a estudios en los que se proveen datos sobre el habla de grupos con sexualidad diversa. Munson (2011) anecdóticamente señala que los cambios sociales que se han materializado en los últimos 70 años en relación con los papeles asignados a hombres y mujeres y a los grupos de sexualidad diversa han sido inmensos. Munson argumenta que a comienzos del siglo XX se consideraba a los grupos de sexualidad diversa como el producto de una psicopatología y, en nuestros días, se reconoce que forman un grupo social con una cultura diferente. El estudio de cómo estos cambios se reflejan en la conducta de hombres y mujeres heterosexuales y homosexuales plantea nuevos retos de investigación para las futuras generaciones de sociolingüistas.

El papel de las mujeres en la sociedad contemporánea difiere en muchas formas de los papeles que eran comunes hace 60 u 80 años atrás. ¿En qué medida estos cambios se reflejan en la conducta lingüística de las mujeres? Estos efectos se podrían reflejar potencialmente en cualquiera de los niveles de análisis lingüístico: la pronunciación, la morfosintaxis, el discurso y el léxico. La independencia económica de las mujeres y la ocupación de nuevas posiciones de poder podría reflejar nuevas identidades lingüísticas. El cambio en las expectativas sociales acerca de la mujer también facilita que estas nuevas identidades sean posibles y deseables. Ésta es un área abierta para la investigación en el futuro.

La naturaleza de las investigaciones en sociolingüística, fonética experimental y laboratorio de fonología ofrecen las herramientas necesarias para las investigaciones sobre las diferencias lingüísticas entre los géneros debido al uso de marcos teóricos y técnicas interdisciplinarios (Munson 2011). En la sección anterior, el trabajo de Mack (2011) ejemplifica lo que Munson identifica como la definición de los parámetros fonéticos del habla homosexual y heterosexual. Es decir, el trabajo identifica un aspecto fonético que se asocia con el habla de los hombres homosexuales: el uso de la retención de la /s/ final de sílaba en el español de Puerto Rico. Recordemos que en esta variedad dialectal la /s/ final de sílaba suele perderse o elidirse. La investigación de Mack (2011) se une a otras investigaciones en las que se ha estudiado a hablantes homosexuales nativos del inglés para determinar los rasgos de pronunciación que los identifican. Particularmente, Munson (2006) presenta resultados en los que se demuestra que hombres que se autodefinen como homosexuales producen /s/ con un espectro de frecuencias más compacto que los hombres auto-identificados como heterosexuales. Este tipo de estudios en los que se definen aspectos segmentales o suprasegmentales del habla, constituye uno de los retos para futuros trabajos debido a que apenas empezamos a entender los índices que se asocian con la identidad sexual.

El estudio del género también plantea retos relacionados con la metodología que se emplea para estudiar comunidades de sexualidad diversa debido a que, en muchos casos, las herramientas que se emplean suelen caracterizar a estas comunidades de manera estereotípica. El uso de técnicas exploratorias y etnográficas que permitan la consulta y el entendimiento de las identidades y culturas locales podría ayudar a representar de manera más fiel los objetivos de nuestros estudios. Los hallazgos de las investigaciones sobre las comunidades de sexualidad diversa también revelan las actitudes de la comunidad hacia los estereotipos que persisten en la actualidad. Munson (2011: 26) plantea algunas preguntas esenciales sobre este tópico del habla de grupos de sexualidad diversa: ¿Por qué estudiar este aspecto? ¿Por qué ciertas personas adoptan un estilo de habla que revela su identidad sexual? ¿A quién le importa? Munson plantea varias respuestas sobre estos asuntos que parecen absolutamente relevantes para entender la motivación que impulsa la investigación en esta área.

Munson (2011) argumenta que con respecto al porqué algunos investigadores como Rieger et al. (2010) plantean que se trata de una adaptación evolutiva que permite a los individuos de sexualidad diversa conseguir pareja. De acuerdo con Munson, este planteamiento evolutivo sería explicativo de por qué en diferentes culturas y lenguas existe el mismo fenómeno de un habla particular que distingue a los grupos de sexualidad diversa. En contraste, según Munson, las posturas de Podesva (2006) y Eckert (2010) argumentan que las características del habla homosexual responden a una serie de factores que se relacionan con las comunidades de práctica y las identidades que se desarrollan en el seno de estas comunidades en particular. Éstas son perspectivas que requieren de mayor investigación para poder responder de manera sólida a las implicaciones que se plantean de ambos lados.

La pregunta relacionada con a quién le importan abordar estos asuntos se puede argumentar de la manera siguiente: desde el punto de vista del significado social que se asocia con las variables lingüísticas que indican género, los estudios de variación se benefician al investigar los efectos de los cambios sociales que se asocian con los papeles tradicionales y la aceptación de las minorías sexuales. Según Munson, el objetivo mismo de la sociolingüística, que se encarga del análisis de los factores sociales que afectan la variación y el cambio, exige que se preste atención a este factor social que es fundamental en cómo los individuos se definen a sí mismos y en cómo se relacionan en su entorno social. Munson (2011) hace hincapié en el hecho de que los cambios sociales que se han operado en la sociedad contemporánea con respecto a los géneros convierte a éste en un elemento de investigación muy productivo. En resumen, el planteamiento fundamental que se desprende de las ideas que se han desarrollado en este párrafo implica que los estudios de género serían productivos para entender el efecto de los factores sociales en la variación y cambio lingüísticos. Particularmente, el hecho de que el género es una variable que se ha transformado de manera dramática en los últimos 70 años abre las puertas para entender el efecto de los cambios sociales en el uso de la lengua.

*Preguntas de comprensión*
1.  ¿Cómo se explica la necesidad de investigar el habla de personas de diferentes orientaciones sexuales?
2.  ¿Cómo se pueden relacionar los cambios sociales (en cuanto a las actitudes hacia los géneros y grupos minoritarios de orientación sexual) y la sociolingüística?

## 2.5   El nivel socioeconómico

Una de las variables fundamentales en los estudios sociolingüísticos es el nivel socioeconómico. Labov (2006),[1] en su libro *The social stratification of English in New York City*, plantea la necesidad de describir la forma como hablan ciertos grupos de acuerdo con el nivel de educación, la ocupación, el valor de la vivienda, entre otros factores. El objetivo de este interés es entender el tipo de habla que se asocia con ciertos grupos: profesionales universitarios, trabajadores con educación secundaria, trabajadores no calificados, etc. El nivel socioeconómico junto con las variables que ya hemos introducido en este capítulo (i.e. edad, sexo/género) proveen información importante que nos ayuda a entender el curso que toma la variación y el cambio lingüísticos. El **nivel socioeconómico** se concibe en el trabajo de Labov como un índice compuesto de diferentes factores que captarían las jerarquías sociales en una determinada comunidad. Un ejemplo que ilustra la división social de la sociedad estadounidense proviene del trabajo de Kahl (1957), el cual es citado por Labov (2006: 138) con el propósito de mostrar el uso de diferentes factores tales como la educación, la ocupación y el ingreso. El ejemplo que se presenta en la tabla 2.3 concibe el nivel socioeconómico como un complejo basado en datos demográficos y sociológicos de la población. Esta metodología es típica de los estudios que se han llevado a cabo en las sociedades occidentales (Medina-Rivera 2011: 39). Por ejemplo, en las investigaciones llevadas a cabo en variedades de inglés que se hablan en los Estados Unidos y en Inglaterra.

De acuerdo con lo que argumenta Guy (1988), la posición de un individuo en el contexto social al que éste pertenece se puede caracterizar en términos de estatus y poder. El **estatus** se concibe como el respeto y la estima social que una persona recibe de otros miembros de su comunidad, mientras que el **poder** se define en términos de los bienes materiales que posee el individuo. De esta forma, la división social típicamente común se basa en el prestigio social, la riqueza y el poder que se asocia con los grupos élites. Estos elementos reflejan las jerarquías que se derivan de las estructuras sociales capitalistas y aún de sociedades donde opera una economía de mercado bajo una estructura política no democrática en las que el poder y la riqueza los detentan quienes tienen el poder político.

Medina-Rivera (2011: 39) plantea algunas de las limitaciones que se han señalado con respecto a la definición o conceptualización del nivel socioeconómico. Por ejemplo, el hecho de que muchos individuos podrían tener la percepción de pertenecer a una cierta clase que no se corresponde con la realidad cuando se emplean los indicadores demográficos, económicos y sociológicos. En otros casos, las estructuras de ciertas sociedades permiten mayor movilidad social en comparación con otras en las que hay mayor rigidez. Este hecho crearía problemas para comparar sociedades con diferentes tipos de jerarquías. El estudio de las diferencias de estratificación entre comunidades urbanas y rurales sería otra de las áreas problemáticas.

La tabla 2.3, como hemos mencionado, revela algunos criterios sobre la base de los cuales se elaboran índices de estratificación social. A pesar de que esta información se basa en datos relevantes para la sociedad estadounidense en la década de los 50, las bases de la clasificación son relevantes para las sociedades que se fundamentan en una economía de mercado en las que el acceso a los bienes y servicios dependen del estatus y el poder de los individuos. Un aspecto que ha sido tema de discusión es hasta qué punto los índices de estratificación social son adecuados para captar la forma en que se diferencian los individuos según su manera de hablar. Las limitaciones que apuntaba Medina-Rivera (2011), así como la necesidad de entender la forma en que la conducta lingüística se relaciona con la identidad del individuo han llevado al desarrollo de métodos que se basan en aspectos diferentes al nivel socioeconómico (véase el capítulo 1).

Las investigaciones sobre la variación regional del español también han empleado criterios parecidos, a los ya descritos, para la estratificación social de los hablantes. Díaz-Campos (2011) describe el *Estudio coordinado de la norma lingüística culta de las principales ciudades de Iberoamérica y de la Península Ibérica* como uno de

**Tabla 2.3** División socioeconómica de la sociedad estadounidense según Kahl (1957), tabla adaptada de Labov (2006: 138).

| Clase | Nivel educativo | Ocupación | Ingreso | Porcentaje de la población nacional según la clase |
|---|---|---|---|---|
| V: Clase alta | Título universitario de instituciones prestigiosas | Gerente profesional del sector privado o público o propietario de una empresa grande | Sustancial. No hace falta cuantificarlo | 1% |
| IV: Clase media alta | Título universitario | Profesional de carrera, gerentes, posiciones oficiales o posición importante en empresas grandes | Sustancial y cuantificable | 9% |
| III: Clase media baja | Título de escuela secundaria con algún entrenamiento especializado | Posiciones de oficina, pequeñas empresas, supervisores o artesanos | Suficiente para ahorrar para la educación universitaria de los hijos | 40% |
| II: Clase trabajadora | Secundaria incompleta | Obreros que dependen del mercado de trabajo | Suficiente para la compra de bienes como carros, TV, etc. | 40% |
| I: Clase baja | Escuela primaria o menos | Obreros a destajo en posiciones inestables | Difícilmente llena las necesidades básicas | 10% |

los más ambiciosos proyectos que se hayan concebido para el estudio de las variedades regionales en el mundo hispano (véase Lope Blanch 1986). En este proyecto
la clasificación de los hablantes según su procedencia social sólo tomaba en cuenta
a hablantes de nivel socioeconómico medio alto o alto con educación universitaria.
Como se trataba de reflejar el habla "culta" sólo fueron seleccionados hablantes
con profesiones universitarias. Obviamente, esta muestra tiene la gran limitación
de que no es representativa de todos los grupos sociales que forman parte de los
países donde se recolectaron las muestras de habla. Sin embargo, es un ejemplo
de cómo se concebía el nivel socioeconómico de los participantes a partir de información correspondiente al nivel educativo y la ocupación formal de éstos. El
proyecto de la *Norma Culta* logró la recolección de muestras de doce ciudades en
Suramérica y España entre las cuales se incluyen: Bogotá, Buenos Aires, Caracas,
La Paz, Las Palmas de Gran Canarias, Lima, Madrid, Ciudad de México, San José
de Costa Rica, San Juan de Puerto Rico, Santiago de Chile y Sevilla.

Un ejemplo más avanzado de cómo se elabora un índice del nivel socioeconómico
de un grupo de hablantes se puede apreciar en el diseño del proyecto *Estudio
sociolingüístico del habla de Caracas* (Bentivoglio y Sedano 1993). La determinación
del nivel socioeconómico en ese corpus se compone de una serie de factores entre
los cuales se incluye: (1) la ocupación del hablante, de su padre y de su madre;
(2) el grado de instrucción del hablante; (3) las condiciones de alojamiento del
hablante (i.e. el tipo de vivienda que habita); (4) ingreso total familiar; así como
(5) el ingreso promedio del grupo familiar. De acuerdo con estos elementos se
asignaron puntajes que sirvieron para clasificar a los participantes en cinco niveles
socioeconómicos: alto, medio alto, medio, medio bajo y bajo. Las muestras que
forman parte del corpus *Estudio sociolingüístico del habla de Caracas* también poseen
información acerca de la edad y el sexo del hablante. Se trata en total de 160
muestras de habla. Cada grabación dura aproximadamente entre treinta a cuarenta
y cinco minutos. Bentivoglio y Sedano (1993) destacan en su descripción de la
estratificación social del corpus que se trata de una metodología adecuada para
establecer los diferentes grupos sociales que conforman la sociedad venezolana.
Además, señalan que su diseño se basa en los objetivos de la sociolingüística y
afirman que el índice se puede adaptar a diferentes épocas según los cambios en
ingreso que se registren a través del tiempo. Resulta claro que la metodología
adoptada por Bentivoglio y Sedano en la concepción del corpus de Caracas se
fundamenta en los estudios de orientación laboviana, los cuales consideran la
clase social como un factor que se puede operacionalizar como un índice.

Díaz-Campos, Fafulas y Gradoville (2011) analizan tres variables fonológicas en
un estudio reciente, que emplea las muestras de habla del *Estudio sociolingüístico
del habla de Caracas*, con el propósito de demostrar diferencias importantes entre
grupos generacionales de un mismo nivel socioeconómico. En particular, el estudio
muestra que los jóvenes (14 a 29 años de edad) del nivel socioeconómico bajo
muestran un patrón de conducta diferente de las personas mayores (i.e. 61 años
o más) del mismo nivel. La figura 2.10 muestra un ejemplo correspondiente a la
forma no reducida de *para* según la edad y el nivel socioeconómico.

Los resultados que se presentan en la figura 2.10 muestran una clara estratificación social de acuerdo con la cual los hablantes de nivel socioeconómico alto y

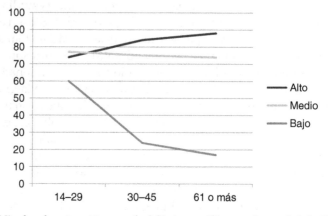
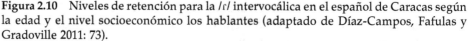

**Figura 2.10**   Niveles de retención para la /ɾ/ intervocálica en el español de Caracas según la edad y el nivel socioeconómico los hablantes (adaptado de Díaz-Campos, Fafulas y Gradoville 2011: 73).

medio favorecen la producción no reducida de *para*. En contraste, los hablantes de nivel socioeconómico bajo favorecen las formas reducidas (*pa* en lugar de *para*) y, en particular, los hablantes de más de 30 años. Los jóvenes (i.e. 14–29 años de edad) muestran mayores niveles de retención en comparación con los mayores del mismo nivel bajo. Díaz-Campos, Fafulas y Gradoville (2011) explican estos patrones en los jóvenes de nivel bajo como resultado del mayor acceso a la educación que han tenido las generaciones recientes y, consecuentemente, el desempeño de ocupaciones profesionales en áreas diferentes a las de sus padres. Los jóvenes del corpus analizado reportaron haber completado la educación secundaria y ocupar posiciones de oficina, mientras que sus padres sólo poseen educación primaria o primaria incompleta y desempeñan trabajos de obreros o trabajar como amas de casa. Los resultados revelan que el índice socioeconómico capta la estratificación social del fenómeno en cuestión, pero no da cuenta de las diferencias que se observan entre los grupos generacionales que forman parte del mismo nivel socioeconómico. El artículo argumenta que los cambios sociales experimentados por Venezuela a partir de la apertura educativa luego del fin de la dictadura en 1958 son un elemento importante para explicar estas diferencias entre grupos generacionales de nivel socioeconómico bajo.

*El proyecto para el estudio sociolingüístico del español de España y de América* (PRESEEA) constituye la iniciativa más reciente para recolectar muestras de habla en el mundo hispanohablante. Se trata de un esfuerzo institucional que comprende más de 40 universidades en España y América Latina. Estas muestras de habla que servirán para elaborar estudios sociolingüísticos del español tienen como precursor el proyecto de la *Norma Culta* que ya hemos descrito. Con la experiencia de este proyecto anterior, la clasificación de los participantes esta vez incluye a todos los grupos sociales que forman parte de las ciudades incluidas y no sólo a los representantes de la llamada "habla culta". Los factores sociales que se han tomado en cuenta para el diseño de los córpora son el sexo, la edad y el

**Tabla 2.4**  Divisiones de los grupos sociales según la variable experimental modo de vida (adaptado del documento de metodología de PRESEEA, 2003).

| | |
|---|---|
| Modo de vida 1 | Unidad primaria de producción (agricultura, pesca, pequeños servicios). Relaciones cooperativas entre compañeros de profesión. Familia implicada en la producción. Autoempleo. Escaso tiempo libre: cuanto más se trabaja, más se gana. Redes sociales estrechas. |
| Modo de vida 2 | Empleo en un sistema de producción que no es controlado por los trabajadores. Se trabaja para ganar un sueldo y poder disfrutar de períodos de tiempo libre. Relaciones laborales separadas del ámbito familiar. Cierta movilidad laboral. Redes estrechas de solidaridad con los compañeros y los vecinos. |
| Modo de vida 3 | Profesión cualificada, capaz de controlar la producción y de dirigir los trabajos de otras personas. Tiempo de vacaciones dedicado al trabajo. Se trabaja para ascender en la jerarquía y adquirir más poder. Actitud competitiva con los colegas. |

grado de instrucción. Se ha considerado que no resulta adecuado establecer un índice de estratificación social debido a que no resultaría comparable entre las diversas poblaciones que pretende incluir el proyecto a lo largo y ancho del mundo hispano. No obstante, en la descripción del proyecto se anticipa la posibilidad de reclasificar a los hablantes según su nivel sociocultural para lo cual se tomaría en cuenta la profesión, los ingresos, las condiciones de alojamiento, así como una variable experimental denominada "modo de vida". El modo de vida se concibe como una noción que toma en cuenta las redes sociales del individuo y las relaciones que se establecen con otras estructuras sociales mayores. La tabla 2.4 muestra los modos de vida descritos en el documento de métodos de PRESEEA, el cual se puede acceder en la dirección siguiente: http://www.linguas.net/ LinkClick.aspx?fileticket=%2FthWeHX0AyY%3D&tabid=474&mid=928.

Es evidente que la iniciativa de recolección de datos representada por PRESEEA propone nuevas formas de enfrentar la clasificación de la población de las ciudades hispanoamericanas según los factores sociales que las caracterizan. Cabe destacar que en principio se ha considerado que el grado de instrucción es más importante en la descripción de la conducta lingüística. Asimismo, la instrucción se ha estimado como un aspecto más fácil de comparar entre diferentes regiones en contraste con un índice de estratificación social. Resulta relativamente novedosa la idea de tomar en cuenta la variable experimental modo de vida la cual hace referencia a los trabajos de sociolingüística basados en las redes sociales.

*Preguntas de comprensión*
1.  ¿Cómo se ha definido el nivel socioeconómico en las investigaciones sociolingüísticas?
2.  ¿Qué tipo de limitaciones se han argumentado con relación a la definición del nivel socioeconómico más aceptada en la literatura?

3.  ¿Qué tipo de evolución se observa en los proyectos para recoger datos orales del español en cuanto al uso de las variables sociales que se toman en cuenta? ¿Es acertada esta evolución de acuerdo con los cambios que han sido adoptados? Explica.
4.  ¿En qué forma la variable experimental modo de vida es más útil que el nivel socioeconómico?

## Resumen

En este capítulo hemos estudiado varios conceptos importantes que se emplean en los estudios de la sociolingüística moderna. La primera sección estuvo dedicada a la edad como factor fundamental en el estudio de los patrones de variación y cambio. A partir de la noción de tiempo aparente se estudia el comportamiento lingüístico de diferentes grupos generacionales. Hace falta recordar que la comparación de diferentes grupos generacionales se basa en la idea de que los hábitos lingüísticos de los individuos permanecen relativamente estables a través del tiempo, una vez que se han adquirido. El concepto de tiempo aparente unido a factores comúnmente empleados como el género, el nivel socioeconómico, la etnicidad, etc. permiten, como plantea Labov (1972), indagar acerca del origen y expansión de la variación y el cambio lingüísticos. Como ejemplos de la aplicación de estos conceptos, se describió la investigación de Villena Ponsoda y Ávila Muñoz 2012 en la cual se estudia la distinción meridional como un cambio en progreso en las provincias de Córdoba, Málaga, Almería, Jaén y Granada. La investigación de López Morales (1989) sobre la lateralización, en contraste, se presenta como un ejemplo de variable sociolingüística estable. De igual forma, se discute acerca de la validez de las suposiciones teóricas en que se fundamenta el tiempo aparente y se presentan dos investigaciones en las que se comparan datos en tiempo aparente y en tiempo real (i.e. Cedergren 1987; Bailey et al. 1991).

En cuanto al comportamiento lingüístico de los géneros, la segunda sección del capítulo presenta resultados de investigaciones anteriores en las que se demuestra que las mujeres favorecen patrones normativos en su habla (e.g. Labov 1972; Holmsquist 2011, Medina-Rivera 2011). Por ejemplo, López Morales (1989) indica que las mujeres en San Juan, Puerto Rico, desfavorecen la lateralización, la cual se considera un rasgo del habla vernácula en ese dialecto del español. De igual forma, se mencionó el hecho de que las mujeres suelen liderar el uso de variantes nuevas que poseen prestigio sociolingüístico en las comunidades en que se desarrollan. El estudio de la asibilación de la vibrante múltiple y de la vibrante simple en posición final de sílaba en dialectos del español de México es un ejemplo que ilustra el liderazgo de la mujer en la innovación lingüística. El término **innovación** hace referencia al uso de variantes emergentes, evaluadas positivamente, que generalmente son favorecidas en el habla femenina. En otros niveles de la gramática también se observan diferencias relacionadas con el género. El uso de los diminutivos como recurso discursivo para establecer lazos de intimidad en la conversación con otros parece ser favorecido por las mujeres. El trabajo de Cameron (2011) explica que muchas de las diferencias entre hombres y mujeres se pueden captar mediante el estudio de los cambios en los patrones que ocurren a lo largo de la vida de un individuo. De esta forma la edad y los cambios en la socialización de hombres y mujeres podrían explicar etapas en las que la separación entre los sexos es mayor y, como consecuencia, se reflejaría en el comportamiento lingüístico.

El capítulo también describe algunos de los patrones que se asocian con el habla de los hombres. De manera reiterada se ha visto que los hombres favorecen variantes lingüísticas que se relacionan con el habla vernácula de la comunidad de la que forman parte. Por eso, se ha dicho que los hombres suelen ser más consecuentes con las normas lingüísticas locales y, en ese sentido, son menos "normativos". Turnham y Lafford (1995) se puede considerar un buen ejemplo para ilustrar la conducta de los hombres, pues en su trabajo estos autores presentan datos de cómo los hombres favorecen las variantes no normativas de la /s/ final de sílaba ante consonante velar (i.e. [x] y [Ø]). Esta tendencia entre los hombres se acentúa mucho más en el estilo conversacional en comparación con otros estilos como la lectura de un texto o de una lista de palabras. Otros temas relacionados con el habla de los grupos con sexualidad diversa también fueron discutidos en la sección dedicada a la masculinidad. El trabajo de Mack (2011) presenta datos sobre un estudio de percepción en el cual la producción de [s] en el habla masculina de hombres puertorriqueños se asocia con la orientación sexual homosexual. Recordemos que la /s/ final de sílaba en este dialecto se aspira o se elide, como es común en otras áreas del mundo hispano. Como hemos visto en la descripción del habla masculina, se esperaría que los hombres favorecieran las variantes más vernáculas como la aspiración y la elisión. El trabajo de Mack (2011) presenta evidencia empírica que confirma la asociación entre el uso de la variante normativa y la orientación sexual de los participantes. En esta sección también se discute acerca de algunas estrategias discursivas que son típicas del habla masculina juvenil según los datos que provee (Kiesling 2004). Finalmente, se comentan sobre los retos que la sociolingüística enfrenta en el futuro con relación al estudio del género como una variable dinámica que muestra una evolución constante en la sociedad contemporánea. Los cambios sociales que han redefinido el papel de hombres y mujeres constituyen un área productiva para los estudios sobre la variación sociolingüística.

La última parte del capítulo estuvo dedicada al nivel socioeconómico y cómo se ha concebido esta variable en los estudios sociolingüísticos en general y, en el mundo hispano, en particular. Muchos estudios de corte cuantitativo han operacionalizado este factor como un índice compuesto por información referente al ingreso, la educación, la profesión y las condiciones de alojamiento de los hablantes. Esta práctica también ha sido empleada en la recolección de muestras de habla del español. Más recientemente, *El proyecto para el estudio sociolingüístico del español de España y de América* (PRESEEA) considera como criterio de clasificación el grado de instrucción como un factor más determinante que el nivel socioeconómico. Sin embargo, los métodos establecidos por los grupos de investigación toman en cuenta información adicional sobre el ingreso, las condiciones de alojamiento y la variable experimental "modo de vida" para establecer subsecuentes reclasificaciones de los entrevistados.

*Ejercicios*

DEFINICIONES. Utiliza los términos de la lista para llenar los espacios en blanco de las definiciones.

Tiempo real
El género
Tiempo aparente
Un cambio en progreso
La lenición
La asibilación
La lateralización
Una variable sociolingüística estable
El seseo
El ceceo
La solidaridad
La paradoja en el comportamiento lingüístico de las mujeres

1. _____ es lo que ocurre cuando un fono, como el africado palatal sordo, pierde su oclusión.
2. Un proceso fonológico por el cual un fono se produce con características fonéticas de fonos fricativos sibilantes se llama _____.
3. _____es un fenómeno según el cual no hay distinción en la producción de los grafemas *c, z* y *s* porque se produce en cada contexto con la fricativa interdental sorda.
4. _____es un constructo social que se refiere a la identidad sexual del individuo.
5. Una metodología para investigar cómo ciertas variables afectan el habla de varios grupos etarios en un momento específico para plantear hipótesis sobre fenómenos lingüísticos estables y en marcha se conoce como
   _____.
6. El fenómeno de _____ ocurre cuando no hay distinción en la producción de *c, z* y *s* porque se produce en cada contexto con la fricativa alveolar sorda.
7. La idea de que las mujeres favorecen tanto las formas normativas como las formas innovadoras prestigiosas en su habla se llama _____.
8. _____es una manera de comparar ciertas variables lingüísticas a través del tiempo en una comunidad de habla para determinar su estatus.
9. _____ es un proceso fonológico que ocasiona la neutralización entre /ɾ/ y /l/.
10. _____ es un fenómeno lingüístico cuya producción muestra estratificación social y estilística, es favorecido por las personas mayores y no muestra diferencias según el género. En algunos casos, se observa mayor uso entre los hombres.
11. Un fenómeno lingüístico cuya producción aparece entre los jóvenes, los grupos socioeconómicos medios y las mujeres se llama _____.

*Aplicación*

Análisis de resultados. Lee las siguientes dos descripciones de investigaciones en la producción de variables fonológicas en español. Nota los efectos de edad y género en la producción de los fenómenos y contesta las preguntas.

A. Lastra y Martín Butragueño (2006) presentan un análisis de la producción variable de las vibrantes (simple y múltiple) en la Ciudad de México. En un análisis de conversaciones y la lectura de una lista de palabras, los investigadores encontraron las variables que afectan la producción de las dos vibrantes. Entre estas variables se incluyen el género y la edad del hablante.

Los investigadores encontraron que hubo bastante producción de la vibrante múltiple asibilada. En la siguiente tabla se muestran los resultados del análisis del efecto de los factores de edad y género en la producción de la /r/ asibilada. Los pesos estadísticos mayores a .500 indican que tal factor favorece la producción y los pesos menores a .500 lo desfavorecen.

Tabla 2.5   Los pesos estadísticos de las variables de género y edad en la producción de la vibrante múltiple asibilada.

| Variable | Factor | Peso estadístico |
|---|---|---|
| Edad | Jóvenes | .423 |
| | Adultos | .478 |
| | Mayores | .600 |
| Sexo | Hombres | .325 |
| | Mujeres | .660 |

B. Holmquist (2011) es una investigación de la producción de la /s/ en dos grupos de personas en una comunidad pequeña de Puerto Rico. Él encuentra que hay relación entre edad, género y la producción de la /s/.

Tabla 2.6   Tasas de producción de variantes de /s/ por género (Holmquist 2011: 234).

| | [s] | [h] | [Ø] |
|---|---|---|---|
| Hombres | 7% | 22% | 71% |
| Mujeres | 6% | 27% | 67% |

Tabla 2.7   Tasas de elisión de /s/ por género y grupo etario (modificado de Holmquist 2011: 238).

| | 39> | 40–64 | 65< |
|---|---|---|---|
| Hombres | 80% | 73% | 60% |
| Mujeres | 71% | 70% | 59% |

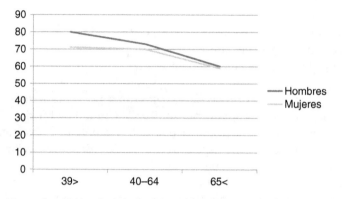

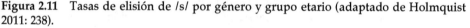

**Figura 2.11**    Tasas de elisión de /s/ por género y grupo etario (adaptado de Holmquist 2011: 238).

*Preguntas de comprensión*

1.  ¿Qué se puede sugerir en cuanto al efecto de la variable de la edad del hablante en la asibilación de la vibrante múltiple? ¿Y el género?
2.  ¿Cuál es el efecto del género en la producción de la /s/? ¿Cómo es distinto este resultado de la /r/ asibilada?
3.  ¿Qué efecto tiene la edad en la elisión de la /s/? ¿Cuál es el patrón que emerge entre el grupo etario más joven?
4.  Basándote en las lecturas de este libro, describe estos dos cambios en términos del cambio en progreso y formas conservadoras.

*Términos importantes para estudiar y recordar*

Tiempo aparente
Tiempo real
Paradoja en el comportamiento lingüístico de las mujeres
Variable sociolingüística estable
Cambio en progreso
Prestigio
Estigma
Estratificación social
Estilo
Actitud conservadora
Innovación
Género
Sexo
Solidaridad
Nivel socioeconómico
Estatus
Poder

# Glosario

**Tiempo aparente:** el concepto de tiempo aparente supone que los cambios lingüísticos se pueden observar durante su progreso mediante la comparación del habla de grupos de distintas generaciones. Recordemos que la comparación de diferentes grupos generacionales se basa en la idea de que los hábitos lingüísticos de los individuos permanecen relativamente estables a través del tiempo una vez que se han adquirido.

**Tiempo real:** una investigación en tiempo real compara datos de dos épocas diferentes (e.g. 1970 vs. 1990) que provienen de hablantes con características sociales semejantes.

**Paradoja en el comportamiento lingüístico de las mujeres:** la paradoja consiste en que las mujeres suelen ser conservadoras y favorecer el uso de variantes consideradas normativas, por una parte, y, por la otra, favorecer el uso de variantes nuevas que poseen prestigio sociolingüístico en la comunidad en que se desarrollan.

**Variable sociolingüística estable:** es un fenómeno lingüístico cuya producción muestra estratificación social y estilística, es favorecido por las personas mayores y no muestra diferencias según el género. En algunos casos, se observa mayor uso entre los hombres.

**Cambio en progreso:** es un fenómeno lingüístico que avanza y se impone en la comunidad de habla. En términos de las variables sociolingüísticas se observa que lo favorecen los jóvenes y las mujeres.

**Prestigio:** el término prestigio se usa para referirse a variantes que se asocian con los grupos sociales de nivel socioeconómico privilegiado cuya forma de hablar se percibe como un modelo positivo para otros miembros de la comunidad.

**Estigma:** el término estigma se emplea para hacer referencia a fenómenos lingüísticos que son percibidos negativamente y que suelen emplearse en el habla vernácula.

**Estratificación social:** el término estratificación social se emplea para indicar el uso diferenciado de las variantes de una variable según el nivel socioeconómico de los hablantes.

**Estilo:** el concepto de estilo hace referencia al nivel de formalidad que adopta en su habla un individuo. Por ejemplo, es común distinguir entre estilos espontáneo, semi-espontáneo, cuidadoso y muy cuidadoso según diferentes tareas como una conversación casual, una conversación estructurada, la lectura de un texto y la lectura de una lista de palabras en las que se suponen diferentes grados de atención a lo que se dice.

**Actitud conservadora:** este término hace referencia a la conducta lingüística de las mujeres de evitar en su habla variantes que no se perciben como prestigiosas en la comunidad.

**Innovación:** el término innovación hace referencia al uso de variantes emergentes, evaluadas positivamente, que generalmente son favorecidas en el habla femenina.

**Género:** el término género se considera un concepto dinámico que supone la construcción de una identidad propia que puede o no coincidir con la percepción social que existe de los papeles tradicionalmente atribuidos a los hombres y las mujeres. De esta forma, se conviene que el género es un constructo social que depende de la identidad que desarrolla el individuo en su interacción con otros y la percepción que éste tiene de sí mismo.

**Sexo:** hace referencia a la diferencia biológica entre macho y hembra.

**Solidaridad:** el término solidaridad hace referencia a la empatía o adhesión transitoria que se da entre los interlocutores durante el momento en que se interactúa.

**Nivel socioeconómico:** el nivel socioeconómico se concibe en el trabajo de Labov como un índice compuesto de diferentes factores que captarían las jerarquías sociales en una determinada comunidad.

**Estatus:** el estatus se concibe como el respeto y la estima social que una persona recibe de otros miembros de su comunidad.

**Poder:** el poder se define en términos de los bienes materiales que posee el individuo.

## Nota

1    Labov (2006) es una versión actualizada del trabajo de disertación originalmente publicado en 1966.

## Referencias bibliográficas citadas

Bailey, Guy, Tom Wikle, Jan Tillery y Lori Sand. 1991. The apparent time construct. *Language Variation and Change* 3, 241–264.

Bentivoglio, Paola y Mercedes Sedano. 1993. Investigación sociolingüística: Sus métodos aplicados a una experiencia venezolana. *Boletín de Lingüística* 8, 3–35.

Cameron, Richard. 2011. Aging, age and sociolinguistics. En Manuel Díaz-Campos (ed.), *The handbook of Hispanic sociolinguistics*. 207–229. Oxford: Wiley-Blackwell.

Cedergren, Henrietta. 1987. The spread of language change: Verifying inferences of linguistic diffusion. *Georgetown University Round Table on Language and Linguistics*. 45–60. Washington, DC: Georgetown University Press.

Díaz-Campos, Manuel. 2003. The pluralization of *haber* in Venezuelan Spanish: A sociolinguistic change in real time. *IU Working Papers in Linguistics* 03–05.

Díaz-Campos, Manuel. 2011. Introduction. En *The handbook of Hispanic sociolinguistics*. 1–5. Oxford: Wiley-Blackwell.

Díaz-Campos, Manuel, Stephen Fafulas y Michael Gradoville. 2011. Going retro: An analysis of the interplay between socioeconomic class and age in Caracas Spanish. En James Michnowicz and Robin Dodsworth (eds.), *Selected Proceedings of the 5th Workshop on Spanish Sociolinguistics*. 65–78. Somerville, MA: Cascadilla Proceedings Project. www.lingref.com, document #2507.

Díaz-Campos, Manuel y Natalia Morgado. 1998. A sociolinguistic study of the use of diminutives in Caracas, Venezuela: Interactions between sex and social class variables. Trabajo inédito.

Eckert, Penelope. 2010. Three waves of variation study: The emergence of meaning in the study of variation. Trabajo inédito. Disponible en http://www.stanford.edu/~eckert/PDF/ThreeWavesofVariation.pdf (consultado el 8 de junio del 2013).

Guy, Gregory. 1988. Language and social class. En F. Newmeyer (ed.), *Linguistics: The Cambridge Survey, vol. 4 (Language: The socio-cultural context)*. 37–63. Cambridge: Cambridge University Press.

Holmsquist, Jonathan. 2011. Gender and variation: Word-final /s/ in men's and women's speech in Puerto Rico's Western Highlands. En Manuel Díaz Campos (ed.), *The handbook of Hispanic sociolinguistics*, 230–243. Oxford: Wiley-Blackwell.

Kahl, Joseph. 1957. *The American Class Structure*. Nueva York: Holt, Rinehart & Company, Inc.

Kiesling, Scott. 2004. Dude. *American Speech* 79.3, 281–305.

Labov, William. 1972. *Sociolinguistic patterns*. Philadelphia: University of Pennsylvania Press.

Labov, William. 2001. *Principles of linguistic change, internal factors*. Oxford: Blackwell.

Labov, William. 2006. *The social stratification of English in New York City*. Cambridge: Cambridge University Press.

Lastra, Yolanda y Pedro Martín Butragueño. 2006. Un posible cambio en curso. El caso de las vibrantes en la ciudad de México. En Ana M. Cestero et al. (eds.), *Estudios sociolingüísticos del español de España y América*. 35–68. Madrid: Arco/Libros.

Lope Blanch, Juan Manuel. 1986. *El estudio del español hablado culto. Historia de un proyecto*. México: UNAM.

López Morales, Humberto. 1989. *La sociolingüística*. Madrid: Gredos.

Mack, Sara. 2011. A sociophonetic analysis of /s/ variation in Puerto Rican Spanish. En Luis A. Ortiz-López (ed.), *Selected Proceedings of the 13th Hispanic Linguistics Symposium*. 81–93. Somerville, MA: Cascadilla.

Medina-Rivera, Antonio. 2011. Variationist approaches: External factors conditioning variation in Spanish phonology. En Manuel Díaz Campos (ed.), *The handbook of Hispanic sociolinguistics*, 36–53. Oxford: Wiley-Blackwell.

Meyerhoff, Miriam. 2011. *Introducing sociolinguistics*. Nueva York: Routledge.

Moya, Juan y Emilio J. García Wiedemann. 1995. *El habla de Granada y sus barrios*. Granada: Universidad de Granada.

Munson, Benjamin. 2007. The acoustic correlates of perceived masculinity, perceived femininity, and perceived sexual orientation. *Language and Speech* 50.1, 125–142.

Munson, Benjamin. 2011 Lavender lessons learned; or, what sexuality can teach us about phonetic variation. *American Speech* 86.1, 14–31.

Munson, Benjamin, S. Jefferson y E. McDonald. 2006. The influence of perceived sexual orientation on fricative perception. *Journal of the Acoustical Society of America* 119, 2427–2437.

Podesva, Robert. 2006. Intonational variation and ocial meaning: Categorical and phonetic aspects. En Michael L. Friesnerand y Maya Ravindranath (eds.), *Selected Papers from NWAV 34*, 189–202. University of Pennsylvania Working Papers in Linguistics 12.2.

PRESEEA. 2003. Metodología del "Proyecto para el estudio sociolingüístico del español de España y de América". Disponible en http://www.linguas.net/LinkClick.aspx?fileticket =%2FthWeHX0AyY%3D&tabid=474&mid=928 (consultado el 30 de diciembre del 2012).

Rieger, Gerulf, Joan A.W. Linsenmeier, Lorenz Gygax, Steven García y J. Michael Bailey. 2010. Dissecting "gaydar": Accuracy and the role of masculinity-femininity. *Archives of Sexual Behavior* 39, 124–140.

Rissel, Dorothy. 1989. Sex, attitudes, and the assibilation of /r/ among young people in San Luis Potosí, Mexico. *Language Variation and Change* 1, 269–283.

Turnham, Mark y Barbara Lafford. 1995. Sex, class and velarization: Sociolinguistic variation in the youth of Madrid. En Peggy Hashemipour, Ricardo Maldonado y Margaret VanNaerssen (eds.), *Studies in Language Learning and Spanish Linguistics in Honor of Tracy D. Terrell*. Nueva York: McGraw Hill.

Villena Ponsoda, Juan Andrés. 1996. Convergence and divergence in a standard-dialect continuum: Networks and individuals in Málaga. *Sociolingüística* 10, 112–137.

Villena Ponsoda, Juan Andrés y Antonio Ávila Muñoz. 2012. *Estudios sobre el español de Málaga: Pronunciación, vocabulario y sintaxis*. Málaga: Editorial Sarriá.

# Capítulo 3

# El estudio de la variación sociofonológica

Este capítulo explica qué se entiende por variación sociofonológica y ofrece un panorama sobre cómo se estudian los fenómenos de variación empleando técnicas basadas en la recolección de datos orales. Como se explicó en el primer capítulo, la sociolingüística hace énfasis en el estudio del habla en variedades vernáculas con el propósito de observar la lengua en su condición natural de uso. La observación del habla en situaciones cotidianas permite que se pueda estudiar la variación lingüística, su estratificación social y entender los procesos de cambio lingüístico. El capítulo se organiza en las siguientes secciones:

- ¿Cómo se define la variación sociofonológica?
- ¿Cómo se estudia la variación sociofonológica?
- La variación sociofonológica en la música popular

## 3.1 ¿Cómo se define la variación sociofonológica?

Como hablantes de inglés en los Estados Unidos nos damos cuenta de que ciertas formas cambian de pronunciación de acuerdo con diferencias sociales, geográficas o estilísticas. Las **diferencias estilísticas** se refieren a cambios de registro según factores tales como la audiencia, el tópico y la situación discursiva. Por ejemplo, los sonidos (t, d) antes de otra consonante o en posición final de palabra suelen pronunciarse de manera variable (e.g. *en[t]er* vs. *en[ø]er*, *mus[t]* vs. *mus[ø]*) en variedades de inglés en Norteamérica (los sonidos se colocan entre paréntesis para indicar que se pronuncian de manera variable, tal como se acostumbra en los trabajos de este tipo). Por ejemplo, Guy (1991b) encontró que en una muestra

*Introducción a la Sociolingüística Hispánica*, First Edition. Manuel Díaz-Campos.
© 2014 John Wiley & Sons, Inc. Published 2014 by John Wiley & Sons, Inc.

de hablantes norteamericanos, los participantes de edad mayor usan menos la **elisión** que los jóvenes. Recordemos que el término *elisión* se refiere a la eliminación completa de un sonido en la pronunciación. De igual forma, la investigación de Wolfram (1969) descubre que los hombres eliden más que las mujeres. Estos resultados nos indican que hay estratificación social de la variación en la pronunciación de (t, d) en el inglés norteamericano. La **estratificación social** se refiere a los diferentes patrones de uso que se asocian con las afiliaciones del individuo en su comunidad. Lo mismo ocurre con el sonido [ɹ] en grupos consonánticos en ciertas regiones del noroeste de los Estados Unidos incluyendo el área de Nueva York (e.g. fou[ɹ]th vs. fou[ø]th). Este rasgo de pronunciación del noroeste de los Estados Unidos ha sido objeto de numerosos estudios incluyendo el trabajo de Labov (1972), el cual ha sido muy influyente en la forma en la cual se estudia la variación sociofonológica. Labov (1972) determina que hay estratificación social en el uso de la [ɹ] según las características socioeconómicas de los clientes de las tiendas por departamento que incluyó en su estudio, la ocupación de los trabajadores, la etnicidad y la edad. Labov determina que la retención de [ɹ] es favorecida en los almacenes de mayor rango social como Saks Fifth Avenue en comparación con tiendas de menor rango como la cadena S. Klein, ya desaparecida del mercado estadounidense. De igual forma, se encontró que en los pisos y departamentos más lujosos había una diferencia, pues la retención de la [ɹ] era mayor en ellos que en los pisos y departamentos menos lujosos. También según la ocupación, se observa que los gerentes o supervisores emplean más la [ɹ] que los empleados encargados de las ventas y de la reposición del inventario.

Las observaciones hechas en los trabajos citados, tal como el estudio del habla vernácula, permiten concluir no sólo que la variación es un fenómeno natural en el habla, sino que la variación en la pronunciación revela diferencias de acuerdo con los grupos sociales que podrían incluir género, edad, nivel socioeconómico y etnicidad, así como otras formas de definir los grupos sociales que no necesariamente reflejan una clasificación en las variables tradicionales. Según Mendoza-Denton (2008: 231), el estudio de factores no tradicionales que condicionan las variables lingüísticas a un nivel microscópico contribuye a entender el rompecabezas de la comunidad de habla y, por consiguiente, las partes que construyen la identidad y las asociaciones de los individuos en la sociedad.

La sociolingüística emplea el concepto de **variable lingüística**, la cual se puede definir como una unidad que se correlaciona con factores estilísticos, lingüísticos o de tipo social. Labov (1972: 8) en el capítulo titulado, *La motivación social del cambio fonético*, propone que las variables lingüísticas deben caracterizarse en primer lugar por ser frecuentes. Para poder hacer un estudio cuantitativo, necesitamos que el fenómeno sea de uso común de manera que podamos colectar los datos suficientes para hacer un sólido análisis cuantitativo. Un buen análisis es aquel que nos permite proponer una interpretación basada en datos que demuestren patrones significativos y con una teoría adecuada que explique el fenómeno de manera concluyente. En segundo lugar, Labov (1972) señala que la variable debe ser estructural, debido a que la integración de la variable con otras unidades del sistema podría tener implicaciones de tipo lingüístico como la influencia en otros aspectos de la fonología o morfología de la lengua que se estudie.

En tercer lugar se señala lo que ya hemos mencionado en cuanto a la estratificación social en el uso de una variable; es decir que debe mostrar contrastes en cuanto a su estratificación entre los grupos sociales que se incluyan en el estudio.

Lógicamente, muchos ejemplos de variación en la pronunciación de los sonidos del español se observan en las diversas y amplias zonas de América Latina, España y otras regiones minoritarias donde se habla español. Por ejemplo, la vibrante simple en posición final de sílaba suele pronunciarse de manera variable en el Caribe y en el sur de España (e.g. canta[ɾ], canta[ø], canta[l]). En el trabajo de D'Introno, Sosa y Rojas (1979) y en la investigación de Díaz-Campos y Ruiz-Sánchez (2008) se confirma que en el español de Caracas (una variedad caribeña) la elisión de /ɾ/ es favorecida por los hombres, las personas mayores y los niveles socioeconómicos bajos. La realización lateralizada es más limitada y se concentra en los grupos menos favorecidos. La variación de la [ɾ] está sujeta a estratificación social y estilística en las zonas del mundo hispano donde se observa este uso y es, precisamente, esa estratificación la que podría facilitar que hubiera cambio lingüístico a largo plazo, en caso de que cierto fenómeno lingüístico sea favorecido por factores lingüísticos y vaya ganando aceptación en la comunidad de habla. Algunos procesos de variación, entendidos como la alternancia de dos o más formas de decir lo mismo, desencadenan transformaciones en la estructura fonológica o gramatical, los cuales llamamos **cambios lingüísticos**. De acuerdo con lo que propone el modelo tradicional laboviano para que un proceso de variación avance en la comunidad de habla, éste debe adquirir prestigio y aceptación entre los miembros de dicha comunidad. Es decir, el concepto de **variación sociofonológica** se relaciona con diferentes formas de producir una misma variable lingüística (unidades lingüísticas con valores equivalentes) que indican las afiliaciones sociales y variación estilística que emplea un grupo social en una situación determinada. Estas diferentes formas de una variable lingüística que revelan estratificación social podría propiciar el cambio lingüístico a largo plazo, aunque no todo fenómeno de variación necesariamente genera un cambio. El estudio de la naturaleza de estos fenómenos de variación aporta a nuestro conocimiento de cómo funcionan los sistemas lingüísticos.

## Para investigar y pensar:

Haz una lista de las variables sociales. ¿Puedes pensar en cómo sería diferente el habla según cada factor de cada variable? Ofrece dos ejemplos de fenómenos cuya producción puede ser afectada por variables sociales.

*Preguntas de comprensión*
1. Define la variación sociofonológica en tus propias palabras.
2. ¿Cuál es el aporte de los estudios de Labov de la (r) en el inglés de Nueva York?
3. ¿Por qué se puede considerar la producción de la (r) como un ejemplo de la estratificación social? Define este término en tus propias palabras.

4.  Según Labov, ¿cuáles son las tres características principales de un fenómeno para que se pueda investigar? ¿Por qué?
5.  ¿Qué factores sociales favorecen el cambio lingüístico?

## 3.2  ¿Cómo se estudia la variación sociofonológica?

En el capítulo 1, hemos visto que la sociolingüística tiene como objetivo el estudio del habla en situaciones cotidianas. Para cumplir esta meta es necesario obtener grabaciones de muestras orales de los miembros de una comunidad en las que se refleje un uso vernáculo de la lengua. También mencionamos la idea de que una de las formas más comunes de recolección de datos es la entrevista sociolingüística a través de la cual establecemos una conversación que incluye temas de la vida personal del participante entrevistado, incluyendo aquéllos que ayuden a obtener estilos vernáculos, los cuales generalmente pueden ocurrir cuando se conversa sobre temas emocionales o personales. Estos materiales orales recolectados mediante la entrevista sociolingüística o cualquier otra técnica de recolección de datos orales constituyen la fuente principal para el estudio de la variación fonológica. Se puede afirmar que la variación fonológica es inherente al habla. Por eso, el énfasis se hace en el estudio de la oralidad. El hecho de contar con grabadores digitales portátiles hoy en día facilita la obtención de datos y su procesamiento a través del uso de medios computarizados.

Una vez que tenemos las muestras orales debemos concentrar nuestros esfuerzos en escucharlas e identificar qué fenómenos de variación se dan con regularidad. Es necesario que el fenómeno sea de ocurrencia común para proceder a su análisis estadístico como ya se mencionó anteriormente. Muchas veces los investigadores tienen en mente ideas sobre variables que parecen características de una comunidad. Quizá, este conocimiento provenga del hecho de que el investigador forme parte de ella; de manera que es posible que el investigador tenga intuiciones sobre posibles variables para estudiar. Éste puede ser un punto para comenzar y hacer un estudio piloto que compruebe las observaciones del investigador y de esta forma evitar problemas en la identificación equivocada de variables. En otras ocasiones, los investigadores se inician en el estudio sin saber de antemano qué variable analizar. Generalmente, el repaso de la literatura previa resulta útil para identificar posibles variables lingüísticas en las zonas que deseamos estudiar. Por ejemplo, los atlas lingüísticos, los libros de dialectología y los libros de gramática histórica son algunas de las fuentes que se pueden consultar para identificar fenómenos estudiados en variedades del español de América y del español peninsular. Sin embargo, hay que tomar en cuenta que tales fenómenos sean observables en la comunidad y que no se suponga una definición de la variable basada en normas prescriptivas que no son parte del dialecto que se estudia. Estas normas prescriptivas se basan en juicios provenientes de gramáticas tradicionales en las que se presenta una visión idealizada de la lengua. Existe una rica tradición en cuanto a los estudios de dialectología y gramática histórica en variedades de español que pueden servir para comenzar a explorar posibles temas (e.g. Menéndez Pidal 1999; Lapesa 1981; Kany 1994; Alvar 1996; entre muchos otros).

## Para investigar y pensar:

¿Puedes proponer variables sociofonológicas que ocurran en tu comunidad? Identifica un par de variables y señala sus variantes.

Una gran mayoría de los estudios dedicados al estudio de la variación en español se concentran en variables de tipo consonántico. En el capítulo 4 se presentan un inventario de los procesos consonánticos y vocálicos más comunes en español. Por el contrario, en la literatura acerca del inglés predominan los estudios sobre las vocales. Las investigaciones de Labov han sido de gran contribución en esta área de la variación sociofonológica.

El proceso de análisis de las muestras de habla hasta hace muy poco se hacía de manera auditiva, escuchando repetidas veces la muestra de habla y clasificando los casos de la variable dependiente según la percepción auditiva del investigador y el uso limitado de recursos de análisis acústico del habla. Hoy en día, este proceso de identificación podría incluir el uso de programas computarizados de análisis acústicos con el propósito de entender la naturaleza fonética de la variable dependiente. Es decir, los medios computarizados nos permiten observar las propiedades de los sonidos que analizamos. El acceso a programas de análisis acústico se ha hecho fácil con programas como Xwaves, Praat, PCquirer X, entre otros de carácter similar que sirven para hacer análisis acústicos de las variantes y ser más eficaces en su clasificación. Por ejemplo, en un estudio sobre las mujeres pandilleras en una escuela secundaria de California, Mendoza-Denton (2008) analiza la producción variable de la vocal media, laxa, anterior [ɪ] mediante el uso del programa Xwaves (e.g. [nΛθIŋ] pronunciado como [noθiŋ]). A través de técnicas acústicas y auditivas, Mendoza-Denton (2008: 245) propone una escala de cinco valores que incluye: dos niveles de alzamiento, dos niveles de descenso y un punto medio. Esta clasificación se basa en las medidas acústicas de la frecuencia fundamental, la cual señala la altura de la lengua durante la producción de la vocal. La meta final es descubrir cuáles son los factores lingüísticos y sociolingüísticos que condicionan los fenómenos de variación en el grupo de hablantes analizados. La tabla 3.1 muestra la clasificación hecha por Mendoza-Denton (2008: 245).

**Tabla 3.1** **Valores de la frecuencia fundamental 1 para la clasificación fonética de [ɪ] (adaptado de Mendoza-Denton 2008: 245).**

| *Símbolo del AFI* | *Descripción* | *Frecuencia del F1* |
|---|---|---|
| [i] | Vocal cardinal # 1 | 370 |
| [ɪ̝] | Iota ascendente | 450 |
| [ɪ̞] | Iota | 530 |
| [ə] | Schwa | 560 |
| [ɛ] | Épsilon | 700 |

En cuanto a la selección de los factores a investigar, éstos suponen la formulación de una serie de hipótesis que podrían explicar el fenómeno. Por ejemplo, se ha documentado que el fonema vibrante múltiple se produce de maneras diferentes en varias regiones del mundo hispano (Hammond 1999; Willis 2006, 2007; Bradley 2006; Colantoni 2006; Díaz-Campos 2008). El conjunto de trabajos señalados presenta evidencia de que los hablantes nativos no siempre producen una vibrante con dos o tres oclusiones como se describe en los manuales de fonética española. Se observan producciones en las que el número de oclusiones se reduce o desaparece por completo. A pesar de eso, no se ha presentado evidencia en trabajos de producción o de percepción acerca de la variación que se observa en la producción de las vibrantes en español.

En un estudio sobre la variación sociolingüística de la vibrante múltiple en el español de Caracas, Venezuela, Díaz-Campos (2008) analiza las muestras orales del corpus *Estudio Sociolingüístico de Caracas* (1987). El estudio identifica que la variable dependiente, en este caso /r/ vibrante múltiple, alveolar, sonora, tiene cuatro variantes: producciones con tres oclusiones, producciones con dos oclusiones, ocurrencias con sólo una oclusión y, por último, realizaciones sin oclusiones identificables acústicamente. Estas variantes se agrupan en dos categorías con el propósito de hacer un análisis de variación. La primera de éstas es caracterizada como vibrante (con dos o más oclusiones). La segunda categoría se define como aproximante e incluye producciones con una sola oclusión o producciones sin ninguna oclusión. Los datos muestran que en el habla caraqueña las variantes sin oclusiones son las más comunes seguidas por las variantes con dos oclusiones (ver la figura 3.1). De igual forma, se observa que las variantes aproximantes son más comunes dentro de palabra que en posición inicial de palabra y en palabras que contienen de una a tres sílabas. Las variantes de la vibrante múltiple también muestran estratificación social en cuanto a que las variantes aproximantes aparecen en el habla de los más jóvenes (14 a 29 años) con más frecuencia, así como en

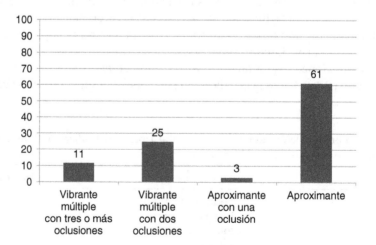

**Figura 3.1**  Distribución de las variantes de /r/ en el habla de Caracas (adaptado de Díaz-Campos 2008).

el habla de los hombres. El grupo socioeconómico de clase media desfavorece la variación en comparación con el resto de los grupos. Según las tendencias presentadas, la vibrante múltiple resulta un buen ejemplo de una variable sociolingüística que requiere ser estudiada con más profundidad en otros dialectos del mundo hispanohablante.

## Condicionamiento fonético-fonológico

Uno de los aspectos más importantes en el estudio de la variación sociofonológica consiste en descubrir los **factores que condicionan la variación**. Según la naturaleza del fenómeno se pueden proponer diferentes hipótesis. Los análisis variacionistas incluyen variables que se pueden medir, comprobar o refutar de manera cuantitativa mediante el análisis estadístico. En principio, cada una de las variables independientes que se incluye en un análisis implica hipótesis para analizar y explicar el fenómeno que se estudia. Por ejemplo, la mayoría de las investigaciones en variación sociofonológica incluye el estudio del contexto fonético. Aunque no siempre es el caso, una de las hipótesis detrás de esta variable es que hay fenómenos de **coarticulación** que pueden ocurrir entre sonidos que están en el entorno inmediato. La coarticulación implica que los sonidos adyacentes se asimilan y adquieren rasgos que los hacen semejantes según su modo de articulación, punto de articulación o sonoridad. Si esta idea no resulta cierta, se obtienen datos sobre los contextos más propicios para la variación. Esta información resulta importante para explorar otras posibles fuentes de explicación.

Brown (2006: 48) observa que en español hay variación en la producción de las consonantes /p b t d k g/ a final de sílaba cuando se encuentran dentro de palabra (e.g. *ab.so.lu.to > ap.so.lu.to, ar.de > ad.de, ad.mi.tir > a.mi.tir*). En el primer caso (i.e. *ab.so.lu.to > ap.so.lu.to*) se ha argumentado en investigaciones previas, según reporta Brown, que la /b/ producida como [p] es producto de un proceso de **asimilación** del rasgo [+sordo] de la consonante siguiente [s]. Es decir, se trataría de un proceso de coarticulación anticipatoria en el que la /b/ adopta características articulatorias de [s] (i.e. el rasgo [+sordo]). En el caso de /ɾ/ producida como [d] se observa un proceso de **geminación** (i.e. duplicación de consonantes) que implica la coarticulación y reconfiguración de gestos articulatorios. El último caso se puede describir como una reducción completa de la /d/ para convertirse en ø (ver caso ilustrativo http://www.youtube.com/watch?v=5LzJRbvTJu0&feature=related). Es importante notar que en todos los casos anteriores estamos en presencia de grupos consonánticos (i.e. dos consonantes contiguas) en los que la consonante en la coda silábica sufre algún tipo de cambio. El término **coda** se refiere a las consonantes que están después del núcleo silábico (e.g. en la palabra ad-mi-tir la [d] y la [ɾ] son parte de la coda). Kenstowicz (1994: 254) señala que en muchas lenguas se han documentado restricciones en cuanto a la estructura silábica y la presencia de grupos consonánticos, tanto dentro de palabra como a final de palabra. Estas tendencias han sido capturadas en teorías formalistas bajo la forma de dos restricciones *\*Coda: las sílabas no pueden contener una coda* y *\*Coda complexa: no más de un segmento en la coda* (Colina 2006). De hecho, el español no posee palabras con grupos consonánticos a final de palabra como el inglés (e.g.

*tasks*). Sin embargo, en el inglés se ha documentado la reducción de segmentos como /t, d/ en grupos consonánticos (e.g. *just*, *kept*; véase el trabajo de Guy 1991a, 1991b para obtener más detalles). Una predicción posible es que los grupos consonánticos podrían estar sujetos a procesos de reducción por razones articulatorias inclusive en lenguas donde éstos ocurren como se ha documentado en el inglés (Guy 1991a, 1991b, entre otros).

El trabajo de Brown (2006), sin embargo, explora otras hipótesis con respecto a la variación que se observa en la producción de los sonidos [p] y [b] en palabras como *Pepsi* pronunciada como [peksi] o en *absolutamente* pronunciada como [aksolutamente] (ver este video ilustrativo http://www.youtube.com/watch?v=apTNe32B0n0). Este fenómeno ha sido documentado en variedades del español caribeño en una diversidad de trabajos (Chela Flores 1986; Guitart 1981; González y Pereda 1998; D'Introno, Del Teso y Weston 1995; Díaz-Campos 1999). En lugar de investigar hipótesis de naturaleza fonética como las planteadas en los párrafos anteriores, Brown examina el papel de la frecuencia en el procesamiento del lenguaje y en particular las conexiones que se pueden establecer entre el sistema fonológico y el léxico para explicar la **posteriorización** de /p b/ (i.e. producción con una variante velar [k]). La posteriorización en español se refiere a la producción de sonidos con un punto articulatorio anterior mediante el empleo del posdorso de la lengua y el velo del paladar. En este caso se trata de la producción velar de dos sonidos bilabiales. La suposición teórica que subyace al análisis es que la alternancia entre labial y velar en los contextos señalados es el producto de la influencia que ejerce la frecuencia y el uso del léxico en el conocimiento de la **estructura fonotáctica española** (i.e. combinaciones posibles de sonidos en diferentes niveles como la sílaba o la palabra). Es decir, se propone la hipótesis de que la secuencia [...$C_{Velar}$\$$^i$C...] es más común en español y, por ello, esta secuencia se usa como modelo en la pronunciación de la secuencia [...$C_{Labial}$\$C...]. El análisis de Brown (2006) se basa en un corpus oral del español compuesto por 6.800.000 palabras. Los resultados muestran los patrones de frecuencia según el número de ocurrencias y según la distribución de los diferentes tipos de coda por palabra. Las tablas 3.2 y 3.3 muestran los resultados de Brown.

Los resultados de ambas tablas muestran que tanto la frecuencia de caso como la frecuencia de tipo (i.e. el número de palabras en las que aparece la secuencia

**Tabla 3.2**  Frecuencia de las consonantes labiales y velares en coda silábica.

|  | -bC- | -pC- | -gC- | -kC- |
|---|---|---|---|---|
| Frecuencia | 5.895 | 7.335 | 4.537 | 87.462 |
| Total |  | 13.230 |  | 91.999 |

**Tabla 3.3**  Frecuencia de tipo de las consonantes labiales y velares en coda silábica.

|  | -bC- | -pC- | -gC- | -kC- |
|---|---|---|---|---|
| Frecuencia de tipo | 112 | 148 | 112 | 875 |
| Total |  | 260 |  | 987 |

[. . .C<sub>Velar</sub>$C. . .] ) son mucho más altas para el esquema [. . .C<sub>Velar</sub>$C. . .] que para el esquema [. . .C<sub>Labial</sub>$C. . .]. Estos datos proveen la evidencia empírica para argumentar que el primer esquema tiene una representación cognitiva más robusta y accesible que se impone frente al segundo esquema, lo cual explica por qué una [p] o una [b] se producen como [k] en palabras como *Pepsi* pronunciada como [péksi] (véase Brown 2006: 57). En resumen, las hipótesis exploradas en este trabajo acerca de la posteriorización de /p b/ apuntan a un conocimiento de las combinaciones segmentales que son posibles en el sistema fonológico del español para ofrecer una posible explicación que explora las conexiones entre la estructura fonológica y el léxico.

Para mostrar otro ejemplo en el que se emplean argumentos de tipo fonético, relacionados con procesos de coarticulación, veamos la investigación de Schmidt y Willis (2011). Schmidt y Willis estudian la naturaleza variable de la sonorización de la /s/ en posición final de sílaba. **La sonorización** consiste en que un sonido sordo adquiere el rasgo sonoro de otro sonido que se encuentra en el contexto fonético inmediato. Estos autores plantean que las descripciones previas sobre el fenómeno explican que la sonorización ocurre ante una consonante sonora (e.g. *mismo* en el que la [s] está seguida por la [m] la cual es [+ sonora]). De manera que se observa una asimilación regresiva o proceso de coarticulación anticipatoria en el que la [s] adquiere el rasgo [+sonoro] de la [m]. Sin embargo, Schmidt y Willis plantean que muchas de las descripciones previas se basan en observaciones no fundamentadas en datos, por lo cual recolectaron muestras grabadas y, a través de ellas, estudian la distribución de la /s/ final de sílaba y las posibles explicaciones de este fenómeno variable poco estudiado desde el punto de vista acústico. La tabla 3.4 muestra la frecuencia de las variantes sordas y sonoras según el contexto fonético (adaptada de Schmidt y Willis 2011: 7).

Los hallazgos presentados en la tabla 3.4 indican que la sonorización ocurre en el 63% de los contextos donde se espera la asimilación del rasgo [+sonoro]. Sin embargo, también se observa que el proceso no es categórico, ya que el 37% de los casos muestran la variante sorda. De igual forma, se observa sonorización en contextos donde se esperaría la variante sorda ante consonante sorda y entre vocales. La explicación parcial que ofrecen los autores frente a esta distribución de los datos indica que se observa un **efecto coarticulatorio progresivo** según el que la vocal anterior a la [s] ocasiona que se observe un período de sonoridad que se extiende en los primeros 14,4 milisegundos de la realización de la consonante. El proceso de sonorización de [s] debe ser visto, según los autores, como un

**Tabla 3.4**  Frecuencia de variantes sonoras y sordas según el contexto fonético.

| *Contexto de variante sorda* | | | | *Contexto de variante sonora* | |
|---|---|---|---|---|---|
| /VsC<sub>sorda</sub>/   (N = 187) | | /VsV/   (N = 214) | | /VsC<sub>sonora</sub>/   (N = 166) | |
| Sonora [z] | Sorda [s] | Sonora [z] | Sorda [s] | Sonora [z] | Sorda [s] |
| 5% | 95% | 9% | 91% | 63% | 37% |
| (10) | (177) | (20) | (194) | (105) | (61) |

proceso que incluye asimilación progresiva de la vocal precedente y regresiva de la consonante sonora siguiente. En otras palabras, la [s] se ve afectada por la vocal y esto se considera asimilación progresiva. También se observa un efecto de la consonante siguiente lo cual se considera asimilación regresiva.

Los ejemplos anteriormente presentados muestran el efecto de factores fonéticos y de factores que tienen que ver con el sistema de sonidos del español como en el ejemplo de Brown (2006). El estudio de la variación sociofonológica requiere siempre indagar profundamente para entender las implicaciones que cierto fenómeno puede tener más allá del entorno inmediato como hemos visto. Hay que recordar que el fenómeno forma parte de un sistema y puede tener efectos que influyan en otras clases naturales que comparten rasgos en común en los mismos contextos. Por ejemplo, en el caso del estudio de Brown (2006) vemos como la posteriorización afecta no sólo a [b] sino a [p], [d] y [t] como parte de un proceso general que afecta a las oclusivas en posición final de sílaba en español. Es más, se podría argumentar que este proceso forma parte de los procesos de variación que se observan en posición final de sílaba en general en la lengua española y en otras lenguas del mundo (Poplack 1980).

*Preguntas de comprensión*

1.  ¿Qué factores pueden condicionar la variación sociofonética?
2.  ¿Cómo se puede identificar una variable de tipo sociofonética?
3.  ¿Por qué debemos evitar el uso de normas prescriptivas para definir tal variable?
4.  ¿Qué podemos concluir de la investigación de Díaz-Campos (2008) sobre la /r/ en Venezuela?
5.  ¿En qué se parecen los procesos de geminación en español con la reducción de grupos consonánticos en inglés? Incluye una definición de geminación en tu respuesta, utilizando tus propias palabras.
6.  ¿Cómo se relaciona el proceso de posteriorización con la estructura fonotáctica española?
7.  Explica en tus propias palabras lo que significa el proceso de coarticulación. Ejemplifica tu definición con los resultados de la investigación de Brown (2006) o de Schmidt y Willis (2011).

## Condicionamiento gramatical

Es común y esperable que haya factores por encima del nivel fonético-fonológico que afecten un cierto fenómeno de pronunciación. En otras palabras, es posible encontrar **condicionamiento gramatical** en el desarrollo de un fenómeno de variación fonológica. Este tipo de condicionamiento se refiere a variables lingüísticas que tienen valor morfémico como la /s/ final de sílaba que puede ser marcador de plural o morfema verbal para la segunda persona del singular. La /s/ final de sílaba, una de las variables sociolingüísticas más estudiadas, posee por lo menos tres variantes: fricativa alveolar sorda [s], fricativa glotal sorda (variante con **aspiración**) [h] y la elisión [Ø]. Poplack (1980) señala que este tipo de condicionamiento es importante para entender la propagación del fenómeno a través del tiempo en el sistema lingüístico. Como se ha señalado anteriormente los procesos de debilitamiento consonántico son comunes en diversas lenguas y han sido documentados diacrónica y sincrónicamente (véase Poplack 1980: 371). El término **diacrónico** se emplea para referirse a estudios históricos en los que se observa el desarrollo de la variación y el cambio a través del tiempo. El estudio **sincrónico** examina la variación en un punto del tiempo sin tomar en cuenta el desarrollo en diversas etapas del tiempo. Según Poplack estas tendencias relacionadas con el debilitamiento consonántico eliminan redundancias en el nivel oracional (e.g. reducción de las marcas de pluralidad como en el caso de la /s/ final), pero a la vez pueden causar un incremento de la ambigüedad. Con el propósito de analizar tales tendencias, Poplack centra su atención en dos variables fonológicas: la /s/ y la /n/ final de sílaba. En ambos casos, tanto el fonema /s/ como /n/ interaccionan con el sistema gramatical debido a que la /s/ puede marcar pluralidad (e.g. *juegos* vs. *juego*) así como segunda persona del singular (e.g. *cantas*). En el caso de la /n/, podemos señalar ejemplos en los que marca la pluralidad de la segunda y la tercera personas (e.g. *ustedes/ellos/ellas hablan*). Poplack (1980) propone que para una explicación completa de los fenómenos de elisión se hace necesario tomar en cuenta aspectos morfológicos, sintácticos y semánticos en el constituyente mismo donde aparece la /s/ o la /n/, así como el contexto discursivo/gramatical del que forma parte. Con este propósito en mente, Poplack toma en cuenta la presencia de información adicional, dentro de la frase nominal o fuera de ella, que pueda eliminar ambigüedad con respecto a la marcación de pluralidad en el caso de la /s/ final de sílaba. La codificación de los datos se hizo tomando en cuenta las siguientes categorías (véase Poplack 1980: 375):

## Tipos de información de carácter desambiguador

1. Flexiva dentro de la frase nominal
   La**s** mata**s**
2. Otras marcas morfológicas
   *Dentro de la frase nominal
   Lo(s) reye(s)
   *Información fuera de la frase nominal
   La(s) mata(s) se muere**n**
3. Información no morfológica
   *Semántica
   **Un par de** mata(s)
   *Sintáctica
   Era(n) persona(s) como que adivinaba(n)
4. Combinaciones
   Viniero(n) gente de toda(s) parte(s)

En el primer ejemplo se observa que la /s/ marca plural en el determinante y en el sustantivo. En *los reyes* se observa que hay otros indicadores en la palabra que señalan que se trata de formas del plural *los* vs. *el* y *reyes* vs. *rey*. En el caso de *las matas se mueren* la flexión verbal (i.e. *n*) es un marcador de pluralidad. En

**Tabla 3.5**   Elisión de /s/ final de sílaba de acuerdo con los tipos de información de carácter desambiguador.

| *Tipos de información de carácter desambiguador* | *Peso probabilístico* |
|---|---|
| Flexiva dentro de la frase nominal | 0.29 |
| Otras marcas morfológicas | 0.59 |
| Información no morfológica | 0.55 |
| Combinaciones | 0.58 |

el ejemplo **_un par de_** *matas*, la palabra *par* significa dos. En la oración *Era(n) persona(s) como que adivinaba(n)*, un sustantivo sin determinantes (no se usa el artículo *las* antes de *personas*) después de un verbo en plural se interpreta como plural. En el último caso vemos una combinación de factores morfológicos, sintácticos y semánticos. La tabla 3.5 adaptada de Poplack (1980: 377) muestra los resultados según los tipos de información de carácter desambiguador. Poplack usa el análisis de la regla variable (VARBRUL) y provee los pesos probabilísticos obtenidos en su análisis. Un peso por encima de 0.5 se considera que favorece la elisión en este caso en particular.

Los datos presentados en la tabla 3.5 indican que cuando se observan otras marcas de pluralidad en los niveles morfológicos, sintácticos, semánticos o una combinación de los anteriores, la elisión del marcador de plural es más común. Por el contrario, cuando la única marca de plural es de tipo flexiva dentro de la frase nominal, ésta tiende a conservarse. Estos resultados le permiten concluir a Poplack que de manera parcial los factores de tipo funcional juegan un papel en la retención de la marcación de la pluralidad debido a que la elisión es más frecuente cuando hay otras formas, no necesariamente flexivas, de expresar la idea de pluralidad.

En cuanto a la /n/ final de sílaba, se explica que existe un proceso de debilitamiento que consiste en la velarización, la cual ha avanzado hasta convertirse en elisión y finalmente la nasalización de la vocal precedente. Entre los factores que Poplack incluye en su análisis tenemos los siguientes: la categoría flexiva del verbo (i.e. regular e irregular), la presencia y orden de la frase nominal (i.e. después del verbo, antes del verbo, no hay) y el orden de la información de carácter desambiguador (i.e. después del verbo, antes del verbo, antes y después, no hay). Los resultados del análisis de Poplack (1980: 380) son presentados en la tabla 3.6.

Poplack interpreta los resultados de la tabla 3.6, afirmando que el factor presencia y orden de la información de carácter desambiguador, es el factor que desfavorece más la elisión del morfema (n) con un peso de 0.0. Esto parece indicar que si la pluralidad no ha sido indicada antes de la producción del verbo mediante la flexión, otras marcas morfológicas, la concordancia o indicios semánticos dentro de la frase nominal o del contexto del discurso se retiene la (n). La mayor probabilidad de elisión ocurre cuando la frase nominal está pospuesta al verbo (0.6), lo cual concuerda con la idea de que la marca de pluralidad que implica la presencia de (n) no es estrictamente necesaria, ya que hay otras marcas de pluralidad en el

**Tabla 3.6**  Contribución de los factores categoría flexiva del verbo, presencia y orden de la frase nominal y presencia y orden de la información de carácter desambiguador.

| *Categoría flexiva del verbo* | *Presencia y orden de la frase nominal* | *Presencia y orden de la información de carácter desambiguador* |
|---|---|---|
| Regular   0.73 | Después del verbo   0.60 | Después del verbo   0.58 |
| Irregular   0.27 | Antes del verbo   0.48 | Antes del verbo   0.46 |
| | No hay   0.42 | Antes y después   0.46 |
| | | No hay   0.0 |

enunciado. En otras palabras, los datos presentados por esta investigadora nos hacen pensar que la elisión de /n/ se evita cuando la única marca de pluralidad en el enunciado es este morfema verbal. Poplack propone que los resultados son evidencia a favor de la **hipótesis funcional** propuesta por Kiparsky (1972), según la cual existe una tendencia a mantener en la **estructura superficial** información semánticamente relevante. En el caso particular de las variables que estudiamos, la información semántica relevante es la noción de pluralidad. En el caso de los datos del español de Puerto Rico, se puede ver que la pluralidad se mantiene en la frase verbal (es decir, se retiene /n/) y no en la frase nominal. Poplack sugiere que quizá el español puertorriqueño al eliminar redundancia en la frase nominal mediante la elisión de /s/ experimenta un proceso de reestructuración de la marcación de pluralidad.

Los ejemplos presentados con respecto a la elisión de la /s/ y /n/ a final de sílaba son fundamentales para entender las consecuencias que la variación de carácter fonológico puede tener en el nivel de la morfosintaxis. En este caso, se provee una interpretación sobre la base de la hipótesis funcional. Sin embargo, cabe destacar que nuevas perspectivas se han ofrecido recientemente en cuanto a la variación de la /s/ a final de sílaba en particular. Por ejemplo, los trabajos de File-Muriel (2007) y Brown (2009) examinan el efecto de la frecuencia en los procesos de debilitamiento consonántico y observan que la elisión suele ocurrir en casos de palabras frecuentes o combinaciones de palabras que son relativamente frecuentes. Esto indica que el cambio fonético se propaga de los elementos léxicos más frecuentes a los menos frecuentes.

## El condicionamiento sociolingüístico

La sociolingüística incorpora en el estudio de la variación sociofonológica una serie de factores sociales tales como la edad, el nivel socioeconómico, el nivel educativo, el sexo, la etnicidad, así como otras variables que sirven para explicar la variación y el cambio dentro de la comunidad particular que estemos estudiando. Medina-Rivera (2011: 42) clasifica este tipo de variables extralingüísticas como **variables fundamentadas en la comunidad** en contraste con aquellas **variables fundamentadas en el individuo** como el ámbito, el mercado lingüístico, las redes sociales y las relaciones entre el hablante y los interlocutores. Desde la aparición del trabajo de grado doctoral de William Labov en 1966, *La estratificación social del inglés en la ciudad de Nueva York*, la incorporación de factores sociales ha sido determinante para entender el avance o estancamiento de los fenómenos de variación lingüística, así como el prestigio o estigma que los miembros de una comunidad asocian con el uso de ciertas variantes. Aunque en el capítulo 4 de este libro presentaremos más detalles sobre fenómenos comunes en español, estudiaremos ahora un par de ejemplos sobre el condicionamiento por factores sociolingüísticos. La figura 3.2, tomada del estudio de D'Introno y Sosa (1986: 143) sobre la /d/ intervocálica, presenta datos acerca de la elisión de la /d/ intervocálica según el nivel socioeconómico y el estilo del habla (i.e. formal e informal) en el habla de Caracas, Venezuela.

Según lo que se observa en la figura los niveles socioeconómicos alto y medio eliden la /d/ intervocálica menos, en términos generales, que el nivel bajo. En cuanto al estilo se mantiene el mismo patrón de estratificación social de acuerdo con el cual la elisión es más común en el nivel socioeconómico bajo y, al mismo tiempo, se observa que la elisión es favorecida en los estilos más informales. Este perfil social de la /d/ intervocálica nos hace pensar que es un fenómeno del habla vernácula de Caracas. El segundo ejemplo de condicionamiento sociolingüístico proviene del trabajo de Medina-Rivera (1999, 2011) en el cual se estudia el uso de la lateralización y velarización de la /r/ en el español de la ciudad de Caguas, Puerto Rico, según la relación del hablante con el interlocutor.

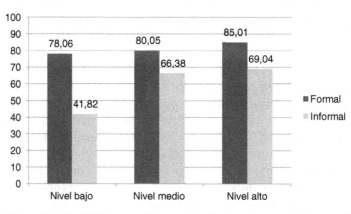

**Figura 3.2**   Retención de /d/ intervocálica según nivel socioeconómico y estilo de habla (adaptado de D'Introno y Sosa 1986: 143).

**Tabla 3.7**   Producción de variantes no normativas según la relación del hablante con su interlocutor.

|  | Lateralización | | Velarización de /r/ | |
| --- | --- | --- | --- | --- |
|  | Porcentaje | Peso | Porcentaje | Peso |
| Conocido | 44,4 | .58 | 10,7 | .51 |
| No conocido | 24,4 | .39 | 7,8 | .49 |

Los datos proporcionados por Medina-Rivera indican un condicionamiento según el cual el factor que toma en cuenta la relación del hablante con su interlocutor señala que al hablar con personas conocidas se favorece el uso de variantes no estándares. En el caso de esta muestra puertorriqueña, la variante no estándar sería la pronunciación de una [l] por una [ɾ] y la producción de una vibrante velarizada en lugar de la vibrante múltiple alveolar. Como hemos dicho, en el capítulo 4 se describen con más detalles una serie de fenómenos de variación comunes en el mundo hispano.

*Preguntas de comprensión*

1. Distingue los conceptos *diacrónico* y *sincrónico* en tus propias palabras.
2. Explica los resultados de Poplack (1980) sobre la elisión de /s/ final de sílaba y sobre la elisión de /n/. ¿Por qué será que la elisión es más común cuando hay múltiples formas que expresan la pluralidad?
3. ¿Cómo se relacionan la hipótesis funcional (Kiparsky 1972) y la estructura superficial tal como se explica en el capítulo?
4. ¿Cómo se distinguen las variables extralingüísticas fundamentadas en la comunidad de las fundamentadas en el individuo? Ofrece ejemplos de cada categoría.
5. Según las investigaciones de D'Introno y Sosa (1986) y Medina-Rivera (2011), ¿qué efectos tienen la formalidad del habla y la familiaridad con el interlocutor?
6. ¿Cómo es posible que una variable sociofonética muestre condicionamiento gramatical? Explica tus argumentos.

## Para pensar e investigar:

En tu dialecto, ¿cuál es un buen ejemplo de una variable cuya producción podría relacionarse con el habla informal? Explica.

## 3.3.  La variación sociofonológica en la música popular

La música popular es un instrumento muy útil para aprender sobre los dialectos del español y de la cultura de los diferentes países hispanohablantes. Regularmente, muchos de los procesos fonológicos característicos de las regiones en que se dividen los países hispanos aparecen en la música popular. Es posible también observar variación estilística según el género musical, lo cual se puede apreciar en el uso de variantes vernáculas en estilos musicales más regionales y populares, así como el uso de una pronunciación menos marcada regionalmente en estilos musicales menos locales. Estas variaciones se pueden notar en diversos niveles tales como la pronunciación, la morfología, la sintaxis y el vocabulario. Quizá sea más obvio que hay variación en el vocabulario en comparación con otros aspectos. En esta sección haremos un ejercicio práctico con ejemplos de cantantes de dos regiones diferentes con el propósito de identificar una o más variables lingüísticas. La tarea consiste en escuchar las canciones que se proponen a continuación siguiendo estas instrucciones: (1) Escuchar con atención la primera vez, (2) Escuchar para tomar notas sobre fenómenos de pronunciación y (3) Verificar las tendencias observadas.

*Canción 1*

Enlace electrónico: http://www.rubenblades.com/fotos/ruben-blades/

La canción número 1, titulada *Parao* pertenece al compositor y cantante panameño Rubén Blades. Este cantante nació en 1948 y en los años 70 su música alcanzó alta popularidad en Latinoamérica. Rubén Blades es conocido por sus canciones de contenido político en las que denuncia situaciones difíciles como las dictaduras vividas en Sudamérica y en América Central.

La primera canción que escucharemos (http://www.youtube.com/watch?v=-qfkVtfs9qY) se titula *Parao* interpretada por Rubén Blades.

*Parao*
Rubén Blades

Hay quien ve la luz al final de su túnel
Y construye un nuevo túnel, para no ver,
Y se <u>queda</u> entre lo oscuro, y se consume,
Lamentando lo que nunca llegó a ser.
Yo no fui el mejor ejemplo y te lo admito,
Fácil es juzgar la noche al otro <u>día</u>;
Pero fui sincero, y eso sí lo grito,
¡Que yo nunca he <u>hipotecado</u> al alma mía!
Si yo he vivido <u>parado</u>, ay que me entierren <u>parado</u>;
Si pagué el precio que paga el que no vive <u>arrodillado</u>
La <u>vida</u> me ha <u>restregado</u>, pero jamás me ha <u>planchado</u>.
En la buena y en la mala, ¡voy con los dientes <u>pelados</u>!
Sonriendo y <u>de</u> pie: ¡siempre <u>parado</u>!

Las desgracias hacen fuerte al sentimiento
Si asimila <u>cada</u> golpe que he <u>aguantado</u>.
La memoria se convierte en un sustento,
Celebrando <u>cada</u> río que se ha <u>cruzado</u>.
Me pregunto, ¿cómo <u>puede</u> creerse vivo,
El que existe para culpar a los demás?
Que se calle y que se salga del camino,
¡Y que <u>deje</u> al resto del mundo caminar!
A mí me entierran <u>parado</u>.
¡Ay, que me entierren <u>parado</u>!
Ahí te <u>dejo</u> mi sonrisa y <u>todo</u> lo que me han <u>quitado</u>.
Lo que perdí no he <u>llorado</u>, si yo he <u>vivido</u> <u>sobrado</u>,
Dando gracias por las cosas
Que en la ruta me he <u>encontrado</u>.

Sumo y resto en carne propia,
De mi conciencia <u>abrazado</u>.
¡<u>Parado</u>! aunque me haya <u>equivocado</u>,
Aunque me hayan <u>señalado</u>,
¡<u>Parado</u>! en agua <u>de</u> luna <u>mojado</u>,
Disfrutando la memoria de los ríos que he <u>cruzado</u>,
Aunque casi me haya <u>ahogado</u>, ¡sigo <u>parado</u>!

¡<u>Parado</u>!

Una vez que hayas escuchado la canción prestando atención en la pronunciación de las palabras subrayadas, prepárate a contestar las siguientes preguntas:

1.  ¿Qué observas en cuanto a la pronunciación de las palabras subrayadas? ¿Existe una pronunciación variable?
2.  ¿Cómo describirías la variación que has escuchado?
3.  ¿Qué tipo de regularidad podrías describir en cuanto al contexto fonético donde ocurre la pronunciación que has notado (los sonidos que están inmediatamente antes y después)?
4.  ¿Qué tipo de regularidad observas en cuanto al tipo de palabras en que el fenómeno observado parece común? Explica.

*Canción 2*

Enlace electrónico: http://www.youtube.com/watch?v=q1OqrXK-Fws

La canción número 2 es de un grupo español llamado Chambao. Este grupo se originó en la ciudad de Málaga y combina el flamenco con ritmos contemporáneos que resulta en un estilo experimental con auténtico sabor andaluz. El significado del nombre Chambao se relaciona con una choza hecha de palmas y bambú donde los pescadores realizan sus actividades frente al mar. Estas chozas sencillas también son alegóricas de la vida sencilla de los pescadores y de sus costumbres y cultura. Los integrantes de Chambao son Lamari (María del Mar Rodríguez Carnero), cantante; Toni Romero, teclados; Tony Cantero, guitarra; Oliver Sierra, bajo, guitarra y tres cubano (es un instrumento musical parecido a la guitarra con tres o cuatro cuerdas); Coki Jiménez, batería; Roberto Cantero, saxo soprano y tenor, y flauta; y Juan Hereia, percusión. La canción que vamos a escuchar forma parte del álbum del mismo nombre *Pokito a Poko* del 2005.

Escucha con atención esta segunda canción (http://www.youtube.com/watch?v=q1OqrXK-Fws&ob=av2e) de Chambao. En este caso hay varios fenómenos. Presta atención a las palabras que están subrayadas y cómo se pronuncian. Prepárate para contestar las preguntas que se proponen a continuación.

*Poquito a poco*
Chambao

Andaba <u>perdida</u> de camino <u>para</u> la casa,
cavilando en lo que soy y en lo que siento,
poquito a poco entendiendo
que no vale la pena <u>andar</u> por <u>andar</u>,
que es mejor <u>caminar</u> <u>para</u> <u>ir</u> creciendo.

Volveré a <u>encontrarme</u> con vosotros,
volveré a <u>sonreír</u> en la mañana
volveré con <u>lágrimas</u> en <u>los</u> <u>ojos</u>,
<u>mirar</u> al cielo y <u>dar</u> <u>las</u> <u>gracias</u>.

Poquito a poco entendiendo
que no vale la pena <u>andar</u> por <u>andar</u>,
que <u>es</u> <u>mejor</u> <u>caminar</u> <u>para</u> <u>ir</u> creciendo.
poquito a poco entendiendo,
que no vale la pena <u>andar</u> por <u>andar</u>
que <u>es</u> <u>mejor</u> caminar <u>para</u> <u>ir</u> creciendo

<u>Mirarme</u> dentro y <u>comprender</u>
que <u>tus</u> <u>ojos</u> son <u>mis</u> <u>ojos</u>,
que tu piel es mi piel.
En tu oído me alborozo,
en tu sonrisa me baño,
y soy <u>parte</u> de tu <u>ser</u>.
Que no vale la pena <u>andar</u> por <u>andar</u>,
<u>es</u> <u>mejor</u> <u>caminar</u> <u>para</u> <u>ir</u> creciendo.

Volveré a <u>sentarme</u> con <u>los</u> <u>míos</u>,
volveré a <u>compartir</u> <u>toda</u> mi alegría,
volveré <u>para</u> <u>contarte</u> que he <u>soñado</u>
<u>colores</u> <u>nuevos</u> y <u>días</u> <u>claros</u>,
volveré <u>para</u> <u>contarte</u> que he <u>soñado</u>
<u>colores</u> <u>nuevos</u> y <u>días</u> <u>claros</u>.

Una vez que hayas escuchado la canción, contesta las siguientes preguntas:

1. ¿Qué tipo de variaciones escuchas en la pronunciación? ¿Podrías hacer una lista de los fenómenos que identificas?
2. ¿Podrías ofrecer ejemplos de transcripciones fonéticas en las que muestres los fenómenos que has oído? Ve la tabla al final del capítulo.
3. ¿Ves semejanzas con la primera canción?
4. Escoge una de las variables y explica qué aspectos del contexto fonético parecen influir en la variación.
5. ¿Qué observas en las características comunes que comparten las palabras donde ocurre cada fenómeno? Selecciona dos fenómenos y explica.

Estas dos canciones populares nos demuestran que hay claros ejemplos de variación debido a que los artistas reflejan en su pronunciación las características sociales que poseen así como los lazos de identidad que, como individuos, tienen en su propia comunidad. Obviamente, el estudio de las canciones populares no es lo suficientemente representativo como para proponer conclusiones sólidas sobre toda una comunidad, pero sí nos ofrece ejemplos relevantes que pueden ser útiles para hacer observaciones iniciales.

## Para pensar e investigar:

Piensa en una canción de tu país o de una variedad regional. ¿Cuáles son los fenómenos que observas? ¿Piensas que tal producción lleva estigma o prestigio? ¿Por qué?

## Resumen

En este capítulo hemos estudiado la variación sociofonológica y nos hemos concentrado en diferentes aspectos: (1) ¿Cómo se define la variación socio-fonológica? (2) ¿Cómo se estudia la variación sociofonológica? y (3) La variación sociofonológica en la música popular.

En primer lugar hablamos del concepto de variable lingüística, la cual se refiere a una unidad con diferentes realizaciones (i.e. maneras de pronunciar) que se correlacionan con factores de tipo social, estilístico y/o lingüístico. Más específi-camente dijimos que el concepto de variación sociofonológica se relaciona con diferentes formas de producir una misma variable lingüística (unidades lingüís-ticas con valores equivalentes) que indican las afiliaciones sociales y variación estilística que emplea un grupo social en una situación determinada. Esta forma de concebir el estudio lingüístico nos permite observar la lengua no como una entidad aislada de su contexto social sino todo lo contrario. Se estudia la forma de hablar del individuo tomando en cuenta su identidad como miembro de grupos sociales en su comunidad, su relación con las personas con las que habla y las situaciones en las que ocurren esas interacciones.

En relación con el estudio de la variación sociofonológica, hemos visto que se basa en la observación de conversaciones que reflejen el habla cotidiana o ver-nácula de las personas de la comunidad de habla para lo cual necesitamos grabar el habla de un número representativo de participantes. Un instrumento que se ha desarrollado para este fin es la entrevista sociolingüística, la cual consiste en una conversación informal o semi-informal en la que el entrevistador empieza el diálogo con temas generales para luego introducir temas más personales y, en algunos casos, íntimos con el propósito de obtener el habla vernácula que se quiere estudiar. Una vez obtenidas las muestras de habla de nuestros partici-pantes es el momento de concentrar nuestros esfuerzos en la identificación de variables que se puedan estudiar. Muchas veces los investigadores tienen ideas precisas antes de iniciar el análisis. En otros casos, escuchar las muestras, junto con una revisión completa de la literatura previa acerca de la comunidad lingüística que estudiemos, es una buena estrategia para iniciar el estudio. Una vez identificada la variable o variables procedemos al análisis para lo cual podemos emplear programas de computación que nos permitan escuchar y observar las características acústicas de los sonidos que analicemos así como el entorno en que aparecen para identificar las variantes de la variable sociofonológica. El objetivo primordial es descubrir los factores lingüísticos y extralingüísticos que explican el patrón de variación. Estudiamos también explicaciones que se pueden explorar mediante la observación del condicionamiento fonético-fonológico de las variantes de la variable sociofonológica. Entre los ejemplos que vimos en el capítulo, mencionamos procesos de coarticulación en el que un segmento adquiere características de elementos adyacentes, como el caso de la [s] en la palabra *mismo* en la que la [s] adquiere la sonoridad no sólo de la [m], sino de la vocal precedente [i] (Schmidt y Willis 2011). También estudiamos condicionamientos fonológicos como el que Brown (2006) propone, basado en la estructura fonotáctica del español, acerca de la velarización en *peksi*, la cual se explica según la alta frecuencia de la secuencia kC en español, por lo cual dicha secuencia se convierte en el modelo para otras secuencias menos frecuentes (i.e. pC). Estudiamos que hay fenómenos de pronunciación como la aspiración y elisión de la /s/, los cuales tienen implicaciones en el sistema gramatical del español debido a que la /s/ es marcador de plural en los elementos de la frase nominal (i.e. *los libros nuevos*) y es marcador de segunda persona en los verbos (e.g. *comes, comías, comerás, comerías*). En particular estudiamos investigaciones en las que se observa que cuando la marcación de plural es redundante, debido a la presencia de otros elementos en la morfología o en el contenido semántico de la frase, la elisión de /s/ es más común (Poplack 1980).

En este capítulo vimos un par de ejemplos en la música popular en los que se observan fenómenos de variación. El hecho de que un fenómeno sea usado en la música popular de una cierta región implica que se trata de una pronunciación común en esa región y nos provee ejemplos vivos sobre los cuales podemos hacer observaciones preliminares. Hay que advertir que no se pueden hacer generalizaciones basados en datos limitados, pero sí se trata de un recurso para indagar la ocurrencia de un fenómeno.

*Ejercicios*

DEFINICIONES. Utiliza los términos de la lista para completar los espacios en blanco de las definiciones correspondientes.

| | |
|---|---|
| La posteriorización | La sonorización |
| La coarticulación | La aspiración |
| La geminación | La elisión |
| La variable lingüística | Sincrónica |

Diacrónica
Las variables fundamentadas en el individuo
Las variables fundamentadas en la comunidad
El condicionamiento gramatical

1.  _____ es una unidad en la producción que se puede asociar con ciertas características sociales o lingüísticas.
2.  La falta de producción o pronunciación de cierto sonido en el habla se conoce como _____.
3.  Mientras _____ se relacionan con las redes sociales de una persona y por sus relaciones con otros hablantes, _____ se relacionan con el nivel socioeconómico, la edad y la etnicidad.
4.  _____ es el resultado posible de la asimilación fonética de dos o más sonidos adyacentes.
5.  La producción duplicada de una consonante en el habla se llama _____.
6.  Si se hace una investigación con un enfoque en el desarrollo histórico de una variable, es _____.
7.  Si hay un enfoque en la producción lingüística sin tomar en cuenta el contexto histórico, es _____.
8.  Cuando la producción de una variable fonológica está sujeta a factores estructurales del idioma, decimos que hay _____.
9.  Se puede ejemplificar _____ por la producción velar de una consonante oclusiva bilabial o dental.
10. Cuando se produce una /s/ como /z/ debido a una consonante sonora siguiente, ocurre el fenómeno que se llama _____.

*Aplicación*
  Piensa en una canción de una variedad regional. Haz una lista de los fenómenos fonológicos y/o morfosintácticos que observas en la canción. Contesta las siguientes preguntas:

1.  Busca en un diccionario los términos *prestigio* y *estigma*. ¿Piensas que tal producción lleva estigma o prestigio? ¿Por qué?
2.  ¿Sabes si se producen los fenómenos de la misma manera en otros dialectos? Según tu conocimiento, plantea algunas hipótesis de cómo se producen tales fenómenos en otros dialectos.
3.  Elige uno de los fenómenos y contesta estas preguntas:
    a.  ¿Es una producción representativa del individuo o es más bien representativa de una comunidad? Defiende tu respuesta.
    b.  ¿Cuáles son los factores que podrían afectar su producción?

*Términos importantes para estudiar y recordar*

| | |
|---|---|
| Variación sociofonológica | Variable lingüística |
| Estratificación social | Factores que condicionan la variación |
| Cambio lingüístico | Coarticulación |
| Diferencias estilísticas | Asimilación |
| Elisión | Aspiración |
| Geminación | Diacrónico |
| Coda | Sincrónico |
| Posteriorización | Hipótesis funcional |
| Estructura fonotáctica española | Estructura superficial |
| Sonorización | Variables fundamentadas en la comunidad |
| Efecto coarticulatorio progresivo | Variables fundamentadas en el individuo |
| Condicionamiento gramatical | |

## Glosario

**Variación sociofonológica:** el concepto de variación sociofonológica se relaciona con diferentes formas de producir una misma variable lingüística (unidades lingüísticas con valores equivalentes) que indican las afiliaciones sociales y variación estilística que emplea un grupo social en una situación determinada.

**Estratificación social:** la estratificación social se refiere a los diferentes patrones de uso que se asocian con las afiliaciones del individuo en su comunidad.

**Cambios lingüísticos:** un proceso de variación, entendido como la alternancia de dos o más formas de decir lo mismo, desencadenan transformaciones en la estructura fonológica o gramátical, los cuales llamamos cambios lingüísticos.

**Diferencias estilísticas:** las diferencias estilísticas se refieren a cambios de registro según factores tales como la audiencia, el tópico y la situación discursiva.

**Elisión:** el término *elisión* se refiere a la eliminación completa de un sonido en la pronunciación.

**Variable lingüística:** una unidad (por ejemplo, la /s/ final de sílaba se produce como [s], [h] o [Ø]) que se correlaciona con factores lingüísticos, de tipo social o estilísticos.

**Factores que condicionan la variación:** los factores que condicionan la variación son variables que se pueden medir, comprobar o refutar de manera cuantitativa mediante el análisis estadístico. Por ejemplo, en el conjunto de las variables sociales, se incluyen el nivel socioeconómico, el género, la etnicidad, la edad, entre otras formas de conceptualizar los grupos sociales.

**Coarticulación:** la coarticulación implica que los sonidos adyacentes se asimilan y adquieren rasgos que los hacen semejantes según su modo de articulación, punto de articulación o sonoridad.

**Asimilación:** la asimilación es sinónimo de coarticulación. Por ejemplo, las nasales en español adoptan el punto de articulación de la consonante siguiente.

De esta forma, en una palabra como *conga*, la /n/ se produce como [ŋ] debido a que asimila el punto velar de la [g].

**Geminación:** la duplicación de consonantes que implica la coarticulación y reconfiguración de gestos articulatorios.

**Coda:** se refiere a las consonantes que están después del núcleo silábico (e.g. en la palabra *ad-mi-tir* la [d] y la [ɾ] son parte de la coda).

**Posteriorización:** la posteriorización en español se refiere a la producción de sonidos con un punto articulatorio anterior mediante el empleo del posdorso de la lengua y el velo del paladar.

**Estructura fonotáctica española:** se refiere a las combinaciones posibles de sonidos en diferentes niveles como la sílaba o la palabra.

**Sonorización:** la sonorización consiste en que un sonido sordo adquiere el rasgo sonoro de otro sonido que se encuentra en el contexto fonético inmediato.

**Efecto coarticulatorio progresivo:** se refiere a la direccionalidad de la coarticulación que se produce por influencia del segmento anterior. Por eso se llama progresivo. En contraste, cuando el efecto proviene del segmento siguiente se conoce como regresivo.

**Condicionamiento gramatical:** este tipo de condicionamiento se refiere a variables lingüísticas que tienen valor morfémico como la /s/ final de sílaba que puede ser marcador de plural o morfema verbal para la segunda persona del singular.

**Aspiración:** se refiere al proceso de debilitamiento de la /s/ final de sílaba y particularmente a la producción de una fricativa glotal sorda como variante de la /s/.

**Diacrónico:** el término *diacrónico* se emplea para referirse a estudios históricos en los que se observa el desarrollo de la variación y el cambio a través del tiempo.

**Sincrónico:** el estudio sincrónico examina la variación en un punto de tiempo sin tomar en cuenta el desarrollo en diversas etapas del tiempo.

**Hipótesis funcional:** propone que existe una tendencia a mantener en la estructura superficial la información semánticamente relevante. Por ejemplo, en teoría la /s/ final de sílaba en la palabra *bolígrafos* debería mostrar resistencia a la aspiración u omisión con el propósito de mantener su valor de plural.

**Estructura superficial:** es un término que proviene de la gramática transformacional y que se opone a la noción de estructura subyacente (representación mental). La estructura superficial conformaría la etapa final en la representación sintáctica de una oración. Esta etapa final es la que provee la entrada del componente fonológico y se aproxima a lo que producimos y escuchamos.

**Variables fundamentadas en la comunidad:** una serie de factores sociales tales como la edad, el nivel socioeconómico, el nivel educativo, el sexo, la etnicidad, así como otras variables que sirven para explicar la variación y el cambio dentro de la comunidad particular que estemos estudiando.

**Variables fundamentadas en el individuo:** las variables como el ámbito, el mercado lingüístico, las redes sociales y las relaciones entre el hablante y los interlocutores sirven para explicar la variación y el cambio en el individuo en relación con las personas que interactúan.

## Nota

1　Este símbolo significa que hay una frontera de sílaba, como por ejemplo en la palabra *acto*, la división silábica es ['ak$to].

## Referencias bibliográficas citadas

Alvar, Manuel. 1996. *Manual de dialectología hispánica*. Madrid: Editorial Ariel.

Bradley, Travis. 2006. Spanish rhotics and Dominican hypercorrect /s/. *Probus* 18, 1–33.

Brown, Earl K. 2009. The relative importance of lexical frequency in syllable- and word-inal /s/ reduction in Cali, Colombia. En Joseph Collentine et al. (eds.), *Selected Proceedings of the 11th Hispanic Linguistics Symposium*. 165–178. Somerville, MA: Cascadilla Proceedings Project.

Brown, Esther L. 2006. Velarization of labial, coda stops in Spanish: A frequency account. *Revista de Lingüística Teórica y Aplicada* 44, 47–58.

Chela Flores, Godsuno. 1986. Las teorías fonológicas y los dialectos del Caribe hispánico. Conferencia plenaria dictada en el V Simposio de Dialectología del Caribe hispánico. En Rafael Núñez Cedeño, Iraset Páez Urdaneta y Jorge Guitart (eds.), *Estudios sobre la fonología del español del Caribe*. 21–30. Caracas: Ediciones de la Casa de Bello.

Colantoni, Laura. 2006. Increasing periodicity to reduce similarity: An acoustic account of deassibilation in rhotics. En Manuel Díaz-Campos (ed.), *Selected Proceedings of the 2nd Conference on Laboratory Approaches to Spanish Phonetics and Phonology*. 22–34. Somerville, MA: Cascadilla Proceedings Project.

Colina, Sonia. 2006. Optimality-theoretic advances in our understanding of Spanish syllable structure. En Fernando Martínez-Gil y Sonia Colina (eds.), *Optimality-Theoretic Studies in Spanish Phonology*. 172–204. Amsterdam y Philadelphia: Benjamins.

Díaz-Campos, Manuel. 1999. La velarización de /p b t d/ en posición final de sílaba en el español de Venezuela. *Lingua Americana* III, 7–25.

Díaz-Campos, Manuel. 2008. Variable production of the trill in spontaneous speech: Socio-linguistic implications. En Laura Colantoni y Jeffrey Steele (eds.), *Selected Proceedings of the 3rd Conference on Laboratory Approaches to Spanish Phonology*. 47–58. Somerville, MA: Cascadilla Proceedings Project.

Díaz-Campos, Manuel y Mary Carmen Ruiz-Sánchez. 2008. The value of frequency as a linguistic factor: The case of two dialectal regions in the Spanish speaking world. En Maurice Westmoreland y Juan Antonio Thomas (eds.), *Selected Proceedings of the 4th Workshop on Spanish Sociolinguistics*. 43–53. Somerville, MA: Cascadilla Proceedings Project.

D'Introno, Francesco, Enrique Del Teso y Rosemary Weston. 1995. *Fonética y fonología actual del español*. Madrid: Ediciones Cátedra, S.A.

D'Introno, Francesco, Nelson Rojas y Juan Manuel Sosa. 1979. Estudio sociolingüístico de las líquidas en posición final de sílaba y final de palabra en el español de Caracas. *Boletín de la Academia Puertorriqueña de la Lengua Española* VII, 59–100.

D'Introno, Francesco y Juan Manuel Sosa. 1986. La elisión de la /d/ en el español de Caracas: Aspectos sociolingüísticos e implicaciones teóricas. En Rafael Núñez Cedeño, Iraset Páezy Jorge Guitart (eds.), *Estudios sobre la fonología del español del Caribe*. 135–163. Caracas: La Casa de Bello.

File-Muriel, Richard. 2007. A study of lenition: The role of lexical frequency and phonetic context in the weakening of lexical /s/ in the Spanish of Barranquilla. Tesis de doctorado. Indiana University, Bloomington.

González, Jorge y María Helena Pereda. 1998. Procesos postnucleares de las obstruyentes oclusivas en el habla caraqueña. *Letras* 56, 53–64.

Guitart, Jorge. 1981. Sobre la posteriorización de las consonantes posnucleares en el español antillano: Reexamen teórico-descriptivo. *IV Simposio de Dialectología del Caribe Hispánico*. Universidad Católica Madre y Maestra, Santiago, República Dominicana.

Guy, Gregory R. 1991a. Contextual conditioning in variable lexical phonology. *Language Variation and Change* 3, 223–239.

Guy, Gregory R. 1991b. Explanation in variable phonology: An exponential model of morphological constraints. *Language Variation and Change* 3, 1–22.

Hammond, Robert M. 1999. On the non-occurrence of the phone [r] in the Spanish sound system. En Javier Gutiérrez-Rexach y Fernando Martínez-Gil (eds.), *Advances in Hispanic Linguistics*. 135–151. Somerville, MA: Cascadilla Press.

Kany, Charles. 1994. *Sintaxis Hispanoamericana*. Madrid: Gredos.

Kenstowicz, Michael J. 1994. *Phonology and generative grammar*. Oxford: Wiley Blackwell.

Kiparsky, Paul. 1972. Explanation in phonology. En Stanley Peters (ed.), *Goals of linguistic theory*. 189–227. Englewood Cliffs, NJ: Prentice-Hall.

Labov, William. 1972. *Sociolinguistic patterns*. Philadelphia: University of Pennsylvania Press.

Labov, William. [1966] 2006. *The social stratification of English in New York City*. Cambridge: Cambridge University Press.

Lapesa, Rafael. 1981. *Historia de la lengua española*. Madrid: Gredos.

Medina-Rivera, Antonio. 1999. Variación fonológica y estilística en el español de Puerto Rico. *Hispania* 82/3, 529–541.

Medina-Rivera, Antonio. 2011. Variationist approaches: External factors conditioning variation in Spanish phonology. En Manuel Díaz-Campos (ed.), *The handbook of Hispanic sociolinguistics*. 36–53. Oxford: Wiley-Blackwell.

Mendoza-Denton, Norma. 2008. *Homegirls. Language and cultural practice among Latina youth gangs*. Oxford: Wiley-Blackwell.

Menéndez Pidal, Ramón. 1999. *Manual de gramática histórica española*. Madrid: Espasa Calpe.

Poplack, Shana. 1980. Deletion and disambiguation in Puerto Rican Spanish. *Language* 56.2, 371–385.

Schmidt, Lauren B. y Erik W. Willis. 2011. Systematic investigation of voicing assimilation of Spanish /s/ in Mexico City. En Scott M. Alvord (ed.), *Selected Proceedings of the 5th Conference on Laboratory Approaches to Romance Phonology*, 1–20. Somerville, MA: Cascadilla Proceedings Project.

Willis, Erik W. 2006. Trill variation in Dominican Spanish: An acoustic examination and comparative analysis. En Nuria Sagarra y Almeida Jacqueline Toribio (eds.), *Selected Proceedings of the 9th Hispanic Linguistics Symposium*, 121–131. Somerville, MA: Cascadilla Proceedings Project.

Willis, Erik W. 2007. An acoustic study of the "pre-aspirated trill" in narrative Cibaeño Dominican Spanish. *Journal of the International Phonetic Association* 37.1, 33–49.

Wolfram, Walt. 1969. *A sociolinguistic description of Detroit negro speech*. Washington, DC: Center for Applied Linguistics.

# Capítulo 4

# La variación sociofonológica en el mundo hispanohablante

Este capítulo trata sobre los fenómenos de variación sociofonológica documentados en Latinoamérica y España. Uno de los aspectos más comunes que se puede identificar en el habla de los individuos según su pronunciación, selección morfosintáctica y léxica es el origen regional. Obviamente, nuestra identidad como miembros de una región geográfica se considera un índice de "significado social". De igual forma, otros elementos que indican identidad se relacionan con nuestro género, los grupos sociales a los que pertenecemos y con los cuales nos identificamos. El propósito de este capítulo es ofrecer un panorama de los fenómenos de variación más comunes y contextualizar su uso de acuerdo con factores de tipo social que han sido estudiados en la literatura sobre la variación sociofonológica en español. El capítulo se organiza en las siguientes secciones:

- Introducción
- Consonantes oclusivas
- Consonantes africadas
- Consonantes fricativas
- Consonantes líquidas
- Consonantes nasales
- Vocales

## 4.1 Introducción

La tabla 4.1 muestra una descripción de algunos fenómenos de variación fonética en español según fuentes recientes (Lipski 2011; Samper Padilla 2011). Uno de los

*Introducción a la Sociolingüística Hispánica*, First Edition. Manuel Díaz-Campos.
© 2014 John Wiley & Sons, Inc. Published 2014 by John Wiley & Sons, Inc.

aspectos que resalta a primera vista es la abundancia de variación en cuanto a la producción de consonantes y, en menor escala, los trabajos en cuanto a la variación vocálica. Sobre trabajos recientes acerca de la variación vocálica presentaremos algunos resultados. El panorama de fenómenos documentados se organiza tomando en cuenta el modo de articulación de los sonidos. En términos de una clasificación basada en la idea de **rasgos de clase mayor** (i.e. este concepto capta la producción de los sonidos descritos según la obstrucción/cierre o apertura del tracto vocálico), los fenómenos se podrían dividir según las características de los segmentos, los cuales son obstruyentes y resonantes (Chomsky y Halle 1997). El concepto de **resonante** refiere a una configuración del tracto vocal que facilita la sonoridad espontánea. En contraste, el contacto entre los articuladores característico de los sonidos **obstruyentes** impediría la sonoridad espontánea. Se clasifican como obstruyentes los sonidos oclusivos, fricativos y africados. Los sonidos clasificados como resonantes incluirían las vocales, las deslizadas, las nasales y las líquidas.

Así como se puede notar a primera vista cierta tendencia hacia la variación consonántica, también es cierto que no todos los fenómenos han recibido la misma atención de los investigadores. En algunos casos, se han hecho trabajos extensos como en el estudio de la aspiración y elisión de la /s/ en posición final de sílaba, el cual ha sido estudiado desde diversos puntos de vista y en diversas regiones. Discutiremos algunas de las implicaciones sociolingüísticas de los fenómenos mencionados en el orden en que aparecen en la tabla 4.1.

**Tabla 4.1**  Fenómenos de variación sociofonética más comunes en español.

| Clasificación | Descripción | Región | Ejemplo |
|---|---|---|---|
| Consonantes | | | |
| Consonantes Oclusivas | Elisión de consonantes oclusivas sordas en posición de coda. | Se localiza en todas las regiones en el habla coloquial. | [setjémbɾe] en lugar de [seβtjémbɾe] *septiembre*. |
| | Velarización de /p b t d/ | Caribe hispánico y otras áreas en el habla coloquial. | [ákto] en lugar de [áβto] *apto*. |
| | El uso de la interdental sorda en la pronunciación de /k d/ en posición de coda. | Centro norte de España. | [aθtóɾ] en lugar de [aktóɾ] *actor*; [maðríθ] en lugar de [maðríð] *Madrid*. |
| | Vocalización de /b d g/ en posición de coda. | Áreas rurales de Latinoamérica. | [ajmiɾáɾ]en lugar de [aðmiɾáɾ] *admirar* |
| | Elsión de /d/ intervocálica. | Andalucía, Caribe hispánico, Chile, Colombia, costa de Perú. | [bajláo] en lugar de [bajláðo] *bailado*. |
| | Producción oclusiva de /b d g/ despúes de semivocal o consonante no homorgánica. | Centroamérica, Colombia, Andes venezolanos, ecuatorianos y bolivianos. | [dehde] en lugar de [dezðe] *desde*. |

**Tabla 4.1** *(Continuado)*

| Clasificación | Descripción | Región | Ejemplo |
|---|---|---|---|
| Consonantes africadas | Fricativización de /tʃ/ | Andalucía, Norte de México, Nuevo México, Panamá, Puerto Rico. | [múʃo] en lugar de [mútʃo] *mucho*. |
| Consonantes fricativas | Aspiración, geminación y elisión de /s/ en posición de coda. | Andalucía, Caribe hispánico, Argentina, Uruguay, Paraguay, Chile y Perú. | [pehkáðo] en lugar de [peskáðo] *pescado*; [pátta] en lugar de [pásta]; [páta] en lugar de [pásta]. |
| | Aspiración de /s/ en posición de ataque. | El Salvador, Honduras, Nuevo México. En menor proporción en la República Dominicana, la costa colombiana y el noreste de Argentina. | [laheɲóra] en lugar de [laseɲóra] *la señora*. |
| | Ensordecimiento de /ʒ/. | Argentina | [ensáʃo] en lugar de [ensáʒo] *ensayo*. |
| | Variación en el uso de la *distinción*, el *seseo* y el *ceceo*. | Andalucía, Honduras,[1] El Salvador, Margarita (Venezuela). | [káθa] en lugar de [kása] o [káśa] *casa*. |
| Consonantes líquidas | Asibilación de vibrantes. | México, Zona andina, Costa Rica. | [teaťro] en lugar de [teatro] *teatro*. |
| | Neutralización y elisión de /ɾ/ y /l/ en posición de coda. | Andalucía, Caribe hispánico, Islas Canarias, costa pacífica de Ecuador. | [mal] en lugar de [maɾ] (rotacismo); [komél] en lugar de [koméɾ] (lambdacismo); [komé] en lugar de [komeɾ] (elisión). |
| | Vocalización de /ɾ/ y /l/ en posición de coda. | Región del Cibao, República Dominicana. | [bajláj] en lugar de [bajláɾ] *bailar*. |
| | Geminación de /ɾ/ y /l/ en posición de coda. | El oeste de Cuba. | [báb:aɾo] en lugar de [báɾβaɾo] *bárbaro*. |
| | Deslateralización de /ʎ/. | Regiones urbanas de España, Argentina, Paraguay. | [káje] en lugar de [káʎe] *calle*. |

**Tabla 4.1**    *(Continuado)*

| Clasificación | Descripción | Región | Ejemplo |
|---|---|---|---|
| Consonantes nasales | Asimilación del punto de articulación en posición de coda. | Todos los dialectos. | [iɱfiérno] *infierno*. |
| | Velarización de nasales en posición de coda. | Andalucía, Caribe hispánico, Islas Canarias, Centroamérica. | [koŋ] en lugar de [kon] *con*. |
| | Labialización de nasales en posición de coda. | Yucatán, México | [jukatám] en lugar de [jukatán] *Yucatán*. |
| Vocales | Ascenso de vocales átonas en posición final de palabra. | Galicia, España, Puerto Rico y EEUU. | [nóʧi] en lugar de [nóʧe] *noche*. |
| | Reducción de vocales. | Región central de México, región andina. | [kafsíto] en lugar de [kafesíto] *cafecito*. |
| | Diptongación de vocales. | Habla coloquial de varios lugares de Latinoamérica y España y en regiones de EE.UU, como Nuevo México. | [rjál] en lugar de [reál] *real*. |

## 4.2   Consonantes oclusivas

En primer lugar, tenemos los fenómenos que afectan a las consonantes oclusivas sordas y sonoras /p b t d k g/ en posición final de sílaba (ver un ejemplo representativo en http://www.youtube.com/watch?v=TyC3AViBUPo). La inestabilidad de estos sonidos en posición de coda resulta en la manifestación de diferentes pronunciaciones que incluyen la elisión, la vocalización, la velarización y el ensordecimiento y/o anteriorización de /k d/ en palabras como [aθtiβiðaθ] *actividad* como ocurre en el caso del español peninsular. Según argumenta Lipski (2011: 73) el debilitamiento de las consonantes en posición final de sílaba es un proceso común documentado en las lenguas de origen indoeuropeo y, particularmente, en el caso de las lenguas romances. Esta misma afirmación la hace Poplack (1980: 371) cuando señala que estos procesos de debilitamiento han sido estudiados diacrónica y sincrónicamente. Poplack reconoce el papel fundamental que tienen los factores de tipo articulatorio en la explicación de los fenómenos, pero afirma que la expansión del cambio está sujeta a factores sintácticos y semánticos en el caso particular de la /s/ final de sílaba. En teorías de tipo formalista acerca de la fonología se ha planteado que existe una restricción universal *Coda: *las sílabas no*

**Figura 4.1**   Caricatura tomada del periódico argentino *La Nación* en la que se ejemplifica la pronunciación variable de la palabra *septiembre*. Reproducido con el permiso de S.A. La Nación.

*pueden contener una coda*. Esta restricción expresa una preferencia por las sílabas del tipo CV (C = Consonante, V = Vocal). Colina (2006) plantea que en el caso del español la conformación de las sílabas y de los segmentos que las constituyen están sujetas también a la escala universal de sonoridad (Obstruyentes < Nasales < Líquidas < Deslizadas < Vocales) según la cual los sonidos resonantes se prefieren en la coda en lugar de los obstruyentes como en el caso de /p b t d k g/. En trabajos particularmente dedicados al estudio de la variación entre [p] > [k] (e.g. [ákto] en lugar de [áβto]), se ha propuesto que la velarización es una etapa en el proceso de debilitamiento (i.e. oclusiva labial > oclusiva velar > oclusiva glotal > elisión) (Chela Flores 1986; Zamora Munné y Guitart 1982). En el trabajo de Brown (2006), discutido anteriormente, se propone un análisis diferente en el que la frecuencia mayor de la secuencia [. . .C$_{Velar}$\$C. . .] se impone frente a la secuencia menos frecuente [. . .C$_{Labial}$\$C. . .].

Una consideración importante desde el punto de vista sociolingüístico es que estas variaciones en la pronunciación de las consonantes en la coda de la sílaba van acompañadas de valores sociales que nos pueden indicar procedencia regional o afiliación a ciertos grupos dentro de una comunidad lingüística. Los estudios puramente sociolingüísticos sobre la variación de /p b t d k g/ en posición final de sílaba son escasos. Ha habido mayor interés en el estudio de los factores de tipo lingüístico en la explicación de los diversos fenómenos (e.g. Díaz-Campos 1999). Sin embargo, existen algunos estudios sociolingüísticos como el de González y Pereda (1998) sobre el habla de Caracas, Venezuela. En este estudio en particular se ha determinado que las variantes más comunes en los niveles socioeconómicos bajos son la elisión y la asimilación, mientras que la velarización suele ser menos común en términos de su ocurrencia aunque se encuentra en todos los niveles socioeconómicos. El trabajo de Antón (1998) analiza datos de hablantes del norte de España sobre la base de variables independientes tales como el nivel socioeconómico, la edad, el sexo y el estilo de habla. La variante interdental fricativa sorda (e.g. [aeθór] en lugar de [aktór]/[aɣtór] *actor*) fue favorecida por los grupos de clase media baja, clase baja y por las mujeres en estilos informales. Las variantes elididas fueron más comunes en los hablantes de la generación mayor de los niveles bajo y medio bajo. En contraste, las variantes fricativas (e.g. [aɣtór] *actor*) fueron favorecidas por los jóvenes de los grupos de clase media alta. Un trabajo reciente (Bongiovanni, Trabajo inédito) analiza la producción de las consonantes oclusivas en el español de Caracas. Bongiovanni reporta que la elisión fue el proceso más común, pues los datos revelan que sólo el 2,75% de las consonantes bilabiales y dentales son velarizadas. La velarización fue favorecida por el nivel socioeconómico medio y bajo, los hombres y los hablantes de 30 a 45 años de edad.

Lipski (2011: 78), refiriéndose a los fenómenos que afectan a las obstruyentes sonoras (i.e. /b d g/) en posición final de sílaba, menciona la vocalización ([ajmiɾáɾ] en lugar de [aðmiɾáɾ]). El término **vocalización** se emplea para referirse al debilitamiento consonántico que resulta en la producción de un sonido con cualidades vocálicas como en el ejemplo anterior. Según explica Lipski (2011) la vocalización de consonantes en posición final de sílaba es un proceso documentado en la historia de las lenguas ibero-románicas (Martínez-Gil 1990 citado por Lipski 2011). Desde el punto de vista sociolingüístico Lipski menciona que este tipo de vocalización es un fenómeno que recibe una evaluación negativa.

La /d/ en posición intervocálica en el español de variedades peninsulares y americanas suele pronunciarse con una variante débil o elidirse; en muchos trabajos sociolingüísticos se ha descubierto el efecto de variables de tipo social sobre este fenómeno. Cedergren (1973), en su trabajo pionero sobre el tema, señala que la variación de /d/ en posición intervocálica, particularmente en los participios, ha sido documentada por lo menos desde el siglo XVII (Zamora Vicente 1970 citado por Cedergren 1973). En los datos sobre el español de Panamá, Cedergren encuentra que en el estilo informal se favorece la elisión. De igual forma en su análisis se consigue que los hombres favorecen la producción de la variante debilitada, mientras que las mujeres favorecen la elisión. Los grupos de mayor edad tienden a favorecer la elisión, mientras que los jóvenes la desfavorecen. De acuerdo con los resultados obtenidos según el nivel socioeconómico y el origen (i.e. rural vs. urbano), los datos de Panamá muestran que la elisión es más común en los grupos de nivel socioeconómico bajo y de origen rural. Patrones muy semejantes a los conseguidos por Cedergren han sido reportados para otras variedades del español. Por ejemplo, en el caso del español de Caracas, Venezuela, D'Introno y Sosa (1986) encontraron que el nivel socioeconómico, el sexo y el estilo condicionan la elisión de la /d/ en posición intervocálica. Los grupos socioeconómicos bajos en Caracas favorecen la elisión. Igualmente, se observa más elisión en los estilos informales siendo la elisión más fuerte en los grupos socioeconómicos bajos. No hubo mayor diferencia según el género de los hablantes.

Como comentamos anteriormente, el mismo tipo de variación ocurre en el español de España. Por ejemplo, en el español de las Islas Canarias, Samper Padilla (2011: 113) reporta que la elisión es relativamente común en los grupos con educación universitaria de Málaga (24%) y Granada (23%), aunque también se da en Las Palmas (13%), Madrid (12%) y Valencia (11%). Con relación a factores sociales como el nivel socioeconómico y el sexo, la tendencia general en España muestra que los grupos socioeconómicos bajos favorecen la elisión. Las mujeres comúnmente producen menos variantes elididas que los hombres. Los jóvenes del sur en las ciudades de Granada y Málaga favorecen la elisión.

Las consonantes oclusivas sonoras /b d g/ suelen pronunciarse como sonidos aproximantes (en libros más tradicionales se clasifican como *fricativos* o *espirantes*) en contextos intervocálicos (e.g. *haba, hada, haga*) o después de una consonante no **homorgánica** (e.g. *barba, desde, valga*). Las **consonantes homorgánicas** son aquellas que comparten el mismo punto de articulación. Investigaciones previas (Canfield 1981; Lispki 2011; entre otros) señalan que en muchas regiones después de cualquier consonante o semivocal se producen variantes oclusivas (e.g. *desde, deuda*). Las regiones donde se ha observado esta pronunciación oclusiva según Lipski (2011: 79–80) son El Salvador, Costa Rica, Honduras, Nicaragua y los Andes colombianos y venezolanos. Lipski (2011) describe que este tipo de pronunciación se observa en zonas rurales. Michnowicz (2008) estudia la producción oclusiva de /b d g/ en el español de Yucatán, México y encuentra que los hablantes bilingües en maya y español producen con más frecuencia variables oclusivas, lo cual Michnowicz atribuye al proceso de adquisición del español como segunda lengua por parte de los hablantes yucatecos en su investigación. El trabajo de Michnowicz también presenta datos que indican que los jóvenes yucatecos con mayor contacto con hablantes de otras variedades del español mexicano poco a poco van perdiendo la producción vernácula típica de Yucatán que es la producción oclusiva.

*Preguntas de comprensión*
1. En el caso de las consonantes obstruyentes, ¿cuál es la supuesta restricción universal propuesta por la teoría formalista?
2. ¿Cuáles son algunos procesos que afectan la pronunciación de las consonantes oclusivas?
3. Según las investigaciones de González y Pereda (1998), Antón (1998) y Lipski (2011), ¿qué variables sociales favorecen la elisión de las consonantes oclusivas? ¿Hay semejanzas interdialectales?

## 4.3  Consonantes africadas

Un proceso característico del español del sur de España, de Nuevo México, del sur de México y de muchas variedades del español habladas en el Caribe hispánico es la lenición de /tʃ/ (e.g. [ʃína] en lugar de [tʃína] *China*). **Lenición** quiere decir que un sonido se debilita en su producción. Por ejemplo, el cambio de africada a fricativa implica un debilitamiento relacionado con el modo de articulación. Lipski (2011) señala que junto a la variación en cuanto a modo también se observan cambios de punto de articulación, ya que en ciertas regiones como Chile y el norte de España hay variantes alveolares. Sin embargo, sobre este aspecto hay pocas descripciones sociolingüísticas, por lo cual la presente discusión se centra en el debilitamiento en el modo de articulación. Uno de los primeros trabajos en que se estudia el valor sociolingüístico de esta variable es la investigación de Cedergren (1973) sobre el español de Panamá. En cuanto a los factores lingüísticos que condicionan la lenición de /ʧ/, Cedergren menciona la posición del sonido en la palabra (e.g. inicial, *chino* vs. media, *ancho*). La investigadora reporta que en posición media de palabra se debilita más la /ʧ/. De igual forma, se reporta en sus datos que la presencia de una vocal antes de la /ʧ/ causa que la consonante se debilite más que en otros contextos (e.g. *mucho* en contraste con *ancho*). Este debilitamiento cuando la /ʧ/ precede una vocal (e.g. [áʃa] en lugar de [áʧa] *hacha*), según Cedergren, responde a la tendencia de las consonantes obstruyentes (i.e. oclusivas, africadas y fricativas) en español a debilitarse históricamente en contextos intervocálicos. En el análisis de los factores sociales, Cedergren encuentra que hay variación estilística y que en los tópicos más formales se favorece la variante fricativa [ʃ]. En su muestra, las mujeres favorecen las variantes debilitadas en comparación con los hombres. Se reporta también en los datos de Panamá que los jóvenes usan más las variantes fricativas que las personas mayores. En cuanto al nivel socioeconómico, Cedergren consigue que los grupos de clase media favorecen más el debilitamiento que los grupos de clase baja y alta. De esta forma, los datos de Panamá indican que el debilitamiento de /ʧ/ muestra el patrón de un cambio en progreso.

El debilitamiento de la africada palatal sorda (i.e. /ʧ/) no es un fenómeno único de variedades americanas, sino que se observa en el habla de ciertas zonas de España también. El estudio de Moya Corral y García Wiedemann (1995) analiza datos sobre el debilitamiento de /ʧ/ en el español de Granada en Andalucía desde un punto de vista sociolingüístico. El perfil social del debilitamiento de /ʧ/ en Granada indica que las variantes fricativas son favorecidas por los hombres, los niveles socioeconómicos más bajos, los jóvenes y los barrios tradicionales de Granada. Moya Corral y García Wiedemann (1995) indican que, al hacer una comparación con datos anteriores del *Atlas Lingüístico y Etnográfico de Andalucía* de la década de los 50, se dan cuenta de que la frecuencia de las variantes fricativas, aunque continúan siendo comunes, son menos frecuentes en los datos analizados por ellos.

*Preguntas de comprensión*
1. ¿Cómo se define el término *lenición*?
2. Examina los resultados de Cedergren (1973). ¿Por qué se considera el proceso de la lenición de /ʧ/ un cambio en progreso en los datos de Panamá? ¿Qué ocurre en el caso de Granada?

## 4.4   Consonantes fricativas

Uno de los fenómenos más estudiados en la sociolingüística española es la producción variable de la /s/ en posición final de sílaba. Según Zamora Vicente (1970: 321), hay documentación de la existencia de la aspiración en obras de teatro de Lope de Rueda y de Góngora (hacia 1575) que se atribuyen a personajes afro-hispanos. De manera que este fenómeno ha existido por mucho tiempo en diversas variedades del español entre las cuales destacan el andaluz y el canario, así como las zonas de tierras bajas en la América española. Como se señala en la tabla 4.1, se ha determinado en varios estudios anteriores (véase Lipski 2011) que la producción variable incluye variantes aspiradas (e.g. [mah] en lugar de [mas] *más*), geminadas (e.g. [bát:a] en lugar de [básta] *basta*), elididas (e.g. [ma] en lugar de [mas] más). Sin embargo, la mayoría de los trabajos previos se centran en el estudio de las variantes más comunes: la aspiración y la elisión. Recordemos algunas de las ideas exploradas sobre este tópico en las páginas anteriores.

Desde el punto de vista de la observación de factores sociales, el estudio de Cedergren (1973) resulta pionero en cuanto a este tópico, pues es un ejemplo de estudio sociolingüístico sobre la /s/ final de sílaba en el español de Panamá. Cedergren estudia la /s/ final de sílaba como variable dependiente tomando en cuenta tres variantes: la retención [s], la aspiración [h] y la elisión ø.[2] En su análisis, Cedergren utiliza una serie de factores lingüísticos que condicionarían la ocurrencia de la aspiración y elisión de la /s/ final de sílaba entre los cuales se incluyen: (1) la posición de la /s/ en la palabra (dentro de palabra y/o final de palabra); (2) el contexto fonético (/s/ final seguida de consonante, vocal o pausa); y (3) el carácter morfémico de la /s/ (no morfémico la /s/ de *mes*, morfema de número *casas*, morfema de segunda persona singular *sabes*). En cuanto a los factores sociales, Cedergren observa (1) el género, (2) la edad, (3) el nivel socioeconómico y (4) la región de origen. Un breve resumen de los resultados de Cedergren indica que los hombres favorecen la elisión, mientras que las mujeres favorecen las variantes aspiradas. De acuerdo con la edad, los resultados indican que los grupos de jóvenes favorecen la aspiración. Sin embargo, la elisión no es favorecida por los jóvenes sino por los grupos de mayor edad. Según se observa en los resultados acerca del nivel socioeconómico, tanto la aspiración como la elisión de /s/ muestran una estratificación social con mayores índices en los sectores más bajos. En cuanto a la división entre origen urbano y origen rural, las tendencias encontradas indican que la elisión es claramente favorecida por el grupo rural en comparación con el grupo urbano. No hubo diferencias mayores en cuanto a la aspiración.

En cuanto a la estratificación social en la variación de la /s/ en posición final de sílaba se ha escrito mucho (para una revisión más detallada véase Lispki 2011, 1994; Mason 1994; Samper Padilla 2011; Silva-Corvalán 2001, etc.). Sin embargo, otro trabajo importante, fuera del ya citado de Cedergren (1973), es el que realiza Lafford (1986) en Cartagena, Colombia. El objetivo central del estudio es determinar el valor diagnóstico social de las variantes de /s/ en posición final de sílaba. Con ese propósito en mente, la autora observa el efecto de las variables sociales así como la estratificación estilística en el uso de las variantes de /s/ en posición final de sílaba (ø elisión, [h] aspiración y [s] retención). Los resultados de Lafford indican que la retención es la variante prestigiosa en Cartagena debido a su uso frecuente en los estilos formales y en los grupos socioeconómicos altos. Lafford concluye que la elisión ø es la variante estigmatizada debido a su uso común en los estilos informales y en el grupo socioeconómico bajo. En cuanto a la variante aspirada, Lafford propone que ésta se puede considerar neutra debido a que es común en los estilos informales en todos los grupos sociales aun cuando se observa menos uso en los estilos formales.

Resultados semejantes a los reportados por Cedergren (1973) y Lafford (1986) han sido reportados en estudios como el de Cameron (1992) para el español de Puerto Rico y el de Cepeda (1995) para el español de Chile, según los cuales la retención es favorecida por las clases altas, las mujeres y los grupos de mayor edad en ambos dialectos. En un estudio más reciente sobre el español de Venezuela, Ruiz-Sánchez (2004) encuentra estratificación social en el uso de las variantes de la /s/ según la cual la elisión es favorecida por los grupos socioeconómicos bajos. En el caso particular de los dialectos peninsulares, Samper-Padilla (2011) propone una división en tres regiones: (1) Regiones conservadoras (e.g. Madrid, Toledo), (2) Regiones intermedias (e.g. Canarias, La Jara, la ciudad de Córdoba) y (3) Regiones innovadoras (e.g. Andalucía). Los patrones de distribución social muestran semejanzas a los reportados en América con especial consistencia en lo que respecta al uso de la retención en los grupos socioeconómicos altos y la elisión en los bajos.

Un fenómeno relacionado con la aspiración de la /s/ consiste en la aspiración de la /s/ en posición inicial de sílaba (e.g. [heɣuɾo ke le ðjo] "seguro que le dio" Brown 2005: 819). A diferencia de los estudios hechos con relación a la aspiración de /s/ en posición final, los estudios sobre la aspiración en posición inicial son escasos. Lipski (2011: 82) documenta el fenómeno en El Salvador, Honduras y Nuevo México, Estados Unidos. Según el propio Lipski, también se ha observado la existencia de la aspiración de la /s/ inicial en otros dialectos incluyendo La República Dominicana, Chile, la costa colombiana y Argentina (véase Lipski 2011: 82). Brown (2005) estudia la aspiración de la /s/ inicial en el español de Nuevo México. Los resultados de Brown indican que los niveles de aspiración de /s/ en posición inicial de palabra son menores (i.e. 16%) que la aspiración de /s/ en posición final de palabra (i.e. 57%). Brown también determina que la aspiración en posición inicial de sílaba no está sujeta a que en el dialecto donde ocurre existan altos índices de aspiración o elisión en posición final de sílaba. Esta afirmación se basa en el hecho de que la aspiración de /s/ a final de sílaba en Nuevo México no alcanza los niveles encontrados en otras variedades como el español dominicano donde también se ha documentado el fenómeno. Según Brown, sus resultados indican que no hay una conexión clara que indique que se ha producido un proceso de difusión de la aspiración en posición final de sílaba hacia la posición inicial de sílaba debido a que los factores que condicionan ambos fenómenos actúan en formas diferentes y tienen un impacto diferente también en los datos. Brown no incluye datos sociales sobre la distribución del fenómeno. Sin embargo, Lispki (2011: 83) en una apreciación prescriptiva general que resume las evaluaciones de otros autores indica que "la aspiración de la /s/ inicial de sílaba es percibida como una pronunciación vernácula rústica y se evita en el habla cuidadosa" (mi traducción).

Un fenómeno característico del español de Argentina y, hasta cierto punto, extendido a otras áreas del Río de la Plata (e.g. Uruguay), es el llamado **zheísmo** o su manifestación más reciente **sheísmo**, según el cual el sonido [j] (fricativo, palatal, sonoro), se produce como [ʒ] (fricativo, posalveolar, sonoro) o [ʃ] (fricativo, posalveolar, sordo). En términos más simples la forma de pronunciar las letras que en la ortografía se corresponden con la "y" y la "ll" pueden variar en el uso de un sonido [ʒ] fricativo, posalveolar, sonoro o un sonido [ʃ] fricativo, posalveolar, sordo. Fontanella de Weinberg (1979) presenta el primer trabajo que analiza la variación entre la variante sonora [ʒ] y sorda [ʃ] en el español de Argentina. Los resultados que destacan de este estudio se relacionan con el papel de variables como el grupo de edad y el sexo. Fontanella de Weinberg encuentra que las mujeres jóvenes del grupo entre 15 y 30 años lideran el cambio hacia la producción de la variante sorda. Por el contrario, el grupo de edad entre 51 y 70 años usa la variante ensordecida muy pocas veces. Estos datos sugieren, según el análisis de Fontanella de Weinberg (1979), que el cambio fue impulsado en la comunidad por las mujeres jóvenes y de allí se expandió a otros grupos. El trabajo de Chang (2008) presenta una perspectiva más reciente sobre el fenómeno en hablantes de Buenos Aires. A pesar de que la investigación se basa en textos leídos en un grupo de once hablantes, los resultados del estudio indican que los participantes nacidos antes de 1945 tienden a usar variantes sonoras, mientras que los hablantes jóvenes nacidos después de 1975 favorecen el uso de variantes sordas. Por su parte, los hablantes nacidos entre 1946 y 1974 muestran un patrón de variación entre ambos tipos de variantes. El hecho de que la variable género no se haya encontrado como significativa y que el grupo de jóvenes nacidos después de 1975 use predominantemente variantes ensordecidas parece indicar, según Chang (2008: 62), que el cambio ha sido completado.

Un patrón de variación productivo característico del español peninsular es la existencia de normas que compiten entre el uso de la distinción, el seseo y el ceceo particularmente en el sur de España. La **distinción** es característica del español peninsular que se habla en el centro y norte de España y consiste en la existencia en el inventario fonológico de dos fonemas: (1) un fonema /ś/ ápico-alveolar, fricativo, sordo que se emplea para pronunciar lo que ortográficamente se representa a través de la letra "s" y un fonema /θ/ interdental, fricativo, sordo que en la ortografía se representa con las letras "c" y "z". El **seseo** es característico de toda Latinoamérica, partes del sur de España y las Islas Canarias. Este fenómeno consiste en la existencia de un solo fonema /s/ pre-dorso, alveolar, fricativo, sordo para pronunciar lo que en la escritura representamos mediante las letras "s", "c" y "z". El **ceceo** es característico de ciertas zonas del sur de España (i.e. Andalucía) y se ha reportado de manera aislada en Honduras y El Salvador, así como en la isla de Margarita, Venezuela (véase el ejemplo del Mago Yin http://www.youtube.com/watch?v=CUwgGzPsN7k). Este fenómeno consiste en la existencia de un solo fonema /θ/ interdental, fricativo, sordo para pronunciar lo que en la ortografía representamos mediante las letras "s","c" y "z". Samper-Padilla (2011) presenta un resumen de las investigaciones recientes sobre el tema en las ciudades de Málaga y Granada donde la distinción se ha extendido a diferencia de lo que se reportaba en el *Atlas Lingüístico y Etnográfico de Andalucía* cuyo primer tomo fue publicado en 1961. En términos muy generales, Samper-Padilla (2011: 115) apunta que en los nuevos datos las generaciones jóvenes, las mujeres y los estratos con mayor acceso al sistema educativo favorecen el uso de la distinción. El trabajo de García-Amaya (2008) es un buen ejemplo porque muestra los cambios que ha experimentado la sociedad andaluza en los últimos 30 años. En su estudio observa como la comunidad de Jerez de la Frontera, considerada ceceante, ha cambiado hacia la distinción. Sin embargo, esta distinción es particular de Andalucía por el hecho de que no se produce una /ś/ ápico-alveolar, sino /s/ predorso alveolar. García-Amaya (2008) encuentra en su análisis de los datos sociales que las mujeres con 7 o más años de educación formal, así como los grupos que tienen lazos sociales fuera de la comunidad inmediata favorecen la distinción. En resumen, se nota que la presión ejercida por la norma del centro-norte de España se ha impuesto en zonas donde predominaban el *seseo* y el *ceceo*.

*Preguntas de comprensión*

1. ¿Cuáles son las tres variantes de la /s/ final de sílaba? Ejemplifica cada una con la palabra *hasta*.
2. Según la investigación de Lafford (1986), ¿cuál es la relación entre el valor social y la producción de la /s/ en Cartagena, Colombia?
3. ¿En qué se distinguen las investigaciones de la aspiración de /s/ final de palabra y /s/ inicial de sílaba?
4. ¿Por qué se puede considerar como un cambio completo el ensordecimiento de /ʒ/ en Argentina?
5. Distingue entre *seseo*, *ceceo* y *distinción*. ¿Qué encuentra García-Amaya en el habla andaluza?

## 4.5 Consonantes líquidas

El grupo de las consonantes líquidas incluye los sonidos clasificados como laterales y vibrantes. En esta sección nos dedicamos a la asibilación de vibrantes que se observa en ciertos dialectos mexicanos y de las zonas andinas, la neutralización de laterales y vibrantes que se manifiesta como **rotacismo**[3] o **lambdacismo**[4] y otros fenómenos de inestabilidad de las líquidas que incluyen la elisión, la geminación y la vocalización. También tocaremos brevemente el tema de la deslateralización de /ʎ/ o yeísmo.

En cuanto al análisis de la producción de la vibrante múltiple en particular, se ha mencionado en una serie de trabajos (Hammond 1999; Willis 2006; Bradley 2006; Colantoni 2006) que su producción en el español contemporáneo no refleja las descripciones idealizadas presentadas en libros de texto. Hay algunos estudios sociolingüísticos que se han hecho en Costa Rica donde se produce una /r/ múltiple asibilada, en México, en Perú y en Venezuela donde se ha identificado una /r/ descrita como aproximante. En el párrafo siguiente se desarrolla el tema de la asibilación con más detalles debido a que afecta contextos que corresponden a la vibrante simple. Sin embargo, podemos decir que el uso de la /r/ asibilada en Costa Rica, según Adams (2002), depende de la red social del hablante: aquellos hablantes con lazos fuertes en sus comunidades inmediatas favorecen la asibilación. De igual forma, Adams encuentra que los participantes con pocos años de educación formal también favorecen las variantes asibiladas. En México, la valoración sociolingüística de la asibilación implica prestigio, pues se asocia con el habla de las mujeres, grupos de clase media y de zonas urbanas. En Perú, por el contrario, la asibilación se asocia con áreas rurales y es un fenómeno impulsado por grupos de hablantes bilingües del español y quechua (Caravedo 1990; De los Heros 1997). En Venezuela se ha identificado una variante aproximante que parece estar avanzando entre los grupos de jóvenes, los hombres y los estratos sociales alto y bajo. Estos datos parecen indicar un fenómeno inconsciente que no recibe ninguna valoración lingüística positiva o negativa en la comunidad.

La **asibilación** de la /ɾ/ final de sílaba o de la vibrante múltiple /r/ implica la producción de estos segmentos con cualidades parecidas a las de los sonidos sibilantes. Es decir, se producen los sonidos vibrantes con características parecidas al sonido de /s/ con una estridencia propia de los sonidos fricativos. En una serie de investigaciones pioneras sobre el español de México (Matluck 1952; Boyd-Bowman 1960; Moreno de Alba 1972 y Perissinotto 1972) se identifica la ocurrencia de la asibilación y se observa que las variantes asibiladas tienden a ser favorecidas por las mujeres, los jóvenes y los grupos de clase media. Rissel (1989) estudia los factores sociales que condicionan el uso de la asibilación en la ciudad de San Luis Potosí en México. En su estudio incluye factores como el estilo de habla, el cual divide en oral o escrito, el nivel socioeconómico y las actitudes hacia los papeles de los hombres y las mujeres en la sociedad mexicana. Los resultados del trabajo de Rissel (1989) determinan que el contexto que más favorece la asibilación es la posición final de sílaba antes de pausa. De igual forma, se observó que la asibilación también se da en posición inicial de palabra (e.g. *rata*) y en posición media luego de consonante (e.g. *honra*), pero a un nivel mucho menor que la asibilación que ocurre en posición final de sílaba antes de pausa. Se analizaron casos de asibilación en el grupo consonántico /tɾ/, los cuales también fueron menos numerosos en relación con el contexto final de sílaba. En cuanto al análisis de los factores sociales, Rissel encuentra que las mujeres jóvenes asibilaban más frecuentemente que los hombres jóvenes. Asimismo, se encontró que en general los participantes de clase media son los que favorecen la asibilación. El análisis de actitudes mostró que los grupos con actitudes conservadoras asibilan menos que los grupos con actitudes más abiertas hacia el papel de la mujer fuera del hogar. Así los hombres de clase trabajadora, quienes manifiestan las actitudes más conservadoras, usan poco la asibilación debido a que ésta se percibe como un rasgo del habla femenina.

En un trabajo más reciente sobre la asibilación en México, Matus-Mendoza (2004) también muestra que la asibilación se percibe como un rasgo prestigioso asociado con el habla de las mujeres y los grupos de jóvenes. La expansión del fenómeno está condicionada por los patrones de migración e inmigración de la población. Según Matus-Mendoza, el movimiento de los habitantes de Moroleón hacia las grandes ciudades en México propicia el uso de la asibilación, mientras que la inmigración hacia los Estados Unidos a comunidades rurales como Kenneth Square, donde las diferencias regionales y generacionales se neutralizan, inhiben el uso de la asibilación.

A diferencia de lo que ocurre en México, en la zona andina y particularmente en Perú, la asibilación se considera un rasgo del habla rural que es característico de los hombres mayores y de los hablantes bilingües del quechua y el español

(Caravedo 1990; De los Heros 2001). Alvord, Echávez-Solano y Klee (2005) investigan la asibilación de vibrantes en el español de Calca, cerca de Cuzco, Perú. Los hallazgos del estudio indican que en Calca, un contexto rural, la asibilación no se considera un rasgo negativo o estigmatizado como se argumenta en los resultados de autores anteriores con relación a centros urbanos. A pesar de que los hablantes campesinos favorecen la asibilación, no se observan diferencias marcadas en cuanto a los grupos sociales comparados. Las diferencias según el sexo de los hablantes tampoco son significativas. En cuanto a la edad se argumenta que los hablantes de menos de 40 años desfavorecen la asibilación. Un dato relevante que destaca el trabajo de Alvord et al. (2005) es que los hablantes que han vivido por lo menos un año en Lima desfavorecen la asibilación.

Un fenómeno ampliamente documentado en la dialectología española es la neutralización de laterales y vibrantes en posición final de sílaba (Alonso y Lida 1945 et al.; Canfield 1981; Zamora Vicente 1970; Cedergren 1973; López Morales 1989; Alba 1988; Lipski 1994, 2011; Alvar 1996, entre otros). Según Amado Alonso et al. (1945) este proceso es parte de la tendencia general que favorece el debilitamiento consonántico a final de sílaba. Éste es también un argumento que Lipski (2011) retoma y desarrolla en su trabajo, el cual apunta que los fenómenos de debilitamiento consonántico a final de sílaba son comunes en las lenguas indoeuropeas y, particularmente, en las lenguas romances. El rango de la variación documentado en el sur de España, las Islas Canarias, el Caribe hispánico y otras áreas del mundo hispano muestran que estos procesos de debilitamiento pueden implicar la alternancia de /l/ por /ɾ/ (e.g. [komel] por [koméɾ] *comer*) o de /ɾ/ por /l/ (e.g. [baɾkón] por [balkón] *balcon*), la aspiración (e.g. [káhne] en lugar de [káɾne] *carne*), la vocalización (e.g. [bajláj] en lugar de [bajláɾ]) e inclusive la geminación en contextos en el interior de palabra como ocurre en Cuba (e.g. [báb:aɾo] en lugar de [báɾβaɾo] *bárbaro*). Sin embargo, Lipski (2011: 77) apunta que "En posición final de frase, el proceso de debilitamiento más común es la elisión completa (mi traducción)."

Cedergren (1973) estudia la elisión de la /ɾ/ en posición final de sílaba en el español de Panamá. En sus datos consigue que la lateralización o lambdacismo es muy poco común en Panamá (de 9733 casos sólo 6 fueron lateralizados). Asimismo reporta que los casos de lateralización fueron producidos por hablantes mayores de origen rural. En cuanto a la elisión de la /ɾ/ en posición final de sílaba, Cedergren señala que la edad, el nivel socioeconómico y el origen regional de los hablantes se relacionan directamente con los patrones de uso de la elisión. Específicamente, la elisión es favorecida por los hablantes de mayor edad, los niveles socioeconómicos bajos y los hablantes que vienen de la provincia. D'Introno, Sosa y Rojas (1979) reportan resultados, en cierto sentido, similares para el español de Caracas, Venezuela, ya que el uso de la elisión es favorecido por los hombres y los grupos socioeconómicos bajos.

En cuanto al español andaluz, la investigación de Ruiz-Sánchez (2007) sobre la elisión de /ɾ/ en posición final de sílaba en Alcalá de Guadaíra, España analiza también factores de carácter social y determina que en esta comunidad los jóvenes, las mujeres y los grupos con menor grado de instrucción favorecen la elisión. En un trabajo comparativo acerca de los datos de Andalucía y Venezuela,

Díaz-Campos y Ruiz-Sánchez (2008) muestran resultados que indican que los factores lingüísticos que gobiernan el fenómeno en ambos dialectos son muy similares: categorías como el contexto fonético, la categoría gramatical y el papel de la frecuencia léxica. En cuanto a la estratificación social, los datos indican que los grupos de los jóvenes y de las mujeres favorecen la elisión en Andalucía, mientras que en Venezuela son las personas mayores y los hombres los que favorecen la elisión. Este patrón de resultados es interpretado como evidencia de que el fenómeno progresa en el dialecto andaluz y, por el contrario, se ha estabilizado en el dialecto venezolano.

De acuerdo con Lipski (2011: 78), la lateralización de /ɾ/ en posición final de sílaba y, particularmente, ante consonante (e.g. [tólta] en lugar de [tóɾta] *torta*) se manifiesta sociolingüísticamente de maneras diferentes en Latinoamérica y ocurre con mayor frecuencia en Puerto Rico, el sur de la República Dominicana, el oriente de Cuba y en zonas rurales de Venezuela. López Morales (1989) dice que la lateralización en San Juan, Puerto Rico ocurre más frecuentemente en posición final de palabra y en contextos a final de sílaba antes de consonante obstruyente (e.g. [tálde] por [táɾðe] *tarde*). Este autor analiza 12.146 casos de /ɾ/ final de sílaba y, de ese total, reporta que 4.725 (38,9%) eran casos de lateralización. López Morales (1989: 226) indica que la lateralización en sus datos es más frecuente en los estratos medio-bajo (33%) y bajo (41%). De igual forma, el investigador encuentra que existen diferencias estilísticas de acuerdo con las cuales la lateralización es usada menos en los estilos más formales. El trabajo de López Morales (1989) presenta resultados según los cuales los hombres favorecen la lateralización más que las mujeres, lo cual parece indicar que se trata de un rasgo del habla vernácula.

Trabajos más recientes sobre el español de Puerto Rico incluyen estudios sobre la lateralización y producción de la vibrante múltiple como una variante velarizada (e.g. [ʁáta] en lugar de [ráta] *rata*). Medina-Rivera (1999) analiza datos de Caguas, Puerto Rico empleando la metodología basada en la audiencia de Bell (1984). Medina-Rivera ofrece resultados tomando variables tales como el tipo de situación, el tópico de la conversación y el tipo de discurso. Los hallazgos demuestran que las variantes lateralizadas de la /ɾ/ final de sílaba y las variantes velarizadas de la vibrante múltiple son favorecidas por las conversaciones en grupo en oposición a las presentaciones orales. En cuanto a los tópicos, Medina-Rivera destaca que las variantes no estándares tienden a aparecer en categorías tales como el aborto y la pena de muerte. Quizá estos resultados se deban a la carga emocional de estos tópicos para los hablantes. En cuanto al tipo de discurso, el diálogo y la narrativa favorecen las variantes no estándares.

En un trabajo sobre hablantes puertorriqueños en San Juan y Grand Rapids, Michigan, Valentín Márquez (2006) presenta datos sobre la lateralización y la velarización de la vibrante múltiple mediante un análisis de factores como la edad, el sexo y las redes sociales de los hablantes. La comparación entre hablantes puertorriqueños que viven en Puerto Rico y en Estados Unidos muestra que la lateralización es más común en la isla que en Estados Unidos. Los hablantes de Cabo Rojo en Puerto Rico emplean la lateralización 43,30%, mientras que los hablantes de Grand Rapids la usan 30,75%. En cuanto a las variables sociales, las mujeres en Puerto Rico muestran mayor uso de las variantes normativas. Esta diferencia en el uso de una vibrante simple, según el sexo, no resulta significativa en Grand Rapids, Michigan. Sin embargo, la lateralización se ve favorecida por los hablantes de sexo masculino y hablantes de media edad en ambas comunidades. En el caso de Grand Rapids, los hablantes que muestran una red social integrada a la comunidad puertorriqueña también muestran preferencia por el uso de la lateralización. En cuanto a las variantes velarizadas de la vibrante múltiple (e.g. [ʁáta] en lugar de [rata] *rata*), los hallazgos de Valentín-Márquez (2006: 246) indican que los niveles de uso son bastante semejantes en Cabo Rojo (i.e. 15,80%) y Grand Rapids (i.e. 15,21%). Las variantes velarizadas fueron favorecidas por los hombres y los grupos de edad media en Cabo Rojo, pero estas diferencias no fueron importantes para los hablantes de Grand Rapids. La integración en las redes sociales no resultó relevante en el análisis de las variantes velares.

Alba (1988), en su *Estudio sociolingüístico de la variación de las líquidas finales de palabra en el español cibaeño*, describe datos de la ciudad de Santiago en la República Dominicana. Sus resultados muestran una clara estratificación social de las producciones vocalizadas de /l/ y /ɾ/ (e.g. [koméj] vs. [koméɾ] *comer*) en los sectores de nivel socioeconómico bajo, mientras que los sectores socioeconómicos altos producen variantes normativas y una variante con cualidades fricativas. En cuanto a los grupos de edad, los jóvenes menores de 35 años favorecen las variantes normativas en comparación con los mayores de 50 años. El hecho de que no haya variantes vocalizadas en el habla de los niveles socioeconómicos altos parece indicar que se trata de un estereotipo lingüístico asociado con los grupos bajos en la República Dominicana.

El **yeísmo** o, como algunos autores lo clasifican, la deslateralización de /ʎ/ es un fenómeno comúnmente descrito en la literatura en términos de variación regional. Desde el punto de vista de la variación regional, se puede observar que hay dialectos en los que no existe el fonema /ʎ/ lateral, palatal, sonoro para distinguir lo que en la ortografía se representa mediante la letra *ll*. En estos dialectos, sin el fonema lateral, palatal, como por ejemplo el andaluz y una gran parte de Latinoamérica, tanto la *ll* como la *y* de la ortografía se pronuncian con el mismo sonido [j] fricativo, palatal, sonoro. Zamora Vicente (1970: 309–310) argumenta que el yeísmo es una característica ampliamente aceptada en España como una característica del andaluz y que su origen se remonta al siglo XVIII, pues las primeras evidencias de confusión entre *ll* e *y* aparecen en un poema de Tomás de Iriarte (1750–1791) en el que precisamente se hace referencia al habla andaluza. Plantea Zamora Vicente que el yeísmo para 1780 aproximadamente no se podía considerar un fenómeno común o arraigado. Un aspecto que resulta interesante desde el punto de vista del español contemporáneo es la variación sociolingüística que se presenta en los dialectos donde todavía se emplean los dos fonemas palatales. Molina (2008) presenta información reciente sobre el uso de la distinción entre /ʎ/ y /j/ y la variación que se observa en las poblaciones de Castilla León y Castilla La Mancha. De acuerdo con Molina (2008), la distinción se mantiene en las zonas rurales de Castilla León donde se percibe que el yeísmo o convergencia hacia /j/ es un fenómeno de la ciudad o urbano. En la ciudad de Burgos el yeísmo es muy común, particularmente entre los jóvenes. En las poblaciones de Castilla La Mancha también se observa el avance del yeísmo, particularmente en la ciudad de Toledo que es descrita por Molina como muy favorecedora del fenómeno. Molina (2008) argumenta que en todas las regiones se observa una influencia definitiva del centro político y económico de España constituido por la ciudad de Madrid en donde se ha impuesto el yeísmo. Es decir, las normas locales se ven influidas por la norma de la ciudad de Madrid la cual es la que predomina en la escuela y en los medios de comunicación.

*Preguntas de comprensión*
1. Explica con tus propias palabras el concepto de *la asibilación*.
2. Según la investigación de Matus-Mendoza (2004), ¿por qué hay diferencias en la tasa de asibilación de /ɾ/ entre las ciudades grandes de México y Kenneth Square, Pennsylvania?
3. ¿Cómo son distintas las evaluaciones de la asibilación en México y en las zonas andinas?
4. ¿Cuáles son las variantes de la /l/ y la /ɾ/ final de sílaba?
5. ¿Qué se puede concluir de las investigaciones acerca del *yeísmo*?

## 4.6   Consonantes nasales

Las consonantes nasales también son parte de los procesos generales que afectan a las consonantes en posición final de sílaba en español. Según la literatura en la que se describe la producción de las nasales en la coda silábica ante consonante (e.g. Hualde 2005: 174) éstas tienden a ser homo-orgánicas con la consonante siguiente, lo que quiere decir que comparten el mismo punto de articulación de la consonante que les sigue (e.g. *confuso* [komɱfúso], *canto* [kán̪to]). Cedergren (1973: 80) argumenta que en Panamá las nasales en posición de coda tienden a la velarización y a la elisión completa (e.g. [koŋ eso] en lugar de [kon eso] *con eso*). Según la literatura previa que revisa la autora (Canfield 1981), se presume que la velarización y elisión son desarrollos relativamente recientes que se inician a finales del siglo XIX o comienzos del siglo XX. Cedergren plantea que la extensión geográfica del fenómeno alcanza la mayor parte de Centroamérica y el Caribe. El condicionamiento que observa Cedergren en sus datos depende del segmento siguiente. Particularmente la velarización ocurre con más frecuencia si sigue una vocal o una pausa. En cuanto a los factores sociales, la investigadora observa que en el estilo informal ocurren más elisiones en comparación con los estilos formales, donde es frecuente la velarización. No se encuentran diferencias significativas en cuanto a la conducta de hombres y mujeres en Panamá. Según la edad, los datos de Panamá indican que los jóvenes favorecen el uso de la velarización. Sin embargo, también se observa que el grupo de 35 a 50 años y el grupo de 51 años o más favorecen la elisión. El grupo más conservador es el de jóvenes adultos, lo cual es seguramente un indicio de su participación en el mercado lingüístico. El nivel socioeconómico revela un patrón esperado con los hablantes de mayor nivel social, quienes favorecen las variantes normativas y emplean menos casos de elisión. Finalmente, en cuanto al origen regional, los datos muestran que la innovación no proviene de los hablantes urbanos, ya que son éstos los que producen más variantes normativas y menos variantes elididas.

Con respecto a la variación de nasales, Michnowicz (2008) estudia la producción de nasales (i.e. /n/ → [n ŋ m] o ø) en posición final absoluta en el español de Yucatán. Michnowicz revela un patrón de innovación según el cual las nasales en posición final se realizan como una variante bilabial [m] en lugar de la variante normativa que es la alveolar [n]. Éste es un cambio que llama la atención puesto que no es la solución comúnmente más encontrada en los dialectos del español y parece contradecir patrones que se encuentran en otras lenguas. Este cambio en progreso parece estar sociolingüísticamente liderado por hablantes jóvenes bilingües de maya y español y, particularmente, por las mujeres. Michnowicz argumenta que éste es un fenómeno que sociolingüísticamente es un marcador de identidad regional y que dicho marcador se ha hecho prominente entre los hablantes jóvenes. Los análisis apuntan al hecho de que la condición bilingüe de los hablantes es uno de los factores que favorece el uso de la variante bilabial.

*Preguntas de comprensión*
1. Según Cedergren (1973), ¿qué factores afectan a la producción de /n/?
2. ¿Qué sugiere Michnowicz (2008) en cuanto a la producción de /n/ en Yucatán?

## Para investigar y pensar:

En español se observa una serie de fenómenos que afectan a las consonantes, ¿cómo se pueden explicar estas tendencias? ¿Qué evidencias existen en otras lenguas sobre fenómenos semejantes? Establece relaciones.

## 4.7  Vocales

Un área que requiere mayor atención de los investigadores en sociolingüística es la variación vocálica en español, pues el estudio de las vocales desde el punto de vista variacionista no ha sido abundante. Generalmente se ha considerado que los cambios vocálicos no son comunes. Por ejemplo, Lipski (2011: 83) señala: "En la mayoría de las variedades del español las vocales son estables y se observa poca variación regional o intradialectal" (mi traducción). Esta misma opinión es compartida por Hualde (2005: 128) quien argumenta: "Las cualidades vocálicas son notoriamente estables entre los dialectos del español. No se consiguen diferencias vocálicas comparables en español a las que se han documentado entre variedades geográficas y sociales del inglés. No hay duda de que esto se debe en parte a la simplicidad y simetría del sistema vocálico" (mi traducción).

Willis (2005) cuestiona el hecho de que haya estabilidad en cuanto al sistema vocálico, pues argumenta que no se ha investigado profundamente la variación dialectal y de hecho no existen muchos trabajos donde se documente este tópico. Willis (2005: 188) también señala que los trabajos donde se estudian acústicamente las vocales se basan en datos de laboratorio que reflejan situaciones de extrema formalidad como la lectura de listas de palabras. También apunta al hecho de que no hay investigaciones profundas acerca de las situaciones en que el español está en contacto con otras lenguas. Precisamente este autor demuestra mediante un análisis acústico de habla espontánea que los hablantes bilingües del suroeste de los Estados Unidos muestran patrones de variación regional entre los cuales se identifica el descenso y anteriorización de /o/, lo cual genera que /o/ tenga cualidades similares a la /a/ normativa del español general. En el caso de la /a/, Willis identifica que ésta se anterioriza para tener cualidades similares a /æ/ en el espacio vocálico. Este trabajo demuestra, por una parte, que la variación existe cuando se analizan datos espontáneos y, por la otra, que se puede observar una conexión entre los movimientos que ocurren en el espacio vocálico.

En cuanto a los fenómenos que se han documentado en la literatura acerca de las diferencias vocálicas se incluyen: (1) la reducción del inventario vocálico en situaciones de contacto, (2) la apertura y la armonía vocálicas, (3) el alzamiento de vocales medias, (4) el ensordecimiento o elisión de vocales átonas y (5) el alzamiento y diptongación de vocales medias en hiatos. Con respecto a la reducción del inventario vocálico, Hualde (2005: 120) menciona que en situaciones de contacto como en el caso del quechua en Ecuador, Perú y Bolivia o como en el caso del aymara en Bolivia, Perú y Chile las vocales medias /e/ y /o/ son pronunciadas como /i/ y /u/ debido a la influencia del sistema vocálico del quechua y el aymara que sólo contiene tres vocales /i a u/. Éste es un tema que requiere de análisis sociolingüísticos para obtener información sobre los hablantes y los contextos sociales en los que ocurre (véase Pérez Silva, Acurio Palma y Bendezú Arauajo, 2008). El término **reducción** se emplea para referirse a la omisión de elementos en el inventario fonológico, así como la omisión de sonidos en general.

La apertura y la armonía vocálicas son fenómenos que han sido documentados en el español andaluz. Zamora Vicente (1970) describe la variación dialectal según la cual se observa un sistema vocálico constituido por ocho vocales en lugar del sistema comúnmente descrito que contiene cinco. Específicamente, Zamora Vicente (1970) se refiere a la existencia de vocales abiertas: las vocales medias /e o/ se producen como [ɛ ɔ] (e.g. [kɔtʃɛ] en lugar de [kotʃes]), mientras que la vocal baja /a/ se produce como [æ] (e.g. kæsæ). El fenómeno de apertura de vocales está relacionado con los contextos en los que ocurre la elisión de la /s/ final de sílaba en palabras plurales. A su vez, la apertura de la vocal donde se ha perdido la /s/ de plural genera armonía con las vocales de las sílabas precedentes como se puede ver en los ejemplos anteriores. Es decir, se ha explicado que la apertura es un fenómeno de compensación que permite la distinción entre singular y plural, dado que en este dialecto se elide la /s/ que marca pluralidad. Este fenómeno, que según Zamora Vicente fue documentado por primera vez por Navarro Tomás en 1939, se da en toda la población del este de Andalucía. Si bien es cierto que la mayor parte de los estudios son de carácter dialectal y, en algunos casos teóricos, no hay fuentes recientes que nos den datos cuantitativos y sociolingüísticos sobre este fenómeno en Andalucía. La investigación de Scrivner (2011) constituye un intento por investigar si en un dialecto caribeño se puede identificar la apertura vocálica en los contextos donde ocurre aspiración o elisión de /s/ final de sílaba. Debido a que la apertura vocálica se ha observado en variedades andaluzas, Scrivner (2011) diseña un estudio de corte variacionista en un corpus de habla espontánea proveniente de Caracas, Venezuela. Los resultados de su trabajo no logran identificar exactamente el mismo patrón de apertura y armonía vocálicas que se observan en Andalucía. Sin embargo, el análisis acústico de Scrivner muestra que todas las vocales en Caracas se anteriorizan y que la /a/ se realiza con alzamiento en contextos en los que hay una /s/ morfémica que se produce con aspiración o que se elide. Asimismo, descubre que el nivel socioeconómico condiciona la anteriorización y la edad, el alzamiento de /a/. Tales condicionamientos parecen todavía incipientes para establecer conclusiones sólidas.

El alzamiento de vocales medias en posición final de palabra (e.g. [nótʃi] en lugar de [nótʃe] *noche*) es un fenómeno que Lipski (2011: 83) describe como frecuentemente documentado en las lenguas iberorrománicas. El **alzamiento** en general hace referencia a la altura de la lengua la cual asciende en la pronunciación de las vocales medias o bajas. En este caso, el alzamiento no está relacionado con una situación de contacto con lenguas indígenas como en el caso de las variedades del español andino. El trabajo de Holmquist (2003) presenta un análisis sobre el fenómeno en la zona de Castañer en Puerto Rico. Holmquist (2003) estudia las conexiones que existen entre los hablantes y su comunidad mediante la observación del tiempo que han vivido fuera de o en Castañer. También observa la participación de los hablantes en actividades dentro de la comunidad y la pertenencia a asociaciones o instituciones locales, así como el tipo de actividad profesional que tiene el hablante. Los resultados de este estudio indican que los grupos de mediana edad (i.e. 40 a 64 años) son los que menos favorecen rasgos locales como el alzamiento de vocales. Estos participantes tienden a trabajar fuera de la región de Castañer y desarrollan actividades profesionales en áreas urbanas de Puerto Rico. Se observa que existen grupos como el de los hombres que trabajan en la agricultura, con lazos fuertes en la comunidad, quienes mantienen el alzamiento vocálico típico de Castañer. En este caso se ve cómo las relaciones del individuo con su comunidad a través de la participación en grupos y actividades profesionales pueden influir en la identidad lingüística y en el mantenimiento de rasgos como el alzamiento de vocales. Oliver Rajan (2007) presenta una investigación más reciente sobre el alzamiento vocálico en la zona del café compuesta por las comunidades de Maricao, Las Marías, Lares, Las Adjuntas, Jayuya, Utuado, San Sebastián y Moca. Los resultados demuestran que las personas que han vivido fuera de la comunidad, con ocupaciones en la educación o dueños de la tierra, así como con niveles educativos altos desfavorecen el alzamiento de vocales. De alguna manera, los factores considerados en el análisis interactúan, pues son precisamente las personas con movilidad las que suelen tener mayor nivel educativo y mejores ocupaciones.

Un fenómeno que se ha mencionado como característico de ciertas variedades del español mexicano y del español andino es la reducción vocálica en sílabas átonas (e.g. [kafsíto] en lugar de [kafesíto] *cafecito*). Según plantea Lipski (2011: 83), éste es un fenómeno que se observa en variedades de español en contacto con lenguas indígenas y parece estar condicionado por la presencia de /s/ en el entorno fonético de la vocal átona. Hundley (1983) en un análisis sociolingüístico de vocales átonas en Perú extiende esta generalización al encontrar que la presencia de un segmento sordo adyacente favorece el ensordecimiento y la elisión. Hundley también documenta que el fenómeno es más común en las vocales medias, seguido en términos de frecuencia por las vocales altas y por último la vocal baja. Hundley señala que el ensordecimiento y elisión de vocales son característicos de la zona de montaña representada por la ciudad de Cuzco en este estudio y por los grupos sociales bajos y medios. Recientemente, Delforge (2008), basándose en el análisis espectrográfico de 16.581 vocales átonas, concluye que se trata de un proceso de ensordecimiento condicionado por la presencia de consonantes sordas en el contexto fonético inmediato. Es decir, según los resultados de su análisis se trata de un proceso de coarticulación condicionado por la presencia de consonantes sordas.

En su tesis doctoral, Delforge (2010) elabora un análisis sociolingüístico en el cual investiga precisamente el ensordecimiento en la ciudad de Cuzco. Ella descubre que el ensordecimiento vocálico tiene una valoración negativa debido a que se asocia con el habla vernácula de inmigrantes que vienen de pequeñas poblaciones rurales a trabajar en la industria turística debido a que Cuzco es una de las ciudades donde se ha desarrollado esta actividad a partir de los años 50. El desarrollo del turismo ha cambiado la economía de la ciudad y ha traído visitantes de otras áreas de Perú y de otros países, lo cual también ha generado conciencia hacia la forma vernácula de hablar de los cuzqueños. Efectivamente, Delforge (2010) nota que los grupos que menos favorecen el ensordecimiento son las mujeres, los grupos de clase media y los jóvenes. Ella atribuye estos patrones conservadores al contacto con otros dialectos a partir del desarrollo de la industria turística y a un proceso de nivelación dialectal en Cuzco.

El estudio de las secuencias vocálicas en español ha recibido cierta atención en trabajos fonológicos que se han enfocado en el análisis de factores lingüísticos que predicen procesos de alzamiento y **diptongación** o elisión. El trabajo pionero de Navarro Tomás (1936) presenta las descripciones iniciales del alzamiento y la diptongación en dialectos del español (e.g. [rjal] en lugar de [reál] *real*). En este ejemplo el alzamiento consiste en que la [e] vocal media, anterior, no redondeada de la palabra *real* se pronuncia como [i] vocal alta, anterior, no redondeada (con las características propias de una semivocal por su posición en la secuencia vocálica) y esto provoca el **resilabeo** en una sola sílaba en lugar de dos, como se esperaría de manera normativa (i.e. re-al). Lo mismo sucede entre palabras (e.g. [lwes-ko-hi-ðo] en lugar de [lo-es-ko-hi-ðo] *lo escogido*). Navarro (1986), en un análisis de secuencias vocálicas, descubre que los procesos de diptongación en Puerto Cabello, Venezuela son frecuentes (73,5%) en contraste con la realización "normativa" que alcanza 20,9%. Navarro identifica que el grupo que lidera esta variación en Puerto Cabello son los hombres jóvenes. Otros factores sociales no muestran tendencias sólidas como para establecer conclusiones por lo que se puede especular que no hay conciencia sociolingüística acerca de este fenómeno. Alba (2006: 274) estudia también la ocurrencia de secuencias vocálicas entre palabras (e.g. [lajs-kwé-la] en lugar de [la.es.kwé.la]) y las posibles resoluciones cuando vocales iguales o diferentes se encuentran en el mismo contexto fonético. El trabajo se centra en aspectos de tipo lingüístico y determina que cuando dos vocales están juntas tiende a haber elisión de alguna de las vocales o diptongación de la secuencia (74%). Estos fenómenos los engloba bajo el nombre de **resolución de hiatos**. Se denomina resolución de hiatos a los procesos mediante los cuales dos vocales contiguas en hiato se restructuran ya sea mediante la combinación de las dos vocales en una o la omisión de una de las vocales, generalmente la primera (Casali 1997: 493). Entre los factores que favorecen la resolución de hiatos (i.e. reducción o diptongación) reporta los siguientes: las vocales medias y bajas, el hecho de que las vocales sean átonas, el que la palabra donde se encuentra la vocal sea una parte constituyente de una unidad de procesamiento (e.g. frases nominales como *la escuela*, *una escuela*, donde *la* y *una* son constituyentes), la alta frecuencia de la frase en la cual aparecen las vocales y el hecho de que haya sido mencionado previamente en el discurso. Díaz-Campos y Brondell (2006) presentan datos sobre el alzamiento y diptongación de las vocales en el español de Caracas, Venezuela. El trabajo es un análisis variacionista que estudia factores lingüísticos y socio-lingüísticos como la edad, el sexo y el nivel socioeconómico. El estudio determina que las secuencias vocálicas más frecuentes y donde se observa la diptongación son /ea/ (e.g. [peljar] en lugar de [pelear]) y /eo/ (e.g. [petroljo] en lugar de [petroleo]). En cuanto a los factores sociales, se observa que es un fenómeno que avanza en los grupos de clase media y baja sin distinción de acuerdo con el sexo de los hablantes.

Hemos mencionado anteriormente que una de las fuentes que motiva la variación y el cambio es el contacto entre lenguas. En trabajos recientes sobre vocales se investiga a hablantes bilingües del español que viven en los Estados Unidos. Ronquest (2011) propone un análisis de las vocales de hablantes de herencia mexicana que han nacido y crecido en los Estados Unidos en la ciudad de Chicago. Ronquest identifica diferencias en la distribución del espacio vocálico particularmente en lo que se refiere a la anterioridad o posterioridad de las vocales /e/ e /i/. El trabajo de Alvord y Rogers (2011) investiga la variación vocálica en un grupo de once hablantes bilingües de familia cubana establecidos en Miami, Florida. Los resultados indican que en las vocales átonas se observan procesos de centralización en estos hablantes. Los investigadores señalan que no se encuentra evidencia de transferencia directa de las vocales inglesas en el español de los hablantes. Sin embargo, sí se encuentran influencias del español en la variedad del inglés que hablan estos participantes bilingües de herencia cubana.

*Preguntas de comprensión*
1.  ¿En qué se basa el argumento de Willis (2005) para cuestionar la estabilidad del sistema vocálico del español?
2.  ¿Cómo se explica la pronunciación de /e/ y /o/ como /i/ y /u/ en la zona andina?
3.  ¿Qué factores condicionan la reducción vocálica?
4.  ¿Cuáles son los tres procesos que se observan en la pronunciación de las secuencias vocálicas? ¿Cómo se explica su ocurrencia?
5.  ¿Cuáles son los resultados de las investigaciones acerca de las vocales de los hablantes de herencia mexicana y cubana?

## Resumen

En este capítulo hemos estudiado la variación sociofonológica, y nos hemos concentrado en la variación sociofonológica y su significado en el mundo hispanohablante.

El capítulo está dedicado a una revisión de los fenómenos más comunes documentados tanto en el español de América como en el de España. Hemos agrupado los fenómenos según clases naturales (i.e. sonidos que comparten características articulatorias comunes, en este caso, por modo de articulación) para observar patrones en cuanto a la variación que los caracteriza en el mundo hispanohablante. La lista incluye los fenómenos que afectan a las consonantes oclusivas, las consonantes africadas, las consonantes fricativas, las consonantes líquidas, las consonantes nasales y las vocales. Estudiamos los contextos lingüísticos donde se dan esos fenómenos y algunos de los condicionamientos fonético-fonológicos y gramaticales que se han propuesto.

El panorama de fenómenos documentados se organizó tomando en cuenta el modo de articulación de los sonidos. Con respecto a las consonantes oclusivas, estudiamos fenómenos tales como su elisión en posición final de sílaba (e.g. [setjémbɾe] en lugar de [seβtjémbɾe] *septiembre*), la velarización de /p b t d/ (e.g. [péksi] en lugar de [pépsi] y/o [péβsi] *Pepsi*), la producción de la interdental sorda en el caso de las consonantes /k d/ en posición final de sílaba (e.g. [maðɾiθ] en lugar de [maðɾið] *Madrid*), la vocalización de /b d g/ en posición final de sílaba (e.g. [ajmiɾaɾ] en lugar de [aðmiɾaɾ] *admirar*), la omisión de la /d/ intervocálica (e.g. [aβlao] en lugar de [aβlaðo] *hablado*), y la producción oclusiva de /b d g/ después de semivocal o consonante no homorgánica (e.g. [dehde] en lugar de [dezðe] *desde*). En relación con las consonantes africadas, estudiamos la fricativización de /tʃ/ (e.g. [muʃo] en lugar de [mutʃo] *mucho*). Luego revisamos algunos procesos que afectan a las consonantes fricativas, tales como la aspiración, geminación y elisión de /s/ en posición de coda (e.g. [pehkáðo] en lugar de [peskáðo] *pescado*; [pátta] en lugar de [pásta]; [páta] en lugar de [pásta]); la aspiración de /s/ en posición de ataque (e.g. [lahéɲoɾa] en lugar de [laséɲoɾa] *la señora*); el ensordecimiento de /ʒ/ característico del Río de la Plata (e.g. [kaʃe] en lugar de [kaʒe] *calle*); y la variación en el uso de la distinción, el seseo y el ceceo (e.g. [káθa] en lugar de [kása] o [kása]). También se discutieron fenómenos de variación que afectan a las consonantes líquidas, las nasales y, por último, las vocales.

Desde el punto de vista del valor sociolingüístico que se asigna a estos fenómenos de variación, estudiamos que los investigadores observan el uso de las variables lingüísticas según factores tales como el nivel socioeconómico, la edad, el sexo, la etnicidad, el origen regional, entre otras formas de definir la identidad grupal e individual en la sociedad. Hay fenómenos estudiados ampliamente como la aspiración y elisión de la /s/ final de sílaba, la cual tiene el estatus de marcador lingüístico en los datos presentados por Lafford (1986) acerca del español en Cartagena, pues esta investigadora demuestra que hay estratificación social y estilística. Los hablantes de clase alta usan menos la aspiración y la elisión que los grupos medios y bajos. De igual forma se observa que en los estilos formales hay menos aspiración y elisión que en el estilo informal. En el caso de la asibilación de /r/ y /ɾ/ en México también se puede hablar de un marcador lingüístico, ya que se observa una valoración positiva del fenómeno y se asocia con los grupos sociales urbanos medios, las mujeres y los jóvenes. El mismo fenómeno de la asibilación de /r/ y /ɾ/ tiene una valoración distinta en Perú, en donde se asocia con los grupos de nivel socioeconómico bajo y de origen rural y es un rasgo que no se usa en el dialecto de Lima, el cual se considera como el modelo de prestigio en ese país. En el caso de otros fenómenos (e.g. la diptongación) no poseemos datos suficientes para establecer alguna suposición sobre la valoración socio-lingüística que los miembros de la comunidad tienen de ellos. En términos generales necesitamos más datos sociales para poder hacer una clasificación de la valoración de los fenómenos, lo cual, como hemos visto, puede cambiar de una región a otra según los grupos que se asocian con una determinada forma de hablar. Generalmente, se requieren datos sobre la edad, el nivel socioeconómico, el género y la variación según el estilo de habla para poder establecer algunas conclusiones que deben estar acompañadas de estudios acerca de las actitudes lingüísticas de la comunidad hacia el uso de las variables.

*Ejercicios*

DEFINICIONES. Utiliza los términos de la lista para completar los espacios en blanco de las definiciones.

---

La diptongación
La lenición
El sheísmo
La lateralización
La asibilación
Alzamiento
El ceceo
La distinción de palatales
La distinción
Cambio en progreso
Cambio estable
Las normas prescriptivas
Prestigio
Estigma

---

1. _____ es un fenómeno que incluye la pérdida de cualidades oclusivas de una consonante africada, o sea, el debilitamiento.
2. Cuando los miembros de cierta comunidad de habla consideran una variante como correcta o de acuerdo con las normas, tal variante puede tener _____. Si hay una opinión negativa hacia la misma, tal variante puede tener _____.
3. _____ es un fenómeno que ocurre cuando un sonido adquiere características fonéticas que son sibilantes.
4. El hecho de que una variable lingüística muestre estratificación social sin efectos de género, y favorecimiento por los grupos de mayor edad nos indica que hay un _____.

5. Cuando se nota producción variable de un fenómeno lingüístico con favorecimiento de las mujeres, los hablantes de la clase media y los jóvenes, nos indica que hay un _____.

6. La producción de /ʃ/ para los grafemas *ll* e *y* se conoce como _____.

7. Las reglas de un idioma que se basan en la gramática normativa y una visión ideal del habla son _____.

8. Cuando se produce una vocal y una semivocal en vez de un hiato, hay un ejemplo de _____.

9. Cuando se produce una vocal alta en vez de una vocal media, se observa un proceso de _____.

10. _____ ocurre cuando se produce el fono [θ] para los grafemas *s, z* y en los segmentos *ci, ce*.

11. Los dialectos que poseen un fonema /j/ para la producción de del sonido asociado con el grafema *y* y un fonema /ʎ/ para la producción del sonido asociado con el grafema *ll*, se dice que manifiestan _____.

12. _____ se asocia con aquellos dialectos que poseen un fonema /θ/ correspondiente a los grafemas *z* y *ci, ce* y un fonema /ś/ correspondiente a la *s*.

*Aplicación*

**Objetivo**: el objetivo es identificar un fenómeno de variación sociofonética en la música popular. La canción escogida es particularmente útil para el estudio de la lateralización. Los estudiantes tendrán contacto con canciones de corte popular y podrán identificar ejemplos reales.

**Los datos**: los datos a analizar provienen de la canción *Desahogo* de Vico C (http://www.youtube.com/watch?v=4hsFx_8TtwI).

**El análisis**: el análisis se centrará en el conteo de los casos de lateralización de la /ɾ/ en posición final de sílaba y se tomarán en cuenta las siguientes variables independientes:

Variable dependiente: realización de /ɾ/ en posición final de sílaba *venir̲*
[ɾ] Vibrante simple, alveolar, sonora   [beniɾ]
en contraste con la realización de /ɾ/ como lateral [l]

Variables independientes:
I. **Contexto fonético**
Segmento precedente punto de articulación
1. Vocal anterior
2. Vocal central
3. Vocal posterior

Segmento precedente modo de articulación
1. Vocal alta
2. Vocal media
3. Vocal baja

Segmento siguiente punto de articulación
1. Bilabial
2. Labiodental
3. Dental
4. Alveolar
5. Palatal
6. Velar
7. Glotal

Si es vocal
8. Vocal anterior
9. Vocal central
10. Vocal posterior

Segmento siguiente modo de articulación
1. Oclusivo
2. Fricativo
3. Africado
4. Nasal
5. Lateral
6. Vibrante

Si es vocal
7. Alta
8. Media
9. Baja

II.   Acento: si la variante de /ɾ/ final de sílaba ocurre en la sílaba tónica o en una sílaba átona.
1. Sílaba tónica (e.g. co*mer*)
2. Sílaba átona (e.g. com*par*tiendo)

III.   El valor morfemático de /ɾ/ final de sílaba (e.g. la /ɾ/ en *comer* indica infinitivo y la /ɾ/ en *porque* no tiene ningún valor morfemático)
1. Con valor morfemático (e.g. come*r*)
2. Sin valor morfemático (e.g. po*r*que)

IV.   El número de sílabas de la palabra.
1. Una sílaba (e.g. *por*)
2. Dos sílabas (e.g. *cantar*)
3. Más de dos sílabas (e.g. *añadirlos*)

La idea es observar qué factores comunes se encuentran cuando ocurren las variantes de la /ɾ/ en posición final de sílaba en esta canción.

**Presentación de resultados**: Los integrantes del grupo escribirán un breve informe. El informe escrito en español debe tener las siguientes partes:

(1) Introducción (i.e. ¿Cuál es el objetivo del trabajo? ¿Cómo se organiza el trabajo?); (2) Breve descripción del fenómeno estudiado. Buscar literatura previa sobre el fenómeno de lateralización, dónde ocurre y descripción; (3) Presentación de los resultados (en este caso se deben describir las tendencias encontradas en los datos tabulados según el contexto fonético y la posición en la palabra). Es importante destacar cuando aparece la lateral y cuando aparece la vibrante simple y si se observa un patrón constante; (4) Conclusiones (se hace referencia a los aspectos más importantes que se hayan observado y se pueden sugerir recomendaciones para investigaciones futuras relacionadas con este fenómeno).

*Términos importantes para estudiar y recordar*

| | |
|---|---|
| Rasgos de clase mayor | Zheísmo/Sheísmo |
| Resonantes | Distinción |
| Obstruyentes | Seseo |
| Vocalización | Ceceo |
| Consonantes homorgánicas | Rotacismo |
| Lambdacismo | Alzamiento |
| Yeísmo | Diptongación |
| Asibilación | Resilabeo |
| Reducción | Resolución de hiatos |

## Glosario

**Rasgos de clase mayor:** este concepto capta la producción de los sonidos descritos según la obstrucción/cierre o apertura del tracto vocálico.

**Resonantes:** el concepto de resonante refiere a una configuración del tracto vocálico que facilita la sonoridad espontánea.

**Obstruyentes:** el término *obstruyentes* se emplea para referirse a los sonidos que se producen mediante el contacto total o parcial entre los articuladores. Esta clasificación incluye los sonidos oclusivos, africados y fricativos. En contraste con los sonidos resonantes, los obstruyentes impiden la sonoridad espontánea.

**Vocalización:** el término *vocalización* se emplea para referirse al debilitamiento consonántico que resulta en la producción de un sonido con cualidades vocálicas.

**Consonantes homorgánicas:** las consonantes homorgánicas son aquellas que comparten el mismo punto de articulación.

**Zheísmo/Sheísmo:** zheísmo o su manifestación más reciente sheísmo, ocurre cuando el sonido [j] (fricativo, palatal, sonoro) se produce como [ʒ] (fricativo, posalveolar, sonoro) o [ʃ] (fricativo, posalveolar, sordo). En términos más simples la forma de pronunciar las letras que en la ortografía se corresponden con la "y" y la "ll" pueden variar en el uso de un sonido [ʒ] fricativo, posalveolar, sonoro o un sonido [ʃ] fricativo, posalveolar, sordo.

**Distinción:** es característica del español peninsular que se habla en el centro y norte de España y consiste en la existencia en el inventario fonológico de dos fonemas: (1) un fonema /ś/ ápico-alveolar, fricativo, sordo que se emplea para pronunciar lo que ortográficamente se representa a través de la letra "s" y un fonema /θ/ interdental, fricativo, sordo que en la ortografía se representa con las letras "c" y "z".

**Seseo:** es característico de toda Latinoamérica, partes del sur de España y las Islas Canarias. Este fenómeno consiste en la existencia de un solo fonema /s/ pre-dorso, alveolar, fricativo, sordo para pronunciar lo que en la escritura representamos mediante las letras "s", "c" y "z".

**Ceceo:** es característico de ciertas zonas del sur de España (i.e. Andalucía) y se ha reportado de manera aislada en Honduras y El Salvador, así como en la isla de Margarita, Venezuela. Este fenómeno consiste en la existencia de un solo fonema /θ/ interdental, fricativo, sordo para pronunciar lo que en la ortografía representamos mediante las letras "s","c" y "z".

**Rotacismo:** el rotacismo se refiere a la producción de una /l/ como una /ɾ/ (por ejemplo, [baɾkoŋ] en lugar de [balkoŋ]).

**Lambdacismo:** el lambdacismo es el fenómeno opuesto cuando se produce una /ɾ/ por una /l/, como [kalta] en lugar de [kaɾta].

**Yeísmo:** el yeísmo consiste en la ausencia del fonema lateral, palatal, como en el dialecto andaluz y una gran parte de Latinoamérica, donde la *ll* así como la *y* de la ortografía se pronuncian con el mismo sonido [j] fricativo, palatal, sonoro.

**Asibilación:** la asibilación de la /ɾ/ final de sílaba o de la vibrante múltiple /r/ implica la producción de estos segmentos con cualidades parecidas a las de los sonidos sibilantes. Es decir, se producen los sonidos vibrantes con características parecidas al sonido de /s/ con una estridencia propia de los sonidos fricativos.

**Reducción:** la reducción se emplea como término para referirse a la omisión de elementos en el inventario fonológico, así como la omisión de sonidos en general.

**Alzamiento:** el alzamiento en general hace referencia a la altura de la lengua, la cual asciende en la pronunciación de las vocales medias o bajas.

**Diptongación:** la diptongación consiste en el resilabeo de dos vocales que se encuentran en hiato en una sola sílaba. Para que esto ocurra, la vocal media de la secuencia debe sufrir un proceso de alzamiento. En español dos vocales pueden silabearse en una sola sílaba cuando las vocales que la componen son medias y bajas o la combinación de una vocal alta átona con una vocal media o baja. En el ejemplo de la palabra *real* ocurre el alzamiento de la [e] vocal media, anterior, no redondeada, que se pronuncia como [i] vocal alta, anterior, no redondeada (con las características propias de una semivocal por su posición en la secuencia vocálica) y esto provoca el resilabeo en una sola sílaba en lugar de dos, como se esperaría de manera normativa (i.e. re-al).

**Resilabeo:** el resilabeo consiste en la restructuración de una sílaba como en el caso de los procesos de diptongación donde una secuencia de dos vocales contiguas en hiato se reagrupan en una sola sílaba como diptongo.

**Resolución de hiatos:** se denomina resolución de hiatos a los procesos mediante los cuales dos vocales contiguas en hiato se restructuran ya sea mediante la combinación de las dos vocales en una o la omisión de una de las vocales, generalmente la primera.

**Tabla 4.2**  Tabla de los sonidos del español.

| Modo de articulación | Bilabial − | Bilabial + | Labiodental − | Labiodental + | Interdental − | Interdental + | Dental − | Dental + | Alveolar − | Alveolar + | Palatal − | Palatal + | Velar − | Velar + | Uvular − | Uvular + | Glotal − | Glotal + |
|---|---|---|---|---|---|---|---|---|---|---|---|---|---|---|---|---|---|---|
| Oclusivo | p | b | | | | | t | d | | | | | k | g | | | | |
| Africado | | | | | | | | | | | tʃ | dʒ | | | | | | |
| Fricativo | | | | f | | θ | | | s | z | ʝ (ʃ) | (ʒ) | x | | | ʁ | | h |
| Aproximante | β | | | | | | ð | | | | j | | | ɣ | | | | |
| Nasal | m | | ɱ | | n̥ | | n̪ | | | n | | ɲ | ŋ | | | | | |
| Lateral | | | | | l̥ | | l̪ | | | l | | ʎ | | | | | | |
| Vibrante simple | | | | | | | | | | ɾ | | | | | | | | |
| Vibrante múltiple | | | | | | | | | | r | | | | | | | | |

# Notas

1  Los dialectos de las regiones americanas muestran variación entre ceceo y seseo. En estas zonas no se esperaría la distinción, pues este es un fenómeno particular de España.

2  Este símbolo se emplea para indicar la omisión completa de un sonido.

3  El rotacismo refiere a la producción de una /l/ como una /ɾ/ (por ejemplo, [baɾkoŋ] en lugar de [balkoŋ]).

4  El lambdacismo es el fenómeno opuesto cuando se produce una /ɾ/ por una /l/, como [kalta] en lugar de [kaɾta].

# Referencias bibliográficas citadas

Adams, Catalina. 2002. Strong assibilation and prestige: A sociolinguistic study in the Central Valley of Costa Rica. Tesis de doctorado. University of California.

Alba, Matthew C. 2006. Accounting for variability in the production of Spanish vowel Sequences. En Nuria Sagarra y Almeida Jacqueline Toribio (eds.), *Selected Proceedings of the 9th Hispanic Linguistics Symposium*, 273–285. Somerville, MA: Cascadilla Proceedings Project.

Alba, Orlando. 1988. Estudio sociolingüístico de la variación de las líquidas finales de palabra en el español cibaeño. En Robert Hammond y Melvyn Resnick (eds.), *Studies in Caribbean Spanish Dialectology*, 1–12. Washington, DC: Georgetown University.

Alonso, Amado y Raimundo Lida. 1945. Geografía fonética: -l y -r implosivas en español. *Revista de Filología Hispánica* 7, 313–345.

Alvar, Manuel. 1996. *Manual de dialectología hispánica*. Madrid: Editorial Ariel.

Alvord, Scott M., Nelsy Echávez-Solano y Carol A. Klee. 2005. La (r) asibilada en el español andino: Un estudio sociolingüístico. *Lexis* 24, 27–45.

Alvord, Scott M. y Brandon Rogers. 2011. Vowel quality and language contact in Miami-Cuban Spanish. Trabajo presentado en el Hispanic Linguistics Symposium, Athens, Georgia.

Antón, Marta M. 1998. Del uso sociolingüístico de las oclusivas posnucleares en el español peninsular norteño. *Hispania* 81.4, 949–958.

Bell, Alan. 1984. Language style as audience design. *Language in Society* 13, 145–204.

Bongiovanni, Silvina. 2011. Velarization of coda stops in Spanish. Trabajo inédito.

Boyd-Bowman, Peter. 1960. *El habla de Guanajuato*. México: UNAM.

Bradley, Travis. 2006. Spanish rhotics and Dominican hypercorrect /s/. *Probus* 18, 1–33.

Brown, Esther L. 2005. New Mexican Spanish: Insight into the variable reduction of "la ehe inihial" (/s-/). *Hispania* 88, 813–824.

Brown, Esther L. 2006. Velarization of labial, coda stops in Spanish: A frequency account. *Revista de Lingüística Teórica y Aplicada* 44, 47–58.

Cameron, Richard. 1992. Pronominal and null subject variation in Spanish: Constraints, dialects, and functional compensation. Tesis. University of Pennsylvania.

Canfield, Lincoln. 1981. *Spanish pronunciation in the Americas*. Chicago: University of Chicago Press.

Caravedo, Rocio. 1990. *Sociolingüística del español en Lima*. Lima: Pontificia Universidad Católica del Perú.

Casali, Roderic F. 1997. Vowel elision in hiatus contexts: Which vowel goes? *Language* 73.3, 493–533.

Cepeda, G. 1995. Retention and deletion of word-final /s/ in Valdivian Spanish (Chile). *Hispanic Linguistics* 6/7, 329–353.

Cedergren, Henrietta. 1973. The interplay of social and linguistic factors in Panama. Tesis de doctorado. Cornell University.

Chang, Charles B. 2008. Variation in palatal production in Buenos Aires Spanish. En Maurice Westmoreland y Juan Antonio Thomas (eds.), *Selected Proceedings of the 4th Workshop on Spanish Sociolinguistics*. 54–63. Somerville, MA: Cascadilla Proceedings Project.

Chela Flores, Godsuno. 1986. Las teorías fonológicas y los dialectos del Caribe Hispánico. Conferencia plenaria dictada en el V Simposio de Dialectología del Caribe Hispánico. En Nuñez Cedeño et al. (eds.), *Estudios sobre la fonología del español del Caribe*. Caracas: Ediciones de la Casa de Bello.

Chomsky, Noam y Morris Halle. 1997. *The sound pattern of English*. Cambridge, MA: MIT Press.

Colantoni, Laura. 2006. Increasing periodicity to reduce similarity: An acoustic account of deassibilation in rhotics. En Manuel Díaz-Campos (ed.), *Selected Proceedings of the 2nd Conference on Laboratory Approaches to Spanish Phonetics and Phonology*, 22–34. Somerville, MA: Cascadilla Proceedings Project.

Colina, Sonia. 2006. Optimality-theoretic advances in our understanding of Spanish syllable structure. En Fernando Martínez-Gil y Sonia Colina (eds.), *Optimality-Theoretic Studies in Spanish Phonology*, 172–204. Amsterdam y Philadelphia: Benjamins.

Delforge, Ann Marie. 2008. Gestural alignment constraints and unstressed vowel devoicing in Andean Spanish. En Charles B. Chang y Hannah J. Haynie (eds.), *Proceedings of the*

*26th West Coast Conference on Formal Linguistics*, 147–155. Somerville, MA: Cascadilla Proceedings Project.

Delforge, Ann Marie. 2010. The rise and fall of unstressed vowel reduction in the Spanish of Cusco, Peru: A sociophonetic study. Tesis de doctorado. University of California, Davis.

De los Heros Diez-Canseco, Susana. 1997. Language variation: The influence of speakers' attitudes and genders on sociolinguistic variables in the Spanish of Cusco, Peru. Tesis de doctorado. University of Pittsburgh.

De los Heros Diez-Canseco, Susana. 2001. *Discurso, identidad y género en el castellano peruano*. Lima: Fondo Editorial de la Pontificia Universidad Católica del Perú.

Díaz-Campos, Manuel. 1999. La velarización de /p b t d/ en posición final de sílaba en el español de Venezuela. *Lingua Americana* III, 7–25.

Díaz-Campos, Manuel y Jennifer Brondell. 2006. Phonological variation in vowel sequences: The role of frequency in phonetic reductive processes. Trabajo presentado en *New Ways of Analyzing Variation* 35, Columbus, Ohio.

Díaz-Campos, Manuel y Mary Carmen Ruiz-Sánchez. 2008. The value of frequency as a linguistic factor: The case of two dialectal regions in the Spanish speaking world. En Maurice Westmoreland y Juan Antonio Thomas (eds.), *Selected Proceedings of the 4th Workshop on Spanish Sociolinguistics*, 43–53. Somerville, MA: Cascadilla Proceedings Project.

D'Introno Francesco, Nelson Rojas y Juan Manuel Sosa. 1979. Estudio sociolingüístico de las líquidas en posición final de sílaba y final de palabra en el español de Caracas. *Boletín de la Academia Puertorriqueña de la Lengua Española* VII, 59–100.

D'Introno, Francesco y Juan Manuel Sosa. 1986. La elisión de la /d/ en el español de Caracas: Aspectos sociolingüísticos e implicaciones teóricas. En Rafael Núñez Cedeño, Iraset Páez y Jorge Guitart (eds.), *Estudios sobre la fonología del español del Caribe*, 135–163. Caracas: La Casa de Bello.

Fontanella de Weinberg, M. Beatriz. 1979. *Dinámica social de un cambio lingüístico*. México: Universidad Nacional Autónoma de México.

García-Amaya, Lorenzo. 2008. Variable norms in the production of /Θ/ in Jerez de la Frontera, Spain. *IUWPL* 7, 49–71.

González, Jorge y María Helena Pereda. 1998. Procesos postnucleares de las obstruyentes oclusivas en el habla caraqueña. *Letras* 56, 53–64.

Hammond, Robert M. 1999. On the non-occurrence of the phone [r] in the Spanish sound system. En Javier Gutiérrez-Rexach y Fernando Martínez-Gil (eds.), *Advances in Hispanic Linguistics*, 135–351. Somerville, MA: Cascadilla Press.

Holmquist, Jonathan C. 2003. Coffee farmers, social integration and five phonological features: regional socio-dialectology in West-Central Puerto Rico. En Lotfy Sayahi (ed.), *Selected Proceedings of the First Workshop in Spanish Sociolinguistics* (SUNY Albany, March 2002), 70–76. New York: Cascadilla Procedings Project.

Hualde, José Ignacio. 2005. *The sounds of Spanish*. Cambridge: Cambridge University Press.

Hundley, James Edward. 1983. Linguistic variation in Peruvian Spanish: Unstressed vowels and /s/. Tesis de doctorado. University of Minnesota.

Lafford, Barbara. 1986. Valor diagnóstico-social del uso de ciertas variantes de /s/ en el español de Cartagena, Colombia. En Rafael Núñez Cedeño, Iraset Páez y Jorge Guitart (eds.), *Estudios sobre la fonología del español del Caribe*, 53–74. Caracas: La Casa de Bello.

Lipski, John. 1994. *Latin American Spanish*. London y Nueva York: Longman.

Lipski, John. 2011. Socio-phonological variation in Latin American Spanish. En Manuel Díaz-Campos (ed.), *The handbook of Hispanic sociolinguistics*, 72–97. Oxford: Wiley-Blackwell.

López Morales, Humberto. 1989. *La sociolingüística*. Madrid: Gredos.

Martínez-Gil, Fernando. 1990. Topics in Spanish historical phonology: A nonlinear approach. *Dissertation Abstracts International* 51.5 (November 1), 1598A.

Mason, Keith. 1994. Comerse las eses: A selective bibliography of /s/ aspiration and deletion in dialects of Spanish. Tesis de doctorado. University of Michigan.

Matluck, Joseph. 1952. Rasgos peculiares de la ciudad de México y del Valle. *Nueva Revista de Filología Hispánica* 21, 363–370.

Matus-Mendoza, María de la Luz. 2004. Assibilation of /-r/ and migration among Mexicans. *Language Variation and Change* 16, 17–30.

Medina-Rivera, Antonio. 1999. Variación fonológica y estilística en el español de Puerto Rico. *Hispania* 82/3, 529–541.

Michnowicz, James. 2008. Final nasal variation in Mérida, Yucatán. *Spanish in Context* 5.2, 278–303.

Molina, Isabel. 2008. The sociolinguistics of Castilian dialects. *International Journal of Sociology of Language* 193/194, 57–78.

Moreno de Alba, José G. 1972. Frecuencias de la asibilación de /r/ y /rr/ en México. *Nueva Revista de Filología Hispánica* 21, 363–370.

Moya, Juan y Emilio J. García Wiedemann. 1995. *El habla de Granada y sus barrios*. Granada: Universidad de Granada.

Navarro, Manuel. 1986. Encuentro de vocales entre palabras en el español de Venezuela. *Actas del II Congreso Internacional sobre el Español de América*. México, D.F.: UNAM.

Navarro Tomás, Tomás. 1936. *Manual de pronunciación española*. Madrid: CSIC.

Oliver Rajan, Julia. 2007. Mobility and its effects on vowel raising in the coffee zone of Puerto Rico. En Jonathan Holmquist, Augusto Lorenzino y Lotfi Sayahi (eds.), *Selected Proceedings of the Third Workshop on Spanish Sociolinguistics*, 44–52. Somerville, MA: Cascadilla Proceedings Project.

Pérez Silva, Jorge, Jorge Acurio Palma y Raúl Bendezú Araujo. 2008. *Contra el prejuicio lingüístico de la motosidad: un estudio de las vocales del castellano andino desde la fonética acústica*. Lima: Universidad Católica del Perú, Instituto Riva Agüero.

Perissinotto, Giorgio. 1972. Distribución demográfica de la asibilación de vibrantes en el habla de la Ciudad de México. *Nueva Revista de Filología Hispánica* 21, 73–79.

Poplack, Shana. 1980. Deletion and disambiguation in Puerto Rican Spanish. *Language* 56.2, 371–385.

Rissel, Dorothy. 1989. Sex, attitudes, and the assibilation of /r/ among young people in San Luis Potosí, Mexico. *Language Variation and Change* 1, 269–283.

Ronquest, Rebecca E. 2011. An acoustic analysis of heritage Spanish vowels. Trabajo inédito.

Ruiz-Sánchez, Carmen. 2004. El comportamiento de la {-s} implosiva en el habla de Caracas. *Boletín de Lingüística* 21, 48–65.

Ruiz-Sánchez, Carmen. 2007. The variable behavior of /-r/ in the Spanish variety of Alcalá de Guadaíra (Seville): The role of lexical frequency. Tesis de doctorado. Indiana University.

Samper-Padilla, Jose Antonio. 2011. Socio-phonological variation and change in Spain. En Manuel-Díaz Campos (ed.), *The handbook of Hispanic sociolinguistics*, 98–120. Malden, MA: Wiley-Blackwell.

Scrivner, Olga. 2011. A new look at the aspiration and vowel formants: Corpus of Caracas. Trabajo presentado en *New Ways of Analyzing Variation* 40, Washington, DC.

Silva Corvalán, Carmen. 2001. *Sociolingüística y pragmática del español*. Washington DC: Georgetown University Press.

Valentín-Márquez, Wilfredo. 2006. Doing being boricua: National identities and the socio-linguistic distribution of liquid variables in Puerto Rican Spanish. Tesis de doctorado. University of Michigan.

Willis, Erik W. 2005. An initial examination of southwest Spanish vowels. *Southwest Journal of Lingusitics* 24: 185–198.

Willis, Erik W. 2006. Trill variation in Dominican Spanish: An acoustic examination and comparative analysis. En Nuria Sagarra y Almeida Jacqueline Toribio (eds.), *Selected Proceedings of the 9th Hispanic Linguistics Symposium*, 121–131. Somerville, MA: Cascadilla Proceedings Project.

Zamora Munné, Juan y Jorge Guitart. 1982. *Dialectología hispanoamericana: Teoría-descripción-historia*. Salamanca: Ediciones Alimar, S.A.

Zamora Vicente, Alonso. 1970. *Dialectología española*, segunda edición, Biblioteca Románica Hispánica. Madrid: Editorial Gredos, S.A.

# Capítulo 5

# Variación morfosintáctica

El objetivo de este capítulo es estudiar la variación morfosintáctica en español. En primer lugar, volvemos a revisar el concepto de variable lingüística y cómo se usa en el estudio de la variación morfosintáctica. En la segunda sección, nos dedicamos a revisar algunos ejemplos específicos para entender cómo se diseña un estudio morfosintáctico y los factores que se consideran en cada caso a partir de ejemplos específicos. La tercera sección presenta algunos recursos que se pueden emplear para acceder a bases de datos ya sean de habla oral u otros recursos contemporáneos como el internet, la prensa en la red electrónica, entre otros materiales. El capítulo se organiza de la siguiente forma:

- ¿Qué se entiende por variación morfosintáctica?
- ¿Cómo se estudia la variación morfosintáctica?
- Variación morfosintáctica y el uso de bases de datos computarizados
- Resumen

## 5.1 ¿Qué se entiende por variación morfosintáctica?

En el capítulo anterior hacíamos referencia a ejemplos en los que existen dos o más formas (maneras diferentes) de pronunciar un sonido (e.g. la /ɾ/ final de sílaba puede pronunciarse como [ɾ], [l] o Ø). Vimos una serie de ejemplos de pronunciación que son comunes en el inglés norteamericano y también ejemplos en español. De manera semejante podemos pensar en algunas construcciones que se usan de manera variable en el habla cotidiana en muchas comunidades anglohablantes incluyendo los Estados Unidos. Por ejemplo, en la música popular

*Introducción a la Sociolingüística Hispánica*, First Edition. Manuel Díaz-Campos.
© 2014 John Wiley & Sons, Inc. Published 2014 by John Wiley & Sons, Inc.

podemos encontrar el uso de la forma verbal *was* en contrucciones donde la gramática prescriptiva o normativa sugeriría el uso de *were* (e.g. *If I **was** your girlfriend would you remember to tell me all the things you forgot . . .*, ejemplo tomado de la canción del artista Prince titulada *If I **was** your girlfriend*). También es común en el habla cotidiana encontrar el uso de la forma *do* en lugares donde la norma prescriptiva recomendaría el uso de *does* (e.g. *It don't matter* en lugar de *It doesn't matter*). La **variación morfosintáctica** se refiere al uso de formas diferentes que aparecen usadas en contextos semejantes con una función pragmático-discursiva equivalente. Ejemplos similares se consiguen en el español oral de muchas regiones. El uso de formas tales como *andé* en lugar de *anduve*, así como el uso de *cantastes* en lugar de *cantaste* constituyen un par de ejemplos en español donde hay alternancia en diversas zonas dialectales de América y España. Como se recordará del capítulo 1, la variación puede manifestarse en diversos niveles que incluyen la variación geográfica, social e individual. Estas construcciones variables nos ayudan a identificar posibles fenómenos de interés para los investigadores de la sociolingüística que buscan describir los usos cotidianos que hacen los hablantes de su lengua. Estos ejemplos, que en un primer momento las gramáticas prescriptivas condenan, no ocurren al azar y existen motivos lingüísticos y sociolingüísticos por los cuales los hablantes los usan. La sociolingüística ha demostrado que se trata de fenómenos sistemáticos que presentan condicionamiento lingüístico y extralingüístico. Esa es la materia de la que precisamente se encargan los interesados en los estudios de la variación morfosintáctica.

La idea de extender el uso del concepto de variable lingüística en el área de la variación morfosintáctica ha sido ampliamente discutida por investigadores como Sankoff (1973), Lavandera (1978), Labov (1978) y Romaine (1984), debido a su naturaleza diferente en comparación con las variables fonológicas. Como apunta Schwenter (2011:124), basado en la discusión propuesta por Lavandera (1978), la variación morfosintáctica puede indicar diferencias de significado referencial así como diferencias de significado discursivas y/o pragmáticas. Por ejemplo, la selección entre indicativo y subjuntivo en español (e.g. *Tal vez el semestre termine* (subj.)/*termina* (ind.) *hoy*, ejemplo tomado de Schwenter 2011: 126) tiene implicaciones en cuanto a que las oraciones se puedan interpretar como enunciados que tienen significados relativamente equivalentes. Es decir, no se puede suponer sin estudiar los contextos que las dos oraciones tengan el mismo significado referencial y/o pragmático-discursivo necesariamente. Sin embargo, hay casos en los que ciertos contextos de uso se neutralizan según el planteamiento de Sankoff (1988) (véase Schwenter 2011: 124). **Neutralización** quiere decir que los hablantes no pueden distinguir las diferencias de significado entre una variante u otra en algunos casos y que las formas se consideran equivalentes. De hecho, Schwenter (2011: 124) afirma lo siguiente: "Most work done on morphosyntactic variation nowadays adopts some version of this Neutralization Hypothesis and actually does not assume a priori that the variants in question say the same thing (. . .) In fact, nearly always the purpose of the research is to use variationist methods to uncover exactly what the differences are between the morphosyntactic variants/ constructions, from the perspective of both internal and external factors". (La mayoría de las investigaciones sobre variación morfosintáctica adoptan una versión de la **hipótesis de la neutralización** y en realidad no supone a priori que las variantes en cuestión *dicen la misma cosa* (. . .) De hecho, casi siempre el propósito de la investigación es usar el método *variacionista* para descubrir cuáles son exactamente las diferencias entre las variantes o construcciones desde la perspectiva de los factores internos y externos condicionantes de la variación. [mi traducción]). La hipótesis de la neutralización, planteada por Sankoff (1988), propone la determinación de los contextos de uso y la identificación de aquellos en los que se ha perdido la distinción entre las variantes. Estas afirmaciones de Schwenter nos llevan a la conclusión de que, a pesar de que ha habido una extensa discusión y controversia con relación al uso de la variable lingüística en morfosintaxis, la sociolingüística emplea el concepto de variable sociolingüística sin presuponer una equivalencia de significado estricta. La **variable sociolingüística**, tal como discutimos en el capítulo 2, se puede definir como una unidad que se correlaciona con factores de tipo social, estilísticos y lingüísticos. El descubrimiento de estos factores que condicionan el uso de las variantes es fundamental para la explicación de los fenómenos que ocurren en el habla cotidiana y para proponer posibles generalizaciones sobre el particular. Las variables lingüísticas en morfosintaxis se pueden clasificar, siguiendo lo propuesto por Romaine (1984: 419) como (1) morfofonológicas (e.g. la alternancia entre *pa* y *para*; *voy **pa** Caracas* vs. *voy **para** Caracas*); (2) morfosintácticas (e.g. la pluralización de *haber* impersonal; ***hubieron** estudiantes interesados* vs. ***hubo** estudiantes interesados*); (3) puramente sintácticas (e.g. El pronombre relativo *que* y los pronombres resuntivos, e.g. *había esa atracción que nosotros no **la** veíamos* vs. *había esa atracción que no veíamos*, tomado de Bentivoglio y Sedano (2011: 176)). En los dos primeros casos se trata de variables condicionadas potencialmente por factores fonológicos y gramaticales, mientras que las variables puramente sintácticas podrían estar sujetas al condicionamiento gramatical relacionado con la estructura de la lengua. En cuanto a los factores sociales y estilísticos Romaine plantea que sólo las categorías (1) y (2) potencialmente tienen ese condicionamiento. En resumen, los ejemplos que hemos presentado indican que hay estructuras que alternan en los mismos contextos con una misma función y que esta alternancia está condicionada por factores lingüísticos y sociolingüísticos. Estas formas que alternan constituyen el objeto de estudio de los investigadores de la variación sintáctica.

*Preguntas de comprensión*

1. ¿Por qué se considera la variable lingüística como más compleja en el contexto de la variación morfosintáctica?
2. Define *la hipótesis de la neutralización* y explica las diferencias entre fenómenos fonológicos y morfosintácticos.
3. ¿Cuáles son los tres tipos de variables morfosintácticas, según Romaine (1984: 419)?
4. ¿Por qué es relevante el condicionamiento gramatical?
5. ¿Cómo se distinguen la variable dependiente morfosintáctica y la variable dependiente fonológica?

## Para investigar y pensar:

¿Qué otros ejemplos como los descritos en esta sección podrían ser casos de variación? Piensa en ejemplos y explica tus motivos para considerar estos casos como variables morfosintácticas en español o en inglés.

## 5.2   ¿Cómo se estudia la variación morfosintáctica?

En el capítulo dedicado a la fonética (ver el capítulo 3), hemos mencionado la necesidad de hacer grabaciones de conversaciones en un estilo que refleje el habla cotidiana. Ésta es la fuente primaria en la que se basan los estudios sociolingüísticos ya sean de fenómenos fonéticos o morfosintácticos o de cualquier otra naturaleza que empleen el método variacionista. También hablamos de la necesidad de identificar variables de interés como los ejemplos que hemos visto en la primera sección de este capítulo. La definición de la variable dependiente tiene que tomar en cuenta lo explicado anteriormente acerca de la naturaleza particular de las variables morfosintácticas que no necesariamente significan lo mismo, pero que pueden haberse neutralizado en ciertos contextos donde se consideran en variación. Más recientemente se adopta la perspectiva de definir la variable según la función discursiva que se expresa sin entrar en consideraciones estrictas de significado. El enfoque variacionista consiste en descubrir los factores que explican el uso de las variantes. En particular el investigador propone hipótesis que se deben relacionar directamente con posibles explicaciones acerca del uso de las variantes. A continuación discutimos algunos ejemplos específicos en los que explicamos los detalles en cuanto a los factores incluidos.

### El condicionamiento lingüístico

La suposición más importante que implica el estudio del condicionamiento lingüístico en la variación morfosintáctica es que la selección que hace el hablante de formas diferentes para expresar la misma (o semejante) función discursiva puede ser explicada por el contexto lingüístico en el cual se usan tales formas. A partir del contexto de uso, se pueden proponer posibles condicionantes. En esta sección estudiamos algunos ejemplos útiles para entender cómo se puede investigar acerca de los factores lingüísticos que nos ayudan a explicar la variación. La investigación de Schwenter (1999) presenta un estudio acerca del (de)queísmo empleando datos de córpora de España, Argentina y Chile. El (de)queísmo incluye dos fenómenos que Schwenter considera como una variable lingüística con dos caras, ya que como veremos, los factores que condicionan tanto al queísmo como al dequeísmo son los mismos. El **queísmo** consiste en la omisión de la preposición *de* en el caso de verbos seguidos de una cláusula subordinada sustantiva en función de complemento de régimen preposicional del verbo como en el ejemplo en (1b). En este ejemplo el verbo pronominal *acordarse* requiere el uso de la preposición *de* para introducir la cláusula subordinada sustantiva *que la maestra le pidió la tarea*, la cual funciona como complemento de régimen del verbo. Es un complemento de régimen porque el verbo *acordarse* aparece asociado a la preposición *de*. La oración (1a) se consideraría la forma "normativa" según las gramáticas prescriptivas. Se le llama *subordinada* porque depende del verbo principal *acordarse* y porque funciona como complemento del verbo. Se dice que es *sustantiva* porque *que la maestra le pidió la tarea* es equivalente a la función que tendría un sustantivo como por ejemplo *la tarea*. Si hacemos la sustitución de *que la maestra le pidió la tarea* por *la tarea* nos damos cuenta de la equivalencia: *Se acordó de **la tarea**.*

(1a) *Se acordó **de que** la maestra le pidió la tarea.*
(1b) *Se acordó **que** la maestra le pidió la tarea.*

El **dequeísmo** consiste en el uso de una *de* cuando el verbo no requiere de esta preposición para introducir una cláusula subordinada sustantiva como en el ejemplo en (2b) tomado de Schwenter (1999: 66). En este caso la cláusula subordinada sustantiva tiene la función de complemento directo.

(2a) *Creo **que** avances siempre se producen.*
(2b) *Creo **de que** avances siempre se producen.*

El trabajo de Schwenter propone como hipótesis principal que la *de* funciona como un **marcador de evidencialidad** que el hablante usa para indicar la fuente de la información acerca de lo que dice. Es decir, la hipótesis propone que *de* funciona como un marcador gramatical que indica si la fuente de información proviene del hablante mismo o de una tercera parte. Para probar esta hipótesis el análisis cuantitativo de los datos incluye dos variables lingüísticas fundamentales: (1) la persona del sujeto de la cláusula principal (i.e. primera, segunda o tercera persona); (2) el tiempo del verbo de la cláusula principal (i.e. pretérito, presente o futuro). Las predicciones asociadas a estos factores serían las siguientes: si la fuente de información es el hablante mismo el verbo estaría conjugado en primera persona y, probablemente, en tiempo presente, por lo cual habría menos casos de dequeísmo y más casos de queísmo en oraciones con estas características. Por el contrario, el uso de la preposición *de* sería mayor en la tercera persona y, probablemente, en el pretérito. Los siguientes cuadros muestran los resultados del análisis de Schwenter (1999).

En la tabla 5.1 se observan los resultados según las dos variables principales que hemos explicado en el párrafo anterior: el sujeto y el tiempo de la cláusula principal. Los pesos probabilísticos obtenidos mediante un **análisis de la regla variable** indican lo siguiente: un peso mayor de .5 favorece el *(de)queísmo*, mientras que los pesos menores (e.g. .23) desfavorecen el fenómeno. En términos generales el resultado más importante se corresponde con el sujeto de la cláusula principal. Si el sujeto de la cláusula principal es de primera persona se desfavorece el uso de *de* (.23). Si el sujeto de la cláusula principal está en tercera persona se observa una tendencia favorable al uso de *de* (.72). Este dato de los resultados estadísticos permite pensar que *de* está cumpliendo una función como marcador

**Tabla 5.1**   Resultados obtenidos para el (de)queísmo (adaptado de Schwenter 1999: 70–73).

| Dequeísmo | Peso | Queísmo | Peso |
|---|---|---|---|
| **Sujeto (cláusula principal)** | | **Sujeto (cláusula principal)** | |
| Primera persona | .23 | Primera persona | .69 |
| Segunda persona | .53 | Segunda persona | .48 |
| Tercera persona | .72 | Tercera persona | .27 |
| **Tiempo (cláusula principal)** | | **Tiempo (cláusula principal)** | |
| Pretérito | .68 | Pretérito | .61 |
| Presente | .49 | Presente | .55 |
| Futuro | .47 | Futuro | .44 |

de evidencialidad debido a que cuando la fuente de la información proviene del hablante mismo no se emplea, mientras que cuando la fuente de la información es diferente del hablante se inserta la *de* para indicar distancia entre el verbo y el complemento y, como consecuencia, con lo que se dice. Es decir, el efecto es el distanciamiento mismo de los enunciados que provienen de otra fuente distinta del hablante. Schwenter (1999: 76) explica que uno de los usos de la preposición *de* es el de indicar la fuente (e.g. *el jamón es de España*) y por este motivo se convierte en una preposición ideal para cumplir el papel de marcador de evidencialidad. Con respecto a los resultados según el tiempo de la cláusula principal, el autor explica que el uso de *de* en el pretérito refleja la tendencia de los marcadores de evidencialidad a indicar con cierta frecuencia **discurso reportado**. El discurso reportado refiere a información que el hablante recibe de terceras personas. Es decir, para poder dar cuenta de un contenido, el hablante ha tenido que escuchar tal información con anterioridad al momento del reporte. En resumen, el análisis cuantitativo de las variables escogidas para este fenómeno en particular parecen reflejar que la preposición *de* cumple la función de indicar la fuente de la información y este hecho es particularmente claro en el caso del sujeto de la cláusula principal como se explica en la investigación.

## Para investigar y pensar:

La investigación del *dequeísmo* en español señala que ciertas variables influyen en la selección de una variante o la otra. Imagínate que quieres examinar si los hablantes mismos pueden distinguir entre las dos. ¿Cómo evaluarías esta habilidad de distinguir las dos formas? ¿Qué variables incluirías en tu análisis?

Un segundo ejemplo de cómo estudiar el condicionamiento lingüístico de una variable morfosintáctica es el caso de la expresión del futuro en español. Describimos en esta parte del capítulo cómo se ha delimitado la variable dependiente y un ejemplo particular de variable independiente relacionada con el marco de referencia que toma en cuenta la **inminencia del evento en el futuro**. La inminencia del evento en el futuro tiene que ver con el hecho de si la acción ocurrirá en el futuro próximo o lejano. El trabajo de Orozco (2004) propone un análisis de la expresión del futuro en el español de dos comunidades de hablantes colombianos: un grupo que vive en Barranquilla y otro grupo que vive en Nueva York (véase Blas Arroyo 2008 sobre este mismo fenómeno en una variedad peninsular). Orozco (2004: 90) señala que el futuro en el modo indicativo en español puede expresarse mediante el uso del futuro morfológico (3a), el futuro perifrástico (3b), o el presente (3c).

(3a) ___Trabajaré___ *el próximo domingo.*
(3b) ___Voy a trabajar___ *el próximo domingo.*
(3c) ___Trabajo___ *el próximo domingo.*

Orozco plantea, basado en datos de estudios previos, que el uso del **futuro perifrástico** (el cual consiste del verbo *ir* + el infinitivo para expresar un punto posterior al momento del habla, e.g. *voy a trabajar*) será más frecuente en ambas poblaciones en comparación con el uso del **futuro morfológico** (el cual consiste en el uso de morfemas flexivos para expresar un punto posterior al momento del habla, e.g. *trabajaré*). Orozco (2004) también plantea que si se comparan los datos de los barranquilleros con los colombianos de Nueva York, se encontrará mayor uso del futuro morfológico en Barranquilla que en Nueva York debido a que se ha observado que en situaciones de contacto los fenómenos de cambio en curso tienden a acelerarse (Silva-Corvalán 1994). Esto quiere decir que en una situación como la de los hablantes de Nueva York en la que el español está en contacto con el inglés, la variación en la expresión del futuro podría experimentar aceleramiento en favor de la forma más comúnmente empleada en inglés: el futuro perifrástico. En el capítulo 7 estudiamos con más detalle las situaciones en las que el español se encuentra en contacto con otras lenguas. Una de las variables dependientes que observa Orozco específicamente en sus datos es la inminencia del evento en el futuro. Para estudiar esta variable, el autor toma en cuenta características propias del marco temporal en que se presentan los enunciados en el discurso según hay proximidad, distancia o falta de referencia para indicar el marco temporal del evento. La expectativa es que aquellos enunciados cuyo marco de referencia es distante o indeterminado favorecerán el uso del futuro morfológico (e.g. *trabajaré*), mientras que los eventos cuyo marco temporal es próximo favorecerá el uso del futuro perifrástico (e.g. *voy a trabajar*) y el presente (e.g. *trabajo*). La tabla 5.2 muestra la distribución de las formas empleadas para la expresión del futuro.

La distribución de los datos indica una preferencia por el uso de las formas del futuro perifrástico tanto en Barranquilla como en Nueva York, mientras que el futuro morfológico se usa en menor proporción. Sin embargo, se observa que hay una diferencia de 16,6% en el uso del futuro perifrástico entre Nueva York y Barranquilla. Esta preferencia por el uso del futuro perifrástico en Nueva York la atribuye Orozco al contacto con el idioma inglés como explicáramos anteriormente. Las tablas 5.3 y 5.4 muestran los resultados obtenidos del análisis de la

**Tabla 5.2**   Distribución de las formas empleadas para la expresión del futuro en Nueva York y Barranquilla (adaptado de Orozco 2004: 152).

|  |  | *Nueva York* | *Barranquilla* |
|---|---|---|---|
| Futuro perifrástico | N | 1.153 | 681 |
|  | % | 62,5 | 45,9 |
| Presente | N | 559 | 533 |
|  | % | 30,3 | 35,9 |
| Futuro morfológico | N | 133 | 269 |
|  | % | 7,2 | 18,2 |
| Total | N | 1.845 | 1.483 |
|  | % | 100 | 100 |

**Tabla 5.3**   Resultados de la variable inminencia del evento en Nueva York (adaptado de Orozco 2004).

| *Inminencia* | *Perifrástico* |  | *Presente* |  | *Morfológico* |  |
|---|---|---|---|---|---|---|
| Distante o indeterminado | [.519] | 65% | .425 | 25% | .674 | 10% |
| Próximo | [.475] | 58% | .600 | 39% | .274 | 3% |

**Tabla 5.4**   Resultados de la variable inminencia del evento en Barranquilla (adaptado de Orozco 2004).

| *Inminencia* | *Perifrástico* |  | *Presente* |  | *Morfológico* |  |
|---|---|---|---|---|---|---|
| Distante o indeterminado | .460 | 41% | .466 | 33% | .639 | 10% |
| Próximo | .550 | 53% | .543 | 39% | .327 | 8% |

variable inminencia del evento en el futuro, la cual se refiere a un marco de referencia próximo o distante en Nueva York y Barranquilla.

La comparación de los resultados según la variable inminencia del evento en el futuro indica que el futuro morfológico es favorecido cuando el marco temporal del enunciado es distante o indeterminado. El uso del presente es favorecido por los colombianos tanto en Barranquilla como en Nueva York cuando el enunciado presenta un marco temporal en el futuro próximo. La diferencia entre Barranquilla y Nueva York se observa en cuanto al uso del futuro perifrástico. En Barranquilla, los resultados se encuentran en la dirección esperada según la cual los eventos dentro del futuro próximo se expresan con la forma perifrástica. En cambio, en Nueva York la inminencia del evento en el futuro no fue seleccionado como un factor significativo ([ ] el uso de corchetes indica precisamente que el factor no fue seleccionado en el análisis de los datos). Aunado a este hecho, las tendencias encontradas parecen indicar que el futuro perifrástico es favorecido en enunciados cuando el marco de referencia es distante o indeterminado. Orozco (2004: 159) atribuye este resultado al hecho de que el futuro perifrástico entre los hablantes que viven en Nueva York está adquiriendo rasgos semánticos asociados con el futuro morfológico. Por este motivo, el autor concluye que el futuro perifrástico en Nueva York se emplea como un indicador de futuro general sin el sentido de proximidad, lo cual revela un cambio semántico en el uso de esta forma en comparación con los hablantes de Barranquilla. El argumento según el cual el contacto con el inglés parece explicar este cambio en Nueva York en el uso de las formas perifrásticas parece estar apoyado por el hecho de que los resultados de Orozco (2004) indican que los hablantes que llegaron a Nueva York a la edad de 10 años o menos son los que favorecen el futuro perifrástico y es precisamente este grupo el que tendría más años viviendo en un ambiente bilingüe.

En los casos del (de)queísmo y la expresión del futuro hemos visto como las variables incluidas en el análisis están directamente asociadas con hipótesis que tienen los investigadores para explicar tales fenómenos según la naturaleza de la variable dependiente, el contexto o contextos en que aparece en términos de sus características morfosintácticas, discursivo-pragmáticas y estilísticas, así como factores sociales relacionados con los grupos sociales que emplean tales variables.

Una noción importante de estudiar en el caso de la variación sintáctica es la gramaticalización. Este concepto nos ayuda a entender el origen de ciertas construcciones, su evolución y los patrones contemporáneos de la variación. La **gramaticalización** consiste en la expresión de un contraste de significado mediante el uso de formas gramaticales que han perdido su significado original y han desarrollado esta función gramatical. En otras palabras, el proceso a través del cual las unidades lingüísticas adquieren un contenido gramatical implica la pérdida del significado léxico original de las formas que se gramaticalizan (Torres-Cacoullos 1999: 26). Por ejemplo, Torres-Cacoullos (1999: 27) indica que el uso de *estar* + *ndo* (e.g. *está trabajando*) con significado progresivo (4b) o habitual (4c) se desarrolló a partir de la construcción en la que *estar* tiene significado de lugar (4a).

*Lugar*
   (4a) *Ahí estoy en la casa haciendo el quehacer.*

*Aspecto progresivo*
   (4b) *Usted me está grabando.*

*Aspecto habitual*
   (4c) *Ella estaba viviendo allí.*

Según Torres-Cacoullos, la gramaticalización ha sido particularmente relevante en el estudio de la variación y el cambio en áreas relacionadas con la expresión del tiempo, el aspecto y el modo, ya que se han observado patrones comunes con respecto a estos temas en lenguas diferentes. El **tiempo** se refiere a una caracterización gramatical de los verbos que capta el marco temporal en el que ocurre una acción. El **aspecto**, al igual que el tiempo, se emplea para caracterizar las formas verbales según la duración que se codifica a través de recursos gramaticales (e.g. el aspecto perfecto o imperfecto). La Real Academia, en la *Nueva gramática de la lengua española*, define el aspecto como un recurso que refleja "la estructura interna de los sucesos" (2010: 430). Por ejemplo, en la comparación de *lee el periódico* vs. *está leyendo el periódico*, se observa una diferencia de aspecto que en el segundo ejemplo destaca la naturaleza durativa de la situación (véase la *Nueva gramática de la lengua española* 2010: 430). El **modo**, siguiendo lo propuesto por la Real Academia, expresa en la forma verbal "la actitud del hablante hacia la información que se enuncia" (2010: 7) (e.g. indicativo, subjuntivo, imperativo). Un argumento importante es que el uso variable de ciertas unidades morfosintácticas en un período particular (i.e. en sincronía) se corresponde con la evolución diacrónica que implica la pérdida del significado léxico original de las formas en cuestión y la adquisición de valores gramaticales nuevos. En el caso de las construcciones tales como *estar + ndo*, todos los usos ejemplificados por Torres-Cacoullos existen en el español contemporáneo. Es decir, observamos el uso histórico original para indicar lugar, así como los significados gramaticales "nuevos" relacionados con aspecto progresivo y habitual. El término **progresivo** se emplea para describir formas verbales que expresan un contenido de carácter durativo o continuativo. El término **habitual** se emplea para expresar el concepto gramatical que se refiere a acciones que se repiten a través de un período largo de tiempo. De manera que la perspectiva que aporta la incorporación de la noción de gramaticalización al estudio de la variación morfosintáctica es importante por varios motivos: (1) permite la identificación de variantes que coexisten y expresan la misma función; (2) incorpora una perspectiva histórica que ayuda a aclarar el origen y evolución de las variantes; y (3) considera que la estructura gramatical proviene del uso y la repetición que el hablante hace de las variantes (Torres-Cacoullos 2011: 150). Este último punto es importante porque nos señala que la gramaticalización es uno de los mecanismos principales que motiva el cambio lingüístico y la variación.

Torres-Cacoullos (2011) presenta un ejemplo específico de cómo emplear la noción de gramaticalización en el estudio del desarrollo del uso progresivo de la construcción *estar + ndo*, empleando datos históricos provenientes de fuentes escritas. Ya hemos dicho que el uso progresivo tiene su origen en la construcción que indica lugar (e.g. *Ahí estoy en la casa haciendo el quehacer*) y que se observan cambios semánticos que incorporan la idea de uso progresivo y habitual. Según Torres-Cacoullos (2011), estos cambios semánticos van acompañados de cambios estructurales que implican una transformación en el uso de *estar* como indicador de ubicación más un *gerundio* en posición de complemento al uso de *estar* como verbo auxiliar más un *gerundio* como verbo principal (e.g. *estoy comiendo ahora*). El asunto importante es entender que la construcción en la que *estar* indica lugar son dos componentes independientes que fueron cambiando para fusionarse en una estructura (i.e. *estar + gerundio*) con la función aspectual de marcar progresivo. Estos cambios estructurales según Torres-Cacoullos (2011: 152) incluyen (1) la **adyacencia**: es decir, la ausencia de elementos que aparecen entre el verbo *estar* y el gerundio (e.g. *estaba hablando* en lugar de *estaba <u>allí en la casa</u> hablando*); (2) la

**Tabla 5.5** Cambios estructurales en el proceso de gramaticalización de *estar + V-ndo* (adaptado de Torres-Cacoullos 2011: 153).

| *Siglo* | | *XIII* | *XV* | *XVII* | *XIX* |
|---|---|---|---|---|---|
| Adyacencia | N | 104 | 134 | 217 | 217 |
| | % | 36 | 50 | 67 | 78 |
| Asociación | N | 104 | 134 | 217 | 217 |
| | % | 80 | 86 | 88 | 92 |
| Fusión | N | 24 | 22 | 74 | 77 |
| | % | 63 | 50 | 82 | 70 |

**asociación**: consiste en el uso de un solo gerundio en lugar de varios en la misma construcción (e.g. *estaba hablando* en lugar de *estaba allí en la casa hablando y caminando por todos los cuartos*) y (3) la **fusión**: se relaciona con el incremento del uso de pronombres clíticos antes del verbo auxiliar *estar* en lugar de adjuntado al gerundio (e.g. *le está diciendo* en lugar de *está diciéndole*). Veamos los datos de la tabla 5.5 en los que Torres-Cacoullos (2011: 153) muestra este progreso de los cambios estructurales como producto del proceso de gramaticalización.

Los datos de la tabla 5.5 muestran que los cambios estructurales en el uso de *estar + V-ndo* se incrementan en cuanto a la proporción de uso de una manera importante. Particularmente, la adyacencia se incrementa un 42% entre el siglo XIII y el siglo XIX. Estos cambios en la estructura van de la mano con el uso progresivo que se deriva del proceso de gramaticalización.

En un estudio sobre la variación de *estar + V-ndo* en el marco de referencia temporal del tiempo presente, Torres-Cacoullos analiza las formas del presente simple y el presente progresivo expresado mediante *estar + V-ndo*. La investigación emplea la perspectiva sobre la gramaticalización que hemos explicado y propone hipótesis que se basan en aspectos relacionados con los contextos lingüísticos en que se usan las variantes (i.e. *estar + V-ndo* y el presente simple). Explicaremos dos de las variables independientes incluidas y las predicciones acerca de lo que se espera conseguir del análisis de los datos. La primera variable que discutiremos es el **aspecto** expresado en la cláusula en la que se emplea el presente simple o la estructura *estar + V-ndo*. Se distinguen dos variantes aspectuales: (1) duración extendida: distingue situaciones dinámicas repetidas y estados sin límite temporal que comienzan antes del momento del habla y continúan de manera indefinida; (2) duración limitada: incluye acciones progresivas que son simultáneas al momento del habla y estados que ocurren en el momento del habla (Torres-Cacoullos 2011: 154). La predicción en este caso es que la variante aspectual duración limitada debería favorecer *estar + V-ndo*, dado que esta construcción se ha convertido en la manera preferente de expresar acciones en curso en el español contemporáneo, mientras que la duración extendida debería favorecer el uso del presente simple. Esta forma, como resultado del mismo proceso de gramaticalización, hoy en día funciona más comúnmente como marcador de habitualidad. La segunda variable independiente incluida en el análisis se relaciona con la ocurrencia de adverbios de lugar (e.g. allí, ahí, allá, etc.) en la cláusula que se observa. Según las

**Tabla 5.6**    Contribución del aspecto y los adverbios de lugar en la selección del progresivo (*estar + V-ndo*), adaptado de Torres-Cacoullos (2011: 155).

| *Siglo*<br>*Total de casos Input* | *XIII—XV*<br>119/745 ,16 | *XVII*<br>180/1.013 ,13 | *XIX*<br>317/1.460 ,17 |
|---|---|---|---|
| *Aspecto* | | | |
| Duración limitada | .68 | .72 | .73 |
| Duración extendida | .36 | .17 | .15 |
| Rango | 32 | 55 | 58 |
| *Adverbio de lugar* | | | |
| Presente | .77 | .74 | .62 |
| Ausente | .48 | .48 | .49 |
| Rango | 29 | 26 | 13 |

predicciones de Torres-Cacoullos (2011), de acuerdo con el principio de **retención** que opera en los procesos de gramaticalización, si el aspecto progresivo se originara en construcciones locativas (i.e. que indican lugar), deberíamos observar que la presencia de los adverbios de lugar favorece el uso de *estar + V-ndo* en su uso progresivo. En la comparación de datos de las distintas épocas deberíamos observar pérdida de significado locativo y generalización en el uso de la estructura. Como consecuencia de estos dos aspectos, el uso de adverbios de lugar debería disminuir con el paso del tiempo. La tabla 5.6 muestra los resultados con relación a estas dos variables independientes analizadas por Torres-Cacoullos (2011).

Los resultados del análisis de los datos revelan que las cláusulas cuyo marco aspectual es de duración limitada favorecen el uso del progresivo. Este efecto observa un aumento en el siglo XVII y se mantiene en el siglo XIX con lo cual se comprueba la hipótesis planteada por la autora. En cuanto al uso de los adverbios, los datos indican que el uso progresivo, en efecto, se desarrolla de la construcción en la que *estar + V-ndo* se emplea para indicar lugar como ya se ha explicado anteriormente. Por otro lado, el rango o magnitud del efecto disminuye de 29 a 13, lo cual indica que el significado de lugar se ha ido perdiendo en la medida en que *estar + V-ndo* se emplea en su aspecto progresivo.

Las variables lingüísticas que hemos estudiado hasta ahora son excelentes ejemplos de cómo los investigadores han incluido variables que se basan en elementos que son parte del contexto de la variación y sobre los cuales se proponen hipótesis específicas. La aplicación del método variacionista en estos casos ha permitido obtener evidencia cuantitativa para apoyar o rechazar las hipótesis planteadas. A continuación veremos un par de ejemplos de condicionamiento sociolingüístico en datos de variables morfosintácticas. La primera variable es la alternancia entre *pa* y *para* en el español de Caracas (e.g. *voy para Caracas* vs. *voy pa Caracas*). Bentivoglio y Sedano (2011) reportan los resultados obtenidos en dos investigaciones (Bentivoglio, Guirado y Suárez 2005 y Guirado 2007). Veamos la tabla 5.7 adaptada de Bentivoglio y Sedano (2011: 170).

Los resultados presentados en la tabla 5.7 indican que la reducción es favorecida por los grupos de nivel socioeconómico bajo y el grupo de hablantes con 61 años

**Tabla 5.7** Reducción de *para* en dos investigaciones de acuerdo con el nivel socioeconómico y la edad (adaptado de Bentivoglio y Sedano 2011: 170).

|  | *Bentivoglio, Guirado y Suárez 2005* | *Guirado 2007* |
|---|---|---|
| Input | .505 | .302 |
| Total N | 1.500 | 2.144 |
| *Nivel socioeconómico* | | |
| Bajo | .80 | .86 |
| Medio | .24 | .41 |
| Alto | .14 | .26 |
| Rango | 66 | 60 |
| *Edad* | | |
| 61 o más | .54 | .54 |
| 30–45 años | .45 | .46 |
| Rango | 9 | 8 |

o más. Basados en estos datos de las investigaciones de Bentivoglio et al. 2005 y Guirado 2007, el trabajo de Díaz-Campos, Fafulas y Gradoville (2011) propone la hipótesis de que la variación en el uso de *pa~para* se ha estabilizado en el español de Caracas. Un fenómeno de variación se considera **estable** cuando la variación a nivel individual y a nivel de la comunidad permanece constante. Con este fin, los autores expanden el análisis de los trabajos anteriores e incluyen 5194 casos en una muestra compuesta por 160 hablantes. Para comprobar la hipótesis incluyen cuatro variables sociolingüísticas: (1) el nivel socioeconómico, (2) el estilo, (3) la edad y (4) el sexo. Si la variación mostrara estabilización los datos deberían tener estratificación social en la que se observara mayor uso por el nivel bajo y un menor uso en los niveles medio y alto. Un hablante tiende a producir formas menos normativas en el estilo informal dado que en este contexto hay menos atención a la producción lingüística. En el caso del presente estudio se esperaba que el hablante produjera más formas reducidas en el medio y al final de la entrevista porque presta menos atención a su habla una vez que se ha establecido camaradería con el entrevistador. Este mismo patrón se debería observar en cuanto al estilo, es decir, mayor reducción en el estilo informal en los grupos de nivel socioeconómico bajo y menor en los grupos medio y alto. En cuanto a la edad, se esperaría mayor reducción en los grupos de mayor edad y menos reducción en los jóvenes. Por último, no debería haber diferenciación entre hombres y mujeres. Cuando un cambio avanza en la comunidad, se ha observado que son las mujeres quienes lo liderizan con tal que no sea un cambio de poco prestigio. La tabla 5.8 muestra los resultados obtenidos por Díaz-Campos, Fafulas y Gradoville (2011) según las variables sociales explicadas anteriormente.

Los resultados en la tabla 5.8 revelan que la hipótesis según la cual el uso variable de *pa~para* en el español de Caracas muestra estabilización es cierta. En cuanto al nivel socioeconómico encontramos que hay estratificación social y que es un fenómeno que es favorecido por el grupo de nivel bajo y proporcionalmente

**Tabla 5.8** Reducción de *para* según el nivel socioeconómico, la edad y el estilo en el español de Caracas, Venezuela (adaptado de Díaz-Campos, Fafulas, Gradoville 2011).

|  | *Peso* | *%* |
|---|---|---|
| *Nivel socioeconómico* | | |
| Bajo | .75 | 64,6 |
| Medio bajo | .49 | 37,2 |
| Medio alto/Medio | .39 | 28,8 |
| Alto | .27 | 18,6 |
| Rango | 48 | |
| *Edad* | | |
| 61 o más | .64 | 53,2 |
| 30–60 años | .50 | 38,9 |
| 14–29 años | .36 | 26,5 |
| Rango | 28 | |
| *Estilo* | | |
| Final de la entrevista | .53 | 42,3 |
| Mitad de la entrevista | .51 | 39,8 |
| Principio de la entrevista | .46 | 36,2 |
| Rango | 7 | |

menos por los niveles medios y altos. De manera consistente con los datos de Bentivoglio et al. 2005 y Guirado 2007, los hablantes de 61 años o más favorecen la reducción, mientras que los jóvenes la desfavorecen. En cuanto al estilo, se evidencia que en el momento más relajado de la entrevista (i.e. al final) hay más tendencia a la reducción según la distinción tradicional de la atención que se presta al habla. De igual manera se observó que en el estilo informal los participantes de nivel bajo son los que más eliden en contraste con los grupos de niveles medios y altos. En cuanto al factor sexo de participante, el análisis no mostró diferencias significativas por lo cual no fue incluido en el modelo estadístico que se presentan en la tabla 5.8. Es decir, el sexo del participante no muestra diferencias que alcancen significatividad estadística.

El segundo ejemplo de condicionamiento sociolingüístico proviene del estudio de Reig (2008, 2009) quien estudia la expresión explícita u omisión de los objetos directos anafóricos de manera comparativa en el español peninsular y en el español mexicano. Particularmente, Reig se centra en la expresión u omisión de los objetos directos proposicionales. Veamos los siguientes ejemplos tomados de Schwenter (2011: 139).

(5a) *Yo no sabía que iba a llover hoy. Mi mamá lo sabía pero no me dijo nada.*
(5b) *Yo no sabía que iba a llover hoy. Mi mamá Ø sabía pero no me dijo nada.*

En (5a) el pronombre de objeto directo *lo* tiene como referente "que iba a llover hoy". Es decir, la proposición "que iba a llover hoy" es el elemento anafórico que se considera como antecedente de *lo*. Por este motivo, se define *lo* como un objeto directo **proposicional** (hace referencia a "que iba a llover hoy"). El término

**Tabla 5.9** Frecuencia general de expresión explícita u omisión de *lo* en México y España (adaptado de Reig 2009).

|  |  | *Omisión (Ø)* | *Expresión de* lo |
|---|---|---|---|
| México (N = 669) | N | 556 | 113 |
|  | % | 83 | 17 |
| España (N = 659) | N | 197 | 459 |
|  | % | 30 | 70 |

Chi-cuadrado = 380.359, p < ,0001, df = 1.

**Tabla 5.10** Factores sociales que condicionan la omisión de *lo* en México (adaptado de Reig 2009).

|  | *Peso probabilístico* | % |
|---|---|---|
| *Sexo* |  |  |
| Mujeres | .61 | 88 |
| Hombres | .34 | 75 |
| Rango | 27 |  |
| *Edad* |  |  |
| <34 | .62 | 87 |
| 55+ | .45 | 82 |
| 35–54 | .37 | 78 |
| Rango | 25 |  |
| *Educación* |  |  |
| Básica | .58 | 87 |
| Universitaria | .40 | 78 |
| Rango | 18 |  |

**anafórico** se emplea para indicar que el referente aparece en la cláusula que antecede al objeto directo *lo*. En el ejemplo en (5b) se observa que el objeto directo *lo* ha sido omitido por lo cual se usa el símbolo Ø. La tabla 5.9 muestra la distribución general de los datos en España y México según el uso u omisión del pronombre de objeto directo.

La distribución de los datos en España y en México indica que la omisión del objeto directo proposicional es más común en México que en España en una proporción relativamente importante. Reig incluye en su análisis tres factores sociales: el sexo del hablante, la edad y el nivel educativo. Los hallazgos de la investigadora revelan que los factores sociales sólo son significativos en los datos de México y no en los de España. Veamos los resultados en la tabla 5.10 sobre el español de México.

Los resultados de la tabla 5.10 indican que las mujeres, los hablantes menores de 34 años y los que tienen poca escolaridad favorecen la omisión. El factor de educación fue categorizado como básico en el caso de los hablantes del corpus de habla popular que incluye participantes analfabetos, con educación primaria o secundaria incompleta, mientras que los hablantes con educación universitaria provienen del corpus de habla culta de México. El patrón que se observa en estos resultados sugiere que estamos frente a un fenómeno de variación que parece avanzar en la comunidad debido principalmente a que es favorecido por los jóvenes. Schwenter (2011: 142) sostiene que estos resultados se podrían interpretar como un cambio en progreso debido a su avance entre las mujeres y los grupos de jóvenes. Un **cambio en progreso** muestra avances en ciertos grupos de la comunidad incluyendo los jóvenes y las mujeres como en este caso. Recordemos que las mujeres y los jóvenes lideran los cambios lingüísticos como se ha mostrado repetidamente en los estudios variacionistas. De igual forma, los resultados indican que la variación en el uso del objeto directo proposicional muestra el perfil de un cambio inconsciente o cambio por debajo del nivel de la consciencia debido a que los hablantes no asocian la omisión de objeto directo con evaluaciones negativas. Un **cambio inconsciente** suele relacionarse con aquellos fenómenos de variación que son difíciles de detectar entre los miembros de la comunidad. De esta forma, no se asocia con evaluaciones negativas aunque suelen provenir de la variedad vernácula y ser empleados ampliamente entre los niveles socioeconómicos más bajos. Habría que diseñar estudios de percepción para saber si los hablantes identifican estos usos. Schwenter (2011), en su evaluación de los resultados de Reig (2009), apunta que se puede considerar también un cambio por debajo del nivel de la conciencia debido a que es liderado por hablantes de nivel educacional básico.

En esta sección nos hemos concentrado en el estudio de los factores lingüísticos y sociolingüísticos que se han estudiado en fenómenos de variación morfosintáctica. En el caso de los factores lingüísticos, hemos estudiado acerca de las razones que motivan la inclusión de éstos como en el caso del factor persona del sujeto de la cláusula principal en el caso del (de)queísmo que como vimos fue incluido para identificar la fuente de la información y la posibilidad de que la preposición *de* tenga una función como marcador de evidencialidad. La sociolingüística permite al investigador determinar posibles factores condicionantes en el contexto en el que ocurren las variantes y comprobar tales hipótesis de manera cuantitativa. También vimos un par de ejemplos de condicionamiento según factores sociales en morfosintaxis y hemos visto cómo factores tales como la edad, el sexo, el estilo, el nivel educativo o socioeconómico permiten establecer un perfil de las variables en la comunidad. En la sección que viene estudiaremos algunos recursos computarizados disponibles a través de la red que nos permiten el acceso a datos de diferentes fuentes y que pueden emplearse para el estudio de fenómenos de variación.

*Preguntas de comprensión*

1. En el análisis de variación morfosintáctica, ¿cómo podemos evitar la idea de "dos o más maneras de decir la misma cosa"? Refiérete al condicionamiento lingüístico.
2. ¿Qué es el *dequeísmo*? Piensa en otro ejemplo (además del ejemplo proveído). ¿Qué tiene que ver el marcador de evidencialidad con el dequeísmo?

3. ¿Cuáles son las dos variables que influyen en el dequeísmo (Schwenter 1999)? Explica.
4. Según Orozco (2004), ¿cómo se explican las diferencias entre Barranquilla y Nueva York en la producción variable del tiempo futuro?
5. ¿Cómo se pueden relacionar la variable *inminencia del evento* y la producción del futuro (Orozco 2004)? Explica.
6. Define *la gramaticalización* en tus propias palabras. ¿Qué permite la variación lingüística en los casos de gramaticalización? Explica.
7. ¿Qué significan los resultados de la investigación de Torres-Cacoullos (2011: 153) en cuanto a los procesos de adyacencia, asociación y fusión?
8. Explica las variables que afectan el uso histórico del progresivo.
9. ¿Cómo se puede apoyar la hipótesis de que la reducción de *para~pa* es un fenómeno estable?
10. Basándote en las explicaciones de diferentes tipos de cambios lingüísticos, ¿qué podemos sugerir en cuanto al estatus para el fenómeno de la omisión de *lo* en México (Reig 2009)?
11. Distingue *cambio en progreso* de *cambio estable*. Piensa en las variables extralingüísticas que serían útiles para llegar a conclusiones.
12. ¿Cuáles son algunas de las evidencias que nos ayudarían a identificar un *cambio inconsciente*?

## Para investigar y pensar:

En general se ha observado que hay mucha variación en la expresión del tiempo, modo y aspecto. ¿Cómo se puede explicar esta tendencia? ¿Qué ejemplos se conocen en la literatura sociolingüística?

## 5.3   Variación morfosintáctica y el uso de bases de datos computarizados

El estudio de la variación se basa en datos reales que generalmente provienen de conversaciones realizadas según el formato propuesto en una entrevista sociolingüística en la cual el investigador o entrevistador comienza con preguntas de carácter general para establecer cierta empatía y luego entrar en materias más personales. La idea detrás de este tipo de formato es obtener habla informal que refleje la variedad vernácula que usa nuestro informante en situaciones cotidianas. Con la aparición y divulgación de tecnologías para hacer grabaciones, se iniciaron proyectos para el estudio del habla y de la variación regional. Según plantea Díaz-Campos (2011: 1), *El Estudio Coordinado de La Norma Lingüística Culta de las Principales Ciudades de Iberoamérica y de la Península Ibérica* se puede considerar el proyecto de investigación y recolección de datos orales más ambicioso que se ha llevado a cabo en el mundo hispano. Este proyecto, propuesto por el investigador Juan Manuel Lope Blanch en 1964 (Lope Blanch 1986) en el marco del *Segundo Simposio del Programa Interamericano de Lingüística y la Enseñanza de Lenguas,* incluye entrevistas orales de 12 ciudades: Bogotá, Buenos Aires, Caracas, La Paz, Las Palmas de Gran Canaria, Lima, Madrid, Ciudad de México, San José de Costa Rica, San Juan de Puerto Rico, Santiago de Chile y Sevilla. Hoy en día existe una nueva iniciativa, *El Proyecto para el Estudio Sociolingüístico del Español de España y de América* que incluye el esfuerzo de más de 40 instituciones universitarias de Latinoamérica y España. Muchos de estos datos recogidos en los años 60 y 70 se encuentran hoy disponibles en bases de datos como el *Corpus de Referencia del Español Actual* (CREA) y el *Corpus Diacrónico del Español* (CORDE) alojados por la Real Academia Española en la red electrónica. La figura 5.1 muestra la página de acceso a las bases de datos de la Real Academia CREA y CORDE.

La página de la Real Academia permite el acceso a 410 millones de registros que incluyen muestras orales y de otros géneros como textos escritos que se pueden emplear para el análisis lingüístico. En algunos casos es posible extraer información social de los hablantes. Veamos un ejemplo concreto. Existe un fenómeno de variación que consiste en la pluralización del verbo *haber* descrito por las gramáticas tradicionales como impersonal en expresiones tales como:

*Pluralizado*
   (6a) Hubieron mujeres.

*No pluralizado*
   (6b) Hubo mujeres.

En (6a) los hablantes hacen concordar *haber* con *mujeres* como si *mujeres* ocupara la función de un sujeto, mientras que en (6b) se presenta un ejemplo normativo en el que *mujeres* aparece con *haber* conjugado en tercera persona del singular y se considera un objeto directo. Empleando el Corpus de Referencia del Español Actual (CREA) podemos hacer una búsqueda de casos de las formas del pretérito (i.e. hubieron/hubo) donde se ha observado comúnmente el fenómeno.

En la sección de consultas se ha escrito la palabra que se desea buscar: *hubieron* con el objetivo de encontrar formas pluralizadas. En las opciones referentes a medio hemos colocado la búsqueda de muestras *orales,* y nada más, y en la opción *geográfico* se ha colocado *México* y, en cuanto a los temas, se ha seleccionado *todos.* Una vez seleccionadas las opciones se presiona el botón que dice *buscar* y se obtienen los resultados que podemos ver en la figura 5.3.

Los resultados de la búsqueda en el banco de datos de CREA nos dan 5 casos en 4 documentos. Para tener acceso a los ejemplos concretos y hacer el análisis de tales datos se debe presionar el botón *recuperar* debajo de la opción obtención de ejemplos como se puede ver claramente en la figura 5.4 donde se observan los cinco ejemplos. Si se presiona en cada ejemplo se pueden ver los detalles de donde proviene el ejemplo.

Los materiales disponibles a través de la red electrónica y, particularmente, las muestras almacenadas por la Real Academia Española incorporan datos de un

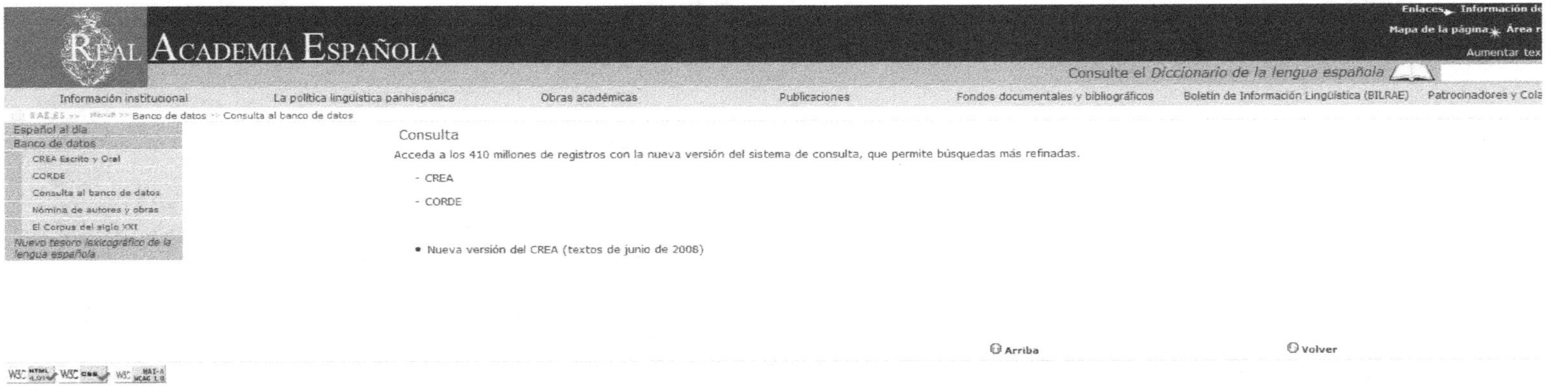

REAL ACADEMIA ESPAÑOLA

Información institucional    La política lingüística panhispánica    Obras académicas    Publicaciones

Consulte el *Diccionario de la lengua española*

Fondos documentales y bibliográficos    Boletín de Información Lingüística (BILRAE)    Patrocinadores y Cola...

Enlaces    Información d...
Mapa de la página    Área r...
Aumentar te...

RAE.ES >> Inicio >> Banco de datos >> Consulta al banco de datos

Español al día
Banco de datos
CREA Escrito y Oral
CORDE
Consulta al banco de datos
Nómina de autores y obras
El Corpus del siglo XXI
Nuevo tesoro lexicográfico de la lengua española

Consulta

Acceda a los 410 millones de registros con la nueva versión del sistema de consulta, que permite búsquedas más refinadas.

- CREA

- CORDE

• Nueva versión del CREA (textos de junio de 2008)

Arriba    Volver

Figura 5.1    Banco de datos electrónicos de la Real Academia Española. Reproducido con el permiso de la Academia Española.

**Figura 5.2** Ejemplo de búsqueda de la forma *hubieron* en CREA. Reproducido con el permiso de la Real Academia Española.

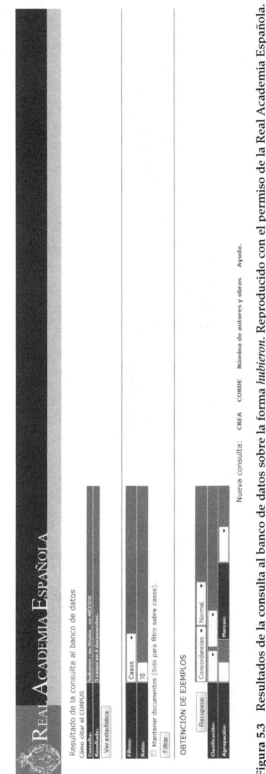

**Figura 5.3** Resultados de la consulta al banco de datos sobre la forma *hubieron*. Reproducido con el permiso de la Real Academia Española.

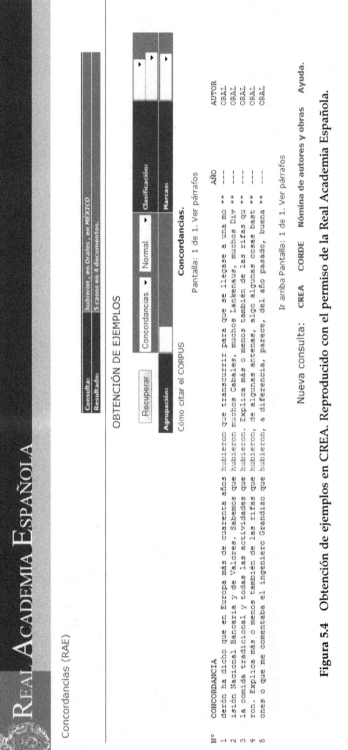

**Figura 5.4** Obtención de ejemplos en CREA. Reproducido con el permiso de la Real Academia Española.

número representativo de países donde se habla español y constituyen una fuente
valiosa para investigar la gramática contemporánea del español que se habla en
el mundo hispanohablante, pues contiene fuentes orales y escritas. Obviamente,
se trata de recursos que tienen ciertas limitaciones para la investigación sociolingüística, especialmente si queremos conocer detalles sobre la estructura social
de la muestra de hablantes. El acceso a datos históricos también permite investigar
de manera empírica procesos de variación y cambio documentados y no documentados en la lingüística hispánica. El hecho de que estos bancos de datos
provean la oportunidad de estudiar dialectos diversos también nos permite establecer comparaciones entre regiones. Como se ha señalado en este caso también
una de las limitaciones es que en una buena proporción los ejemplos en estos
bancos de datos no poseen información social acerca de los hablantes y, por eso,
se hace difícil saber el perfil sociolingüístico de los fenómenos de variación que
se estudien. También es posible tener acceso a datos del español a través del
Corpus del Español elaborado por el lingüista Mark Davies, quien ha incorporado
datos históricos desde el siglo XIII hasta el siglo XX (Davies 2002). La figura 5.5
muestra un ejemplo de búsqueda de la forma *hubieron*.

Este ejemplo de búsqueda en el Corpus del Español muestra los resultados
de la forma verbal hubieron desde el siglo XV hasta el siglo XX. En los primeros
siete ejemplos se observan casos provenientes de las muestras del habla culta
de Cuba, Bolivia, México y Chile. Éste es un recurso también importante que
permite observar fenómenos variables en fuentes orales como el habla culta y en
fuentes escritas. En el resto de esta sección presentaremos un ejemplo de trabajo
de investigación que se ha realizado mediante el uso de estas bases de datos
electrónicas.

El trabajo de King et al. (2008) es un excelente ejemplo de investigación que
se basa en datos del Corpus de Referencia del Español Actual (CREA) que aus-
picia la Real Academia Española como hemos dicho anteriormente. El estudio
de King et al. (2008), tal como es descrito por Schwenter (2011: 127), examina la
variación entre indicativo y subjuntivo en cláusulas principales en las que se
emplean los adverbios de posibilidad/probabilidad (tal vez, quizá, quizás, posiblemente, probablemente) en tres dialectos del español que incluyen Argentina,
España y México. En total se extrajeron 3.022 casos de CREA. Las variables independientes que resultaron más relevantes para el estudio fueron la referencia
temporal, el adverbio empleado (tal vez, quizás, etc.), el país, la persona del
verbo y la adyacencia (la ausencia de elementos que aparecen entre el adverbio
y el verbo en subjuntivo). La tabla 5.11 muestra los resultados del análisis de
King et al. (2008).

Los resultados de este análisis muestran que el principal factor condicionante
del uso del subjuntivo es la referencia temporal en términos generales para todas
las regiones estudiadas. Esto se puede ver en los rangos obtenidos por este factor
en todos los análisis hechos. Hay que recordar que el rango consiste de la resta
entre el mayor y el menor peso probabilístico obtenido en una variable específica
(e.g. .63 − .28 = 35 del análisis general). En todos los casos, el marco temporal del
presente es el que favorece el uso del subjuntivo (e.g. *Tal vez, tenga clases hoy en
la tarde*). En segundo lugar, está el tipo de adverbio usado y según los resultados

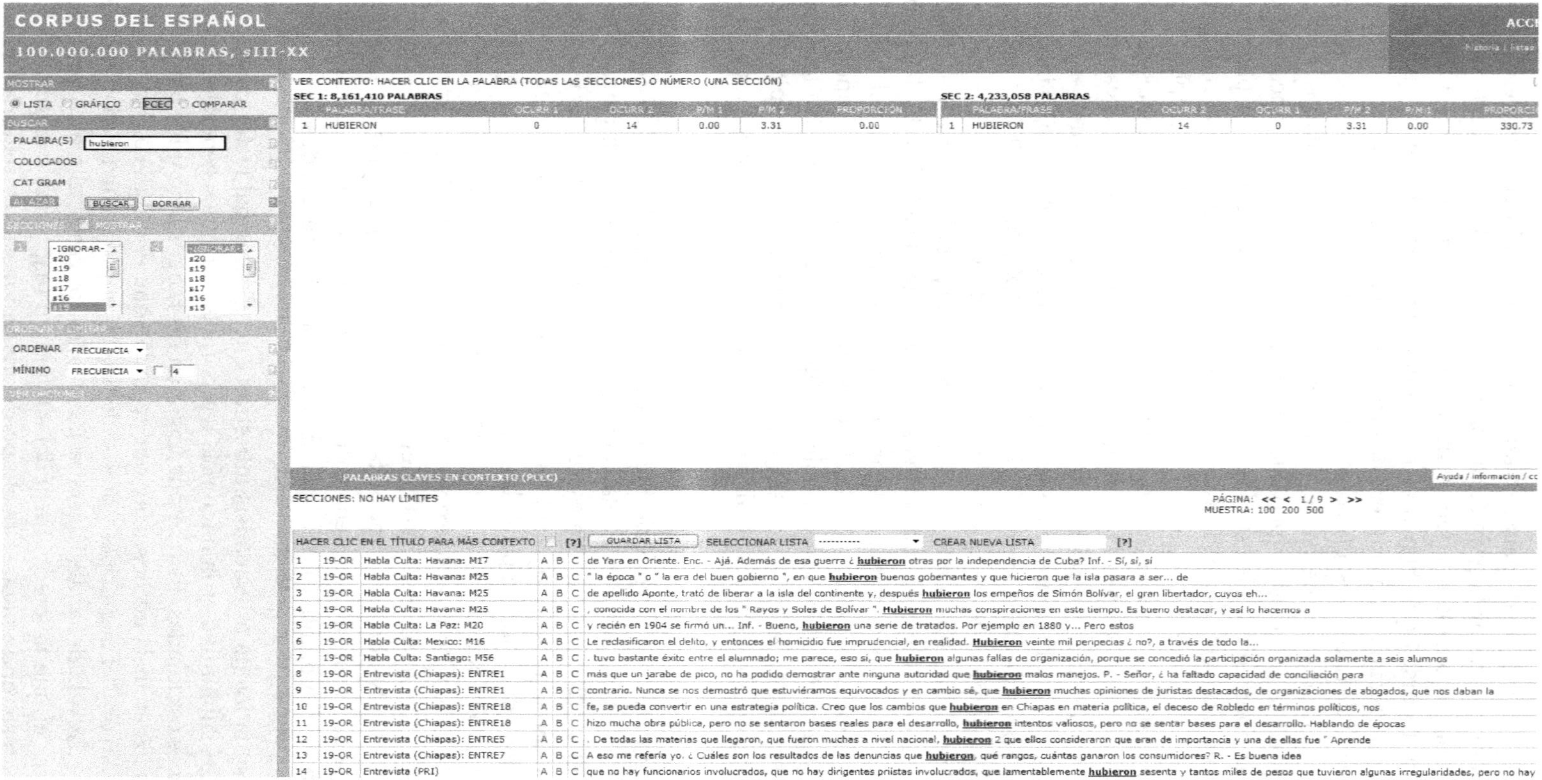

Figura 5.5 Base de datos históricos: Corpus del Español. Reproducido con el permiso de Mark Davies.

**Tabla 5.11** Factores que favorecen la selección del subjuntivo con cinco adverbios epistémicos.

| | Generales N = 3022 Input = .49 L.L. = −1.825,62 | Argentina N = 932 Input = .62 L.L. = −560,36 | España N = 1033 Input = .44 L.L. = −694,54 | México N = 957 Input = .45 L.L = −600,38 |
|---|---|---|---|---|
| *Referencia temporal* | | | | |
| Presente | .63 | .71 | .61 | .62 |
| Futuro | .41 | .31 | .42 | .47 |
| Pretérito | .28 | .23 | .30 | .29 |
| *Rango* | 35 | 48 | 31 | 33 |
| *Adverbio* | | | | |
| Tal vez | .60 | .66 | .60 | .58 |
| Quizás | .53 | .55 | .54 | .52 |
| Quizá | .50 | .38 | .50 | .57 |
| Posiblemente | .47 | .42 | .47 | .53 |
| Probablemente | .39 | .45 | .39 | .32 |
| *Rango* | 21 | 28 | 21 | 26 |
| *País* | | | | |
| Argentina | .62 | | | |
| México | .44 | | | |
| España | .43 | | | |
| *Rango* | 19 | | | |
| *Persona* | | | | |
| Segunda | .55 | [.69] | [.38] | .67 |
| Impersonal | .54 | [.59] | [.55] | .57 |
| Tercera | .50 | [.49] | [.50] | .50 |
| Primera | .42 | [.48] | [.45] | .37 |
| *Rango* | 13 | | | 20 |
| *Adyacencia* | | | | |
| Adyacente | [.53] | [.55] | .53 | [.53] |
| No-adyacente | [.49] | [.49] | .46 | [.47] |
| *Rango* | | | 7 | |

Los factores que aparecen en corchetes (i.e. [ ]) no fueron significativos.

los adverbios *tal vez*, *quizás* y *quizá* favorecen el uso del subjuntivo cuando se consideran todos los datos juntos. En cuanto a las regiones, los análisis individuales revelan que el subjuntivo es favorecido en Argentina más que en otros países como México y España. La persona del verbo mostró resultados poco consistentes y la adyacencia no fue seleccionada como parte del modelo estadístico en el análisis general. El análisis cuantitativo presentado por estos investigadores revela que hay coincidencias fundamentales en cuanto a los factores lingüísticos que condicionan el uso del subjuntivo en cláusulas con adverbios de posibilidad / probabilidad. Este es un hecho importante porque presenta evidencia sólida que va más allá de los ejemplos y descripciones anecdóticas. Este trabajo es una contribución al estudio comparativo de las variedades de español contemporáneo en lo que respecta a la norma oral. El uso de córpora electrónicos permite a los autores hacer una comparación acertada, basada en datos reales que provienen de las regiones investigadas. Este tipo de trabajo ofrece descripciones más adecuadas que las gramáticas tradicionales las cuales se basan generalmente en datos de libros literarios escritos en una lengua muy formal y no reflejan el habla cotidiana de la gente necesariamente. La disponibilidad de datos en bases electrónicas es una valiosa oportunidad para entender los usos contemporáneos en español.

*Preguntas de comprensión*
1. ¿Qué tipos de datos se pueden recoger en los bancos o los córpora electrónicos?
2. ¿Por qué pueden ser problemáticos para estudios sociolingüísticos los datos que vienen de los córpora?
3. ¿Qué sabemos de la producción del subjuntivo en cláusulas principales en varios dialectos (King et al. 2008)? ¿Por qué fue útil emplear los datos de CREA?

## Resumen

El presente capítulo, dedicado a la variación morfosintáctica en español, ha descrito en primer lugar que el concepto de variable lingüística consiste de unidades lingüísticas que se correlacionan con factores sociales, estilísticos y lingüísticos. A pesar de que las variantes de una variable morfosintáctica no necesariamente significan lo mismo, la metodología variacionista sirve como herramienta de descubrimiento para identificar contextos en los que ocurre neutralización y cambio, así como entender la distribución de las variantes según los contextos y los factores que condicionan estos usos. Al igual que vimos en el caso de las variables fonológicas, estudiamos ejemplos de condicionamiento lingüístico haciendo énfasis en casos como el *(de)queísmo*, la expresión del futuro, la *gramaticalización* y las formas del progresivo en español. Aprendimos en esta sección que los investigadores incluyen elementos del contexto lingüístico que pueden cuantificarse según hipótesis que sirven para explicar la variación. También observamos el condicionamiento según factores sociales en los casos de la reducción de *para* y la omisión de los objetos directos proposicionales. En el caso de *para* se observa el efecto del nivel socioeconómico, la edad y el estilo de habla, mientras que en el caso de los objetos directos proposicionales hay condicionamiento por factores como el sexo, la edad y la educación de los hablantes.

El capítulo también presenta información acerca de las bases de datos que se han desarrollado para el estudio de la variación en los diversos dialectos del español y de cómo se pueden usar estas herramientas para el estudio del español oral. En particular las bases de datos de la Real Academia Española resultan instrumentales.

*Ejercicios*

DEFINICIONES. Utiliza los términos de la lista para completar los espacios en blanco de las definiciones.

| | |
|---|---|
| La neutralización | La fusión |
| Un marcador de evidencialidad | Un cambio en progreso |
| La gramaticalización | Discurso reportado |
| La adyacencia | Una variable estable |
| El cambio inconsciente | El análisis de la regla variable |

1. Cuando la variación a nivel individual y a nivel de comunidad permanece constante, es probable que haya _____.
2. _____ es un fenómeno que ocurre cuando no se puede distinguir entre las variantes de una variable morfosintáctica.
3. Un elemento del idioma que indica la fuente de información se conoce como _____.
4. Una producción lingüística que no viene directamente del hablante mismo sino de otra fuente se llama _____.
5. _____ se define como el proceso según el cual una forma pierde su significado original y adquiere otra función gramatical.
6. _____ es un cambio promovido por las clases socio-económicas menos privilegiadas que no se asocia con evaluaciones negativas.
7. _____ es un término que se refiere a la ausencia de elementos entre dos palabras.
8. Cuando los pronombres clíticos aparecen antes de los verbos auxiliares, hay evidencia del fenómeno que se conoce como _____.
9. Un método que incorpora el análisis de factores que condicionan la variación lingüística es _____.
10. Cuando se nota que la producción de cierto fenómeno ocurre más entre los típicos líderes de cambio lingüístico, es un ejemplo de_____ _____.

*Aplicación*

Fenómenos morfosintácticos. Escribe un ejemplo de cada fenómeno de variación morfosintáctica en español.

1. El subjuntivo/El indicativo en cláusulas principales, sin y con un adverbio (quizás, tal vez)
2. La pluralización de haber (con referente +humano y –humano)
3. (De)queísmo – con el mismo verbo, dos frases (una con *de*, una sin *de*)
4. El futuro perifrástico, el futuro morfológico y el presente simple (del mismo verbo)

Ahora imagínate que utilizas un corpus electrónico como CREA para investigar la variación en la producción del futuro. Contesta las siguientes preguntas.

1.  ¿Qué dialecto(s) investigarías? ¿Por qué?
2.  ¿Te enfocarías en los datos orales y/o escritos? Explica tu decisión.
    ¿Qué variables incorporarías en tu análisis? ¿Cuál es la base de esta decisión?
3.  Habla con un/a compañero/a de la clase. ¿Pueden plantear algunas hipótesis de lo que piensan encontrar?

*Términos importantes para estudiar y recordar*

| | |
|---|---|
| Variación morfosintáctica | Análisis de la regla variable |
| Neutralización | Discurso reportado |
| Hipótesis de la neutralización | Inminencia del evento en el futuro |
| Variable sociolingüística | Futuro perifrástico |
| Queísmo | Futuro morfológico |
| Dequeísmo | Gramaticalización |
| Marcador de evidencialidad | Tiempo |

Aspecto
Modo
Progresivo
Habitual
Adyacencia
Asociación
Fusión
Retención
Estable
Anafórico
Proposicional
Cambio en progreso
Cambio inconsciente

# Glosario

**Variación morfosintáctica:** se refiere al uso de formas diferentes que aparecen usadas en contextos semejantes con una función pragmático-discursiva equivalente.

**Neutralización:** quiere decir que los hablantes no pueden distinguir las diferencias de significado entre una variante u otra en algunos casos y que las formas se consideren equivalentes.

**Hipótesis de la neutralización:** la hipótesis de la neutralización, planteada por Sankoff (1988), propone la determinación de los contextos de uso y la identificación de aquellos en los que se ha perdido la distinción entre las variantes.

**Variable sociolingüística:** se puede definir como una unidad que se correlaciona con factores de tipo social, estilísticos y lingüísticos.

**Queísmo:** consiste en la omisión de la preposición *de* en el caso de verbos seguidos de una cláusula subordinada sustantiva en función de complemento de régimen preposicional del verbo (e.g. *Se acordó que la maestra le pidió la tarea*).

**Dequeísmo:** consiste en el uso de una *de* cuando el verbo no requiere de esta preposición para introducir una cláusula subordinada sustantiva (e.g. *Creo de que avances siempre se producen*).

**Marcador de evidencialidad:** un marcador gramatical que indica si la fuente de información proviene del hablante mismo o de una tercera parte.

**Análisis de la regla variable:** es un método estadístico que incorpora el análisis de factores lingüísticos y extralingüísticos que condicionan la variación lingüística.

**Discurso reportado:** el discurso reportado se refiere a información que el hablante recibe de terceras personas. Es decir, para poder dar cuenta de un contenido, el hablante ha tenido que escuchar tal información con anterioridad al momento del reporte.

**Inminencia del evento en el futuro:** la inminencia del evento en el futuro tiene que ver con el hecho de si la acción ocurrirá en el futuro próximo o lejano, lo cual hace referencia al marco temporal.

**Futuro perifrástico:** el futuro perifrástico consiste en el verbo *ir* + el infinitivo para expresar un punto posterior al momento del habla (e.g. *voy a trabajar*).

**Futuro morfológico:** el futuro morfológico consiste en el uso de morfemas flexivos para expresar un punto posterior al momento del habla (e.g. *trabajaré*).

**Gramaticalización:** consiste en la expresión de un contraste de significado mediante el uso de formas gramaticales que han perdido su significado original y han desarrollado una cierta función gramatical.

**Tiempo:** el tiempo se refiere a una caracterización gramatical de los verbos que capta el marco temporal en el que ocurre una acción.

**Aspecto:** el aspecto, al igual que el tiempo, se emplea para caracterizar las formas verbales según la duración que se codifica a través de recursos gramaticales (e.g. el aspecto perfecto o imperfecto). La Real Academia, en la *Nueva gramática de la lengua española*, define el aspecto como un recurso que refleja "la estructura interna de los sucesos" (2010: 430).

**Modo:** el modo, siguiendo lo propuesto por la Real Academia, expresa en la forma verbal "la actitud del hablante hacia la información que se enuncia" (2010: 7) (e.g. indicativo, subjuntivo, imperativo).

**Progresivo:** el término *progresivo* se emplea para describir formas verbales que expresan un contenido de carácter durativo o continuativo.

**Habitual:** el término *habitual* se emplea para expresar el concepto gramatical que se refiere a acciones que se repiten a través de un período largo de tiempo.

**Adyacencia:** la ausencia de elementos que aparecen entre dos unidades lingüísticas contiguas. Por ejemplo en el artículo de Torres Cacoullos se hace referencia a la ausencia de elementos entre el verbo *estar* y el gerundio.

**Asociación:** consiste en el uso de un solo gerundio en lugar de varios en la misma construcción (e.g. *estaba hablando* en lugar de *estaba allí en la casa hablando y caminando por todos los cuartos*).

**Fusión:** se relaciona con el incremento del uso de pronombres clíticos antes del verbo auxiliar *estar* en lugar de adjuntado al gerundio (e.g. *le está diciendo* en lugar de *está diciéndole*), en el caso particular de la investigación que se menciona en este capítulo.

**Retención:** hace referencia a la persistencia de usos históricamente documentados en estructuras variables.

**Estable:** un fenómeno de variación se considera estable cuando la variación a nivel individual y a nivel de la comunidad permanece constante.

**Anafórico:** se emplea para indicar que el referente aparece en la cláusula que antecede (e.g. *Yo no sabía que iba a llover hoy. Mi mamá lo sabía pero no me dijo nada,* Schwenter 2011: 139).

**Proposicional:** se usa el término *proposicional* para indicar que el objeto directo *lo* en la oración *Mi mamá lo sabía...* hace referencia a la proposición "que iba a llover hoy".

**Cambio en progreso:** un cambio en progreso se refiere a los fenómenos de variación que muestran avances en ciertos grupos que suelen liderar la norma lingüística de la comunidad, particularmente los jóvenes y las mujeres.

**Cambio inconsciente:** un cambio inconsciente suele relacionarse con aquellos fenómenos de variación que son difíciles de detectar entre los miembros de la comunidad. De esta forma, no se asocia con evaluaciones negativas aunque suelen provenir de la variedad vernácula y ser empleados ampliamente entre los niveles socioeconómicos más bajos.

## Referencias bibliográficas citadas

Bentivoglio, Paola, Kristel Guirado y Guillermina Suárez. 2005. La variación entre *para* y *pa* en el habla de Caracas. Homenaje a Montes Giraldo. *Estudios de Dialectología, Lexicografía, Lingüística General, Etnolingüística e Historia Cultural,* 214–237. Bogotá: Instituto Caro Cuervo.

Bentivoglio, Paola y Mercedes Sedano. 2011. Morpho-syntactic variation in Spanish speaking Latin America. En Manuel Díaz-Campos (ed.), *The handbook of Hispanic sociolinguistics,* 168–186. Oxford: Wiley-Blackwell.

Blas Arroyo, José Luis. 2008. The variable expression of future tense in Peninsular Spanish: The present (and future) of inflectional forms in the Spanish spoken in a bilingual region *Language Variation and Change* 20, 85–126.

Davies, Mark. 2002. Corpus del español. Disponible en http://www.corpusdelespanol.org/ (consultado el 23 de junio del 2013).

Díaz-Campos, Manuel. 2011. Introduction. En Manuel Díaz-Campos (ed.), *The handbook of Hispanic sociolinguistics,* 1–7. Oxford: Wiley-Blackwell.

Díaz-Campos, Manuel, Stephen Fafulas y Michael Gradoville. 2011. Stable variation or change in progress? A sociolinguistic analysis of the alternation between *para* and *pa'.* Trabajo presentado en 2011 Hispanic Linguistics Symposium, Athens, Georgia.

Guirado, Kristel. 2007. ¿Pa dónde va a agarra?: La alternancia *para-pa* en tres comunidades de habla venezolana. *Interlinguística* 17, 455–464.

King, Christy, Megan McLeish, Jessica Zuckerman y Scott Schwenter. 2008. Epistemic adverbs and mood choice in three Spanish dialects. (NWAV 37, Houston).

Labov, William, 1978. Where does the linguistic variable stop? A response to Beatriz Lavandera. *Working Papers in Sociolinguistics* vol. 44. Austin, TX: Southwest Educational Development Laboratory.

Lavandera, Beatriz. 1978. Where does the sociolinguistic variable stop? *Language in Society* 7, 171–183.

Lope Blanche, Juan Manuel. 1986. *El estudio del español hablado culto. Historia de un proyecto.* México: UNAM.

Orozco, Rafael. 2004. A sociolinguistic study of Colombian Spanish in Colombia and New York City. Tesis de doctorado. New York University.

Real Academia Española. 2010. *Nueva gramática de la lengua española: Manual.* Madrid: Espasa Libros, S.L.

Reig, Asela. 2008. Cross-dialectal variability in propositional anaphora: A quantitative and pragmatic study of null objects in Mexican and Peninsular Spanish. Tesis de doctorado. Ohio State University.

Reig, Asela. 2009. Cross-dialectal variation in propositional anaphora: Null objects and propositional lo in Mexican and Peninsular Spanish. *Language Variation and Change* 21, 381–412.

Romaine, Suzanne. 1984. On the problem of syntactic variation and pragmatic meaning in sociolinguistic theory. *Folia Lingüística* XVIII, 409–437.

Sankoff, David. 1988. Sociolinguistics and syntactic variation. En Fredrick J. Newmeyer (ed.), *Linguistics, the Cambridge Survey* 4, 140–161. Cambridge: Cambridge University Press.

Sankoff, Gillian. 1973. Above and beyond phonology in variable rules. En C-J.N. Bailey y R.W. Shuy (eds.), *New ways of analyzing variation in English*, 44–61. Washington, DC: Georgetown University Press.

Schwenter, Scott. 1999. Evidentiality in Spanish morphosyntax: A reanalysis of *(de)queismo*. En María José Serrano (ed.), *Estudios de variación sintáctica*, 65–87. Frankfurt: Vervuert-Iberoamericana.

Schwenter, Scott. 2011. Variationist approaches to Spanish morphosyntax: Internal and external factors. En Manuel-Díaz Campos (ed.), *The handbook of Hispanic Sociolinguistics*, 123-147. Oxford: Wiley-Blackwell.

Silva-Corvalán, Carmen. 1994. The gradual loss of mood distinctions in Los Angeles Spanish. *Language Variation and Change* 6, 255–272.

Torres-Cacoullos, Rena. 1999. Variation and gramaticalization in progressives, Spanish -*ndo* Constructions. *Status in Language* 23, 25–59.

Torres-Cacoullos, Rena. 2011. Variation and gramaticalization. En Manuel Díaz-Campos (ed.), *The handbook of Hispanic sociolinguistics*, 148–167. Oxford: Wiley-Blackwell.

# Capítulo 6

# La variación morfosintáctica y el significado social en el mundo hispanohablante

El propósito de este capítulo es dar al estudiante una perspectiva general sobre los fenómenos de variación sintáctica que se han estudiado en las variedades del español desde un punto de vista sociolingüístico. Se ha dicho muchas veces en la literatura previa (véase Schwenter 2011; Silva-Corvalán 2001, entre otros) que la variación morfosintáctica es más difícil de estudiar que la variación fonológica, pues estos fenómenos y los contextos donde ocurren suelen ser cuantitativamente menos frecuentes y más complejos de identificar. De igual forma se ha podido ver que un buen número de variables morfosintácticas no muestran condicionamiento según variables de tipo social. Este hecho quizás se deba a las características de poca frecuencia de las variables morfosintácticas y a la dificultad de asociar éstas con grupos sociales determinados. Los sociolingüistas de habla española han prestado muchísimo interés a los fenómenos de variación morfosintáctica en términos generales. En primer lugar, presentaremos una perspectiva general muy descriptiva y elemental de lo que significan estos fenómenos apoyados en ejemplos sacados de la literatura previa. En segundo lugar, nos concentraremos en tres ejemplos particulares: las formas de tratamiento, la expresión de pasado mediante la alternancia del presente perfecto y el pretérito y el uso de *haber* pluralizado. Se han escogido estos tres fenómenos para hacer comparaciones entre variedades del español peninsular y el español de América y observar semejanzas y diferencias en cuanto al condicionamiento lingüístico y social. El capítulo se organiza de la siguiente forma:

- Una perspectiva general
- Las formas de tratamiento
- Pretérito y presente perfecto
- La pluralización del verbo *haber*

---

*Introducción a la Sociolingüística Hispánica*, First Edition. Manuel Díaz-Campos.
© 2014 John Wiley & Sons, Inc. Published 2014 by John Wiley & Sons, Inc.

## 6.1 Una perspectiva general

Hemos agrupado los fenómenos de variación morfosintáctica documentados frecuentemente en español (véase Bentivoglio y Sedano 2011; Serrano 2011; Schwenter 2011 y Torres-Cacoullos 2011 para una revisión actualizada sobre la variación morfosintáctica en español) según las siguientes categorías: (1) aspectos relacionados con el modo, el tiempo y el aspecto de formas verbales (e.g. alternancia en el uso del indicativo y el subjuntivo, la variación en el uso del futuro morfológico y perifrástico, entre otros); (2) la omisión o reducción de preposiciones (e.g. la variación en el uso de pa~para, la omisión de la preposición "a" en los acusativos de persona); (3) el uso de las formas pronominales (e.g. el leísmo, los objetos directos proposicionales, expresión u omisión de sujetos pronominales, entre otros), (4) el uso de formas adverbiales (e.g. aquí vs. acá, allí vs. allá) y (5) otros fenómenos morfosintácticos más particulares (*ser* focalizador, pluralización de *haber*, (de) queísmo, etc.). Veamos en detalle ejemplos concretos de esta clasificación que se basa en algunos ejemplos relevantes en cada caso.

*Variación relacionada con el modo, tiempo y aspecto de las formas verbales*

En el capítulo anterior, describimos la variación que existe en contextos donde se expresa probabilidad/posibilidad mediante el uso de los adverbios *tal vez*, *quizás*, *quizá*, *posiblemente*, *probablemente* y la selección variable de las formas del indicativo y del subjuntivo.

(1a) Tal vez María *compre* una hamburguesa para el almuerzo hoy.
(1b) Tal vez María *compra* una hamburguesa para el almuerzo hoy.

En el ejemplo en (1a) se observa el uso de la forma verbal del presente de subjuntivo en un marco temporal que se refiere al ahora (i.e. en el día de hoy) y en la oración en (1b) se observa el uso del presente de indicativo del verbo *comprar* en el mismo marco temporal del ahora.

La variación entre el uso del futuro morfológico y el futuro perifrástico también fue descrita anteriormente según la investigación de Orozco (2004). En este caso vimos que el marco de referencia que Orozco (2004) denomina *inminencia del evento en el futuro* es el factor fundamental para explicar la variación.

(2a) Voy a comer paella mañana.
(2b) Comeré paella mañana.

El ejemplo en (2a) muestra el uso de la forma perifrástica con *ir* + a + infinitivo. El nombre *perífrasis* se usa para indicar que un concepto gramatical es expresado por morfemas libres. En este caso el verbo *ir* funciona como auxiliar, la preposición *a* enlaza y el *infinitivo* provee el significado léxico. En contraste, la forma *comeré* es un verbo flexionado que se puede dividir en la raíz *com*, la vocal temática *e* y el morfema de futuro *-ré* (*-ré* también codifica otros contenidos como la persona, el número, etc.)

Las investigaciones de Torres-Cacoullos (1999, 2011) presentan ejemplos del estudio sobre la variación entre las formas del progresivo y el presente. Un resultado importante presentado por esta autora está relacionado con el significado aspectual de duración limitada que favorece las formas del progresivo. Los ejemplos en (3) ilustran este tipo de variación.

(3a) Estoy escribiendo ahora.
(3b) Escribo ahora.

En (3a) aparece la forma de *estar* acompañada del gerundio del verbo *escribir*. En (3b) se usa la forma de la primera persona del presente del verbo *escribir*. En ambos casos el verbo *escribir* expresa una actividad dinámica que requiere energía física de un agente (una noción conocida como el aspecto léxico). De manera que lo que cambia entre estos dos ejemplos es el enfoque del evento según la perspectiva del hablante y el aspecto gramatical de la oración.

En las oraciones condicionales que expresan situaciones que no han ocurrido (contra factuales) se observan varios tipos de alternancias. En (4a) observamos un ejemplo normativo según se describe en las gramáticas prescriptivas del español en el cual el verbo de la cláusula condicional aparece en imperfecto de subjuntivo y el verbo de la cláusula principal aparece en condicional del indicativo.

(4a) Si *tuviera* tiempo, *iría* al cine.

En este tipo de oraciones se observan una serie de fenómenos que han sido documentados en variedades de español habladas en la península así como en variedades del español de América. En España, Silva-Corvalán (1984) documenta el uso en (4b).

(4b) Si *tendría* tiempo, *iría* al cine.

En este caso vemos el uso de la forma condicional del verbo *tener* (i.e. *tendría*) en lugar del imperfecto del subjuntivo *tuviera*. Otro tipo de variación se observa en (4c) donde alternan en la cláusula principal la forma del imperfecto del subjuntivo *fuera* en lugar del condicional.

(4c) Si *tuviera* tiempo, *fuera* al cine.

La alternancia entre las formas del imperfecto de subjuntivo terminadas en *ra* y las terminadas en *se* son ejemplificadas en (4d).

(4d) Si *tuviera/tuviese* tiempo, iría al cine.

Según explica (Serrano 2011: 188) las forma en *ra/se* han sido consideradas como sinónimos en las gramáticas prescriptivas del español lo cual convierte estas formas en material perfecto para el análisis de la variación porque coincide con la definición de la variable lingüística como dos o más formas de decir lo mismo. Sin embargo, según Serrano (2011), estas formas no se podrían considerar sinónimas debido a las diferencias estilísticas documentadas por Blas Arroyo y Pocar (1994) de acuerdo con las cuales las formas en *se* se emplearían en los registros más formales.

(5a) Ayer me *he enterado* de la noticia.
(5b) Ayer me *enteré* de la noticia.

Los ejemplos en (5a) y en (5b) ilustran casos de alternancia en el uso del presente perfecto (i.e. *me he enterado*) con el pretérito (i.e. *enteré*). Serrano (2011: 191) describe esta diferencia en términos de un significado aspectual que refleja un evento, estado o acción que es relevante en el presente. Sobre este tema presentaremos un poco más de información en una sección especial más adelante en el capítulo.

*Omisión o reducción de preposiciones*     Entre los ejemplos de omisión de la preposición tenemos casos en los que los objetos directos, cuyo referente es una entidad humana, alternan con las formas no marcadas (6b).

(6a) Buscábamos *a* Pedro.
(6b) Buscábamos el periódico.

En el ejemplo en (6a) se observa el uso de la preposición para introducir un objeto que codifica a un referente humano, mientras que en (6b) tenemos un objeto inanimado y como consecuencia la falta de la preposición *a*. En casos de objetos con referentes humanos se observa variación y la omisión de la preposición (e.g. Buscábamos Pedro). En los análisis sobre este tipo de fenómeno se han tomado en cuenta factores relacionados precisamente con la animacidad del objeto, la animacidad relativa entre el objeto directo y el sujeto, la identificabilidad del sujeto, entre otros (véase Schwenter 2011 para más detalles).

En las páginas anteriores, hemos hablado de la reducción que ocurre en el uso de la preposición *para* (7a), la cual es clasificada por Bentivoglio y Sedano (2011) como variación morfosintáctica.

(7a) María se marchó *pa* su casa.
(7b) María se marchó *para* su casa.

El ejemplo en (7a) muestra la forma reducida en la cual se pierde por completo una sílaba -*ra*, mientras (7b) es un ejemplo sin reducción. Hemos descrito algunos de los condicionantes sociales en el capítulo anterior aunque Bentivoglio y Sedano (2011) presentan también algunos condicionantes lingüísticos que favorecen la reducción como el significado direccional de la frase donde aparece la preposición (e.g. *voy pa allá, pa la casa pronto*) y el contexto fonológico que predice la forma completa *para* cuando dicha forma (para) está seguida por una palabra que comienza con consonante (e.g. *para comer el desayuno*).

## El uso de las formas pronominales

El uso y omisión de los objetos directos proposicionales se documenta en Schwenter (2011) y en el trabajo de Reig (2008). Los objetos directos proposicionales se caracterizan por el hecho de que el referente consiste en una idea completa que se expresa en una proposición y no en una entidad específica como en (8a).

(8a) *Ella dijo que no había más pan. Pero él no lo creyó.* (tomado de Schwenter 2011)
(8b) *Ella dijo que no había más pan. Pero él no creyó.*

En el ejemplo en (8a) el pronombre *lo* se refiere a la proposición "que no había más pan". Este pronombre aparece omitido en (8b).

El uso de los pronombres de objeto directo e indirecto muestran una serie de fenómenos de variación en el español contemporáneo. El **leísmo**, por ejemplo, supone el uso de las formas de objeto indirecto *le* o *les* para expresar objetos directos.

(9a) *Le* llamé ayer (a Luis).
(9b) *Lo* llamé ayer (a Luis).

En (9a) se emplea *le* para hacer referencia a Luis que ocuparía la función de objeto directo del verbo *llamar*, mientras que (9b) muestra el uso canónico según el cual el pronombre átono *lo* se emplea para indicar un objeto directo singular y masculino. En trabajos de corte descriptivo se explica que se acepta el uso de *le* como pronombre para indicar un referente que es [+ humano] como en el caso del ejemplo (9a), pero se ha documentado la extensión de este uso a referentes con el rasgo [– humano].

*El uso de las formas adverbiales*
El trabajo de Sedano (1994, 1999) analiza la variación que existe entre los dos sistemas de adverbios demostrativos: el sistema en -í (*aquí, ahí, allí*) y el sistema en -á (*acá, allá*). *Aquí* se considera como equivalente de *acá* (10a, 10b) porque ambos indican cercanía en relación con el hablante, mientras que *allí* y *allá* (11a y 11b) señalan un punto lejano al hablante.

(10a) Se me dañó el piso del estacionamiento *aquí* en esta parte.
(10b) Se me dañó el piso del estacionamiento *acá* en esta parte.

En (10a) y (10b) se ve un uso equivalente de las formas *aquí* y *acá*. Sedano (1994) ha demostrado en sus estudios que *aquí* suele emplearse en contextos con significado delimitado que indica un punto cercano en relación al hablante, mientras que *acá* se usa cuando el contexto es menos específico.

(11a) Cuando fuimos *allí*.
(11b) Cuando fuimos *allá*.

Los ejemplos en (11a y 11b) muestran usos semejantes de *allí* y *allá*.

*Otros fenómenos morfosintácticos*
En las páginas de este capítulo, hemos descrito una serie de fenómenos (e.g. variación temporal, modal y aspectual de los verbos, el *(de)queísmo*, entre otros) y hemos presentado ejemplos relevantes con algunas explicaciones basadas en la literatura previa. Otros ejemplos a los que hemos dedicado menos atención incluyen las construcciones pseudo-hendidas y las construcciones con *ser* focalizador. Sedano (1990: 13) emplea el término **ser focalizador** para referirse a cláusulas del tipo *Juan compró fue un libro* en las que la función del verbo *ser* es focalizar el constituyente que le sigue, en este caso *un libro*. Esta misma investigadora (Sedano 1990: 14) emplea el término **pseudo-hendidas** para referirse a las cláusu-

las del tipo *Lo que compró Juan fue un libro*. En este caso, también se focaliza la frase nominal *un libro* y la única diferencia estructural con las construcciones de *ser* focalizador es la presencia del relativo *lo que*.

*Pseudo-hendidas y construcciones con* ser *focalizador*
    (12a) Lo que Juan compró fue un libro. (tomado de Bentivoglio y Sedano 2011)
    (12b) Juan compró fue un libro. (tomado de Bentivoglio y Sedano 2011)

Bentivoglio y Sedano (2011: 181) describen estas estructuras como equivalentes debido a una serie de rasgos en común: poseen una cláusula **pre-cópula** (antes del verbo *ser*) incompleta (i.e. *Juan compró* en lugar de *lo que Juan compró*), el verbo *ser* conjugado (i.e. *fue*), la cláusula postcópula (después del verbo *ser*) es el foco de la información (i.e. *un libro*) y puede tener una categoría gramatical diferente (frase nominal como *un libro*, frase preposicional como *vive es en esa casa*, etc.) y un significado equivalente (en el caso del ejemplo correspondería a *Juan compró un libro*). Estas oraciones pseudo-hendidas, según Bentivoglio y Sedano (2011: 181–182), están condicionadas lingüísticamente de acuerdo con la categoría gramatical de la cláusula postcópula y según el tiempo gramatical de la cláusula precópula. Esto quiere decir que los hablantes usan el ser focalizador cuando la cláusula postcópula es un adverbio o frase adverbial (e.g. *cuando lo vi fue ayer*), mientras que la pseudo-hendida se emplearía cuando la cláusula postcópula es una frase nominal (e.g. *lo saben son mis primos* en lugar de *los que lo saben son mis primos*). En cuanto al tiempo es más probable el *ser* focalizador cuando el verbo de la cláusula precópula no está en el presente de indicativo (e.g. *vi* forma del pretérito de indicativo). Según los factores sociales, éste es un fenómeno de variación favorecido por los jóvenes y los grupos socioeconómicos bajos, lo cual podría ser indicativo de un cambio en progreso de acuerdo con Sedano.

*La expresión del sujeto*
    La expresión del sujeto ha sido otra de las variables lingüísticas investigada ampliamente en estudios sobre variación sintáctica en español (e.g. Bayley et al. 2012; Bentivoglio 1987; Cameron 1992, 1996; Flores-Ferrán 2004, entre muchos otros).

    (13a) *Yo* quiero que *tú* sepas que *nosotros* te íbamos a botar como bolsa. (tomado de Flores-Ferrán 2004)
    (13b) Quiero que sepas que te íbamos a botar como bolsa.

En el ejemplo (13a) aparecen los sujetos *yo*, *tú* y *nosotros* expresos, mientras que en (13b) se omiten. Los análisis sobre esta variable han tomado en cuenta el número y la persona que indica el pronombre, el cambio de referencia, la **ambigüedad de la forma verbal** (cuando no se puede determinar el sujeto solamente por la forma verbal, por ejemplo *yo/ella cantaba*), entre otros factores. El trabajo de Flores-Ferrán (2004) sobre hablantes puertorriqueños en Nueva York encuentra que la expresión del sujeto expreso alcanza el 45% de los casos, una cifra que es igual a la reportada por Cameron (1992), para hablantes que viven en Puerto Rico. Flores-Ferrán señala que los sujetos expresos suelen ser de la segunda persona singular *tú* (60% no específicos y 53% específicos), seguidos por los de primera persona singular *yo* (52%). El cambio de referencia parece ser uno de los factores más importantes y que consistentemente muestra un efecto importante en todos los estudios. Veamos el ejemplo en (14).

(14) *Ella* me empieza a hablar de algo y *yo* le sigo la corriente. (tomado de Bentivoglio 1987)

El **cambio de referencia** se ve en este ejemplo debido a que la primera cláusula tiene como sujeto *ella* y luego en la segunda cláusula se introduce un nuevo sujeto *yo*. Este tipo de contextos propicia la expresión explícita de sujetos para evitar casos en los que se observe ambigüedad. Bentivoglio (1987) presenta resultados que corroboran esta tendencia en el español de Caracas, Venezuela y Flores-Ferrán (2004) también comprueba el efecto positivo del cambio de referencia en los hablantes puertorriqueños de Nueva York, quienes, a pesar de mantener contacto con hablantes de inglés, demuestran tener un sistema de restricciones gramaticales semejantes a los reportados para los hablantes puertorriqueños que viven en la isla.

En esta sección hemos presentado una perspectiva general de algunos de los fenómenos morfosintácticos documentados en la literatura. Esto nos da una idea de la variedad y tipos de variables que se pueden estudiar a este nivel, así como la descripción básica y algunos ejemplos representativos en cada caso. A continuación nos concentramos en algunas variables específicas con el propósito de estudiarlas con más detalles y comparar datos disponibles de diferentes regiones dialectales.

## Para investigar y pensar:

Busca información sobre la prevalencia de la elisión y la aspiración de la /s/ final de sílaba en los dialectos de Venezuela y Puerto Rico.

¿Habrá una conexión entre las tasas de expresión del sujeto en estos dialectos y la elisión? Explica tu razonamiento. Considera la ambigüedad de la forma verbal en tus argumentos.

*Preguntas de comprensión*
1. ¿Cómo se define *perífrasis*? Según Torres-Cacoullos (1999, 2011), ¿cuál es el aspecto que favorece las formas del progresivo en español?
2. ¿Por qué se pueden considerar las formas del imperfecto del subjuntivo como "material perfecto" para el análisis variacionista?
3. Lee los ejemplos 6a y 6b. ¿Cuál es la conexión entre la preposición *y* la animacidad del objeto?
4. ¿En qué se parecen los adverbios *aquí* y *acá* y los adverbios *allí* y *allá*? ¿Cómo se relacionan tales adverbios con la distancia relativa al hablante? ¿Cómo se diferencian *aquí* y *acá*?

5. Define y ejemplifica el fenómeno del *ser* focalizador. ¿Qué factores influyen en su uso en comparación con el empleo de oraciones pseudo-hendidas?

6. ¿Por qué será que el cambio de referencia tiene efecto en la expresión del sujeto? Explica.

7. ¿Cómo se explica el hecho de que el cambio de referencia influya en la expresión del sujeto en los hispanohablantes en Nueva York a pesar de que hay considerable contacto con el inglés? Explica.

## 6.2 Las formas de tratamiento

Las **formas de tratamiento** se definen de manera muy general como aquellos términos que empleamos para dirigirnos a cualquier persona o personas con las cuales interactuamos en forma directa. Estas formas constituyen un campo productivo para el estudio sociolingüístico debido a la variación que puede ocurrir según la formalidad, la relación afectiva entre interlocutores, la cortesía implícita en la situación, los atributos de los participantes en términos de edad, nivel sociocultural, sexo, entre otros aspectos. En español, el ejemplo quizá más representativo de este tipo de variación sociolingüística lo constituye el uso de *tú* y *usted*. En cualquier libro elemental de español se explica que el uso de *tú* y *usted* se relaciona con el grado de formalidad. La forma *tú* es informal y la de *usted* se reserva para desconocidos y/o en situaciones formales. En esta sección describiremos que esta distinción es un poco más compleja y veremos algunos de los detalles que se han planteado en los estudios sobre el tema según asociemos el uso de cada pronombre con variables sociales.

En esta introducción sobre el tema es importante señalar que las formas de tratamiento en la segunda persona no se reducen a la dicotomía entre *tú* y *usted*. Otras formas que se emplean en la segunda persona en el mundo hispano incluyen el *vos* para el singular y *vosotros/vosotras* y *ustedes* para el plural. *Vos* se usa en toda Centroamérica[1] y en Suramérica predominantemente en el Cono Sur. En Suramérica destaca el uso de *vos* en Argentina, Uruguay y Paraguay y en partes de Chile (Uber 2011; Newall 2012). En el caso de las formas del plural, nos encontramos con las formas *vosotros/vosotras* en España, mientras que en Latinoamérica se emplea *ustedes*.

Uber (2011: 246–247) explica, siguiendo lo propuesto por Brown y Gilman (1960) y Brown (1965), que en la literatura sobre las formas de tratamiento se ha considerado la existencia de dos dimensiones fundamentales para su descripción: el poder y la solidaridad. Mediante el estudio del uso de las formas *tú* y *vos* en el latín antiguo se explica que *tú* era la forma del singular y que *vos* era la forma del plural. *Vos* desarrolló un uso singular que era para dirigirse al emperador. Éste es un uso que se puede ubicar aproximadamente hacia el siglo IV. Este uso particular de *vos* hacia el emperador se extendió a personas de alto estatus social. Esta es la semilla que da origen a las diferencias entre las formas de tratamiento en la medida que el latín evoluciona en variedades diferentes. Se presupone que hacia los siglos XII–XIV existía un sistema con formas de familiaridad T (*tú*, *tu*, *du, tu*²) y de formas de respeto V (*usted, vous, Sie, Lei*). Entre los grupos de nivel socioeconómico alto con estatus igualitario se empleaban las formas de respeto V y las personas de igual estatus de nivel socioeconómico bajo las formas de familiaridad o solidaridad T. Esta dimensión de uso de las formas según el estatus representa la dimensión del poder.

Uber (2011: 247) explica que este sistema, que no incluía formas para diferenciar el tratamiento entre personas de igual estatus, evolucionó de manera que el uso de las formas de familiaridad con personas del mismo estatus tiene un significado de intimidad y si son de diferente estatus expresa superioridad o presunción. Por su parte, el uso de las formas de respeto con personas de igual estatus expresa formalidad y distancia, mientras que si se usa con interlocutores de diferente estatus expresa deferencia. Los cambios sociales en el siglo XX y en tiempos más recientes, según explica Uber, han creado las condiciones para que el sistema de solidaridad haya adquirido mayor peso en cuanto a las formas de tratamiento y sus normas de uso.

En cuanto al origen de las formas de tratamiento de la segunda persona en el español contemporáneo, se puede establecer una conexión directa con las formas *tú* y *vos*, las cuales provenían del latín. Recordemos que *vos* desarrolló un uso como persona del singular para expresar respeto, mientras que *tú* era el uso menos formal. Esta diferencia también presenta cambios y hacia el siglo XV se comienza a usar la forma *vuestra merced* para indicar cortesía y deferencia (Uber 2011). Del uso de *vuestra merced* se deriva la forma actual de *usted*, la cual se emplea para indicar formalidad. Según Páez Urdaneta (1981: 55), hacia el siglo XVIII el uso de *vos* en la península indicaba "un distanciamiento social que miembros de las clases superiores otorgan a los miembros de las clases inferiores". Este uso con connotaciones negativas ocasiona que desaparezca el uso de *vos* progresivamente en España y se emplee el *tú* como forma familiar sin carga negativa. En América, el uso del *vos* se extendió ampliamente con diferentes significados y, en algunas regiones en particular, se dieron desarrollos propios diferentes de la norma peninsular, razón por la cual su uso no desapareció del español en América.

Hay una serie de trabajos en los que se ha estudiado acerca del uso de las formas de tratamiento en variedades del español contemporáneo. Schwenter (1993), por ejemplo, presenta datos de Alicante y de la Ciudad de México en los que muestra que el uso del *tú* está más extendido entre los hablantes españoles que entre los mexicanos. Los participantes españoles emplean *tú* en una forma que muestra un sistema en el que el establecimiento de la solidaridad es predominante. Uber (2011) provee información sobre los usos más comunes de las formas de tratamiento (e.g *tú, usted, vos*) en 11 ciudades que incluyen Buenos Aires, Bogotá, Caracas, Madrid, San José de Costa Rica, San Juan de Puerto Rico, Santiago y Santo Domingo de la República Dominicana, San Luis Potosí y Ciudad de México y Santiago de Chile. Las observaciones de Uber se basan en datos obtenidos en diferentes lugares de trabajo entre los que se incluyen tiendas, hoteles, agencias de bienes raíces, agencias de viaje, entre muchos otros. La tabla 6.1 presenta las variables contextuales que Uber incluye en su estudio y las generalizaciones que establece a partir de sus observaciones.

**Tabla 6.1** Variables contextuales que favorecen el uso de formas de tratamiento formales e informales en el ambiente laboral en todas las áreas investigadas (adaptado de Uber 2011: 259).

| Variable social/contextual | Informal (tú, vos) | Formal (usted) |
| --- | --- | --- |
| Edad del interlocutor | Igual o menor | Mayor |
| Sexo del interlocutor | Igual, entre mujeres | Sexo opuesto |
| Profesión del interlocutor/ | Igual o menor estatus | Mayor estatus |
| Jerarquía relativa (supervisor/empleado) | Igual o menor | Mayor jerarquía |
| Colega de trabajo del interlocutor | Sí | No |
| Conocido por algunas semanas, meses, años. | Sí | No |
| Amigo del interlocutor | Sí | No |
| El interlocutor es un cliente | No | Sí |
| Tipo de negocio | Fábrica, taller, oficina | Servicio al cliente, compañías financieras |
| Tópico de discusión | Tareas diarias, interacción social | Contratos, acuerdos, presupuestos |
| Conversación telefónica | No (si es desconocido) | Sí |
| Estilo personal | Variable | Variable |

Los resultados de las observaciones de Uber (2011) a lo largo y ancho de una serie de regiones representativas del mundo hispano revelan que el uso de *usted* como forma para indicar respeto se relaciona con personas mayores que el interlocutor, del sexo opuesto, personas que son de mayor estatus profesional y jerárquico, desconocidos, en situaciones que implican servicios al cliente ofrecidos por compañías de esta categoría. Por el contrario, las formas como *tú* y *vos* se reservan para las personas de igual edad, entre miembros del mismo sexo (particularmente las mujeres), de igual o menos estatus profesional y de igual o menor jerarquía en el sitio de trabajo. Se destaca el hecho de que este uso también se reserva para las personas conocidas en lugares de trabajo que no necesariamente implican el trabajo con el público y para conversar sobre temas de tipo cotidiano. Estas tendencias son indicativas de factores relacionados con las características del individuo como la edad, el sexo, así como de su condición social. De igual forma se destacan aspectos relacionados con la relación del hablante con el interlocutor, la situación en la que ocurre la conversación, el lugar y variables de estilo. Es decir, que el uso de las formas de tratamiento depende de una serie de factores en situaciones dinámicas, las cuales presentan patrones regulares.

Generalmente, cuando se habla de las formas de tratamiento en la segunda persona se hace mayor énfasis en las diferencias entre el uso de *tú* y *usted*. Esto quizá se deba a que las variedades que más se enseñan como segunda lengua sean la mexicana y la peninsular. Éste es el caso típico en el sistema escolar estadounidense en el que los libros de texto para estudiantes de español como segunda lengua se ocupan de manera muy limitada del **voseo** (i.e. uso del pronombre *vos* en lugar de *tú*). Por este motivo, estudiaremos a continuación un dialecto en el que se usan tres formas de tratamiento para la segunda persona del singular: *vos*, *tú* y *usted*. El dialecto en cuestión es la variedad de español que se habla en Cali, Colombia. La investigación de Newall (2012) propone un análisis de situaciones simuladas en la que los hablantes responden de manera oral según diferentes variables lingüísticas y contextuales entre las que se incluyen el rol sintáctico del pronombre, la relación con el interlocutor, la red social, la edad del interlocutor, el sexo del hablante y el sexo del interlocutor. La tabla 6.2 muestra los resultados del estudio acerca del uso del *voseo* según las variables antes mencionadas.

**Tabla 6.2**   Análisis de las formas del voseo según factores lingüísticos y contextuales (Log likelihood = −578.592, p = .012) (adaptada de Newall 2012: 125). Se reproduce con el permiso de Gregory Newall.

| Grupo de factores | Factor | Peso | % | Número |
|---|---|---|---|---|
| Tipo de argumento *Rango*: 45 | Central – sujeto /verbo | .608 | 36,2 | 63/174 |
| | Central – verbo | .423 | 22,4 | 212/946 |
| | Periférico adjunto/ pronombre | .387 | 12,0 | 14/117 |
| | Central – objeto | .162 | 2,7 | 3/113 |
| Relación con el interlocutor *Rango*: 43 | Familia | .649 | 29,7 | 111/374 |
| | Colega | .643 | 29,4 | 88/299 |
| | Amigo | .618 | 25,7 | 66/257 |
| | Desconocido | .221 | 6,4 | 27/420 |
| Red social *Rango*: 29 | Universidad | .689 | 35,2 | 150/426 |
| | Amigos/familia | .425 | 17,3 | 57/329 |
| | Instituto | .401 | 14,3 | 85/595 |
| Edad del interlocutor *Rango*: 18 | Igual | .590 | 28,5 | 187/656 |
| | Mayor | .415 | 15,1 | 105/694 |
| Sexo del hablante *Rango*: 15 | Masculino | .582 | 24,5 | 146/595 |
| | Femenino | .435 | 19,3 | 146/755 |
| Sexo del interlocutor *Rango*: 09 | Masculino | .544 | 23,8 | 171/717 |
| | Femenino | .450 | 19,1 | 121/633 |

El análisis hecho por Newall (2012) indica que los hablantes de Cali, Colombia suelen emplear el voseo en enunciados del tipo *vos hablás* en el que *vos* tiene la posición de sujeto y el verbo presenta la forma que concuerda con el sujeto. Newall atribuye este hecho al que en muchos contextos puede haber casos de ambigüedad entre *tú* y *vos* como en los ejemplos de *vos estás/tú estás*, *vos ves/tú ves* y el uso del pronombre ayudaría a evitar este hecho. El segundo factor que se incluye en los resultados tiene que ver con la relación del hablante con el interlocutor. Los resultados muestran que *vos* se emplea con personas conocidas que pertenecen al ámbito familiar, de los colegas y amigos. Esto indica que *vos* tiene una función propia en el discurso informal con personas conocidas. En cuanto a la red social de los participantes, los datos revelan que el grupo de los universitarios favorece el uso del voseo, mientras que otros grupos como el de la familia y amigos, así

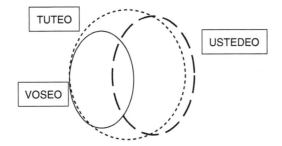

**Figura 6.1**   Representación visual del uso de las tres formas de tratamiento vos, tú, usted en Cali, Colombia (Newall 2012). Reproducido con el permiso de Gregory M. Newall.

como el grupo del instituto, no lo favorecen. Newall (2012: 128) argumenta que el grupo universitario se podría considerar más homogéneo en términos de edad con predominio de participantes jóvenes en relación de iguales y, en algunos casos, en relación de conocidos o de amistad. La edad y el sexo del interlocutor así como el sexo del hablante también resultaron relevantes en el análisis estadístico de los datos de Cali. *Vos* fue usado con más frecuencia cuando el interlocutor era de la misma edad y cuando tanto el hablante como el interlocutor eran del sexo masculino.

De acuerdo con los datos obtenidos para las tres formas, Newall propone algunas diferencias y semejanzas en cuanto al uso de *vos, tú, usted* en el español de Cali mediante el diagrama que describimos a continuación en la figura 6.1.

El tamaño de los círculos es indicativo de la proporción de uso de las formas de tratamiento que se encontró en la muestra analizada de la ciudad de Cali. El **tuteo** (forma de tratamiento de la segunda persona singular informal) se emplea ampliamente (43,4%), el **ustedeo** (forma de tratamiento de la segunda persona singular formal) ocupa el segundo lugar en la muestra (35%), mientras que el voseo se emplea un 21,6%. El diagrama también refleja que, de acuerdo con los factores contextuales tomados en cuenta, el tuteo puede emplearse en un ámbito más complejo de situaciones que coincide con las formas del voseo en los aspectos informales como hablar con la familia, los amigos, los conocidos y personas de la misma edad. Sin embargo, también se observan áreas en las que el tuteo puede ser la forma neutra que coincide con el *usted* en lo que respecta al tratamiento de personas mayores y desconocidas. En el espacio del diagrama en que se encuentra variación entre las tres formas, los resultados indican que estos usos se relacionan con casos de personas mayores que son parte del ámbito familiar: es decir, personas conocidas y mayores. En resumen, hay una serie de factores sociales que mostraron ser importantes en el análisis de las formas de tratamiento en Cali entre los cuales se incluyen la relación con el interlocutor, la red social, la edad del interlocutor, el sexo del hablante y el sexo del interlocutor. Como hemos visto en el cuadro de variables que propone Uber (2011), muchas de las variables son coincidentes en amplias zonas del mundo hispano y, a la vez, estas mismas variables permiten identificar diferencias entre variedades dialectales.

## Para investigar y pensar:

¿Qué formas de tratamiento se emplean en inglés para indicar respeto, distancia y formalidad? ¿Con quiénes emplearías esas formas? ¿Qué formas vernáculas de tratamiento empleas para hablar en situaciones cotidianas? ¿Con quiénes emplearías esas formas? ¿Qué conclusiones puedes proponer?

*Preguntas de comprensión*

1. ¿Cuáles son algunas de las razones que explican la variación entre las formas de tratamiento? ¿Cuál es la distinción entre España e Hispanoamérica en cuanto a las formas de segunda persona singular?
2. ¿Qué variables promueven el uso de *vos*, *tú* y *usted* en Hispanoamérica?
3. ¿Cómo se distinguen los conceptos de poder y solidaridad?
4. ¿Cuál es la razón por la que hubo desaparición del *vos* en España?
5. ¿En qué se parecen los resultados de Uber (2011) y Newall (2012)? ¿Hay algunas diferencias? ¿Cómo se pueden explicar las diferencias en el habla de Cali?

## 6.3   Pretérito y presente perfecto

Como hemos visto anteriormente, en el español peninsular así como en otras variedades se observa variación en el uso del pretérito y del presente perfecto (Serrano 2011; Schwenter y Torres Cacoullos 2008). En el ejemplo en (15a) se observa el uso del presente perfecto y en (15b) un ejemplo de uso del pretérito (tomados de Schwenter y Torres Cacoullos 2008: 2).

(15a) Ayer *he comprado* un aire acondicionado y me da calor. (BCON014B)
(15b) Éstas son prácticamente igual que las que *compramos* ayer. (CCON013C)

El asunto central en el uso de estas dos formas es que el presente perfecto (e.g. he comprado) se emplea con una función que indica **pretérito perfecto**. Es decir, en ambos casos hay una referencia a acciones completadas en el pasado. El significado descrito para el **presente perfecto**, según Schwenter y Torres Cacoullos (2008), consiste en que una acción en el pasado se relaciona con el momento del habla (i.e. ahora, *ha cantado*). Esto implica que la acción en el pasado es relevante en el presente. El uso del presente perfecto con un significado que implica pretérito perfecto (i.e. acción completada en el pasado, *cantó*) se explica como un caso de gramaticalización en el que se pierde, en el contexto de uso, la conexión del evento con el presente y se generaliza el significado perfectivo. Este proceso ocurre de manera gradual, y durante el proceso las formas del perfecto se emplean para indicar acciones completadas en un marco temporal hodierno (*hodierno* significa que el evento se localiza en el ahora) y de manera progresiva se va extendiendo su uso a situaciones en el pasado. El trabajo de Schwenter y Torres Cacoullos (2008) investiga los factores lingüísticos que condicionan el uso del presente perfecto y el pretérito en dos variedades: español mexicano y español peninsular con el propósito de identificar la forma que se emplea de manera preferente para indicar el pretérito perfecto. Schwenter y Torres Cacoullos (2008) señalan que una **forma preferente** se define como aquella que se emplea en contextos frecuentes y menos específicos. En este caso particular, se hace referencia a la variación que se observa entre el presente perfecto y el pretérito perfecto. Los datos analizados provienen del *Corpus de Referencia del Español Contemporáneo* (COREC, Marcos Marín 1992) y del *Habla culta* y el *Habla popular de México*. En total, se codificaron 1783 casos en el corpus español y 2234 en el corpus mexicano. La frecuencia en el uso del presente perfecto es sustancialmente distinta puesto que se encontró un uso que alcanza el 54% en los datos de España y un 15% en México. Veamos los resultados obtenidos por Schwenter y Torres Cacoullos (2008: 20–21) y la comparación que se hace de los datos de México y España en la tabla 6.3.

## Para investigar y pensar:

¿Piensas que en inglés se pueden hacer comparaciones en cuanto a la expresión del tiempo que muestren algún tipo de variación semejante?

El análisis considera seis factores lingüísticos: la referencia temporal, la presencia de un adverbio temporal, el número del objeto, el tipo de cláusula, el Aktionsart y la presencia de *ya*. El factor *número del objeto* se incluye en el análisis bajo la suposición de que los objetos plurales podrían ser congruentes con los usos continuativos que indicarían la repetición de un evento en varias ocasiones (e.g. *yo he hecho muchos viajes*). El **Aktionsart** se refiere al aspecto léxico de las formas verbales empleadas, divididas según las categorías de Vendler (1957) en *estados* (e.g. saber, creer, etc.), *actividades* (e.g. caminar, cantar, jugar), *realizaciones* (e.g. cantar una canción) y *logros* (e.g. despertarse, llegar). Schwenter y Torres Cacoullos deciden agrupar estas categorías en durativas (i.e. estados, actividades, realizaciones) y momentáneas (i.e. logros). La comparación de resultados nos permite determinar que entre los factores que son comunes tanto en la muestra de México como en la de España se incluyen: la *referencia temporal, los adverbios temporales* y *el número del objeto*. Schwenter y Torres-Cacoullos (2008) explican que el presente perfecto se emplea en contextos más limitados en México. Esto quiere decir que el presente perfecto se emplea con un significado continuativo con relevancia en el presente como lo indica la presencia de adverbios de proximidad (e.g. ahora) y frecuencia (e.g. muchas veces) en contextos donde la distancia temporal es irrelevante, como lo explican Schwenter y Torres Cacoullos (2008). Los autores también explican que el hecho de que los *adverbios temporales* y el *número del objeto* hayan

**Tabla 6.3**  Grupos de factores que contribuyen en la selección de presente perfecto en México y en España (adaptado de Schwenter y Torres Cacoullos 2008: 20–21).

| Grupo de factores | Peso probabilístico: México | Peso probabilístico: España |
|---|---|---|
| *Referencia temporal* | | |
| Irrelevante | .94 | .94 |
| Indeterminado | .76 | .65 |
| Específico | .17 | – |
| Hoy | – | .93 |
| Ayer/antes | – | .13 |
| **Rango** | 77 | 81 |
| *Adverbio temporal* | | |
| Proximidad/frecuencia | .68 | .82 |
| Ausente | .53 | .51 |
| Otros | .33 | .33 |
| **Rango** | 35 | 49 |
| *Singular/plural* | | |
| Objeto plural | .66 | .65 |
| Objeto singular | .45 | .46 |
| **Rango** | 21 | 19 |
| *Cláusula* | | |
| Preguntas sí/no | .65 | [.58] |
| Cláusula relativa | .61 | [.56] |
| Otros | .48 | [.49] |
| **Rango** | 17 | |
| *Aktionsart* | | |
| Durativo | .52 | [.51] |
| Momentáneo | .39 | [.46] |
| Embolden | 13 | |
| *Ya* | | |
| Presente | [.51] | .65 |
| Ausente | [.41] | .46 |
| **Rango** | | 16 |

El uso de corchetes (i.e.[ ]) significa que el factor no fue seleccionado como parte del modelo estadístico.

sido seleccionados como factores condicionantes en la muestra de España y de que estos factores muestren el mismo condicionamiento que en México es un indicio de que en España se conservan algunas funciones canónicas del presente perfecto.

Por otro lado, el análisis también revela que en España se ha producido un cambio en el que las formas del presente perfecto se emplean en contextos propios de eventos completados o perfectivos en contextos no especificados temporalmente. Schwenter y Torres Cacoullos explican que los resultados de la referencia temporal indican que hay un efecto de distancia temporal según el cual los contextos clasificados como hodierno (i.e. hoy) favorecen el presente perfecto, mientras que los contextos pre-hodierno desfavorecen el uso del presente perfecto en España. El hecho de que el aspecto léxico del verbo (i.e. Aktionsart) no haya sido seleccionado se interpreta en la investigación como el producto de la gramaticalización del presente perfecto y la pérdida del significado tradicionalmente asociado con esta forma verbal. En resumen, el español mexicano muestra un uso de las formas del presente perfecto en contextos experienciales y continuativos, lo que quiere decir que se trata de contextos que indican una situación que se inicia en el pasado y persiste en el presente. En el caso de España, se observan usos innovadores del presente perfecto con significados semejantes a los del pretérito en contextos clasificados como hodierno y en aquellos contextos en los que la referencia temporal es indeterminada. Esta investigación muestra varios aspectos interesantes. Por una parte muestra que a pesar de las diferencias, los factores lingüísticos que explican los usos del pretérito y el presente perfecto son los mismos en ambas variedades. A la vez, podemos ver que existen diferencias que se reflejan en cuanto a la magnitud del efecto de las variables y la dirección del efecto de los factores que se han incluido en el análisis. Esto quiere decir que el orden y la importancia del efecto de los factores incluidos muestran ciertas diferencias en México en comparación con España. Por ejemplo, el tipo de cláusula tiene un efecto en México, pero no en España. De igual forma, en cuanto al marco de referencia se observa que el contexto hodierno favorece el uso del presente perfecto es España, mientras que es un contexto en el que no se usa el presente perfecto en México. Ésta es precisamente una de las diferencias principales entre los dos dialectos: el hecho de que el presente perfecto se emplea para indicar acciones completadas en un marco temporal reciente (i.e. hodierno, hoy), mientras que en México tiene un valor continuativo con relevancia en el presente, lo cual quiere decir que se trata de eventos que han ocurrido y pueden volver a ocurrir en el presente.

## 6.4   La pluralización del verbo *haber*

En la sección 5.3 hemos introducido el tema de la variación en el uso del verbo *haber* en su llamada forma impersonal. Las gramáticas tradicionales (e.g. Bello 1972; Gili Gaya 1979) describen *haber* como un verbo transitivo que se conjuga en tercera persona del singular que aparece acompañado de una frase nominal en función de objeto directo. Veamos los ejemplos en (16a) y (16b).

(16a) No me preguntes. Pero nunca hubo *pleitos*, nunca hubo *zaperocos*. (CC1FA_87)
(16b) . . . habían *gentes* que decían que él era malo, no sé por qué. (CD5FB_87)

En el ejemplo en (16a) las frases nominales *pleitos* y *zaperocos* serían consideradas como los objetos directos del verbo *haber* en estas oraciones. En ambos casos (i.e. hubo *pleitos*, nunca hubo *zaperocos*) se considera en las gramáticas tradicionales que no hay un sujeto determinado por lo cual se describe *haber* como un verbo impersonal. Sin embargo, los hablantes tienden a hacer concordar el verbo haber con la frase nominal que lo acompaña como en el ejemplo (16b) donde el hablante dice *habían* en lugar de *había*. En este caso, el hablante interpreta la frase nominal *gentes* como si fuera el sujeto de la oración en lugar del objeto directo. El porqué de este fenómeno de pluralización podría deberse al hecho de que *haber* no se comporta como el típico verbo transitivo (e.g. comprar, regalar, etc.) que posee sujeto y objeto directo (e.g. *yo* compré *un carro*, donde *yo* es sujeto y *un carro* objeto directo). Los verbos transitivos típicamente tienen estos dos argumentos: sujeto y objeto directo. Como *haber* aparece con un sólo argumento, los hablantes tienden a analizar este único argumento como el sujeto, por lo cual el verbo tendría que concordar en número y persona con el verbo. Esta explicación sobre el fenómeno nos hace pensar que haber pluralizado es un caso de **regularización** ya que los hablantes interpretan la presencia de un solo argumento como el sujeto tal como ocurre en el caso de los verbos intransitivos (e.g. vivir). La pluralización de haber es un fenómeno ampliamente documentado en el mundo hispano en países como Argentina, Colombia, Costa Rica, Cuba, Chile, Bolivia, Ecuador, El Salvador, Guatemala, Honduras, México, Nicaragua, Panamá, Perú, Puerto Rico, Uruguay y Venezuela (Kany 1945; Bentivoglio y Sedano 1989; De Mello 1991, 1994; Blas-Arroyo 1995–96; Díaz-Campos 2003; D'Aquino 2004; Castillo Trelles 2007; Freites 2008, etc.).

El trabajo de DeMello (1991, 1994) presenta datos sobre la pluralización de *haber* en el habla culta de 11 ciudades del mundo hispano. Los datos empleados en el trabajo provienen del *Proyecto de Estudio Coordinado de La Norma Lingüística Culta de las Principales Ciudades de Iberoamérica y de la Península Ibérica*.

Los resultados de la tabla 6.4 muestran que el uso de la pluralización ocurre en casi todas las ciudades estudiadas con la excepción de las ciudades españolas: Madrid y Sevilla. Sin embargo, la pluralización también ha sido documentada en España con datos en la ciudad de Valencia según el trabajo de Blas Arroyo (1995–1996). Según DeMello (1991, 1994) autores tales como Kany (1945) y Montes Giraldo señalan la existencia de *haber* pluralizado en España. De Mello (1991: 456) apunta que el *Esbozo para una Nueva Gramática de Lengua Española* (1973: 384) cita ejemplos de pluralización en textos literarios y antiguos de España (i.e. *Algunos ovieron que, o con mala voluntad o non sintiendo discretamente, quisieron disfamar al rey de Navarra* de F. Pérez de Guzmán). También en las Islas Canarias se ha observado el uso común de la pluralización en formas como *habían, hubieron, habemos*, etc. (Serrano, comunicación personal). En lo que respecta al condicionamiento social, se ha observado que este fenómeno no sólo ocurre en las clases populares donde es bastante frecuente, sino también en el habla culta como se revela en la tabla 6.4.

*El rasgo [± humano]*

Como hemos explicado, la clasificación de *haber* como verbo transitivo en tratados de gramática tradicional resulta problemática debido a que los verbos transitivos regularmente poseen un sujeto y un objeto, mientras que *haber* solo aparece con un solo argumento que los hablantes analizan, según proponen algunos investigadores, como el sujeto. Una manera de comprobar esta hipótesis, de que la frase nominal que acompaña al verbo *haber* es tomada como el sujeto, es analizar el tipo de referente (i.e. [± humano]) que codifica la frase nominal. Según Díaz-Campos (2003: 10) esta idea se justifica debido a las tendencias encontradas por los analistas del discurso de acuerdo con las cuales los referentes

**Tabla 6.4** Distribución dialectal de *haber* impersonal (De Mello 1994).

| Ciudad | No pluralizado | Pluralizado |
|---|---|---|
| Bogotá | 107 (84%) | 20 (16%) |
| Buenos Aires | 79 (96%) | 3 (4%) |
| Caracas | 98 (64) | 55 (36%) |
| La Habana | 33 (73%) | 12 (27%) |
| La Paz | 33 (40%) | 50 (60%) |
| Lima | 62 (60%) | 42 (40%) |
| Madrid | 97 (100%) | 0 (0%) |
| Ciudad de México | 85 (92%) | 7 (8%) |
| San Juan | 66 (69%) | 29 (31%) |
| Santiago | 81 (61%) | 51 (39%) |
| Sevilla | 28 (100%) | 0 (0%) |
| Total | 769 (74%) | 269 (26%) |

**Tabla 6.5** Distribución de *habían* según el rasgo [± humano] (De Mello 1994).

| Ciudad | [+humano] |
|---|---|
| Bogotá | 6/14 (43%) |
| Buenos Aires | 1/1 (100%) |
| Caracas | 9/11 (82%) |
| La Habana | 1/3 (33%) |
| La Paz | 9/30 (30%) |
| Lima | 6/24 (25%) |
| Madrid | 0 |
| Ciudad de México | 0 |
| San Juan | 10/20 (50%) |
| Santiago | 14/27 (52%) |
| Sevilla | 0 |

[+ humanos] suelen ser tópicos de la conversación, agentes y sujetos. De hecho, Silva Corvalán (1983: 119) señala: "definiteness and humanness correlate to topicality; that is to say, they are two of the features characteristic of the kind of referents that people tend to talk about (. . .) These referents are usually coded as the subject noun phrase." (El rasgo definido y [+humano] se correlaciona con la topicalidad; es decir, son dos de los rasgos característicos de los tipos de referentes de que la gente tiende a hablar (. . .) Estos referentes son usualmente codificados como frases nominales en función de sujeto). Los datos presentados por Bentivoglio y Sedano (1989: 73–74) sobre el español de Caracas muestran que un 67% de las frases nominales que codifican un referente [+humano] favorece la pluralización. De Mello (1994) presenta datos sobre el efecto del rasgo [± humano] en las muestras del habla culta de las 11 ciudades incluidas en su estudio para las formas del imperfecto pluralizadas (i.e. habían) las cuales fueron más numerosas que otras formas verbales (veamos la tabla 6.5).

De acuerdo con DeMello (1994) los datos obtenidos de las muestras del habla culta indican que las frases nominales que codifican referentes [+ humanos] favorecen la pluralización del verbo *haber* en Caracas, en Santiago de Chile y en San Juan. Sin embargo, el mismo efecto no se puede argumentar de acuerdo con los resultados en el resto de los dialectos. Se podrían especular varias cosas con respecto a estos resultados. En primer lugar, se observa que el número de casos en que el autor basa sus generalizaciones es limitado por lo cual habría que ampliar las muestras e incluir hablantes de diversos niveles socioeconómicos, puesto que estas muestras son de hablantes con niveles de educación alto y expuestos a las normas prescriptivas que se aprenden en la escuela. Si pudiéramos hacer generalizaciones, se podría pensar que quizá la pluralización esté condicionada por otros factores y que la naturaleza de los referentes no sea necesariamente el factor clave para la descripción de esta variación. Estos son asuntos que deben ser ampliados en futuras investigaciones.

El fenómeno de la pluralización también ha sido estudiado en España en la zona de Valencia donde Blas Arroyo (1995–1996) documenta que es muy común y lo atribuye al contacto con el catalán donde también la pluralización ocurre (e.g. *hi avien moltes flors* "habían muchas flores"). Los hallazgos de Blas Arroyo indican que la pluralización es común en Valencia y es aún más común en los niveles socioeconómicos bajos y en el grupo de hablantes mayores. Los hablantes cuya lengua materna es el catalán usan predominantemente las variantes pluralizadas (i.e. 83,4%). Es más los hablantes que emplean el catalán de manera habitual favorecen enormemente la pluralización en comparación con los hablantes que emplean más el español. Estos datos permiten concluir a Blas Arroyo que la situación de contacto es un factor que propicia la pluralización de *haber* en el español de la región.

## Para investigar y pensar:

Considera la argumentación de que los hablantes tratan el objeto en frases con *haber* como el sujeto. ¿Qué piensas que ocurre en el español de los aprendices? ¿Será posible que ellos hagan la misma cosa?

Si tuvieras que diseñar una investigación de la adquisición de *haber*. ¿Qué variables incorporarías? ¿Por qué? ¿Qué hipótesis plantearías?

*Preguntas de comprensión*
1. ¿Cómo se puede distinguir entre el presente perfecto y el pretérito? Incorpora una definición de *hodierno* en tu repuesta.
2. ¿Cómo se explica que el uso del presente perfecto en España sea un caso de gramaticalización?
3. ¿Qué factores contribuyen a la selección del presente perfecto en el habla de los españoles? ¿Y de los mexicanos?

4. ¿Por qué es importante señalar el resultado según el cual el aspecto léxico del verbo no fue seleccionado como significativo en el análisis?

5. Basándote en los resultados de Schwenter y Torres Cacoullos (2008), explica cómo el término de *forma preferente* se aplica al fenómeno de la variación entre el presente perfecto y el pretérito.

6. ¿Por qué hay pluralización de *haber*? Ofrece una explicación según factores lingüísticos.

7. ¿Cómo se relaciona el rasgo [± humano] con la pluralización de *haber*?

8. Según Blas-Arroyo (1995–96), ¿por qué es importante el contacto con el catalán en la pluralización de *haber* por hablantes en Valencia?

## Resumen

Este capítulo dedicado a la variación morfosintáctica presenta un modesto panorama de las investigaciones actuales que reflejan una diversidad de fenómenos tanto en España como en América. Hemos propuesto que una clasificación amplia que incluye los fenómenos más frecuentes documentados sería la siguiente: (1) aspectos relacionados con el modo, el tiempo y el aspecto de formas verbales (e.g. la alternancia en el uso del indicativo y el subjuntivo, la variación en el uso del futuro morfológico y perifrástico, entre otros); (2) la omisión o reducción de preposiciones (e.g. la variación en el uso de *pa~para*, la omisión de la preposición "a" en los acusativos de persona, etc.); (3) el uso de las formas pronominales (e.g. el leísmo, los objetos directos proposicionales, la expresión u omisión de sujetos pronominales, entre otros), (4) el uso de formas adverbiales (e.g. *aquí* vs. *acá*, *allí* vs. *allá*) y (5) otros fenómenos morfosintácticos más particulares (*ser* focalizador, pluralización de *haber*, (de)queísmo, etc.). Para finalizar, en esta última sección hemos incluido un análisis más detallado de las formas de tratamiento con particular énfasis en el uso del *vos*, una de las formas de tratamiento más empleadas y, a la vez, más ignoradas en la literatura sobre la lingüística hispánica. También incluimos análisis detallados de la variación entre las formas del pretérito y del presente perfecto, así como de la pluralización del verbo *haber*, de acuerdo con estudios recientes acerca de estos temas.

*Ejercicios*

DEFINICIONES. Utiliza los términos de la lista para completar los espacios en blanco de las definiciones correspondientes.

| | |
|---|---|
| Aktionsart | La regularización |
| La ambigüedad | La cláusula precópula |
| La familiaridad | La cláusula postcópula |
| La animacidad | La perífrasis |
| Leísmo | La forma preferente |

1. La variante que se produce en los contextos más frecuentes se llama _____.

2. Las oraciones pseudo-hendidas aparecen con el verbo *ser* e incluyen _____completa.

3.  El uso del pronombre de objeto indirecto en contextos del objeto directo es un fenómeno que se conoce como _____.

4.  Un concepto gramatical expresado por morfemas libres se denomina _____.

5.  Una manera de clasificar los verbos según su aspecto léxico (es un concepto que se incorpora en las investigaciones del pretérito y el presente perfecto) se llama _____.

6.  _____ se define como el proceso de aplicar una regla gramatical en contextos excepcionales.

7.  La distinción que indica la naturaleza humana de un referente en palabras como los sustantivos se conoce como: _____.

8.  _____ aparece en una frase con el fenómeno del *ser* focalizador y es la que lleva el énfasis.

9.  Cuando no se puede determinar el sujeto según la forma verbal, puede haber _____.

10. El nivel de confianza y conocimiento que uno tiene con su interlocutor se conoce como _____.

*Aplicación*

Escribe un ejemplo en español del fenómeno en el espacio en blanco.

1.  *Ser* focalizador

2.  Oración pseudo-hendida

3.  Leísmo

4.  Pluralización de haber

5.  Voseo/ustedeo/tuteo (con el mismo verbo)

6.  Cambio de referencia (con sujetos gramaticales)

7.  Uso del pretérito / el presente perfecto (con el mismo verbo)

*Términos importantes para estudiar y recordar*

| | |
|---|---|
| Leísmo | Ustedeo |
| *Ser* focalizador | Tuteo |
| Oraciones pseudo-hendidas | Pretérito perfecto |
| Pre-cópula | Presente perfecto |
| Ambigüedad de la forma verbal | Forma preferente |
| Cambio de referencia | Aktionsart |
| Formas de tratamiento | Regularización |
| Voseo | Animacidad |

## Glosario

**Leísmo:** el leísmo supone el uso de las formas de objeto indirecto *le* o *les* para expresar objetos directos (e.g. *Le* llamé ayer (a Luis)).

*Ser* **focalizador:** Sedano (1990: 13) emplea el término *ser focalizador* para referirse a cláusulas del tipo *Juan compró fue un libro* en las que la función del verbo *ser* es focalizar el constituyente que le sigue, en este caso *un libro*.

**Oraciones pseudo-hendidas:** Sedano (1990: 14) emplea el término *pseudo-hendidas* para referirse a las cláusulas del tipo *Lo que compró Juan fue un libro*. En este caso, también se focaliza la frase nominal *un libro* y la única diferencia estructural con las construcciones de *ser* focalizador es la presencia del relativo *lo que*.

**Pre-cópula:** el elemento pre-cópula es un término que se emplea para referirse a la cláusula principal que antecede el verbo *ser* en las construcciones con *ser* focalizador o pseudo-hendidas (e.g. *Juan compró* en la oración *Juan compró fue un libro*).

**Ambigüedad de la forma verbal:** cuando no se puede determinar el sujeto solamente por la forma verbal, por ejemplo *yo/ella cantaba*).

**Cambio de referencia:** el cambio de referencia implica la introducción de un nuevo sujeto en el enunciado. En la oración *Ella me empieza a hablar de algo y yo le sigo la corriente* (tomado de Bentivoglio 1987), se observa que la primera cláusula tiene como sujeto *ella* y luego en la segunda cláusula se introduce un nuevo sujeto *yo*.

**Formas de tratamiento:** se definen de manera muy general como aquellos términos que empleamos para dirigirnos a cualquier persona o personas con las cuales interactuamos en forma directa.

**Voseo:** forma de tratamiento de la segunda persona singular informal (e.g. *¿Vos qué decís?*)

**Ustedeo:** forma de tratamiento de la segunda persona singular formal (e.g. *¿Cómo está usted?*)

**Tuteo:** forma de tratamiento de la segunda persona singular informal (e.g. *¿Cómo estás tú?*)

**Pretérito perfecto:** acción completada en un punto en el pasado (e.g. *cantó*)

**Presente perfecto:** consiste en que una acción en el pasado se relaciona con el momento del habla (i.e. ahora, *ha cantado*).

**Forma preferente:** se define como aquella que se emplea en contextos frecuentes y menos específicos.

**Aktionsart:** se refiere al aspecto léxico de las formas verbales empleadas, divididas según las categorías de Vendler (1957) en *estados* (e.g. saber, creer, etc.), *actividades* (e.g. caminar, cantar, jugar), *realizaciones* (e.g. cantar una canción) y *logros* (e.g. despertarse, llegar).

**Regularización:** término sinónimo de *generalización*, el cual se define como un tipo de simplificación. Es decir, el verbo *haber* representaría una irregularidad dentro del paradigma de los verbos transitivos, debido a que tiene un solo argumento un lugar de dos. Esto hace que este verbo comparta características semejantes a los verbos intransitivos. En consecuencia los hablantes lo conceptualizan como tal y toman la frase nominal como sujeto.

**Animacidad:** es una distinción gramatical que indica la naturaleza humana de un referente en palabras como los sustantivos.

## Notas

1   Inclusive en Panamá, en una zona limitada del oeste del país se ha documentado el uso del voseo (Hoff 2011).
2   Estos pronombres vienen del español, francés, alemán e italiano respectivamente.

## Referencias bibliográficas citadas

Bayley, Robert, Norma L. Cárdenas, Belinda Treviño Schouten y Carlos Martin Vélez Salas. 2012. Spanish dialect contact in San Antonio, Texas: An exploratory study. En Kimberly Geeslin y Manuel Díaz-Campos (eds.), *Selected Proceedings of the 14th Hispanic Linguistics Symposium*, 48–60. Somerville, MA: Cascadilla Proceedings Project.

Bello, Andrés. 1972. *Gramática de la lengua castellana destinada al uso de los americanos*. Caracas: Ministerio de Educación.

Bentivoglio, Paola. 1987. *Los sujetos pronominales de primera persona en el habla de Caracas*. Caracas: Universidad Central de Venezuela.

Bentivoglio, Paola y Mercedes Sedano. 1989. Haber: ¿Un verbo impersonal? *Estudios sobre el español de América y lingüística afro-americana. Ponencias presentadas en el 45 congreso internacional de americanistas*. Bogotá: Instituto Caro y Cuervo.

Bentivoglio, Paola y Mercedes Sedano. 2011. Morpho-syntactic variation in Spanish speaking Latin America. En Manuel Díaz-Campos (ed.), *The handbook of Hispanic sociolinguistics*, 168–186. Oxford: Wiley-Blackwell.

Blas-Arroyo, José Luis. 1995–1996. La interferencia lingüística a debate: A propósito de un caso de convergencia gramatical por causación múltiple. *Cuadernos de investigación filológica* (XXI–XXII), 175–200.

Blas Arroyo, José Luis y Margarita Porcar Miralles. 1994. Empleo de las formas -ra y -se en las comunidades de habla castellonenses. *Español actual* 62, 73–98.

Brown, Roger. 1965. The basic dimensions of interpersonal relationship. *Social Psychology*, 51–100. Nueva York: The Free Press.

Brown, Roger y Albert Gilman. 1960. The pronouns of power and solidarity. En T.A. Sebeok (ed.), *Style in language*, 253–276. Cambridge, MA: MIT Press.

Cameron, Richard. 1992. Pronominal and null subject variation in Spanish: Constraints, dialects, and functional compensation. Tesis de doctorado. University of Pennsylvania.

Cameron, Richard. 1996. A community-based test of a linguistic hypothesis. *Language in Society* 25, 61–111.

Castillo-Trelles, Carolina. 2007. La pluralización del verbo *haber* impersonal en el español yucateco. En Jonathan Holmquist, Augusto Lorenzino y Lotfi Sayahi (eds.), *Selected Proceedings of the Third Workshop on Spanish Sociolinguistics*, 74–84. Somerville, MA: Cascadilla Proceedings Project.

D'Aquino, Giovanna. 2004. *Haber* impersonal en el habla de Caracas: Análisis sociolingüístico. *Boletín de lingüística* 21, 3–26.

De Mello, George. 1991. Pluralización del verbo *haber* impersonal en el español hablado culto de once ciudades. *Thesaurus* XLVI, 445–471.

De Mello, George. 1994. Pluralización del verbo *haber* impersonal en el español hablado culto. *Studia Neophilologica* 66, 77–91.

Díaz-Campos, Manuel. 2003. The pluralization of *haber* in Venezuelan Spanish: A sociolinguistic change in real time. *IU Working Papers in Linguistics* 03–05.

Flores-Ferrán, Nydia. 2004. Spanish subject personal pronoun use in New York City Puerto Ricans: Can we rest the case of English contact? *Language Variation and Change* 16, 49–73.

Freites, Francisco. 2008. Más sobre la pluralización de haber impersonal en Venezuela. El Estado Táchira. *Lingua Americana* 12.22, 36–57.

Gili Gaya, Samuel. 1979. *Curso de sintaxis superior española*. Barcelona: VOX.

Hoff, Mark. 2011. El voseo en los medios impresos de Buenos Aires. Tesis de honor. Indiana University.

Kany, Charles. 1945. *American Spanish syntax*. Chicago: University of Chicago Press.

Marcos Marín, Francisco (ed.). 1992. COREC: Corpus de Referencia de la Lengua Española Contemporánea: Corpus Oral Peninsular. Disponible en www.lllf.uam.es/~fmarcos/informes/corpus/corpusix.html (consultado el 23 de junio del 2013).

Newall, Gregory. 2012. Second person singular pronouns in Caleño Spanish: Use and regard. Tesis de doctorado. Indiana University.

Orozco, Rafael. 2004. A sociolinguistic study of Colombian Spanish in Colombia and New York City. Tesis de doctorado. New York University.

Páez Urdaneta, Iraset. 1981. *Historia y geografía hispanoamericana del voseo*. Caracas: Fundación La Casa de Bello.

Reig, Asela. 2008. Cross-dialectal variability in propositional anaphora: A quantitative and pragmatic study of null objects in Mexican and Peninsular Spanish. Tesis de doctorado. Ohio State University.

Schwenter, Scott A. 1993. Diferenciación dialectal por medio de pronombres: Una comparación del uso de *tú* y *usted* en España y México. *Nueva Revista de Filología Hispánica* 41.1, 127–149.

Schwenter, Scott. 2011. Variationist approaches to Spanish morphosyntax: Internal and external factors. En Manuel Díaz-Campos (ed.), *The handbook of Hispanic sociolinguistics*, 123–147. Oxford: Wiley-Blackwell.

Schwenter, Scott A. y Rena Torres Cacoullos. 2008. Defaults and indeterminacy in temporal grammaticalization: The "perfect" road to perfective. *Language Variation and Change* 20, 1–39.

Sedano, Mercedes. 1990. *Hendidas y otras construcciones con ser en el habla de Caracas*. Caracas: Universidad Central de Venezuela.

Sedano, Mercedes. 1994. Evaluation of two hypotheses about the alternation between *aquí* and *acá* in a corpus of present-day Spanish. *Language Variation and Change* 6, 223–237.

Sedano, Mercedes. 1999. ¿Ahí o allí? Un estudio sociolingüístico. En María José Serrano (ed.), *Estudios de variación sintáctica*, 51–63. Frankfurt: Vervuert-Iberoamericana.

Serrano, María José. 2011. Morpho-syntactic variation in Spain. En Manuel Díaz-Campos (ed.), *The handbook of Hispanic sociolinguistics*, 187–204. Oxford: Wiley-Blackwell.

Silva-Corvalán, Carmen. 1983. On the interaction of word order and intonation: Some OV constructions in Spanish. En Flora Klein (ed.), *Discourse perspectives on syntax*, 117–140. New York: Academic Press.

Silva-Corvalán, Carmen. 1984. The social profile of a syntactic-semantic variable: Three verb forms in old Castile. *Hispania* 67.4, 594–601.

Silva-Corvalán, Carmen. 2001. *Sociolingüística y pragmática del español*. Washington, DC: Georgetown University Press.

Torres-Cacoullos, Rena. 1999. Variation and gramaticalization in progressives, Spanish -*ndo* Constructions. *Status in Language* 23, 25–59.

Torres-Cacoullos, Rena. 2011. Variation and gramaticalization. En Manuel Díaz-Campos (ed.), *The handbook of Hispanic sociolinguistics*, 148–167. Oxford: Wiley-Blackwell.

Uber, Diane. 2011. Forms of address: The effect of the context. En Manuel Díaz-Campos (ed.), *The handbook of Hispanic sociolinguistics*, 244–262. Oxford: Wiley-Blackwell.

Vendler, Zeno. 1957. Verbs and times. *The Philosophical Review* 66.2, 143–160.

# Capítulo 7

# Lenguas en contacto

En este capítulo nos encargaremos de estudiar situaciones en las que el español convive con otras lenguas en los países donde el español es el idioma oficial, así como en otras regiones donde se considera una lengua minoritaria. El término **contacto** se emplea para reflejar que dos o más lenguas se hablan en ámbitos geográfica y socialmente cercanos, ya sea porque se trata de poblaciones fronterizas (e.g. el español y el inglés en los estados fronterizos entre México y los Estados Unidos, como el caso de Texas, Nuevo México y California) o de procesos inmigratorios que generan la presencia de grupos que hablan lenguas diferentes en una nueva región. Las situaciones de contacto son generalmente muy productivas para el estudio de comunidades bilingües o multilingües en cuanto a fenómenos de variación y cambio como el uso de extensiones semánticas, préstamos lingüísticos, fenómenos morfosintácticos y fonológicos motivados por el contacto, así como la alternancia de códigos. El español ha adquirido importancia a escala mundial debido a que es una lengua hablada por aproximadamente 450 millones de personas y es la lengua oficial de por lo menos 20 países y el estado libre asociado de Puerto Rico. De manera muy general, podemos afirmar que el español se encuentra en contacto con el quechua en países como Ecuador, Bolivia y Perú; el guaraní en Paraguay; el portugués en las fronteras de Brasil con Venezuela, Colombia, Perú, Bolivia, Paraguay, Argentina y Paraguay y en la frontera de España con Portugal; el catalán, el vasco y el gallego en España; el criollo haitiano en la frontera de Haití con la República Dominicana; y el árabe en la zona del norte de África y el sur de España. Obviamente, en América Latina hay una serie de lenguas indígenas que no hemos mencionado como el maya, el náhuatl, etc. que también se encuentran en contacto con el español. Sería imposible revisar todos los casos relevantes para presentar un panorama exhaustivo. El objetivo de este capítulo es mucho más modesto y de carácter introductorio. Haremos mayor

*Introducción a la Sociolingüística Hispánica*, First Edition. Manuel Díaz-Campos.
© 2014 John Wiley & Sons, Inc. Published 2014 by John Wiley & Sons, Inc.

énfasis en las variedades afro-caribeñas de español en las cuales las teorías de contacto han prestado atención debido a la influencia de las lenguas africanas y las condiciones que explican su origen.

En resumen, el presente capítulo examina parcialmente las condiciones socio-históricas que originan el contacto del español con lenguas aborígenes de América y, durante el período colonial, con las lenguas que la población africana trajo al nuevo mundo. La sección 7.2 trata de algunas de las influencias africanas en el español de América. Las secciones 7.3 y 7.4 presentan información sobre los orígenes criollos de ciertas variedades afroamericanas y, particularmente, se hace mayor énfasis en variedades como el palenquero de Colombia y el español bozal de Cuba. El capítulo se estructura de la siguiente forma:

- Condiciones socio-históricas de contacto lingüístico en América Latina
- Influencias africanas en el español de América
- Orígenes criollos de ciertas variedades afro-americanas del español
- El palenquero y el español bozal

## 7.1   Condiciones socio-históricas de contacto lingüístico en América Latina

La llegada al suelo americano de una expedición europea al mando de Cristóbal Colón y apoyada por los reyes católicos de España (i.e. Fernando II de Aragón e Isabel I de Castilla) el 12 de octubre de 1492 marca el inicio de una serie de transformaciones culturales y sociales en América Latina. Uno de los efectos fue el proceso de expansión territorial de Europa en América y el asentamiento de población europea y de actividades de toda naturaleza: económica, social, política y cultural. Ésta es la semilla del contacto lingüístico y cultural que se desarrolló en la región americana. En la introducción hemos señalado que existía una gran diversidad de culturas aborígenes que coexistían en la región. El *Atlas Sociolingüístico de los Pueblos Indígenas en América Latina* (2009) (ASPIAL) documenta que hoy en día existen alrededor de 665 comunidades y 557 lenguas indígenas habladas en la actualidad. Destacan por su presencia e influencia cultural el náhuatl en México; el maya en México, Guatemala y Belice; el quechua en Ecuador, Perú y Bolivia; el aymara en Bolivia, el sur de Perú y ciertas regiones del norte de Argentina y Chile; el guaraní hablado mayoritariamente en Paraguay; y el mapuche hablado en partes de Chile y Argentina. Veamos el porcentaje de población indígena según la región geográfica a la que pertenece dicha población según el ASPIAL (2009: 67).

La tabla 7.2 muestra la población indígena y sus pueblos por país en América Latina y el Caribe. Estas cifras también provienen del ASPIAL (2009: 68). Los datos de las tablas 7.1 y 7.2 muestran la gran diversidad de las comunidades indígenas en América Latina y el Caribe. La cantidad de pueblos y el total de la población calculado en los censos oficiales nos dan una idea de que Latinoamérica es una región multilingüística. El ASPIAL (2009) caracteriza la situación lingüística de América Latina y el Caribe como compleja y rica. Según el ASPIAL en promedio

**Tabla 7.1**  El porcentaje de población indígena según la región geográfica.

| *Más del 60%* | *59–20%* | *19–10%* | *9–6%* | *5–3%* | *2% o menos* |
|---|---|---|---|---|---|
| Bolivia | Guatemala | Belice | Honduras | Colombia | Argentina |
| | | Guyana | Nicaragua | Chile | Brasil |
| | | México | | Ecuador | Costa Rica |
| | | Panamá | | Uruguay | El Salvador |
| | | Perú | | Venezuela | Guyana Fran. |
| | | | | | *Paraguay |
| | | | | | Surinam |

*Estas cifras reflejan datos oficiales donde los hablantes de guaraní no se clasifican como población indígena.[1]

**Tabla 7.2**  Población indígena y pueblos indígenas por país en América Latina y el Caribe.

| *País* | *Población total* | *Pueblos indígenas* | *Población indígena* | *% Población indígena* |
|---|---|---|---|---|
| Antigua y Barbuda (2005) | 81.479 | 1? | 258 | 0,3 |
| Argentina (2001) | 36.260.160 | 30 | 600.329 | 1,6 |
| Belice (2000) | 232.111 | 4 | 38.562 | 16,6 |
| Bolivia (2001) | 8.090.732 | 36 | 5.358.107 | 66,2 |
| Brasil (2000) | 169.872.856 | 241 | 734.127 | 0,4 |
| Colombia (2005) | 41.468.384 | 83 | 1.392.623 | 3,3 |
| Costa Rica (2000) | 3.810.179 | 8 | 65.548 | 1,7 |
| Chile (2002) | 15.116.435 | 9 | 692.192 | 4,6 |
| Dominica (2005) | 78.940 | 1? | 2.099 | 2,6 |
| Ecuador (2001) | 12.156.608 | 12 | 830.418 | 6,8 |
| El Salvador (2007) | 5.744.113 | 3 | 13.310 | 0,2 |
| Guatemala (2002) | 11.237.196 | 24 | 4.487.026 | 39,9 |
| Guyana (2001) | 751.223 | 9 | 68.819 | 9,1 |
| Guyana Francesa (1999) | 201.996 | 6 | 3.900 | 1,9 |
| Honduras (2001) | 6.076.885 | 7 | 440.313 | 7,2 |
| México (2000) | 100.638.078 | 67 | 9.504.184 | 9,4 |
| Nicaragua (2005) | 5.142.098 | 9 | 292.244 | 5,7 |
| Panamá (2000) | 2.839.177 | 8 | 285.231 | 10 |
| Paraguay (2002) | 5.163.198 | 20 | 108.308 | 2,0 |
| Perú (2008) | 28.220.764 | 43 | 3.919.314 | 13,9 |
| Santa Lucía (2005) | 160.750 | 1? | 775 | 0,4 |
| Surinam (2006) | 436.935 | 5 | 6.601 | 1,5 |
| Trinidad y Tobago (2000) | 1.114.772 | 1? | 1.972? | 1,7 |
| Uruguay (2004) | 3.241.003 | 0 | 115.118 | 3,5 |
| Venezuela (2001) | 23.054.210 | 37 | 534.816 | 2,3 |
| Total | 481.190.282 | 665 | 29.496.894 | 6,1 |

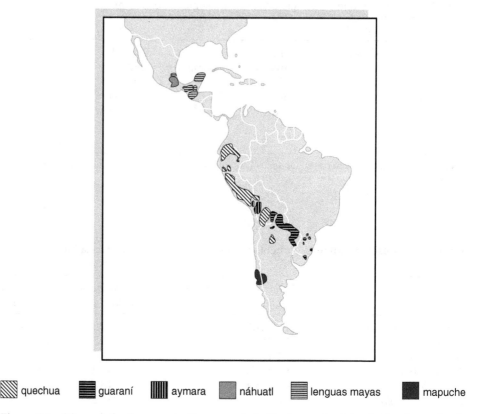

quechua    guaraní    aymara    náhuatl    lenguas mayas    mapuche

**Figura 7.1**   Mapa de las lenguas indígenas más habladas en América Latina (tomado de http://www.ucm.es/info/especulo/numero45/lengin_e.gif).

el mínimo número de lenguas habladas por país es de una a cinco (El Salvador, Belice y Surinam), mientras que el máximo número oscila entre 160 a 186 (Brasil). Otro dato interesante es que la región latinoamericana contribuye entre un 7% a 11% en cuanto a la diversidad lingüística mundial. Sin tomar en cuenta el número de lenguas que están desapareciendo y las imprecisiones de las cifras oficiales, esta información nos da un panorama de la situación de las lenguas y pueblos indígenas en América.

Lipski (2005: 79) destaca la influencia que las lenguas indígenas tuvieron en el léxico, desde un primer momento, en la lengua española debido a la necesidad de nombrar nuevas realidades que no existían en el mundo europeo. Lipski señala que algunos términos originados en las lenguas aborígenes de la región Caribeña se extendieron en su uso en otras regiones de América y Europa. Particularmente, Lipski (2005: 79) menciona palabras como *ají, hamaca, huracán, canoa, maíz*; las cuales pasaron a formar parte del léxico del español. Este autor también destaca el hecho de que escritores españoles célebres como Cervantes, Lope de Vega, Quevedo, entre otros emplearon un léxico aborigen en sus obras, lo cual contribuyó a presentar estos términos a una población más amplia en Europa.

A propósito del uso de términos indígenas, Moreno de Alba (2009) documenta el uso de palabras tales como *cacao, caimán, bejuco, huracán, caribe* y *chacona* en la obra de Cervantes. Los términos son empleados en diversas obras tal como el caso de *cacao* que aparece empleado en *La Gitanilla* en la expresión *no valer un cacao*. Los términos *caimán* y *caribe* aparecen en la obra *Entremés del rufián viudo llamado Trampagos*: "Fuera yo un Polifemo, un antropófago, un troglodita, un bárbaro Zoílo, un caimán, un Caribe, un comevivos, si de otra suerte me adornara, en tiempo de tamaña desgracia" (cita tomada de Moreno de Alba 2009: 4). Inclusive, en el *Quijote*, Cervantes emplea términos como *cacique*, tal como se ve en el siguiente ejemplo: "Estoy yo ahora reventando de pena por ver mi sayo verde roto, y vienen a pedirme que me azote de mi voluntad, estando ella tan ajena dello como yo de volverme *cacique*" (cita tomada de Moreno de Alba 2009: 5). Otro ejemplo de la introducción de palabras aborígenes, según Lipski (2005), es el uso de topónimos locales acompañados de nombres religiosos del español como Santiago de León de Caracas, San Fernando de Atabapo, San Francisco de Yares, Santa Fé de Bogotá, entre muchos otros ejemplos. Asimismo, se nota la presencia de topónimos indígenas en nombres como Chuao, Tucupita y Quisqueya.

La influencia de las lenguas indígenas en relación con la fonología, la morfosintaxis y otros aspectos del español americano no han recibido la misma atención hasta muy recientemente. De hecho, Lipski (2005) indica que, en ciertas zonas (e.g. el Caribe) la influencia aborigen desparece de manera temprana por el proceso de extinción de la población local. En otras áreas como los países andinos, México y Paraguay, por el contrario, la existencia de un bilingüismo prolongado apunta a la influencia de las lenguas indígenas en las variedades de español que se hablan en esos lugares. Es más, también es posible observar la influencia del español en las lenguas aborígenes. En el caso de la zona andina, Escobar (2011) indica que los colonos españoles emplearon el quechua como lengua franca con el objeto de imponerse políticamente y con fines de evangelizar a la población. De acuerdo con el *Atlas Sociolingüístico de los Pueblos Indígenas en América Latina* (2009: 28): "los conquistadores se sirvieron de las lenguas ancestrales, sobre todo de aquellas más difundidas. Así el náhuatl en Mesoamérica, el quechua y el aymara en los Andes y el guaraní en el oriente sudamericano se convertirían en lenguas generales a las cuales se tradujeron catecismos, devocionarios y confesionarios con los cuales se buscó evangelizar (. . .)" Se documenta el uso del quechua en la educación formal para la población noble de origen indígena y la planificación lingüística que implicaba el uso del quechua con fines evangelizadores, de gobierno y educativo. El ASPIAL (2009: 28) señala a este respecto: "También se instauró una cátedra de quechua, que primero funcionó, en 1551, en la Catedral de Lima, y después en la hoy Universidad Mayor de San Marcos, desde 1579, se preparaba allí a los clérigos como hablantes fluidos de la lengua inca, capaces de hacer de ella un idioma en el cual se pudiese también presentar los misterios de la fe y convencer a los naturales de la necesidad y de su derecho a la cristiandad". Éste parece haber sido un esquema predominante en las áreas donde había gran presencia indígena.

Lipski (2005: 82) explica que la falta de documentación acerca de la influencia de las lenguas indígenas en el español americano se podría deber a razones sociolingüísticas. Los hablantes de español como segunda lengua no ocupaban posiciones altas en la rígida jerarquía de la colonia, lo cual les habría permitido que su variedad de lengua se convirtiera en la norma. Asimismo, Lipski argumenta que la creación de una nueva norma basada en las variedades vernáculas supone el abandono de normas prescriptivas y la influencia demográfica de los grupos bilingües en la comunidad en cuanto a su influencia social y número de hablantes. Aunque estas condiciones descritas por Lipski no fueron necesariamente predominantes, la influencia de las lenguas indígenas fue propiciada por los grupos mestizos que sí adquirieron posiciones sociales de mayor influencia y contacto con los grupos monolingües dominantes. Adicionalmente, Lipski (2005) señala otras condiciones que podrían favorecer el desarrollo de las influencias indígenas. Entre ellas se mencionan los procesos de revolución social en los que grupos antes marginados pasan a ocupar posiciones de prominencia social; y el papel de la mujer indígena y de los hogares mixtos en la propagación de rasgos lingüísticos aborígenes en las regiones americanas con gran presencia indígena.

*Preguntas de comprensión*
1. Haz una lista de zonas en las cuales el español está en contacto con el portugués, el quechua, el guaraní y el criollo haitiano.
2. Explica por qué se puede considerar América Latina y el Caribe como zonas de notable diversidad lingüística.
3. ¿Cuáles son dos ejemplos de la influencia de las lenguas aborígenes en el español?

## Para investigar y pensar:

¿Cuántos hablantes bilingües se calcula que hay en Perú? ¿Cuáles son las lenguas indígenas coexisten con el español? ¿Qué préstamos lingüísticos de las lenguas indígenas son comunes en el español peruano contemporáneo?

### El bilingüismo en Paraguay

En cuanto a las condiciones que favorecen la influencia de las lenguas indígenas en el español de América, hemos visto que algunos factores importantes son: la situación de contacto prolongada, los cambios sociales, el papel de la mujer y de los grupos mestizos. Fontanella de Weinberg (1976), por ejemplo, refiere al caso de Paraguay donde el bilingüismo español-guaraní se ha mantenido de manera estable y alcanza el 50% de la población. Fontanella de Weinberg señala que en estudios previos se ha indicado que el uso del español se prefiere en las situaciones formales, mientras que el guaraní se reserva para las situaciones informales. En un trabajo más reciente, Gynan (2011) reporta que en el censo del 2002 el 59,2% de los hogares paraguayos se auto-clasifican como dominantes en guaraní y el 35,7% dominante en español. La oficialización del guaraní en 1992 también ha contribuido a la creación de programas bilingües en los que el objetivo es el mantenimiento del guaraní. Entre los rasgos lingüísticos de contacto que documenta Gynan (2011: 360) en su investigación se encuentran los siguientes:

*Rasgos fonológicos*
Empleo del sonido oclusivo glotal sordo

(1)  [sus.ʔí.hos] en lugar de [su.sí.hos] *sus hijos*

Epéntesis vocálica

(2)  [ku.ru.sé.ta] en lugar de [kɾu.sé.ta] *cruceta*

Apócope

(3)  [bjéne] en lugar de [bjénen] *vienen*

Si bien ésta no es una lista completa de fenómenos, nos indica algunas de las tendencias encontradas. El uso del sonido oclusivo glotal sordo podría considerarse como un fenómeno de fortición que ocurre al inicio de la sílaba. La **epéntesis vocálica** en (2) separa al grupo consonántico [kɾ], formando dos sílabas diferentes [ku] y [ɾu] a través de la inserción de la vocal [u]. El **apócope** omite la consonante final [n] en la palabra *vienen*, lo cual crea una sílaba sin coda [ne] en la palabra [bjé-ne]. Pareciera que los tres fenómenos se relacionan con la estructura silábica debido a que se observa que la inserción de material fonológico favorece sílabas del tipo consonante vocal (CV). Entre los rasgos morfosintácticos que caracterizan al español paraguayo, Gynan (2011) documenta los siguientes:

*Rasgos morfológicos*
La omisión del objeto directo

(4)  *Trajo la bandeja y Ø puso en la mesa* en lugar de *Trajo la bandeja y la puso en la mesa.*

Doble negación

(5)  *Nadie no vino* en lugar de *Nadie vino.*

Uso de artículos con posesivos

(6)  *Un mi hermano vive en Asunción* en lugar de *Mi hermano vive en Asunción.*

Usos nuevos de ciertas preposiciones

(7)  *Voy en el mercado* en lugar de *Voy al mercado.*

De acuerdo con las explicaciones de Gynan (2011), investigaciones previas han evaluado la posibilidad de que el uso de artículos con posesivos (6) y la doble negación (5) tengan relación con la influencia del guaraní. En el caso de los otros fenómenos no se ha encontrado suficiente evidencia para proponer conclusiones acerca de la influencia directa del guaraní. Hay varios elementos que se deben tener en cuenta para determinar el origen de los fenómenos estudiados. En primer lugar, se deben conocer los rasgos que caracterizan la variedad monolingüe que se habla en Paraguay y las condiciones socio-históricas que originan la situación de contacto. En segundo lugar, hay que conocer las características lingüísticas del guaraní para poder determinar posibles influencias. La situación de contacto debe ser fluida entre los hablantes para que se den las condiciones que impulsen el avance de la variación y el cambio. La fuente de los fenómenos que se encuentran en el habla bilingüe no necesariamente viene de la lengua materna, también es posible que se den fenómenos que son típicos de los hablantes de segunda lengua en el proceso de adquisición.

*Preguntas de comprensión*
1.  ¿Cuál es la situación de prestigio/estigma del guaraní en Paraguay?
2.  En tus propias palabras, explica la condición necesaria para que exista la variación y el cambio en una situación de bilingüismo.

## Para investigar y pensar:

Cuando escuchas a hablantes no nativos de inglés, ¿qué tipo de influencias puedes identificar en la pronunciación o en la morfosintaxis? Piensa en un par de ejemplos concretos, identifica la lengua nativa del hablante en tus ejemplos y propón una explicación que justifique la existencia de tales fenómenos.

## El bilingüismo en los Andes

El español en la zona andina es otro ejemplo importante de una situación de contacto prolongado y de población bilingüe estable. Ya hemos mencionado que durante la época colonial el quechua era empleado como instrumento de intercambio y evangelización, y que la población indígena aprendió español por razones instrumentales. A pesar de que hubo leyes que limitaron el uso del quechua hacia el siglo XVII (Escobar 2011: 325), los grupos de españoles en el ámbito administrativo continuaron usándolo como medio de intercambio. Las leyes que restringían el uso del quechua tenían como objetivo garantizar la hispanización de la población local y así lograr la lealtad hacia la corona española. También es cierto que los grupos indígenas bilingües en los estratos bajos de la sociedad servían de conexión entre los grupos monolingües de la sociedad. En tiempos más recientes, Fontanella de Weinberg indica que para 1960 la población de hablantes de lenguas indígenas alcanzaba el 40%, lo cual revela una tasa alta de mantenimiento de las lenguas patrimoniales en la zona andina. Un avance desde el punto de vista legal es el reconocimiento de las lenguas indígenas en las constituciones de países como Perú (1993), Ecuador (2008), Bolivia (2009) y Colombia (1991). Estos cambios sociales, que tratan de incorporar la diversidad étnica de los países latinoamericanos, han significado la participación de grupos indígenas y bilingües en áreas tales como la educación, el gobierno y el comercio (Escobar 2011: 327). La Ley general de derechos y políticas lingüísticas (2009) en Bolivia establece el reconocimiento pleno de las lenguas indígenas del país y su implantación en las diversas áreas administrativas del gobierno. Sin embargo, la participación equilibrada del quechua y el español en la vida de los países de la región andina no es perfecta debido a que el español sigue gozando de mayor prestigio y es la lengua empleada en la mayoría de las instituciones sociales. Escobar (2011) documenta algunos de los rasgos que se pueden atribuir a hablantes de español cuya lengua materna es el quechua.

*Rasgos fonológicos*
  Alzamiento vocálico

(8)  a.  [pilúta] en lugar de [pelóta] *pelota*
     b.  [ʧíku] en lugar de [ʧíko] *chico*

  Reducción de vocales

(9)  [kafsíto] en lugar de [kafesíto] *cafecito*

*Rasgos morfosintácticos*
  Omisión de artículos

(10)  Escribe Ø carta

  Omisión de preposiciones

(11)  La casa Ø ingeniero

  Falta de concordancia sustantivo-adjetivo

(12)  La escuela *nocturno*

  Regularización morfológica

(13)  *Ponieron* en lugar de *pusieron*

El rasgo fonológico que destaca Escobar (2011) lo podemos ver en (8a) y (8b). Este fenómeno que se denomina *alzamiento vocálico* se puede atribuir al hecho de que el quechua tiene un sistema vocálico más simple que el español con tres segmentos /a, i, u/. De manera que la producción de /e/ como /i/ y de /o/ como /u/ se debe a la influencia del quechua en la variedad de español de estos hablantes bilingües. Un fenómeno que se ha mencionado como característico del español andino es la reducción vocálica en sílabas átonas (e.g. [kafsíto] en lugar de [kafesíto] *cafecito*). Según plantea Lipski (2011: 83) es un fenómeno que parece estar condicionado por la presencia de /s/ en el entorno fonético de la vocal átona. En cuanto a los rasgos morfosintácticos, Escobar argumenta que se trata de procesos típicos de cualquier hablante de una segunda lengua como las omisiones y regularizaciones.

## El bilingüismo en México

Un tercer ejemplo de una situación de contacto prolongada es la que se presenta en México, donde la presencia indígena fue y sigue siendo muy importante. Hay que recordar que en lo que hoy es México se desarrolló la cultura azteca, la más floreciente en esa área antes de la llegada de los españoles. La ciudad más importante del imperio azteca era Tenochtitlán, la cual los colonos españoles describían en sus crónicas de América como la ciudad más organizada y grande en comparación con las ciudades europeas de la época. Según Klee y Lynch (2009: 116), en el territorio que hoy conocemos como México, se hablaban más de 80 lenguas o variedades de lengua. Klee y Lynch también apuntan el hecho de que la lengua que se usaba predominantemente en el imperio azteca era el náhuatl. Según estos autores, a pesar de la política de imposición del español como lengua única, las lenguas indígenas se mantuvieron vivas en sus comunidades de habla. Según Klee and Lynch (2009), las razones por las cuales se mantuvieron las lenguas indígenas, a pesar de la política de imposición del castellano por la corona española, incluyen: (1) la escasa población española en comparación con la población nativa, (2) la diversidad de lenguas habladas en los territorios de la Nueva España, (3) la concentración de los españoles en ciertas áreas y (4) la falta de interacción directa con las poblaciones indígenas.

Al igual que hemos comentado para la región andina, la iglesia adoptó la lengua indígena mayoritaria para realizar labores de evangelización, por lo cual los sacerdotes y otros religiosos estudiaron y aprendieron náhuatl durante la época colonial. Klee y Lynch (2009: 7) señalan que este hecho ocasionó que la lengua náhuatl extendiera su ámbito de uso más allá de sus fronteras tradicionales. La tolerancia relativa a las culturas y lenguas indígenas durante la colonia se puede apreciar en el Concilio de Trento, según el cual la corona española adoptó una posición más moderada sin abandonar la imposición del castellano y la evangelización de la población aborigen (ASPIAL 2009). El náhuatl se convirtió en una lengua franca empleada por los españoles para la comunicación con los nativos (Lipski 2005). Según Lipski (2005) no sólo los religiosos empleaban el náhuatl, sino también autoridades civiles y militares. Existe una serie de gramáticas de náhuatl escritas durante el período colonial que indican la importancia y el interés que esta lengua tuvo para los colonos españoles (Lipski 2005). Por el contrario, la lengua maya nunca obtuvo de parte de los colonos españoles la misma atención, por lo cual se deduce que no tuvo la misma importancia que el náhuatl. Desde la independencia de México de España, las lenguas indígenas han experimentado un proceso de extinción lenta en favor del español. El *Primer Congreso Indigenista Interamericano* de 1940 realizado en Pátzcuaro, México inició una discusión sobre los problemas y necesidades de las poblaciones indígenas mexicanas y de América Latina (ASPIAL 2009). Los países que suscribieron los convenios realizados en este congreso para la época fueron Bolivia, Costa Rica, Cuba, El Salvador, los Estados Unidos, Honduras, México y Perú. Esta iniciativa marca el inicio de la inclusión de las poblaciones indígenas en las decisiones que los afectan, incluyendo aspectos de tipo lingüístico y educativo.

La literatura previa en relación con las influencias que se pueden identificar de la lengua náhuatl en el español mexicano contemporáneo son diversas y poco consistentes (e.g. Lipski 2005; Klee y Lynch 2009). Lipski explica que no se puede encontrar evidencia de una variedad de segunda lengua hablada por la población bilingüe durante la colonia en la que se pudieran ver ejemplos claros de influencia náhuatl. Sin embargo, tomando como base los trabajos de Lope Blanch (1967) y de otros estudiosos del español de México, Klee y Lynch (2009: 119–221) mencionan los siguientes rasgos:

*Rasgos fonéticos*
La presencia de un sonido palatal, fricativo, sordo

(14)   [miʃʃóte]   *mixiote*

La presencia de un sonido dentoalveolar, africado sordo

(15)   [ketsalkóatl]   *Quetzalcóatl*

La articulación aspirada de grupo consonántico t + l

(16)   [náualtl]   *náhualtl*

La producción de una vibrante múltiple en posición final de sílaba

(17)   [komér]   *comer*

La elisión o debilitamiento de vocales

(18)   [fósfro]   *fósforo* [kampsínos:]   *campesinos*

La articulación tensa y alargada de la /s/ en posición final

(19)   [kampsínos]   *campesinos*

*Rasgos morfosintácticos*
Uso de la pluralización posesiva por transferencia del náhuatl

(20)   *Sus casa* en lugar de *la casa de ellos*

Uso redundante de *lo*

(21)   ¿No *lo* vieron *mi llave*? En lugar de ¿No vieron *mi llave*?

Los tres primeros rasgos fonéticos (i.e. la presencia de un sonido palatal, fricativo, sordo; la presencia de un sonido dentoalveolar, africado sordo; la articulación aspirada de grupo consonántico *t* + *l*) se observan en ejemplos de palabras de origen náhuatl por lo cual se deduce la influencia directa. Según explican Klee y Lynch, estos fenómenos parecen estar limitados a préstamos léxicos y no se ha extendido el uso de estos segmentos mayoritariamente. En relación con los otros tres fenómenos mencionados (i.e. la producción de una vibrante múltiple en posición final de sílaba, la elisión o debilitamiento de vocales, la articulación tensa y alargada de la /s/ en posición final) se ha dicho que posiblemente se deban a una influencia del náhuatl. Sin embargo, hay evidencia contradictoria que parece no apoyar la posible influencia náhuatl. Por ejemplo, el trabajo de Lope Blanch, según explican Klee y Lynch (2009: 120), señala que muchas de las lenguas indígenas habladas en México (incluyendo el náhuatl) no tienen un segmento vibrante múltiple. En cuanto al debilitamiento de vocales y la articulación de la /s/, se han identificado hipótesis alternativas. El debilitamiento de vocales se observa en otras variedades del español (e.g. el español andino) por lo cual la influencia náhuatl no parece ser la única hipótesis para explicar la ocurrencia de este fenómeno. En cuanto a la producción alargada de la /s/, Klee y Lynch explican que se ha propuesto que se podría deber a una influencia proveniente de la producción del grupo /tl/. Sin embargo, no hay suficiente evidencia para ofrecer conclusiones al respecto.

En cuanto a los fenómenos morfosintácticos (i.e. uso de la pluralización posesiva por transferencia del náhuatl, uso redundante de *lo*), Klee y Lynch explican que en la literatura sobre el tema se ha explicado que ambos se deben a la transferencia directa del náhuatl al español. Es decir, que los hablantes usan estructuras sintácticas del náhuatl para expresar la posesión y la transitividad en los casos ejemplificados anteriormente. En el caso del pronombre *lo*, nótese que se refiere a forma del masculino singular (*lo*) en lugar de la femenina singular (*la*), la cual se correspondería con el referente codificado por la frase nominal *mi llave*.

En el caso del vocabulario observamos una serie de términos que provienen del náhuatl que se emplean en el español contemporáneo: *aguacate, cacahuate/cacahuete, camote, canica, chapulín, chayote, chicle, chile, chipotle, chocolate, coyote, cuate, elote, escuincle, guacamole, guajolote, hule, jacal, jícara, jitomate, macana, mecate, mole, nopal, papalote, petaca, popote, quetzal, tamal, tiza, tomate, zapote,* entre muchas otras palabras.

En resumen, el contacto del español con las lenguas indígenas en América Latina es de amplio alcance debido al número de lenguas que se hablan en la región y debido también a la larga historia de contacto entre comunidades bilingües y monolingües. Nos hemos concentrado en tres ejemplos de contacto al mencionar lenguas con un número importante de hablantes y presencia en sus respectivas regiones: el quechua en los Andes, el guaraní principalmente en Paraguay y el náhuatl en México. Hemos visto una lista incompleta de ejemplos que sirven para dar ideas generales sobre los fenómenos de contacto que se han documentado y a partir de los cuales los estudiantes pueden investigar y explorar sus intereses en caso de que deseen aprender acerca de la situación de contacto del español con otras lenguas.

*Preguntas de comprensión*

1. ¿Cómo se pudieron mantener las lenguas indígenas por tanto tiempo a pesar de la colonización?
2. ¿Con qué propósito fue utilizada la lengua náhuatl?
3. ¿Qué se entiende por el Concilio de Trento? ¿Qué influencia tuvo en cuanto a la enseñanza de las lenguas indígenas?

## Para investigar y pensar:

Según la situación actual de los hablantes bilingües en América Latina, ¿es posible pensar en la desaparición de las lenguas indígenas? ¿Cómo se podría prevenir esta situación? ¿Se ha experimentado una desaparición de lenguas indígenas en otros países americanos no hispanohablantes? ¿A qué piensas que se debe esta desaparición?

## Influencias africanas en el español de América

La influencia de las lenguas africanas en la formación del español de América es otro de los elementos fundamentales que se pueden incluir dentro de la situación de contacto del español con otras lenguas en el período colonial. La presencia africana ha dejado una huella lingüística en las variedades vernáculas en países como Cuba, Puerto Rico, la República Dominicana, las zonas costeras de Colombia y Venezuela, así como en las costas caribeñas de Honduras, Nicaragua, Costa Rica, Panamá y la costa pacífica del Perú y Ecuador (véase Perl 1998).

Una serie de investigadores (véase por ejemplo Perl y Schwegler 1998; McWhorter 2000; Lipski 2005; Díaz-Campos y Clements 2008; Klee y Lynch 2009, entre muchos otros) han aportado datos acerca de la estructura de la sociedad colonial, la composición de la población en términos de grupos étnicos y las actividades económicas influyentes como el desarrollo de los sistemas de plantación, las pequeñas haciendas y otros aspectos de la sociedad colonial. Cálculos presentados por Collier, Skidmore y Blakemore (1992) indican que aproximadamente entre nueve millones y medio a diez millones de africanos fueron trasladados y forzados a trabajar en condiciones de esclavitud durante la colonización de América y el Caribe. Existen ciertas contradicciones e inconsistencias en cuanto a cifras específicas, pero los números que se reportan en este capítulo sirven para darse una idea aproximada del impacto que tuvo la llegada de la población africana al continente americano. Díaz-Campos y Clements (2008) indican que la mayor parte de esa población tenía como destino final el Caribe anglosajón y francés. Sólo un 9% de la población africana llegó a la América hispana. De acuerdo con lo que se plantea en la literatura, el desarrollo del sistema de plantación en el Caribe británico y francés absorbió la mano de obra africana de forma mucho más fuerte que en América Latina. Durante el siglo XVI y el siglo XVII la población africana era traída a la América española con asientos y licencias, lo cual limitaba el número de individuos que podía introducirse en territorios americanos. Unido a este factor se puede mencionar el hecho de que la trata de esclavos estaba en manos de otras potencias europeas, las cuales actuaban como intermediarias. A pesar de estas limitaciones existen algunas evidencias de importaciones ilegales que generalmente se hacían a través de las Antillas holandesas. La corona española abolió la importación de esclavos hacia la segunda mitad del siglo XVIII. Esta medida es tomada muy tarde en comparación con las políticas de Gran Bretaña y Francia las cuales adoptaron y desarrollaron el sistema de plantación en sus respectivas colonias de manera temprana. La figura 7.2 muestra las cifras de la población africana que llegó al continente americano y al Caribe según Díaz-Campos y Clements (2008: 360).

De acuerdo con los porcentajes que se pueden observar en la figura 7.2, Brasil, el Caribe británico y francés recibieron la mayor parte de la mano de obra africana. En cuanto a cifras aproximadas con relación a la entrada de población africana a la América española el trabajo de Brito Figueroa (1963) ofrece la siguiente información:

**Tabla 7.3**   Importación legal de trabajadores africanos a la América española entre 1500 y 1810 (adaptada de Díaz-Campos y Clements 2008: 360).

| Período | Población introducida en la América hispana |
|---|---|
| 1500–1599 | 267.200 |
| 1600–1699 | 357.274 |
| 1700–1799 | 389.294 |
| 1800–1810 | 24.132 |
| Total | 1.037.900 |

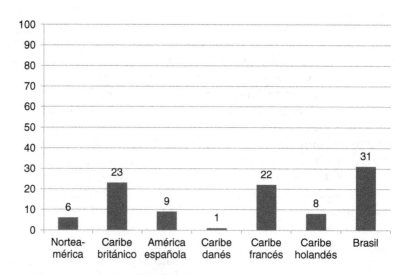

**Figura 7.2**   Porcentaje de la población de origen africano traída a América y al Caribe (adaptado de Díaz-Campos y Clements (2008: 360).

El conocimiento sobre la cantidad de población africana que llegó a América es un elemento muy importante de la discusión sobre el origen de las variedades de español que se hablan en las poblaciones de afro-descendientes en diversas regiones de Hispanoamérica. Se considera un punto importante debido a la existencia de la **hipótesis del acceso limitado** la cual propone que los grupos de población africana no podían aprender español bajo las condiciones de dominación imperantes durante la época colonial en los casos en que no tenían contacto directo y frecuente con los colonos. Esto tiene como consecuencia el desarrollo de variedades pidgins que posteriormente se podrían convertir en lenguas criollas. Rickford y McWhorter (1998: 238) definen un **pidgin** como un tipo de variedad de contacto con una función social limitada que se emplea entre hablantes de dos o más lenguas que mantienen una relación por intercambio comercial, esclavismo o procesos de inmigración. Desde el punto de vista de su estructura, los pidgins combinan elementos de las lenguas nativas de los hablantes y se consideran simples en su vocabulario, fonología, morfología y sintaxis. Rickford y McWhorter (1998: 238) argumentan que tradicionalmente un criollo o **lengua criolla** (por ejemplo según Hall 1966) es un pidgin que ha adquirido hablantes nativos. Es decir, se trata de la lengua que los descendientes de los hablantes del pidgin han adquirido como lengua materna. Son lenguas que se emplean en ámbitos sociales más complejos y presentan un vocabulario más amplio y una estructura gramatical más compleja.[2]

Una discusión importante para entender la influencia de las lenguas africanas y de la formación de variedades nacionales del español en América Latina tiene que ver con las situaciones de contacto que hubo durante la colonia entre las lenguas africanas y el español. Hoy en día se reconocen por lo menos dos criollos de base española hablados por poblaciones afro-descendientes: el papiamento que se habla en las Antillas Holandesas (i.e. Aruba, Curazao y Bonaire) y el palenquero que se habla en el Palenque de San Basilo en Colombia. En la literatura previa se reconoce que no hay exactitud en cuanto al tipo de lenguas que fueron traídas a América por los trabajadores africanos. Por ejemplo, Klee y Lynch (2009: 79) mencionan que aunque no se conoce con exactitud la distribución de la población africana en lo que se refiere a su origen étnico y lingüístico, sí se sabe que algunas de las lenguas habladas en América incluyen el mandinga/fula, las lenguas de la familia kwa (e.g. ewe/fon, igbo, efik, ijo), yoruba y las lenguas bantú (e.g. kikongo y kimbundú). Lipski (2005: 198) presenta un inventario más completo acerca de las familias lingüísticas de origen africano en su estudio histórico sobre las variedades afro-hispánicas. Ésta es una información importante debido a que resulta necesario identificar semejanzas entre las variedades afro-hispanas y las lenguas africanas que posiblemente eran habladas por los primeros africanos que fueron traídos a América y el Caribe. Como hemos mencionado, las inexactitudes y al falta de rastros lingüísticos en las variedades de español de los afro-descendientes dificultan la tarea aún más. El hecho de que los sistemas de registro poblacional fueran rudimentarios y no prestaran atención a los grupos considerados de menor jerarquía socio-cultural explica la falta de datos confiables. La tabla 7.4 se basa en las principales familias mencionadas por Lipski (2005: 198).

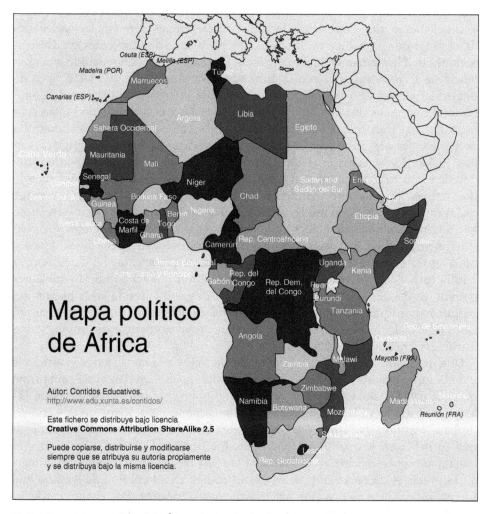

**Figura 7.3**    Mapa político de África (tomado de Contidos Educativos. Página web: http://www.edu.xunta.es/espazoAbalar/sites/espazoAbalar/files/datos/1286181627/contido/mapas/index.html).

La tabla 7.4 nos da una idea de la diversidad lingüística que existe en África y de las posibles influencias que se pudieran encontrar en las variedades de español que hablan los afro-descendientes en América Latina. En el grupo de las lenguas atlánticas, Lipski menciona que fueron las primeras en tener contacto con el portugués y en influenciar las variedades de contacto. Lipski inclusive señala que estas lenguas aparecen mencionadas en textos de español bozal. La familia lingüística ijoid, según Lipski (2005: 199), es otro de los grupos que se considera influyente en la formación del criollo berbice de base holandesa y de notoria presencia en el Caribe hispánico con particular prominencia en Cuba. Kwa es otro de los grupos

**Tabla 7.4**  Principales familias lingüísticas en África según Lipski (2005: 198).

| Familia lingüística | Área geográfica y lenguas de la familia |
|---|---|
| Afroasiáticas | Norte de África. Algunas lenguas son el árabe, el bereber, etc. |
| Nilo-saharianas | África central y oriental. Algunas lenguas son el amhárico, el somalí, etc. |
| Nigeriano-congolesas | África subsahariana (centro y sur). Algunas lenguas son mande, congolés atlántico y lengua cordonfana. |
| Mande | Sierra Leona y Senegambia. Algunas lenguas son mende, kepelle, susu, mandingo y bambara. |
| Atlántico | Noroeste de África. Algunas lenguas son wolof, fula, diola, temne. |
| Ijoid | Costa este de Nigeria. La lengua principal es ijo. |
| Kru | Liberia y Costa de Marfil. Algunas lenguas son klao, bassa y grebo. |
| Gur | Norte de la Costa de Marfil, Ghana, Togo y Benín. Algunas lenguas son mossi, kusaal, bwamu. |
| Dogón | Se clasifica como Gur. Se habla en Mali. |
| Adamawa-ubangui | África central, el sur de Chad. Adamwa, ubangui, sango. |
| Kwa | África occidental. Twi, fante, asante, bran, gã, ewe-fon. |
| Congo-benue | África subsahariana (Nigeria, Camerún, Benín). Algunas lenguas son yoruba, igbo, efik. |
| Bantú | Noreste y sur de África. Esta amplia familia incluye entre 400 y 670 lenguas. Algunas de ellas son kikongo, cabinda, kimbundú, umbundú, etc. |

prominentes en cuanto a las variedades de contacto con el español, el portugués y otras lenguas europeas. Lispki (2005: 200) también menciona la familia Congo benue como influyente en la formación de variedades bozales afro-hispánicas que se documentan en con mayor prominencia en el siglo XIX en el Caribe. La familia más importante que destaca Lipski (2005) es el grupo de lenguas bantú. De manera muy particular, este autor señala que la rama kongo de las lenguas bantú fue importante en cuanto al impacto que tuvieron lenguas como el kikongo, kimbundu y umbundu en relación con el contacto con el portugués y por consecuencia con el español. El estudio de variedades bozales, según Lipski, fue altamente influenciado por lenguas del área del congo. Una de las consideraciones que hace Lipski sobre la familia bantú se relaciona con la coherencia e inteligibilidad entre las lenguas que forman parte de esta familia, lo cual ha podido contribuir en la homogeneidad de las variedades de contacto habladas en América durante el período colonial. Lipski plantea que la heterogeneidad de los grupos africanos que llegaron al continente americano dependía de la región en que se hiciera el embarque de las personas capturadas y esclavizadas. Por ejemplo, en el área norte y, específicamente, en Cabo Verde era más probable tener grupos más heterogéneos, mientras que en áreas como Sierra Leona y en Angola los grupos tendían a ser más homogéneos desde el punto de vista lingüístico. La importancia de este aspecto relacionado con la homogeneidad o heterogeneidad de los grupos traídos a América se explica porque si los grupos son homogéneos resulta más compleja la formación de variedades pidgins o criollas. Esto se debe a que no hay una necesidad de establecer nuevos medios de comunicación como suele ocurrir cuando hay grupos que hablan lenguas diferentes. Precisamente, este debate sobre las condiciones socio-históricas y las características lingüísticas de las poblaciones africanas en la América Latina ha llevado a plantear la posible formación de pidgins hablados por las poblaciones de afro-descendientes en aquellas áreas donde hubo una gran presencia de africanos. Éste es precisamente el tópico que se desarrolla en la siguiente sección.

*Preguntas de comprensión*
1. Explica en tus propias palabras la hipótesis del acceso limitado. ¿Por qué resulta relevante?
2. ¿Cómo se distingue un pidgin de una lengua criolla?

## Para investigar y pensar:

¿Cómo se llama la lengua criolla que se habla en la zona costera de Carolina del Sur y Georgia? ¿Qué influencias africanas se identifican en esta lengua criolla?

## 7.2   Orígenes criollos de ciertas variedades afroamericanas del español

En la introducción al libro *América negra: panorámica actual de los estudios lingüísticos sobre variedades hispanas, portuguesas y criollas*, Perl (1998) destaca el hecho de que desde hace un buen tiempo se ha reconocido la contribución africana a la formación de variedades caribeñas anglosajonas y en la formación del inglés africano norteamericano en los Estados Unidos. Perl (1998: 2) caracteriza el inglés vernáculo norte-afroamericano como una variedad étnica y social que se asocia con los afro-descendientes estadounidenses. La misma caracterización étnica se puede hacer en el caso del gullah, una variedad criolla que se habla en el sureste de los Estados Unidos. Éste también podría ser el caso de otras variedades criollas que se hablan en Haití, Jamaica y otras áreas del Caribe anglosajón. De manera más reciente, se han publicado estudios sobre las variedades habladas por los afro-descendientes en Hispanoamérica (e.g. Perl y Schwegler 1998; McWhorter 2000; Lipski 2005; Díaz-Campos y Clements 2008; Klee y Lynch 2009). Muchos de estos estudios (e.g. McWhorter 2000) destacan el número importante de población de descendencia africana en áreas geográficas de América Latina y la posibilidad de que se desarrollaran variedades pidgins y criollas en la región. De hecho McWhorter (2000: 12) afirma en el caso de regiones como Venezuela:

> Venezuela is home to a vibrant, consciously Afro-Venezuelan culture of folklore, music and dance, heritage of the heavy importation of Africans to work in mines and on plantations. Once again, black-white disproportion reigned, such as the 230 blacks on the Mocundo hacienda (Acosta Saignes 1967: 179). Megenney (1989: 53) notes that "in this type of social situation we would have expected to see the formation of a genuine Spanish-based Creole with heavy amounts of sub-Saharan influences", but once again, we find nothing of the sort.

(Venezuela es un país con una vibrante y consciente cultura afro-venezolana que incluye el folclor, la música y los bailes, producto del fuerte patrimonio africano de quienes vinieron a trabajar en las minas y plantaciones. Una vez más la desproporción entre blancos y negros predominaba, como en el caso de los 230 negros en la hacienda Mocundo (Acosta Saignes 1967: 179). Megenney (1989: 53) afirma que en este tipo de situación social se esperaría ver la formación de un criollo genuino de base española con mucha influencia subsahariana, pero no se encuentra una variedad de ese tipo).

Estudiosos como Perl (1998), precisamente, señalan que el español hablado por los afro-descendientes en América Latina no se puede caracterizar como una variedad étnica, sino que al igual que otras variedades presenta diferencias según la estratificación social de los hablantes y según el tipo de registro (e.g. formal, informal, etc.). Debido a que el Caribe hispánico es una de las áreas donde indudablemente se concentró una numerosa población de origen africano, muchos investigadores (e.g. Laurence 1974; McWhorter 1995; Álvarez y Obediente 1998; Díaz-Campos y Clements 2008) han examinado la posibilidad de que haya habido un pidgin de influencia subsahariana que haya sido la base de las variedades habladas por las poblaciones afro-descendientes. El **español del Caribe** es un término que se emplea para distinguir los dialectos que se hablan en las islas de Cuba, la República Dominicana y Puerto Rico así como en los territorios continentales de Panamá, la costa colombiana y Venezuela.

Una de las teorías que se explica en trabajos anteriores (e.g. Díaz-Campos y Clements 2008; Lipski 1993, 2005, etc.) indica la posibilidad de que haya existido un criollo africano-portugués que fue traído por los esclavos de la costa oeste de África a los lugares donde fueron esclavizados en América. Díaz-Campos y Clements (2008: 352) explican que esta hipótesis relacionada con la existencia de un criollo africano-portugués es consistente con la **teoría monogenética**, según la cual los criollos hablados en el Caribe con influencias africanas tienen un origen histórico común en un pidgin de base portuguesa que posteriormente se relexificó cuando los hablantes africanos que lo hablaban entraron en contacto con otras lenguas como el inglés, el francés, el español y el holandés en territorios americanos. Una teoría alternativa a la monogenética es la **teoría poligenética**. Esta teoría explica que la diversidad lingüística de la población africana llegada a América impedía la comunicación, por lo cual se desarrollaron variedades pidgins con base léxica española en las regiones donde había una concentración de africanos mucho mayor que la población de españoles. El poco acceso de los africanos esclavizados al español limitaba la posibilidad de aprenderlo. En resumen, esta propuesta se conoce bajo el nombre de teoría poligenética debido a que diferentes variedades de pidgins se han podido desarrollar de acuerdo con las condiciones socio-histórica-camente predominantes en lugares específicos con una población africana nume-rosa y mayor que la de los colonos españoles.

Hay una serie de rasgos lingüísticos que se han atribuido a un posible origen criollo en ciertas variedades del Caribe entre los cuales podemos observar una lista de fenómenos fonéticos que provienen del artículo de Díaz-Campos y Cle-ments (2008: 373).

Muchos de los fenómenos que aparecen en la lista de la tabla 7.5 son comunes en otras áreas no caribeñas, donde las influencias africanas son de menor impacto. Tal podría ser el caso del *seseo*, el *yeísmo* y la misma *aspiración de la /s/ final de sílaba.* El seseo y el yeísmo son fenómenos comunes en casi todos los dialectos de His-panoamérica e inclusive dialectos peninsulares como el andaluz, lo cual está ampliamente documentado en los trabajos de dialectología (e.g. Lipski 1994; Moreno-Fernández 1996, etc.). En todo caso, ha habido investigadores (e.g. Álvarez y Obediente 1998) que argumentan la causación múltiple proveniente del sustrato africano así como cambios lingüísticos internos de la lengua española. El problema

**Tabla 7.5**   Rasgos fonéticos que se han atribuido a un posible origen criollo (adaptada de Díaz-Campos y Clements (2008: 373).

| *Fenómeno* | *Ejemplo* |
|---|---|
| 1. Seseo | Falta de distinción entre [θ] and [s] como en [káθa] *caza* y [kása] *casa* |
| 2. Aspiración y elisión de /s/ final de sílaba | [kánta], [kása] en lugar de [kántas] [kásas] *cantas, casas* |
| 3. Aspiración de /s/ en posición inicial de sílaba | [nohótɾo] en lugar de [nosótɾos] *nosotros* |
| 4. Yeísmo | Falta de distinción entre [j] y [ʎ] como en [kajó] *calló* [kaʎó] *cayó* |
| 5. Elisión de /d/ intervocálica | [kantáo] en lugar de [kantáðo] *cantado* |
| 6. Elisión de /ɾ/ final de sílaba | [kantá] en lugar de [kantáɾ] *cantar* |
| 7. Neutralización de /ɾ/ y /l/ a final de sílaba | [tólta] en lugar de [tóɾta] *torta* |
| 8. Aspiración de /f/ en posición inicial de palabra | [huéɾa] en lugar de [fuéɾa] *fuera* |
| 9. Inserción de /d/ | [dentrá] en lugar de [entɾáɾ] *entrar* |
| 10. Metátesis y paragoge | [náiðen] or [náðien] en lugar de [náðie] *nadie* |
| 11. Neutralización de /ɾ/ intervocálica y /ɾ/ con /ɾ/ o /l/ | [kaláka] en lugar de [karákas] *Caracas* |
| 12. Lateralización en grupos consonánticos | [tláhe] en lugar de [tɾáhe] *traje* |
| 13. Elisión de /ɾ/ en grupos consonánticos | [laðóne] en lugar de [laðrónes] *ladrones* |

con argumentos de este tipo es que no se pueden falsificar, lo cual quiere decir que no hay una manera de demostrar mediante datos el origen múltiple de los fenómenos mencionados y, particularmente, su origen africano que es lo que nos ocupa en este capítulo. Tendríamos que poder comparar las lenguas africanas de donde proviene el rasgo con su evolución en las variedades de español del Caribe donde se supone que ocurre. Precisamente, Lipski (2007) argumenta que uno de los cambios fonéticos que podría deberse a la influencia de una lengua africana es la pronunciación de [l] por [ɾ] (e.g. [kaláka] en lugar de [karákas] Caracas). En su trabajo Lipski propone que este fenómeno fonético se origina en la influencia de la lengua kikongo, ya que parece ser un rasgo propio de hablantes de español como segunda lengua cuyo idioma nativo es kikongo. Lipski afirma que este fenómeno forma parte de las influencias de las lenguas de la familia bantú, entre las que se incluyen la neutralización de [ɾ] y [l] y el empleo de [ð] por [l]. En el caso particular de la pronunciación de [ð] por [l], Lipski logra establecer una conexión directa entre la lengua kikongo y las variedades de español de afro-descendientes donde se ha documentado el fenómeno en regiones de Panamá, Colombia, Perú y Venezuela.

Los estudios previos también han mencionado una serie de rasgos morfosintác-ticos que se podrían asociar con las influencias africanas en la formación del español de América. La tabla 7.6 muestra una lista de tales fenómenos según Díaz-Campos y Clements (2008: 376).

## Para investigar y pensar:

¿Se podría plantear que la aspiración de la /s/ es un fenómeno que sólo se da en las zonas de fuerte influencia africana? ¿Qué evidencia podríamos presentar para apoyar argumentos negativos o positivos?

**Tabla 7.6**   Rasgos morfosintácticos que se atribuyen a un posible origen criollo.

| *Fenómeno* | *Ejemplo* |
| --- | --- |
| 1. Omisión de verbos copulativos | Ø *un tipo de trabajo* en lugar de *es un tipo de trabajo* |
| 2. Omisión de la preposición *a* en objetos directos personales y objetos indirectos | *Va a agarrar Ø el niñito* |
| 3. Inversión de orden de palabras en interrogativas | *¿Qué tú quieres?* |
| 4. Uso no marcado del pronombre de sujeto | *. . . me mordió el perro . . . **yo** fui así a tocarle a la dueña de la casa para cobrarle* |
| 5. *Ta* como marcador preverbal | *Mi ta sabé que. . .* |
| 6. Uso pragmático de *ahí* | *Dame un cafecito **ahí*** [referential] "Give me a coffee" |
| 7. *Ser* focalizador | *Yo vivo es en Caracas* en lugar de *Donde yo vivo es en Caracas* |
| 8. Negación doble | *No quiero no* |

La lista de fenómenos morfosintácticos muestra una variedad de aspectos que se han atribuido a la posible influencia de lenguas africanas. Sin embargo, existen explicaciones alternativas que apuntan hacia la existencia de una serie de rasgos típicos de los hablantes que están aprendiendo una segunda lengua, tal sería el caso de la *omisión de verbos copulativos* y la *omisión de la preposición a en objetos directos personales y objetos indirectos*. Como explicamos anteriormente, para comprobar con certeza la influencia de alguna lengua africana se debe establecer una conexión más directa que permita identificar la fuente y la manifestación del fenómeno en las variedades donde suponemos que existe una influencia. Por ejemplo, en el caso de la doble negación se ha documentado que podría provenir de una influencia del kikongo y han observado datos de la República Dominicana y Cuba (Schwegler 1996; Díaz-Campos y Clements 2008). Lipski (2005) establece una posible influencia del criollo haitiano en el español de la República Dominicana con relación a la doble negación. El ejemplo de la doble negación nos hace pensar que no se puede afirmar concretamente que no se trate de una influencia africana, pero todavía faltan evidencias para establecer una conclusión sólida.

Las influencias lingüísticas más visibles de las lenguas africanas se encuentran en el vocabulario. Lipski (1994: 124–125) documenta las siguientes palabras de origen africano: banana(o), batuque (i.e. baile africano. Se emplea el término *batuquear* para indicar *sacudir*, *agitar*), bunda (i.e. nalgas), cachimbo(a) (i.e. pipa), candombe (i.e. grupo de danza afrohispánico), dengue (i.e. fiebre tropical es quizá el significado más usado), guandul, gandul, etc. (i.e. guisantes), marimba (i.e. instrumento musical parecido a un xilófono; término de origen bantú), milonga (i.e. danza artística en la región del Río de la Plata), mucama (i.e. mujer de servicio; término empleado en Uruguay y Argentina), ñame (i.e. tubérculo, verdura). Éstas son algunas de las palabras documentadas por Lispki para dar una idea del vocabulario que proviene de las lenguas africanas.

La ausencia de numerosas lenguas criollas en las zonas de Hispanoamérica donde hubo y hay presencia de afro-descendientes también ha sido un tema tratado en la literatura (Laurence 1974, Lipski 1993, 1998, 2000; McWhorter 2000; Díaz-Campos 2008, etc.). De manera alternativa a las hipótesis que plantean la existencia de un criollo, se propone que no existieron las condiciones socio-históricas necesarias para que se desarrollara una lengua criolla. En este sentido, se plantea que los africanos aprendieron español como segunda lengua y en el habla de la primera generación se observaban rasgos que Lipski califica como propios de una variedad pidginizada. Se trata de una teoría que propone que las condiciones socio-históricas en Hispanoamérica favorecieron la adquisición del español. El término **pidginizado** se emplea en este caso para referirse a una variedad de habla que muestra simplificaciones morfológicas, en el sistema pronominal, en el uso de las preposiciones y otros fenómenos típicos de aprendices de una segunda lengua. Sin embargo, las simplificaciones y restructuraciones gramaticales no llegan al punto de la formación de una lengua criolla ni suponen que haya existido una variedad como tal en las comunidades de afro-descendientes en Hispanoamérica. Díaz-Campos y Clements (2008: 354) citan el trabajo de Laurence (1974) en el cual se señalan los siguientes aspectos clave que impidieron el desarrollo de un criollo: la población africana no era mayor que la española, la movilidad social era mayor en las colonias españolas en comparación con las francesas o inglesas y el sistema de plantación se introdujo tarde en las colonias españolas, de manera que los grupos llegados con anterioridad habían adquirido el español como lengua materna o como segunda lengua. Adicionalmente, Díaz-Campos y Clements (2008) explican que el número limitado de africanos que llegó a la América española se puede explicar mediante el estudio de las políticas de restricción que impuso la corona española en sus colonias, la dependencia en otras potencias europeas para proveer mano de obra africana y la existencia de pequeñas haciendas que no requerían numerosos trabajadores. El adoctrinamiento religioso y el mestizaje, argumentan Díaz-Campos y Clements (2008), fueron otros de los posibles factores que contribuyeron en la adquisición del español como lengua de las poblaciones con descendencia africana en las colonias españolas.

En resumen, en esta sección hemos visto que muchos investigadores han planteado la posibilidad de que ciertas variedades en áreas de fuerte influencia africana hayan podido estar influidas por un criollo de base portuguesa que fue traído por la población africana que llegó a América Latina. También hemos comentado la posibilidad de que la numerosa presencia de esclavos en algunas partes de Hispanoamérica haya podido resultar en la formación de variedades pidgins que más tarde evolucionaran en criollos. Sin embargo, tanto la evidencia de tipo sociohistórico como las evidencias lingüísticas no permiten concluir, de manera sólida, que existieran las condiciones ideales para el desarrollo de lenguas criollas con las excepciones de ciertas regiones como el Palenque de San Basilio en Colombia donde comunidades aisladas de esclavos huidos desarrollaron su propio lenguaje (sobre este tema daremos más explicaciones en la próxima sección). De manera alternativa, algunos investigadores han propuesto que los africanos forzados a la esclavitud por los colonos españoles tuvieron la oportunidad de aprender el español y que su habla refleja las simplificaciones propias que se dan en los hablantes de segunda lengua en condiciones naturales sin educación formal. La mayoría de los fenómenos lingüísticos que hemos comentado en esta sección podrían entonces ser explicados de una manera sencilla bajo la presunción de que forman parte de procesos propios de la adquisición de una segunda lengua.

*Preguntas de comprensión*
1. ¿Cuál es la relación entre la heterogeneidad lingüística de los esclavos y la creación de un pidgin?
2. Distingue las teorías monogenética y poligenética.
3. ¿Por qué es difícil sugerir una influencia de un idioma subsahariano?
4. ¿Cómo se explica la falta del desarrollo de criollos de base española en Hispanoamérica?
5. ¿Cómo se distinguen el Caribe, Paraguay y la zona andina en el desarrollo histórico del bilingüismo (en las primeras épocas)?

## Para investigar y pensar:

¿Cuál es el argumento principal de los investigadores que afirman que los afrodescendientes en América Latina pudieron aprender español? ¿Qué tipo de evidencias se presentan para apoyar esta argumentación?

### 7.3   El palenquero y el español bozal

La influencia de las lenguas africanas en el español se puede observar de manera más directa en dos variedades en particular: el palenquero y el español bozal. El **palenquero** es una lengua criolla de base española con fuerte influencia de la lengua kikongo hablada en las regiones del Congo y Angola. Esta lengua criolla (i.e. palenquero) se habla en la población del Palenque de San Basilio que se encuentra en el Departamento de Bolívar al norte de Colombia. Por su parte, **el español bozal** es un término empleado para referirse a la variedad de español hablada por los africanos obligados a trabajar como esclavos en América. Según Lipski (1998: 298) la palabra *bozal* significa persona de origen africano "que hablaba poco o nada de español". El español bozal constituye una modalidad lingüística afro-hispana de carácter histórico que se puede estudiar y reconstruir a partir de fuentes escritas producidas durante el período colonial. A continuación estudiaremos con más detalle estas variedades.

### El palenquero

Como hemos señalado, el palenquero es una lengua criolla hablada por los descendientes de una población de esclavos africanos que huyeron del yugo (opresión) español y se internaron en la selva tropical del norte de Colombia para formar su propia comunidad en el Palenque de San Basilio. Schwegler (2011) describe el Palenque de San Basilio como una población con características únicas en Latinoamérica debido a que los palenqueros representan una de las poblaciones con las raíces africanas más fuertes en el continente y con muy poca mezcla étnica con otros grupos, ya sean de origen europeo o indígena. Schwegler destaca el hecho de que la lengua hablada por los palenqueros es el único criollo de base española que se conoce en Hispanoamérica y, finalmente, este autor también señala que el aislamiento geográfico experimentado por la población del Palenque ha contribuido de manera sólida a conservar las tradiciones de origen africano propias de la comunidad.

Desde el punto de vista lingüístico, Schwegler (2011: 446) indica que hay por lo menos tres tipos de variedades habladas por la comunidad: el español, el palenquero y la lengua ritual africanizada que se emplea en la ceremonia conocida como **lumbalú**. Se trata de un acto que incluye cantos y bailes. Según el *Atlas de las Culturas Afrocolombianas*, (Ministerio de Educación Nacional, República de Colombia, consultado el 17 de abril del 2012 http://www.colombiaaprende.edu.co/html/etnias/1604/channel.html), el lumbalú es una ceremonia fúnebre que se realiza en los actos de velorios que rememora los orígenes africanos de la comunidad. Muchos de los pobladores originarios del Palenque habían nacido en Angola.

Schwegler (2011: 448) describe el español y el criollo palenquero que hablan los afro-descendientes de Colombia como similares en términos del vocabulario que se usa. La semejanza se debe en primer lugar al hecho de que el palenquero heredó el vocabulario común del español en lugar de adoptar el léxico de las lenguas africanas. Sin embargo, Schwegler apunta que el español vernáculo y el palenquero no son **mutuamente inteligibles**, lo que quiere decir que, debido a las diferencias en las estructuras gramaticales, un hablante de español que no hablara palenquero no podría entenderlo. Los hablantes de palenquero son descritos como hablantes bilingües de español y palenquero. En las interacciones diarias se observa de manera frecuente la **alternancia de códigos**, la cual consiste en el uso de las dos lenguas en un mismo acto de habla. En el siguiente ejemplo tomado de Schwegler (2011: 450), se muestra un ejemplo ilustrativo de la alternancia de códigos que se observa entre los hablantes del Palenque de San Basilio.

(21) Po'que en aquel tiempo    bo kumblá ba ndo    chibo    yuka.
     Porque en aquel tiempo     vos comprar + habitual dos [AFRICAN.] yukas.

   *español*                   *criollo*

La primera parte del enunciado en (21) muestra el uso del español, mientras que la segunda parte muestra el uso del criollo palenquero con influencias africanas en la fonética (e.g. elisión de consonantes finales como /s/ en vos y la sonorización de /p/ en comprar, lateralización de /ɾ/ en comprar) y el vocabulario (e.g. *chibo* por pedazos) por mencionar algunas de las diferencias relevantes.

El palenquero muestra características en su estructura gramatical que lo asemejan a otras lenguas criollas documentadas en la literatura (Schwegler 2011: 450). Entre los rasgos más importantes se destacan los siguientes (los ejemplos citados provienen de Schwegler 2011: 452): (1) las frases nominales carecen de marcas morfológicas de género y número y de la concordancia típica que se observa en español normativo como en (22), (2) el uso del morfema libre *ma* proveniente del kikongo para indicar número y si el sustantivo es definido con funciones semejantes a *los* y *las* en español como en (23), (3) la estructura de la frase verbal tiene rasgos particulares como la invariabilidad de las raíces verbales y el uso de marcadores invariables de tiempo, modo y aspecto que suelen ocurrir en posición preverbal como en (24) y (4) un sistema pronominal que difiere del español y combina formas que provienen del español, el portugués y el kikongo (ver tabla 7.7).

**Tabla 7.7**  Sistema pronominal del palenquero y la lengua de la que proviene cada pronombre.

| Persona/número | Pronombre/palenquero | Lengua | Forma original |
|---|---|---|---|
| Primera/singular | yo | español | yo |
| Segunda/singular | bo | español | vos |
| Tercera/singular | ele | portugués | ele |
| Primera/plural | suto | español | nosotros |
| Segunda/plural | utere | español | ustedes |
| Tercera/plural | enu | kikongo | énu |
| Tercera/plural | ané | kikongo | ane |

Falta de marcas de género y número en los elementos de la frase nominal

(22) *Muhé bieho ri Palenge kelé morí nu.*

La mujer vieja del Palenque no se quiere morir.

Uso del morfema libre *ma*

(23) *Ma ese kusa barato sibirí na nu.*

Esas cosas baratas no sirven para nada.

Raíces y marcadores verbales invariables

(24) *Yo asé kumé-ba maí totao.* (pretérito/habitual)

Yo usualmente comía maíz tostado.

La tabla 7.7 muestra el sistema pronominal del palenquero según la descripción que ofrece Schwegler (2011: 452).

La caracterización de algunos de los rasgos básicos del palenquero muestra que esta lengua criolla tiene una estructura gramatical diferente del español que la hace ininteligible con la variedad de español que se habla en la zona y con otras variedades del español colombiano por mencionar sólo los dialectos colombianos. De igual forma, como señala el trabajo de Schwegler (2011), el palenquero es semejante a otras variedades criollas que se hablan en el Caribe y muestra una conexión muy clara con la lengua kikongo de la cual se derivan muchas de las características que distinguen la gramática del palenquero. El palenquero representa un ejemplo único de los casos en los cuales comunidades aisladas de africanos cimarrones (i.e. aquellos que huyeron del yugo esclavista español) desarrollaron una variedad criolla.

## El español bozal

Hemos definido el español bozal al comienzo de esta sección como una modalidad que se atribuye a los africanos que no hablaban español en tiempos de la colonia. Según Lipski (1998: 299) se trata de un "lenguaje reducido del que aprende el español por primera vez, en condiciones difíciles y sin lograr un dominio completo de la gramática ni de la pronunciación". De acuerdo con Lipski (1998), el español bozal era una modalidad producto del aprendizaje imperfecto del español por aquellos africanos de primera generación forzados al esclavismo en los territorios españoles. Debido a la inestabilidad y al diverso origen étnico de los africanos que llegaron a Hispanoamérica, Lipski considera que no se puede plantear que el español bozal haya sido una lengua completa o la lengua materna de un grupo en particular. Según la perspectiva de este investigador, resulta improbable pensar que el español bozal se haya convertido en la lengua hablada por las generaciones de afro-descendientes nacidos en América. El argumento principal para esta afirmación es el cambio constante en la composición de los obreros africanos llegados de regiones diversas y al esparcimiento de la población hacia diferentes áreas geográficas en las que los africanos bozales eran una minoría en relación con los afro-descendientes que ya eran hablantes de español. En otras palabras, Lipski (1998) plantea que se trata de una modalidad con influencias lingüísticas diferentes e inestables según la región de procedencia de los africanos y, por otra parte, no era una modalidad usada por una comunidad de habla que pudiera garantizar su estabilidad ni transmisión.

Sin embargo, el español bozal ha jugado un papel fundamental en el debate sobre los orígenes criollos de ciertas variedades del español y la posible existencia de una variedad criolla afro-lusitana traída por los esclavos desde la costa oeste de África hacia América (Lipski 1998: 294). Éste es un debate al cual hemos dedicado cierta atención en la sección anterior al estudiar los orígenes del español caribeño y las características socio-históricas de la región, así como los rasgos lingüísticos de posible origen africano. El español bozal es importante porque, como modalidad histórica, nos permite observar las posibles influencias africanas en la lengua española. Una de las fuentes fundamentales de muestras de español bozal se encuentra en la literatura española del Siglo de Oro y en la literatura colonial en Hispanoamérica. De acuerdo con Lipski (1998), las primeras representaciones que incorporan el habla de los africanos se encuentran en la literatura portuguesa del siglo XV. En la literatura española, aparece también, un poco después, la representación del habla africana y, según Lipski (1998: 301), estas representaciones se hicieron comunes en el teatro español del Siglo de Oro. Lipski (1998: 301) menciona la obra de Lope de Rueda, Lope de Vega, Quiñones de Benavente, Sánchez de Badajoz, Rodrigo de Reinosa, Góngora, Feliciano de Silva, Luis de Miranda, Jaime de Guete, Simón Aguado y Gaspar Gómez de Toledo. Estas primeras representaciones de los africanos en la literatura se caracterizan por ofrecer una imagen caricaturizada y burlona, en la cual los africanos son bufones y hablan la lengua española con dificultad. Lipski (1998) nota que esta representación burlona de los personajes africanos evoluciona a partir de su introducción en la literatura española y las exageraciones y estereotipos empleados frecuentemente van desapareciendo a finales del siglo XV y principios del siglo XVI. Entre los rasgos tempranos empleados en la literatura, Lipski (1998: 302) apunta los siguientes: el empleo de *a mí* como pronombre sujeto de primera persona, la confusión entre *ser* y *estar* y el uso de la forma híbrida *sa*, simplicidad morfológica como el uso del infinitivo sin flexión y el empleo de *vos* para el pronombre de segunda persona. Hacia fines del siglo XVI aparecen rasgos que se asemejan más a los que ocurre en el habla de aprendices de un segundo idioma con la presencia predominante de fenómenos de pronunciación entre los cuales se incluyen: (1) la neutralización de /l/ y /ɾ/ y su elisión a final de palabra, (2) la neutralización de /d/ y /ɾ/, (3) la elisión de la /s/ final de sílaba, (4) el yeísmo y (5) la inserción de nasales. En el nivel morfosintáctico se observa la omisión de preposiciones y pronombres relativos, así como el empleo de estructuras simples. En el siguiente texto, tomado del trabajo de Lipski (1998: 307), se pueden apreciar algunos de los fenómenos descritos anteriormente:

Texto titulado *La libertad* de Manuel Atanasio Fuentes (Biblioteca de Cultura Peruana 1939: 289)

| Texto original | Traducción |
| --- | --- |
| Anda uté, Neglo Flasico | Ande usted, Negro Francisco |
| anda uté, lo tabladiyo | ande usted, al tabladillo |
| aya tá señó Potillo | allá está el señor Portillo |
| que é caballero mu rico | que es un caballero muy rico |
| ande uté, voto llevá | ande usted, voy a llevarte |
| que utena no irá de vare | que ustedes no |
| aya tá capitulero | allá está el capitulero |
| lo dará a uté cuatro reares | que le dará a usted cuatro reales |

En el texto original se observan varios de los rasgos lingüísticos que describe Lipski (1998) como, por ejemplo, la eliminación de consonantes a final de sílaba y palabra (e.g. la /s/ y la /d/ en *usted* pronunciada como *uté*, el uso de /l/ por /ɾ/ en *neglo* en lugar de *negro*, el *yeísmo* en la pronunciación de palabras como *tabladiyo* en lugar de *tabladillo* o *aya* en lugar de *allá* y la omisión de artículos como en el caso de *señó* en lugar de *señor* por mencionar algunos de los ejemplos más relevantes).

La descripción que se ha presentado del español bozal indica que esta modalidad histórica se asociaba con los obreros africanos que aprendían de manera muy rudimentaria el español como segunda lengua en medio de situaciones adversas. Muchas de las características que se han mencionado sobre esta modalidad histórica, tal cual como aparece representada en los textos literarios del Siglo de Oro y de la época colonial, apuntan, según la opinión de Lipski (1998: 327), hacia una variedad que muestra heterogeneidad y diferentes influencias de acuerdo con la diversidad de origen y la constante rotación de la población africana en América.

*Preguntas de comprensión*
1. ¿Cómo se define *la alternancia de códigos* y por qué se nota en el habla palenquera?
2. ¿Cuáles son algunos de los rasgos de las gramáticas de las lenguas criollas?
3. ¿Cómo se puede explicar la idea según la cual el bozal no es una lengua criolla? ¿Cómo se podría sugerir que hay conexiones entre el bozal y un criollo?

## Para investigar y pensar:

Además de las características antes mencionadas, ¿podrías identificar otros rasgos? ¿Existen ejemplos del inglés en los que se represente el habla de afro-descendientes en la literatura? ¿Con qué fines se emplean estas representaciones?

## Resumen

En este capítulo hemos definido el término *contacto* para describir aquellas situaciones en las que dos o más lenguas se hablan en un mismo espacio geográfico y en situaciones sociales que implican la interacción entre hablantes de estas lenguas generalmente por períodos prolongados. Hemos estudiado que el español, por razones geográficas y socio-históricas, ha estado en contacto con una diversidad de lenguas indígenas de América Latina así como con una variedad de lenguas que se hablan en la península ibérica así como en América. Estas situaciones de bilingüismo y/o multilingüismo son particularmente productivas para el estudio de fenómenos de variación y cambio, como el uso de extensiones semánticas, préstamos lingüísticos, fenómenos morfosintácticos y fonológicos motivados por el contacto así como la alternancia de códigos.

El capítulo se ha centrado en las situaciones de contacto que se presentan en América Latina con las lenguas indígenas, y hemos visto la compleja situación de la región en términos de la riqueza lingüística de su población. Lejos de la simple apariencia de que el español es la lengua predominante, hemos destacado la existencia de 665 pueblos indígenas, los cuales representan alrededor de 557 lenguas, según se ha calculado en fuentes recientes (ASPIAL 2009). Nos hemos concentrado en tres ejemplos de contacto al mencionar lenguas con un número importante de hablantes y presencia en sus respectivas regiones: el quechua en los Andes, el guaraní principalmente en Paraguay y el náhuatl en México. Hemos visto una lista incompleta de ejemplos que sirven para dar ideas generales sobre los fenómenos de contacto que se han documentado y a partir de los cuales los estudiantes pueden expandir su conocimiento sobre el tema.

También hemos dedicado un importante espacio al estudio de las influencias africanas en el español de América. Se hizo mención del debate sobre la existencia de variedades criollas que influenciaron la formación de las modalidades habladas por los afro-descendientes. Por una parte, se presentó la teoría que sostiene que existió un pidgin de origen africano portugués que fue traído por los esclavos desde la costa oeste de África. Esta hipótesis relacionada con la existencia de un criollo africano-portugués que se originó en la costa oeste de África es consistente con la *teoría monogenética*, según la cual los criollos con influencias africanas tienen un origen histórico común en un pidgin de base portuguesa que posteriormente se relexificó cuando los hablantes africanos que lo hablaban entraron en contacto con otras lenguas como el inglés, el francés, el español y el holandés en territorios americanos. De manera alternativa, algunos autores plantean una teoría diferente de la monogenética en la cual se explica que, debido a la diversidad lingüística de la población africana llegada a América, los esclavos no podían comunicarse. Esto llevó al desarrollo de variedades pidgins con base léxica española en las regiones donde había una concentración de africanos mucho mayor que la población de españoles. Este hecho implicaba que los africanos esclavizados tenían poco acceso al español y a la posibilidad de aprenderlo. Esta propuesta se conoce bajo el nombre de *teoría poligenética*, debido a que diferentes variedades pidgins se han podido desarrollar de acuerdo con las condiciones socio-históricamente predominantes en lugares específicos con una población africana numerosa y mayor que la de los colonos españoles.

Una tercera perspectiva trata de explicar la ausencia de lenguas criollas en las zonas de Hispanoamérica donde hubo y hay presencia de afro-descendientes (Laurence 1974; Lipski 1993, 1998, 2000; McWhorter 2000; Díaz-Campos y

Clements 2008, etc.). De manera alternativa a las hipótesis que plantean la existencia de un criollo, se propone que no existieron las condiciones socio-históricas necesarias para que se desarrollara una lengua criolla. En este sentido, se plantea que los africanos aprendieron español como segunda lengua y en el habla de la primera generación se observaban rasgos que Lipski califica como propios de una variedad *pidginizada*. Se trata de una teoría que propone que las condiciones socio-históricas en Hispanoamérica favorecieron la adquisición del español. El término *pidginizado* se emplea en este caso para referirse a una variedad de habla que muestra simplificaciones morfológicas, en el sistema pronominal, en el uso de las preposiciones y otros fenómenos típicos de los hablantes de una segunda lengua que aprenden ésta en un ambiente natural en medio de las adversidades que eran características del proceso de esclavismo sufrido por los africanos en América. El capítulo presenta una descripción representativa de los rasgos que se atribuyen a la influencia de las lenguas africanas y se ilustran de igual manera los fenómenos más relevantes. Finalmente, las secciones finales están dedicadas al *palenquero*, lengua criolla hablada por la comunidad afrodescendiente de Colombia en la población del Palenque de San Basilio. De igual forma, se hizo una descripción de una modalidad histórica, el *español bozal*, que se atribuye a los africanos de primera generación que llegaron a América.

*Ejercicios*

DEFINICIONES. Utiliza los términos de la lista para llenar los espacios en blanco de las definiciones.

| | |
|---|---|
| Un criollo | El español bozal |
| La apócope | Teoría monogenética |
| Hipótesis del acceso limitado | La epéntesis |
| Un pidgin | El palenquero |
| Teoría poligenética | |

1. La idea según la que los grupos de africanos tenían poco contacto directo con los colonos *se llama* _____.
2. Una lengua mixta utilizada para un fin interactivo específico por dos grupos con idiomas diferentes que son mutuamente ininteligibles se conoce como _____.
3. La lengua resultante de una situación de contacto que es adquirida como idioma materno por la generación siguiente se llama _____.
4. Según la _____ los criollos con influencias africanas tenían un sólo origen histórico en un pidgin con base en la lengua portuguesa.
5. La propuesta según la cual los criollos con influencias africanas resultaban de varios orígenes lingüísticos en vez de un solo origen se llama _____.
6. Un ejemplo de una lengua criolla de base española es _____.
7. Una variedad del español que describe la lengua hablada por algunos esclavos en la colonia es _____.

8. El proceso fonológico del español paraguayo que consta de insertar una vocal entre consonantes es _____.

9. La pérdida de una consonante a final de palabra es un proceso fonológico del español paraguayo que se llama _____.

*Lectura*

Lee la siguiente lectura y contesta las preguntas a continuación.

# El quechua "muere de vergüenza"

http://pomabamba.ning.com/profiles/blogs/el-quechua-muere-de-vergueenza

Pese a que se publique más que nunca y el gobierno lo enseñe en escuelas públicas, el quechua muere de vergüenza. Sus propios hablantes bajan la voz para admitir que conocen el idioma de los incas y los niños se mofan de quienes no saben expresarse en castellano.

A lo largo del siglo XX el porcentaje de quechuahablantes no ha dejado de reducirse y el último censo de 2007 indica que sólo el 13,2 por ciento de la población confesaba usar el quechua como lengua principal.

## El quechua para expandir la religión

Fue la lengua que utilizaron los incas para unificar su imperio y la Iglesia católica lo comprendió de inmediato: en su tarea evangelizadora, adoptó el quechua para expandir la religión.

El declive del quechua comienza con la rebelión indigenista de Túpac Amaru, sofocada en 1781: tras aquella fecha, la corona española comienza a reprimir al quechua y las nuevas elites criollas, muy hispanizadas, no hacen mucho por defender el quechua.

"Hay muy poca autoestima: el que habla quechua se avergüenza y cree que es mejor hablar castellano. Las muchachas llegadas a Lima de la montaña reniegan de su idioma," explica Demetrio Tupac Yupanqui, una autoridad en la preservación del quechua.

## Las élites respetan el quechua

El gobierno peruano ha capacitado con distintos cursos de lengua a funcionarios del ministerio de Justicia, de Agricultura o de la Mujer que sirven en zonas andinas, al tiempo que ha implementado un programa de educación bilingüe para más de 235.000 niños en la escuela primaria.

El director de este programa se llama Modesto Gálvez, quien reconoce que hay un movimiento incipiente entre las élites culturales para perder lo que él llama "la vergüenza lingüística", pero nada puede hacerse contra la presión histórica, social, política y económica de la sociedad para castellanizar.

*Javier Otazu – EFE Reportajes, 05/11/2010*

*Preguntas de comprensión*

1. ¿Qué situación se observa en cuanto al número de hablantes de quechua en la actualidad?
2. ¿Cómo y por qué se empleaba el quechua en los tiempos de la colonia?
3. ¿Qué pasa en cuanto al uso del quechua en las generaciones más jóvenes?
4. ¿En qué se parece la situación del quechua a la situación del español en los Estados Unidos?
5. ¿Qué actitudes nuevas de los grupos privilegiados se observan en cuanto al quechua?
6. ¿Por qué se menciona la palabra "vergüenza" en el título del artículo?
7. ¿Cómo son distintas las situaciones del quechua y del guaraní? Explica.

*Términos importantes para estudiar y recordar*

Contacto
Epéntesis vocálica
Apócope
Hipótesis del acceso limitado
Pidgin
Lengua criolla
Español bozal
Español del Caribe
Teoría monogenética
Teoría poligenética
Pidginizado
El palenquero
Lumbalú
Mutuamente inteligibles
Alternancia de códigos

## Glosario

**Contacto:** el término *contacto* se emplea para reflejar que dos o más lenguas se hablan en ámbitos geográficos y socialmente cercanos, ya sea porque se trata de poblaciones fronterizas (e.g. el español y el inglés en los estados fronterizos entre México y los Estados Unidos, como el caso de Texas, Nuevo México y California) o de procesos inmigratorios que generan la presencia de grupos que hablan lenguas diferentes en una nueva región.

**Epéntesis vocálica:** la epéntesis vocálica consiste en la inserción de una vocal. En el ejemplo [ku.ɾu.sé.ta] en lugar de [kɾu.sé.ta] *cruceta*, se separa al grupo consonántico [kɾ], formando dos sílabas diferentes [ku] y [ɾu] a través de la inserción de la vocal [u].

**Apócope:** la apócope consiste en la omisión de un sonido. En el ejemplo *vienen*, la apócope omite la consonante final [n], lo cual crea una sílaba sin coda [ne] en la palabra [bjé-ne].

**Hipótesis del acceso limitado:** la hipótesis se basa en la idea de que las diferencias demográficas y de dominación social según las cuales la población africana era mayoritaria en relación con los europeos en ciertos lugares dificultaba el aprendizaje de la lengua de los colonos. Por ejemplo, los grupos de población africana en América no podían aprender español bajo las condiciones de dominación imperantes durante la época colonial en los casos en que no tenían contacto directo y frecuente con los colonos.

**Pidgin:** Rickford y McWhorter (1998: 238) definen un pidgin como un tipo de variedad de contacto con una función social limitada que se emplea entre hablantes de dos o más lenguas que mantienen una relación por intercambio comercial, esclavismo o procesos de inmigración. Desde el punto de vista de su estructura, los pidgins combinan elementos de las lenguas nativas de los hablantes y se consideran simples en su vocabulario, fonología, morfología y sintaxis.

**Lengua criolla:** según Hall (1966), una lengua criolla es un pidgin que ha adquirido hablantes nativos. Es decir, se trata de la lengua que los descendientes de los hablantes del pidgin han adquirido como lengua materna. Son lenguas que se emplean en ámbitos sociales más complejos y presentan un vocabulario más amplio y una estructura gramatical más compleja.

**Español del Caribe:** el español del Caribe es un término que se emplea para distinguir los dialectos que se hablan en las islas de Cuba, la República Dominicana y Puerto Rico así como en los territorios continentales de Panamá, la costa colombiana y Venezuela.

**Teoría monogenética:** según esta teoría, los criollos hablados en el Caribe con influencias africanas tienen un origen histórico común en un pidgin de base portuguesa que posteriormente se relexificó cuando los hablantes africanos que lo hablaban entraron en contacto con otras lenguas como el inglés, el francés, el español y el holandés en territorios americanos.

**Teoría poligenética:** esta teoría explica que la diversidad lingüística de la población africana llegada a América impedía la comunicación, por lo cual se desarrollaron múltiples variedades pidgins con base léxica española en las regiones donde había una concentración de africanos mucho mayor que la población de españoles.

**Pidginizado:** este término se emplea en este caso para referirse a una variedad de habla que muestra simplificaciones morfológicas, en el sistema pronominal, en el uso de las preposiciones y otros fenómenos típicos de los aprendices de una segunda lengua.

**El palenquero:** el palenquero es una lengua criolla de base española con fuerte influencia de la lengua kikongo hablada en las regiones del Congo y Angola. Esta lengua criolla (i.e. palenquero) se habla en la población del Palenque de San Basilio que se encuentra en el Departamento de Bolívar al norte de Colombia.

**Español bozal:** el español bozal es un término empleado para referirse a la variedad de español hablada por los africanos obligados a trabajar como esclavos en América.

**Lumbalú:** el lumbalú es una ceremonia fúnebre con bailes y cantos que se realiza en los actos de velorios que rememoran los orígenes africanos de la comunidad.

**Mutuamente inteligibles:** dos variedades distintas que permiten el mutuo entendimiento entre los hablantes de ellas.

**Alternancia de códigos:** consiste en el uso de dos lenguas en un mismo acto de habla.

## Notas

1   El ASPIAL (2009: 153) comenta lo siguiente: "A propósito del guaraní, hay que tener presente (. . .) que la lengua guaraní paraguaya es un guaraní colonialmente modificado y transformado, no sólo por la incorporación de numerosos hispanismos, sino en su fonética y en su gramática (. . .) sus hablantes no quieren ser llamados ni considerados indígenas". Esta nota del ASPIAL probablemente apunta al alto grado de mestizaje racial en Paraguay.
2   Sobre estos conceptos básicos existen desacuerdos entre los investigadores y posiciones que retan los conceptos más tradicionales.

## Referencias bibliográficas citadas

Acosta Saignes, Miguel. 1967. *Vida de los esclavos negros en Venezuela*. Caracas: Hesperides.

Álvarez, Alexandra y Enrique Obediente. 1998. El español caribeño: Antecedentes socio-históricos y lingüísticos. En Matthias Perl y Armin Schwegler (eds.), *América negra: Panorámica actual de los estudios lingüísticos sobre variedades hispanas, portuguesas y criollas*, 40–61. Madrid: Iberoamericana.

*Atlas de las Culturas Afrocolombianas* (Ministerio de Educación Nacional, República de Colombia, consultado el 17 de abril del 2012). Disponible en http://www.colombiaaprende.edu.co/html/etnias/1604/channel.html (consultado el 26 de marzo del 2012).

*Atlas Sociolingüístico de Pueblos Indígenas en América Latina* (2009). Cochabamba, Bolivia: FUNPROEIB.

Brito Figueroa, Federico. 1963. *La estructura económica de Venezuela colonial*. Caracas: Instituto de Investigaciones, Facultad de Economía, Universidad Central de Venezuela.

Collier, Simon, Thomas Skidmore y Harold Blakemore. 1992 (eds.), *The Cambridge encyclopedia of Latin America and the Caribbean*. Cambridge: Cambridge University Press.

Díaz-Campos, Manuel y J. Clancy Clements. 2005. Mainland Spanish colonies and creole genesis: The Afro-Venezuelan area revisited. En Lotfi Sayahi y Maurice Westmoreland (eds.), *Selected Proceedings of the 2nd Workshop on Spanish Sociolinguistics*, 41–53. Somerville, MA: Cascadilla Proceedings Project.

Díaz-Campos, Manuel y J. Clancy Clements. 2008. A creole origin for Barlovento Spanish? A linguistic and sociohistorical inquiry. *Language in Society* 37, 351–383.

Escobar, Ana María. 2011. Spanish in contact with Quechua. En Manuel Díaz-Campos (ed.), *The handbook of Hispanic sociolinguistics*, 323–352. Oxford: Wiley-Blackwell.

Fontanella de Weinberg. 1976. *La lengua española fuera de España*. Buenos Aires: Paidós.

Fuentes, Manuel Atanasio. 1939. *La libertad*. Lima: Biblioteca de Cultura Peruana.

Gynan, Shaw. 2011. Spanish in contact with Guaraní. En Manuel Díaz-Campos (ed.), *The handbook of Hispanic sociolinguistics*, 353–373. Oxford: Wiley-Blackwell.

Hall, Robert. 1966. *Pidgin and creole languages*. Ithaca: Cornell University Press.

Klee, Carol y Andrew Lynch. 2009. *El español en contacto con otras lenguas*. Washington, DC: Georgetown University Press.

Laurence, Kemlin. 1974. Is Caribbean Spanish a case of decreolization? *Orbis* 23, 484–499.

*Ley general de derechos y políticas lingüísticas.* Disponible en http://www.gobernabilidad
.org.bo/images/documentos/proyectos_de_ley/proyecto_de_ley_general_de_
derechos_y_politicas_linguisticas.pdf (consultado el 5 de octubre del 2012).

Lipski, John. 1993. On the non-creole basis for Afro-Caribbean Spanish. Research Paper
Series no. 24 Albuquerque: University of New Mexico Press.

Lipski, John. 1994. *Latin American Spanish.* Londres y Nueva York: Longman.

Lipski, John. 1998. El español bozal. En Matthias Perl y Armin Schewgler (eds.), *América
negra: Panorámica actual de los estudios lingüísticos sobre variedades criollas y afrohispanas,*
293–327. Frankfurt: Vervuert.

Lipski, John. 2000. Bozal Spanish: Restructuring or creolization? En Edgar W. Schneider y
Ingrid Neuman-Holzschuh (eds.), *Degrees of restructuring in creole languages,* 55–83.
Amsterdam y Philadelphia: Benjamins.

Lipski, John. 2005. *A history of Afro-Hispanic language. Five centuries, five continents.* Cambridge: Cambridge University Press.

Lipski, John. 2007. El cambio /P/ > [d] en el habla afrohispánica: ¿Un rasgo fonético
"congo"? *Boletín de Lingüística* XIX. 27, 94–114.

Lipski, John. 2011. Socio-phonological variation in Latin American Spanish. En Manuel
Díaz-Campos (ed.), *The handbook of Hispanic sociolinguistics,* 72–97. Oxford:
Wiley-Blackwell.

Lope Blanch, Juan Manuel. 1967. La influencia del sustrato en la fonética del español de
México. *Nueva Revista de Filología Hispánica* L, 145–161.

McWhorter, John. 1995. The scarcity of Spanish-based creoles explained. *Language in Society*
24, 213–244.

McWhorter, John. 2000. *The missing Spanish creoles: Recovering the birth of plantation contact
languages.* Berkeley: University of California Press.

Megenney, William. 1989. Black rural speech in Venezuela. *Neophilologus* 73, 52–61.

Moreno de Alba. 2009. Americanismos léxicos en Cervantes. *Revista de Estudios Cervantinos*
11, 1–9.

Moreno-Fernández, Francisco. 1996. Castilla la Nueva. En Manuel Alvar (ed.), *Manual de
dialectología hispánica: El español de España,* 213–229. Barcelona: Ariel Lingüística.

Perl, Matthias. 1998. Introducción. En Matthias Perl y Armin Schwegler (eds.), *América
negra: panorámica actual de los estudios lingüísticos sobre variedades hispanas, portuguesas y
criollas.* Madrid: Iberoamericana.

Perl, Matthias y Armin Schwegler. 1998. *América negra: Panorámica actual de los estudios
lingüísticos sobre variedades hispanas, portuguesas y criollas.* Madrid: Iberoamericana.

Rickford, John y John McWhorter. 1998. Language contact and language generation: Pidgins
and creoles. En Florian Coulmas (ed.), *The handbook of sociolinguistics,* 238–256. Oxford:
Wiley-Blackwell.

Schwegler, Armin. 1996. La doble negación dominicana y la génesis del español caribeño.
*Hispanic Linguistics* 8, 247–315.

Schwegler, Armin. 2011. Palenque (Colombia): Multilingualism in an extraordinary social
and historical context. En Manuel Díaz-Campos (ed.), *The handbook of Hispanic sociolinguistics,* 446–472. Oxford: Wiley-Blackwell.

Sichra, Inge. 2007. De eso no se habla pero se escucha. Conociendo y reconociendo el bilingüismo urbano. *Página y Signos* 1.2, 87–110.

# Capítulo 8

# Bilingüismo y español en los Estados Unidos

En este capítulo estudiaremos acerca de los hablantes bilingües en los Estados Unidos. El español ha estado presente en la historia de los Estados Unidos desde que los primeros colonos españoles se asentaron en territorios que hoy forman parte de la unión estadounidense como, por ejemplo, la Florida y los estados que hoy constituyen parte del suroeste del país. El bilingüismo representado por aquellas personas que han crecido hablando el español y el inglés en sus comunidades es particularmente importante en aquellas regiones donde la población hispana ha estado presente históricamente, así como en los estados donde se ha observado un aumento considerable del número de hispanos en tiempos recientes. El término **bilingüismo** se emplea para hacer referencia a aquellas personas que hablan dos lenguas sin distinguir el nivel de dominio en cada una de ellas. Es indudable la importancia que ha adquirido el español en las últimas décadas en nuestro país. En ciudades como Miami, Los Ángeles, Nueva York, San Antonio, entre muchas otras se nota la presencia del español en los anuncios publicitarios, en los letreros de los comercios y en la vida cotidiana de la comunidad. Hoy en día es común que los servicios de pagos, las empresas de servicios y comercios ofrezcan opciones para comunicarse con operadores que hablan español. Muchos productos ofrecen instrucciones en español, lo cual revela el aumento del mercado de consumidores que hablan español en los Estados Unidos. Estos son sólo algunos indicios de la importancia que tiene el hablar más de una lengua en la sociedad estadounidense y de la importancia creciente del español en el país. En primer lugar, examinaremos algunas cifras correspondientes a la población hispana en el mundo y en los Estados Unidos con el propósito de entender los cambios demográficos ocurridos en las últimas décadas. En la segunda sección revisaremos trabajos en los que se estudia la conservación del español entre los hablantes hispanos que han nacido en los Estados Unidos. También aprenderemos sobre los

*Introducción a la Sociolingüística Hispánica*, First Edition. Manuel Díaz-Campos.
© 2014 John Wiley & Sons, Inc. Published 2014 by John Wiley & Sons, Inc.

patrones de uso del español y del inglés y, en particular, de la alternancia de códigos. La última sección denominada adaptación funcional y convergencia conceptual, examina algunos de los fenómenos lingüísticos más comunes que se observan en el habla de los bilingües hispanos en los Estados Unidos. El capítulo se estructura de la siguiente forma:

- La demografía cambiante en los Estados Unidos
- La conservación de español
- Alternancia de códigos
- Adaptación funcional y convergencia conceptual

## 8.1   La demografía cambiante en los Estados Unidos

No cabe duda de que el español ha adquirido mayor prominencia a nivel mundial por el número de hablantes y por la extensión de las zonas geográficas en donde se emplea. Se calcula que más de 400 millones de personas hablan español en el mundo. De hecho Azevedo (2006) presenta cifras en las que se estima que hay 425 millones de hablantes de español cuando se incluyen los países hispanos y otras áreas donde se habla español. Solamente en los países de habla hispana incluyendo EE. UU. hay 348.876.228 millones de hablantes según cifras reportadas por López Morales (2005).

Este hecho coloca el idioma español en el cuarto lugar entre las lenguas más habladas del mundo después del mandarín, el inglés y el hindi (Azevedo 2006: 2). López Morales (2005) en un trabajo titulado, *El futuro del español*, publicado en la *Enciclopedia del español en el mundo* del Instituto Cervantes, indica que el español es la lengua oficial de 18 naciones y es la lengua co-oficial en otros tres países. La tabla 8.1 ofrece las cifras de los hablantes que se registran según el país.

La tabla 8.1 revela como dato curioso que en los Estados Unidos hay más hablantes de español que en países como Perú, Venezuela, Chile, por mencionar sólo tres naciones hispanas de la lista que están por debajo de los Estados Unidos en número de hablantes. Se podría argumentar que el español no se puede considerar una lengua extranjera, sino una de las lenguas de los Estados Unidos. López Morales (2005) también señala que en las universidades estadounidense el 60% de los estudiantes decide estudiar español, lo cual revela la importancia y presencia que ha adquirido en las últimas décadas. Se proyecta que en el futuro esta importancia aumentará de manera sostenida. López Morales (2005: 483) reporta cifras según las cuales se calcula que para el año 2030 habrá aproximadamente 535 millones de hablantes de español en el mundo, lo cual representaría un 7,5% de la población mundial. Las proyecciones en el caso de los Estados Unidos apuntan a que para el 2050 habrá más hablantes de español que en cualquier otro país hispanohablante.

La población hispana o latina de acuerdo con la definición propuesta por la Oficina del Censo de los Estados Unidos[1] se compone de aquellas personas de origen cubano, mexicano, puertorriqueño, centroamericano, suramericano o cualquier otro origen hispano sin distingo de raza. Según este criterio, para el

**Tabla 8.1**   Número de hablantes de español por país según López-Morales (2005: 476).

| País | Número de hablantes |
| --- | --- |
| México | 101.879.170 |
| Colombia | 40.349.388 |
| España | 40.037.995 |
| Argentina | 37.384.816 |
| Estados Unidos | 32.300.000[2] |
| Perú | 27.483.864 |
| Venezuela | 23.916.810 |
| Chile | 15.328.467 |
| Ecuador | 13.183.978 |
| Guatemala | 12.974.361 |
| Cuba | 11.184.023 |
| República Dominicana | 8.581.477 |
| Bolivia | 8.300.463 |
| Honduras | 6.406.052 |
| El Salvador | 6.237.662 |
| Paraguay | 5.734.139 |
| Nicaragua | 4.918.393 |
| Puerto Rico | 3.766.000 |
| Costa Rica | 3.773.000 |
| Uruguay | 3.360.105 |
| Panamá | 2.845.647 |
| Guinea Ecuatorial | 460.200 |
| Total | 348.876.228 |

primero de abril de 2010 había 50,5 millones de hispanos, lo cual representa un 16% de la población actual de los Estados Unidos. En comparación con los datos del año 2000 hubo un incremento de la población hispana de 15,2 millones. Ese crecimiento representa un aumento del 13% al 16% de la población total la cual es de 308,7 millones de habitantes. La Oficina del Censo de los Estados Unidos señala que desde el año 2000 hasta el 2010 se observaron los siguientes cambios según el grupo étnico: los mexicanos incrementaron su presencia de 20,6 millones en el 2000 a 31,8 millones en el 2010; los puertorriqueños crecieron de 3,4 millones a 4,6 millones; los cubanos de 1,2 millones a 1,8 millones y otros grupos de hispanos aumentaron en número de 10,0 millones a 12,3 millones.

Como se puede observar de las cifras que reporta el censo de 2010, los grupos más numerosos incluyen a los mexicanos, puertorriqueños y cubanos. La población de origen mexicano representa el 63% entre los hispanos en EE. UU. Los puertorriqueños constituyen el 9% y los cubanos componen el 4%. En el grupo conformado por los que reportan otro origen, el censo provee las siguientes cifras: 1,4 millones son de la República Dominicana, 4,0 son de América Central, 2,8 son suramericanos, 635.000 son de España y 3,5 millones emplea términos genéricos tales como hispano o latino para definir su etnicidad. La figura 8.1 muestra la distribución geográfica de los latinos por estado en el país.

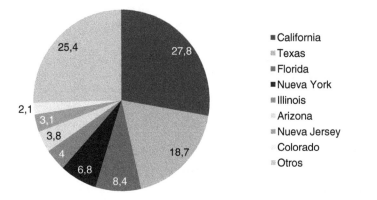

**Figura 8.1**  Distribución porcentual de población latina por estado (adaptado de la Oficina del Censo de los Estados Unidos, 2010).

En cuanto a la distribución geográfica de los hispanos en Estados Unidos, las cifras que provee el censo del 2010 indican que el 41% de los hispanos vive en el oeste del país, mientras que un 36% se encuentra en el sur. En el área del noreste hay un 14% de hispanos, en tanto que un 14% vive en el medio oeste. Los resultados del censo indican un aumento de hispanos en todas las regiones. Sin embargo, cabe destacar que este aumento es particularmente significativo en el sur y el medio oeste. En el sur el incremento alcanzó un 57%, mientras que el total de la población en esa área creció tan sólo un 14%. En el medio oeste se calculó un crecimiento del 49%, en tanto que la población en esa área aumentó un 4%. Otra cifra interesante en cuanto a la distribución geográfica de los hispanos indica que el 75% (37,6 millones) se localiza en California, Texas, Florida, New York, Illinois, Arizona, New Jersey y Colorado.

En resumen, los resultados del censo de los Estados Unidos del 2010 muestran una realidad cambiante según la cual la presencia de los hispanos se ha incrementado de manera importante. La diversidad étnica del país se ve reflejada en el hecho de que el grupo de origen hispano ha contribuido en el aumento de la población total en más de un 50% cuando se comparan los datos de 2000 con los de 2010. Los mexicanos siguen conformando el grupo de hispanos más numerosos en los Estados Unidos, aunque se han observado aumentos en la población hispana que provienen de otras áreas geográficas. Asimismo, los datos sugieren que la mayor parte de los hispanos viven en el oeste y sur de los Estados Unidos. Estos datos de la Oficina del Censo de los Estados Unidos muestra la cara cambiante de la demografía de nuestro país con el crecimiento constante de la diversidad étnica. En particular, la población de origen latino continua creciendo y se proyecta que ese patrón seguirá constante en el futuro próximo.

*Preguntas de comprensión*
1.  Haz una lista de tres razones por las cuales se puede considerar el español como una de las lenguas más importantes a nivel mundial y nacional.
2.  ¿Resulta lógico el planteamiento del español como lengua extranjera en los Estados Unidos?

Para investigar y pensar:

¿Desde qué momento se puede documentar la presencia del español en los Estados Unidos? ¿Es posible pensar que se trata de un fenómeno reciente? ¿Qué medidas se pueden emplear para estimular la conservación del español?

## 8.2    La conservación del español entre los hispanos en los Estados Unidos

Las cifras de crecimiento de la población de origen hispano que muestra la Oficina del Censo indican una tendencia interesante que generan preguntas en cuanto al futuro del español en los Estados Unidos. De una manera informal, podemos notar que en ciudades como Los Ángeles, Miami, Nueva York, Houston, entre muchas otras, la presencia del español es prominente en la vida diaria de esas comunidades. Es común en muchas de ellas observar letreros de negocios escritos en español en vecindarios con un porcentaje alto de hispanos. Ha habido una serie de trabajos que se dedican precisamente a estudiar este tema relacionado con la conservación del idioma y a hacer observaciones en cuanto al uso del español por las generaciones de latinos nacidos y criados en Norteamérica (Hudson, Hernández-Chávez y Bills 1995; Porcel 2006, 2011; Silva-Corvalán 1994a y 1994b, entre otras investigaciones). La comparación de los hábitos de uso del español entre la primera generación y las generaciones subsiguientes podría darnos datos importantes para predecir el futuro del español en los Estados Unidos. Una posibilidad es el mantenimiento del español por las generaciones de descendientes de familias hispanas. Una segunda opción sería la desaparición del español y la adopción del inglés de manera progresiva. Una opción intermedia implicaría el uso de ambos idiomas en una situación de bilingüismo.

El trabajo de Hudson, Hernández-Chávez y Bills (1995) investiga la relación que se establece entre cuatro indicadores de la conservación del idioma español y una serie de variables socioeconómicas y demográficas en la población del suroeste de los Estados Unidos. Los datos de la investigación provienen del Censo de los Estados Unidos del año 1980 y en particular se refieren a las siguientes cifras: (1) la población total de los municipios que manifiesta hablar español en la casa; (2) el segundo indicador toma en cuenta la densidad, la cual consiste en la concentración de la población que reporta hablar español calculada según la población total en el municipio; (3) el tercer tipo de medida considera la "lealtad" hacia el español y toma en cuenta el número de hablantes que manifiesta hablar español en la casa en relación con la proporción de hablantes que reportan ser de origen hispano; (4) el cuarto y último cálculo se relaciona con una medida que pretende dar cuenta de la conservación del español. Para este fin se midió la lealtad en el grupo de 5 a 17 años de edad de manera separada del grupo de 18 años o más. El coeficiente obtenido para el grupo menor se dividió entre el resultado obtenido para el grupo de mayor edad. Este cálculo final se tomó como una referencia para medir la transmisión del español entre grupos generacionales. Como se mencionó anteriormente, también se tomaron en cuenta factores socioeconómicos y demográficos entre los cuales se incluyen: (1) el origen mexicano, (2) la distancia de la frontera con México, (3) los años de escolaridad, (4) el ingreso salarial, (5) la ocupación, entre otros aspectos.

Los datos provenientes de las cifras que miden la población total muestran que para la década de los ochenta las mayores concentraciones de población en general se encuentran en la municipalidad de Los Ángeles con 1.517.146 de habitantes que reportan hablar español en la casa. Según esta medida sencilla que toma en cuenta el número total de la población, las mayores concentraciones de hispanos se encuentra en el centro y el sur de California, la frontera sur de Arizona, el sureste y la región del centro norte de Nuevo México, así como algunas áreas esparcidas de Colorado y Texas (Hudson, Hernández-Chávez y Bills 1995: 169). Cuando se toma en cuenta la proporción de hablantes de español según la población total (e.g. la densidad), la distribución de las áreas con mayor concentración de hispanos se ubica en Nuevo México, el sur de Colorado, y el oeste y sur de Texas cerca de la frontera con México. La medida de lealtad, la cual considera cuántas personas de origen hispano hablan español en casa, indica que los mayores índices se encuentran en municipios del estado de Texas que son fronterizos con México. De igual forma, se observa lealtad en algunas áreas aisladas de Arizona, Colorado y Nuevo México. En cuanto a la retención, la cual se refiere a la proporción de lealtad en los jóvenes en comparación con la de los adultos, los resultados muestran que hay mayor retención en estado de Texas y menor retención en el norte de Arizona y la mayor parte de Colorado.

Hudson, Hernández-Chávez y Bills (1995) plantean que la lealtad y la retención muestran una relación directa con los niveles educativos de la población hispana. Los hallazgos revelan que los individuos con mayor nivel educativo muestran mayor integración en la sociedad estadounidense y una mejor situación laboral y económica que ocasiona el abandono del español entre grupos generacionales. Las medidas que sólo cuentan el número de hablantes de español sin tomar en cuenta otros factores no reflejan la conservación del español. Estos datos muestran una relación directa con los hablantes de primera generación principalmente de origen mexicano que viven en los Estados Unidos. En ese sentido, la presencia prominente del español estaría relacionada al constante influjo de hablantes de México en las comunidades estadounidenses. Obviamente, esta medida no nos refleja la transmisión del español entre grupos generacionales ni tampoco las condiciones favorables que se dan en aquellas comunidades donde hay una alta densidad de población de origen hispano que manifiesta hablar español en casa. En un trabajo más reciente, Jenkins (2010) analiza datos provenientes del censo del año 2000 empleando la misma metodología de Hudson, Hernández-Chávez y Bills (1995). Jenkins argumenta que los hallazgos de su estudio muestran que la lealtad al español entre los hispanos se correlaciona negativamente con el ingreso per cápita y la culminación de la escuela secundaria. En otras palabras, a mayor ingreso y a mayor nivel educativo menor es la lealtad hacia el español. Jenkins explica que estas tendencias, las cuales son parecidas a las encontradas por

Hudson, Hernández-Chávez y Bills (1995), reflejan un patrón estadísticamente más débil que el reportado en el censo de 1980. Adicionalmente, Jenkins (2010) reporta que algunos indicadores (e.g. ingreso per cápita, culminación de la escuela secundaria, ocupación) varían según el estado. Por ejemplo, la correlación negativa entre ingreso per cápita y el uso del español es solo verdadera para los estados de Arizona, California y Nuevo México.

En resumen, Hudson et al. así como Jenkins (2010) muestran que las medidas de densidad, lealtad y retención son más adecuadas para identificar la transmisión del español de una generación a otra. Por otra parte, estas investigaciones demuestran que la integración a través de la educación y el avance social en términos de mayor prosperidad económica se relaciona con la pérdida del español en el suroeste estadounidense. De acuerdo sus hallazgos, la conservación del español ocurre en aquellas zonas donde hay mayor número de hispanohablantes (e.g. los municipios fronterizos de Texas y Nuevo México) cuyas condiciones socioeconómicas no les permiten integrarse completamente a la vida en los Estados Unidos. No obstante, el trabajo de Jenkins (2010) destaca algunas diferencias en los datos del censo de 2000 y algunas tendencias particulares por estado.

El mismo tema de la conservación o pérdida del español en la comunidad puertorriqueña es abordado por Zentella (1997) en el libro *Growing up bilingual: Puerto Rican children in New York* "Crecer como bilingüe: Niños puertorriqueños en Nueva York". El libro presenta la historia de cinco niñas y sus familias en la comunidad este de Harlem, conocida en español como el barrio. Zentella presenta un panorama de una serie de factores que influyen en el uso del español, el inglés y la alternancia de códigos entre los cuales destacan las redes sociales de los participantes, la interacción con diferentes interlocutores y el cambio de situaciones durante el acto de habla. A pesar de que el uso del español es frecuente en la vida del barrio, la tendencia que observa Zentella en su investigación es el abandono progresivo del español en los grupos de segunda y tercera generación. Las nuevas generaciones adoptan el inglés como la lengua dominante y muestran capacidades lingüísticas dispares en español. Esta misma situación de pérdida del idioma que describe Zentella para el español hacia la segunda y tercera generación también se ha documentado para otros grupos de inmigrantes en los Estados Unidos como el caso de los alemanes en el estado de Pennsylvania (Oswald 2010).

Si se observan aspectos más específicos relacionados con el uso del español, también se puede hablar de procesos de pérdida. El trabajo de Silva-Corvalán (1994a) precisamente documenta el proceso de simplificación o pérdida de la distinción modal entre subjuntivo e indicativo en un grupo de hablantes bilingües de la ciudad de Los Ángeles (e.g. *No creo que <u>tenga/tiene</u> fiebre*, Silva-Corvalán (1994a: 259). Silva-Corvalán compara el uso de la distinción modal en tres grupos generacionales. La primera generación compuesta por hablantes nacidos en México que inmigraron cuando tenían más de once años. La segunda generación compuesta por hablantes nacidos en los Estados Unidos cuyos padres son mexicanos y la tercera generación formada por participantes nacidos en los Estados Unidos. Este último caso, al menos la madre o el padre también ha nacido en los Estados Unidos. La tabla 8.2 muestra el uso de las formas modales del subjuntivo según el grupo generacional.

**Tabla 8.2**   Uso de las formas modales según el grupo generacional (adaptado de Silva-Corvalán 1994a: 265).

|  | *No. de ocurrencias* | % |
|---|---|---|
| Generación 1 | 376/886 | 42,4 |
| Generación 2 | 225/849 | 26,5 |
| Generación 3 | 171/986 | 13,3 |

Chi-cuadrado 146,73, p < ,000.

Los resultados que presenta Silva-Corvalán indican que el uso del subjuntivo disminuye en los grupos generacionales 2 y 3. La autora interpreta este hecho como el producto de un proceso de pérdida de la distinción modal entre los grupos generacionales que no están expuestos con tanta frecuencia al español y que por lo tanto lo emplean en situaciones más limitadas. Silva-Corvalán (1994a: 269) sugiere que la ausencia de esta distinción en el inglés como lengua mayoritaria podría ser un factor favorable en la rápida difusión del uso del indicativo en contextos antes reservados al subjuntivo en el español hablado en Los Ángeles.

Las diferentes investigaciones descritas hasta ahora discuten evidencia que documentan la pérdida de "competencias" lingüísticas en los grupos de latinos de segunda y tercera generación en el suroeste y Nueva York. El trabajo de Porcel (2006) presenta datos sobre la conservación o el abandono del español en el sur de la Florida donde vive un grupo importante de hispanos en su mayoría de origen cubano. La población de cubanos en la Florida constituye el tercer grupo más grande de inmigrantes latinos en los Estados Unidos. En particular, la ciudad de Miami parece ofrecer un contexto favorable para el mantenimiento del español debido al flujo constante de hablantes de español procedentes de Cuba y de otras regiones de Latinoamérica. El español se valora como lengua de negocios debido al intercambio comercial con el mercado latinoamericano. La amplia oferta de educación bilingüe que existen en la región, así como la presencia de medios de comunicación tales como periódicos y estaciones de radio y televisión que se dirigen hacia la población hispana también le dan vitalidad y valor al español en Miami. De igual forma, la inmigración cubana goza, en una buena parte del grupo encuestado, de una buena situación educativa, económica y cuenta con una representación política importante. Este conjunto de factores podría considerarse como condiciones que ayudan a mantener vigente la utilidad y presencia del español en Miami. Sin embargo, los resultados del trabajo de Porcel (2006) muestran un patrón consistente con el abandono progresivo del español y la preferencia por el uso del inglés en las generaciones jóvenes. Un dato que llama particularmente la atención es que en el grupo de participantes nacidos en los Estados Unidos un 72% dijo haber crecido oyendo el español en casa. No obstante, en este mismo grupo el 89% manifiesta que su lengua dominante es el inglés. Porcel toma este hallazgo como un elemento importante para concluir que se está abandonando el uso del español. Porcel argumenta que la situación en Miami muestra las características de un bilingüismo transitorio de acuerdo con el cual las generaciones jóvenes favorecen la cultural mayoritaria y el uso del inglés.

El conjunto de factores que inciden en la conservación o en la adopción de la lengua mayoritaria se puede considerar como una combinación de las características de la comunidad de habla, algunas variables estructurales que describen aspectos socioculturales de los grupos involucrados y elementos relacionados con las actitudes de los individuos (Porcel 2011: 625). Este conjunto es lo que Porcel (2011) denomina la **evaluación sociolingüística** de acuerdo con la cual las conductas lingüísticas se relacionan con factores de tipo social.

De acuerdo con Porcel (2011), las variables que se relacionan con la estructura de la comunidad de habla se incluyen: la situación de contacto, la distribución espacial y las funciones que cumplen las lenguas en dicha comunidad. La situación de contacto del español con el inglés en los Estados Unidos, de acuerdo con la descripción hecha por Porcel (2011), muestra un panorama en el que el español se presenta como la lengua de una minoría con un papel subordinado en relación con la sociedad mayoritaria dominante. Porcel también explica que el 60% de los hispanos en Estados Unidos son individuos que han nacido en el país. Las raíces de estos grupos se originan en la población mexicano-americana que se asentó en el suroeste luego de la firma del Tratado Guadalupe-Hidalgo en 1848 cuando México cedió buena parte de su territorio a Norteamérica. Otro grupo importante es la población puertorriqueña, pues Puerto Rico es un estado libre asociado desde 1898 cuando España perdió la guerra con los Estados Unidos. Una nota curiosa, según Porcel (2011: 629), es que a pesar de esta situación de minoría legítima la representación en los medios públicos de la comunidad hispana persiste en la imagen de inmigrantes ilegales llegados recientemente que no pertenecen al país. Obviamente, este tipo de imagen frente a la opinión pública permite deslegitimar y minimizar los derechos de estas minorías que forman parte de la historia del país. En cuanto al contacto que existe con hablantes monolingües de inglés y el contacto que existe con el español, la situación de los hispanos en los Estados Unidos puede ser variable. Como se mencionó en el caso de Miami, los lazos con las comunidades latinoamericanas y la diversidad de medios donde se emplea el español propician un contexto favorable para la conservación del español. Porcel (2011) menciona el hecho de que entre los miembros de la comunidad mexicana las recientes políticas del gobierno mexicano que buscan establecer lazos con las comunidades en el extranjero también favorecen la conservación del español (e.g. la aprobación de la doble nacionalidad, el derecho al voto, etc.). Sin embargo, la integración de la comunidad hispana al sistema educativo debido al largo contacto que data por lo menos desde 1848 ocasiona la pérdida de la lengua patrimonial en el curso de una generación, es decir, ya la segunda y tercera generación muestran tendencias hacia el monolingüismo en inglés.

Con relación a la distribución espacial o geográfica de la población hispana, el trabajo de Porcel (2011) destaca que la concentración de hablantes, la cercanía con poblaciones monolingües y el contexto urbano o rural pueden constituir elementos importantes de considerar. Porcel (2011: 630) presenta datos de investigaciones en las que se ha observado que la concentración de grupos de la misma nacionalidad promueve la cohesión y la conservación del español. De esta forma, la conservación del español entre mexicanos se da con mayor fuerza en el suroeste a diferencia de otras zonas donde no predomina la población mexicana. En el caso de los cubanos, la gran presencia de la comunidad de compatriotas de ese país ayuda a la unidad y conservación del español en Miami. La variable de cercanía con poblaciones monolingües se puede ejemplificar mediante el trabajo de Hudson et al. (1995) en el cual se muestra como la conservación del español en Texas y regiones fronterizas de Nuevo México se relaciona con la cercanía a la frontera con México. Esta variable obviamente muestra solapamiento con aspectos como la concentración y la cohesión cultural del grupo. En cuanto al contexto en que vive la población hispana, Porcel (2011: 631) destaca que las zonas urbanas ejercen una mayor presión hacia la pérdida del español debido a los procesos de asimilación que generan el mercado de trabajo y las redes sociales más variadas que son parte de la vida de las ciudades. En contraste, el relativo aislamiento y la limitación y densidad de las redes sociales contribuirían a la conservación del español.

Las funciones que desempeñan las lenguas en el contexto bilingüe también contribuyen a la conservación o pérdida del español. De acuerdo con Porcel (2011), las funciones definidas según el propósito, el tópico, la audiencia y el lugar de interacción son aspectos que determinan la selección de una lengua o variedad. En nuestro caso particular se trata de observar los **dominios** o ámbitos de actividades (e.g. la escuela, el trabajo, la familia, las amistades, etc.) donde se emplea una u otra lengua. La especialización en el uso de una lengua para determinadas situaciones o **diglosia** es el otro aspecto clave que se propuso por primera vez en los trabajos de Greenfield y Fishman (1968) y Fishman (1972). Porcel (2011) indica que la investigación de Greenfield y Fishman (1968) presenta datos que revelan una situación de diglosia en la comunidad puertorriqueña de Nueva York en la que el español se reserva para los ámbitos familiares y religiosos, mientras que nunca se emplea en la escuela o el trabajo. En trabajos más recientes sobre otras comunidades de hispanos se describen situaciones diferentes donde no se observa especialización sino el uso del español en la primera generación y el uso del inglés en las generaciones más jóvenes (Castellanos 1990, citado por Porcel 2011: 632). Este patrón de uso de acuerdo con los grupos generaciones es descrito como **bilingüismo de transición**.

La regla común que parece reflejarse en las investigaciones sobre el uso del español en la población hispana estadounidense es la pérdida progresiva de la lengua patrimonial y la adopción del inglés. Los grupos de hispanos de segunda y tercera generación muestran una preferencia por el uso exclusivo del inglés. Las investigaciones anteriores presentan un complejo panorama de factores relacionados con la comunidad de habla, factores socioeconómicos y culturales y aspectos de actitud. En la presentación del trabajo de Porcel (2011) nos hemos centrado en los datos acerca de las variables relacionadas con la comunidad. El trabajo de Porcel (2006) y el de Hudson et al. (1995) aportan información acerca de los factores de tipo social y de actitud. Unido a los aspectos ya comentados, el proceso de asimilación y adopción de la lengua del grupo mayoritario por parte de los inmigrantes en los Estados Unidos parece estar motivado, en parte, por lo que Porcel (2011: 263) denomina como la **ideología del monolingüismo**. De acuerdo con esta noción, el inglés se considera un instrumento fundamental de cohesión sociocultural. Porcel (2011: 263) cita las palabras del presidente Theodore Roosevelt la cuales reflejan en parte esta *ideología del monolingüismo*: "Debemos tener una sola bandera. Debemos tener una sola lengua [. . .] La grandeza de esta nación depende de la rápida asimilación de los extranjeros que acogemos en nuestro territorio"(. . .) Los que proponen la ideología del monolingüismo defienden la noción de que cada nación tiene una sola lengua y de que esta unidad lingüística garantiza la homogeneidad y la unidad cultural. Sin embargo, la revisión de algunos pocos ejemplos al azar nos indica que en muchas naciones lo que prevalece es el multilingüismo. Por ejemplo, en el caso de España se hablan cuatro lenguas: catalán, gallego, euskera y español. A partir de la caída del régimen franquista en 1975 y de las reformas democráticas, todas las lenguas de España gozan de reconocimiento como lenguas de la nación. Otro ejemplo relevante es Canadá donde el francés y el inglés son lenguas con estatus oficial empleadas en ámbitos públicos, jurídicos y educativos. En Suráfrica, el inglés convive con una serie de lenguas que revelan una situación compleja de multilingüismo. De esta forma, el monolingüismo lejos de ser la norma parece ser la excepción en las naciones del mundo incluyendo los Estados Unidos debido a la gran diversidad que caracteriza la conformación del país. Sin embargo, la ideología prevalente, en conjunto con los factores contextuales discutidos parecen favorecer una situación de bilingüismo de transición de acuerdo con el cual los hispanos tienden a perder el español en los grupos de segunda y tercera generación.

*Preguntas de comprensión*

1. Según Hudson et al. (1995), ¿cuáles son las variables que influyen en la retención del español? ¿Qué variables influyen en la pérdida?
2. ¿Cómo se explica la simplificación del español en Los Ángeles (Silva-Corvalán 1994a)? ¿Puedes pensar en otras explicaciones diferentes de la ofrecida por Silva-Corvalán?
3. Piensa en la situación del español en Nueva York (Zentella 1997) vs. la situación del español en Miami (Porcel 2006). ¿Cómo se distinguen? ¿Cómo se parecen?
4. ¿Cómo se explica la "deslegitimación" de los derechos de los grupos minoritarios hispanos?
5. ¿Cómo es el caso de los Estados Unidos diferente respecto a las lenguas minoritarias? Contrasta la situación de los Estados Unidos con la de España, Canadá y Sudáfrica.

## Para investigar y pensar:

¿Qué se entiende por bilingüismo de transición? ¿Qué se entiende por bilingüismo sumativo (e.g. aditivo)? ¿Por qué los hispanos en los Estados Unidos tienden hacia el patrón de transición? Destaca los aspectos más importantes que se discuten en la sección que acabas de leer.

## 8.3 Alternancia de códigos

Las comunidades de hispanos bilingües han sido caracterizadas por el empleo del español y el inglés en una suerte de mezcla que se ha llamado **spanglish** en la cultura popular. El spanglish ha generado una serie de prejuicios negativos en el ámbito académico tradicional y en la opinión popular. De acuerdo con esta perspectiva negativa, la alternancia entre el inglés y el español sería una desviación de las normas prescriptivas. Toribio (2011: 530) señala que en investigaciones recientes se ha demostrado que la alternancia de códigos (e.g. el spanglish en la terminología popular) es un recurso comunicativo empleado por hablantes bilingües con competencias desarrolladas en ambos idiomas para expresar de manera sistemática mensajes que son lingüísticamente, discursivamente y socialmente complejos. Toribio (2011: 530) propone que la **alternancia de códigos** se puede definir como el uso de dos lenguas en un mismo acto de habla. De manera sistemática, señala Toribio, se observa el cambio de una lengua a otra entre frases, cláusulas y enunciados. Veamos algunos ejemplos tomados de la novela *Yo-Yo Boing* de la escritora puertorriqueña Giannina Braschi (1998):

(1)   Ay, qué risa me da. Te lo juro, I didn't even notice.

(2)   ¿De qué te ríes? Drácula poseído por una víbora. Hey, ¿qué hace esa Sakura tirada in the middle of my room? No la quiero ver más en mi casa. How many times have I told you?

Los ejemplos en (1) y (2) muestran la alternancia del español y el inglés entre frases como en el caso de *¿Qué hace esa Sakura tirada in the middle of my room?* o entre cláusulas como en el ejemplo (2) *No la quiero ver más en mi casa. How many times have I told you?* En ambos casos, la alternancia cumple con la definición propuesta por Toribio (2011) según la cual el cambio de una lengua a otra ocurre cuando el mismo hablante hace uso de su turno en un sólo evento de habla.

Siguiendo muy de cerca los planteamientos de Toribio (2011), la presente sección ofrece un panorama de algunas características principales de la alternancia de códigos tales como una descripción de los usuarios, las motivaciones y los contextos donde se emplea la alternancia de códigos. El habla de los hispanos bilingües en los Estados Unidos muestra casos comunes de **préstamos lingüísticos** en los que se emplea una palabra del español cuando se habla inglés o viceversa (3). Asimismo, se ha estudiado el empleo de **calcos semánticos** los cuales consisten en la traducción literal de una expresión idiomática de una lengua a otra (4) (Toribio 2011: 532). Sobre este tipo de fenómeno discutiremos más adelante bajo la denominación de convergencia conceptual. La alternancia de códigos en sí implica el empleo de estructuras más complejas como los ejemplos en (1), (2) y (5).

(3)   Tráeme el *check/el cheque* (la cuenta).

(4)   *La máquina de contestar* (la contestadora) no sirve.

(5)   ¿Por qué llevarles la contraria? To make people uncomfortable? (Braschi, 1998)

El ejemplo en (3) presenta un caso en el que se emplea la palabra *check* para hacer referencia a la cuenta o monto a pagar en un restaurante. El ejemplo en (4) representa una traducción literal de la expresión *answering machine*, la cual se expresa en variedades monolingües como *contestadora* o *contestadora automática*. El ejemplo en (5) muestra el uso de dos cláusulas una en español y la segunda en inglés en un mismo segmento discursivo. Es decir, la alternancia ocurre entre cláusulas. Cada una de estas cláusulas se adapta perfectamente a la estructura gramatical de la lengua que se emplea. Toribio (2011: 534) destaca que la alternancia de códigos no se puede considerar una tercera lengua debido a que cuando se habla en español, la estructura se corresponde con la gramática española y cuando se habla en inglés se corresponde con la gramática inglesa.

Las personas que usan la alternancia de códigos se pueden describir como hispanos que poseen una habilidad o competencia lingüística avanzada tanto en inglés como en español (Toribio: 532). Estos hablantes, generalmente nacidos en los Estados Unidos, pueden cambiar de lengua dentro de una misma cláusula o entre cláusulas, como hemos visto en los ejemplos anteriores. El trabajo de Zentella (1997) destaca que la alternancia de códigos constituye una herramienta comunicativa que indica afiliación a dos culturas entre los hablantes bilingües. De esta forma, la concepción inicial según la cual la alternancia de códigos era vista como una distorsión se considera equivocada debido a que los hablantes que practican la alternancia de códigos lo hacen con propósitos comunicativos determinados. El uso de ambas lenguas implica que los hablantes poseen un conocimiento avanzado que les permite automáticamente emplear una u otra en alternancias dentro y entre cláusulas. En la caracterización de la población bilingüe de origen hispano en los Estados Unidos que propone Toribio (2011) se destaca la diversidad de la comunidad en cuanto a las habilidades lingüísticas. La autora propone una escala que incluye a los hablantes monolingües de español con diversos niveles de conocimiento de inglés, a los bilingües y a los miembros que son monolingües en inglés con diversos grados de habilidad en español. La figura 8.2 muestra una adaptación de la caracterización propuesta por Toribio (2011: 536).

La figura 8.2 describe un grupo de hablantes con diversos grados de bilingüismo. Entre los hablantes con niveles bajos de habilidad lingüística en español e inglés, es decir, aquellos hablantes que son esencialmente monolingües, se observan patrones de alternancia que se consideran simples. En estos casos se trata del uso de préstamos léxicos o de algunos marcadores discursivos (e.g. *you know, so*, etc.).

**Figura 8.2**    Patrones de alternancia empleados según la habilidad lingüística (adaptado de Toribio 2011: 536).

Los **marcadores del discurso** son unidades que se consideran como parte de una secuencia conectada las cuales sirven para marcar fronteras durante el acto de habla. La alternancia de códigos propiamente dicha es un asunto que se ha identificado solamente en el caso de hablantes con una alta habilidad lingüística tanto en inglés como en español, tal como queda representado en la figura 8.2. Toribio (2011) señala que la alternancia de códigos ocurre en aquellos lugares de los Estados Unidos en los que el inglés y el español han experimentado una larga e intensa situación de contacto y el uso reservado de un idioma u otro a cierto dominio se ha perdido. Un aspecto importante es que la alternancia de códigos muestra una sistematicidad que los hablantes bilingües conocen de manera intuitiva. De manera que no se trata de la mezcla de los idiomas de forma caótica, sino de forma estructurada, lo cual revela que existe una gramática de la alternancia de códigos. Una evidencia de que existen reglas se basa en el hecho de que la alternancia de códigos sólo puede ocurrir en ciertas fronteras morfosintácticas (Poplack 2004). Según el **principio de equivalencia**, se ha argumentado que la alternancia de oraciones se constituye de fragmentos en diferentes lenguas que se consideran gramaticales en la lengua a la que corresponde cada estructura (Poplack 2004). Toribio (2011: 538) provee un par de ejemplos útiles que ilustran la gramaticalidad de los enunciados en los que ocurre la alternancia de códigos.

(6)  a.  *Pues*, I can't talk right now. *Tengo un perro* and I have to walk it *ahorita* (Toribio 2011: 534).
  b.  Well, I can *no hablar ahora*. Ø Have a dog and I *tengo que pasear* him now (Toribio 2011: 534).

El punto importante de recordar es que los patrones más comunes de alternancia de códigos observados incluyen cambios entre cláusulas o dentro de cláusulas, pero siempre preservando la estructura gramatical de la lengua que se emplea (Toribio 2011: 534). Por ejemplo, en el primer enunciado (6a) la cláusula *Tengo un perro* es gramatical en español. Sin embargo, en (6b) *Ø Have a dog* es una cláusula agramatical en inglés porque no se expresa el sujeto. La omisión del sujeto puede ocurrir en español, pero no en inglés. Estas restricciones que explicamos en este párrafo reflejan tendencias generales, pero no existen suficientes investigaciones en las que se observen patrones de variación regional o social, lo cual constituye una tarea para investigaciones futuras (Toribio 2011: 539).

Las funciones de la alternancia de códigos constituyen un aspecto importante que se ha estudiado en la literatura previa sobre el tema. Toribio (2011) señala que estas funciones, en términos generales, pueden relacionarse con el propósito comunicativo específico que tenga el hablante, así como con una serie de factores que se originan en el contexto social. El trabajo de Zentella (1997) sobre un grupo de hablantes bilingües puertorriqueños que viven en Nueva York propone un detallado análisis de las funciones que cumple la alternancia de códigos. Zentella toma en cuenta tres funciones generales: (1) las que sirven para indicar las bases o cimientos del intercambio comunicativo, (2) las funciones que sirven para expresar clarificación o énfasis y (3) las que sirven para remediar la falta de una palabra o de una estructura.

*Funciones relacionadas con las bases o cimientos de la comunicación*
(7)   Vamos a preguntarle. It is raining! (Zentella 1997: 94)

(8)   Ella tiene. Shut up! Lemme tell you! (Zentella 1997: 95)

*Funciones de clarificación*
(9)   ¿No me crees? You don't believe me?

*Función remedial*
(10)   You should not take that out because you are gonna stay *mellá* (toothless).

Los ejemplos en (7) y en (8) muestran funciones relacionadas con las bases de la comunicación porque el hablante intenta indicar algún tipo de cambio. Por ejemplo, en (7) se observa un cambio de tópico. En el caso del ejemplo en (8) la alternancia de códigos refuerza la intensidad del mandato de acuerdo con lo que explica Zentella (1997: 95). En (9) observamos un caso en el cual el hablante posee todos los recursos para expresarse en ambas lenguas, pero emplea el cambio de códigos como una estrategia de clarificación o énfasis. El último ejemplo en (10) muestra una frase en la que el hablante ha olvidado una palabras (i.e. toothless) y emplea la alternancia para usar el término en español (i.e. *mellá*). La investigación de Zentella determina que las participantes en su estudio tenían una habilidad lingüística alta en ambos idiomas por lo cual las funciones relacionadas con los cimientos de la comunicación y las de clarificación y énfasis fueron las que más comúnmente se observaron en la muestra. De igual forma, este hallazgo refuerza las ideas presentadas anteriormente según las cuales la alternancia de códigos es un fenómeno exclusivo de hablantes con una habilidad lingüística alta tanto en inglés como en español. Zentella (1997: 113) sintetiza el valor funcional de la alternancia de códigos de la siguiente forma:

> La alternancia de códigos es fundamentalmente una actividad de conversación mediante la cual los hablantes negocian el significado entre ellos (. . .) Entre los niños del bloque la construcción de una identidad bilingüe Nueva Yorkina/Puertorriqueña se ve facilitada por el uso de la alternancia que responde a factores del contexto que son observables como el lugar o los hablantes, y que reflejan el conocimiento de cómo comportarse durante las conversaciones. De importancia particular son las estrategias que permiten al hablante realinear las bases de la comunicación, clarificar o enfatizar el mensaje y controlar a sus interlocutores. (mi traducción)

> (Code-switching is, fundamentally, a conversational activity via which speakers negotiate meaning with each other (. . .) Among el bloque's children, the construction of a NYPR bilingual identity was facilitated by switches that responded to parts of the micro context that were "on the spot" observables such as setting and speakers, and reflected "in the head" knowledge of how to manage conversations. Of particular importance were conversational strategies that allowed speakers to realign their footing, to clarify or emphasize their messages, and to control their interlocutors).

Las situaciones en las que se emplea la alternancia de códigos regularmente están determinadas por las normas de interacción entre miembros de la misma comunidad. Como hemos visto, la alternancia de códigos suele ocurrir en comunidades en las que existe un bilingüismo prolongado. El cambio de lenguas es un recurso comunicativo y en muchos casos se convierte en una forma convencional de comportamiento (Toribio, 2011). Precisamente, Toribio (2011) señala que la convencionalización y la asociación del uso de la alternancia de códigos entre la población latina se nota en el hecho de que los medios de comunicación emplean mensajes en los que se combinan el español y el inglés. El ejemplo en (11) muestra el texto de un anuncio comercial de los productos de belleza Clinique publicado en la revista *Latina* dirigida a la mujer hispana.

(11)   Even Better. Pareja Poderosa.

El comercial se refiere al producto Even Better que consiste de un corrector de manchas de la piel en combinación con una base de maquillaje. Resulta importante destacar que el mercadeo de productos entre la población latina de los Estados Unidos muestre esta nueva tendencia que apela a la identidad bilingüe de la población. De acuerdo con Toribio, el uso de ambas lenguas en los medios revela una mayor aceptación de la alternancia de códigos en los Estados Unidos.

El trabajo de Zentella (1997) provee algunos datos interesantes sobre los niños bilingües que ella investiga en la ciudad de Nueva York. Generalmente los niños de la comunidad puertorriqueña de Nueva York crecen escuchando español en el hogar. Las abuelas y las madres tienden al uso del español en contextos de intimidad, tales como la casa y el vecindario. Sin embargo, esta tendencia general varía en ciertos hogares donde las personas a cargo de los niños hablan tanto inglés como español. Un patrón que indica la transición hacia el inglés se observa en los niños que prefieren hablar en esta lengua entre ellos mismos. El estudio de Zentella (1997) también revela que la figura masculina suele hablar inglés con los niños. En muchos casos, la norma que emerge de los diferentes modelos analizados en la comunidad indica que los niños relacionan a las mujeres, y especialmente si son mayores, con el uso del español.

En resumen, hemos visto que la alternancia de códigos se define como el uso de dos lenguas en un mismo acto de habla. La alternancia suele ocurrir entre cláusulas o dentro de una misma cláusula. Las investigaciones previas indican que los hablantes siguen la gramática de cada idioma cuando emplean la alternancia y que suele ocurrir en ciertas fronteras lingüísticas. La población que emplea la alternancia de códigos se ha descrito como una comunidad en la que existe un bilingüismo prolongado y la cual posee una alta habilidad lingüística en ambas lenguas. En cuanto a las funciones, hemos destacado los hallazgos del estudio de Zentella (1997), quien propone tres funciones generales: (1) las que sirven para indicar las bases o cimientos del intercambio comunicativo, (2) las funciones que sirven para expresar clarificación o énfasis y (3) las que sirven para remediar la falta de una palabra o de una estructura. Los usuarios de la alternancia de códigos suelen emplearla cuando están con miembros de su propia comunidad en contextos íntimos como el hogar y el vecindario. En estudios recientes se plantea que la alternancia de códigos se ha convencionalizado, por lo cual resulta difícil identificar funciones específicas para justificar su uso.

*Preguntas de comprensión*
1. ¿Por qué tiene la palabra *spanglish* una connotación negativa? ¿Cuál es la opinión de los especialistas en cuanto a esta connotación?
2. ¿Por qué no se puede considerar la alternancia de códigos como una lengua particular?
3. ¿En qué se distinguen el empleo de préstamos lingüísticos y la alternancia de códigos?
4. Distingue las tres funciones de la alternancia de códigos según Zentella (1997).
5. Según Zentella (1997), ¿quiénes son los responsables de la potencial preservación del español y quiénes son los responsables de su posible pérdida?

## Para investigar y pensar:

Busca *¿Qué pasa USA?* en YouTube e identifica algunas características de la alternancia de códigos entre los personajes (¿Quiénes usan la alternancia de códigos? ¿Con quién? ¿En qué situaciones? ¿Con qué frecuencia?)

## 8.4   Adaptación funcional y convergencia conceptual

En esta sección describimos algunas de las diferencias más notables que ocurren en el habla de las comunidades bilingües en los Estados Unidos. En la sección anterior acerca de la alternancia de códigos hicimos énfasis en cuanto a la selección del inglés y el español y los usuarios y situaciones en que se usan ambas lenguas. En este caso, la idea es discutir algunas de las influencias directas del inglés en el español de los bilingües. A pesar de que en muchos aspectos el español que se habla en Latinoamérica y España es semejante al que se oye en los Estados Unidos, hay rasgos característicos que se podrían atribuir a la situación de contacto con el inglés (Otheguy 2011: 504). En particular, el trabajo de Otheguy (2011) propone los conceptos de convergencia conceptual y de adaptación funcional para explicar los fenómenos de cambio lingüístico que se observan en situaciones de contacto lingüístico tal como es el caso del español y el inglés en Norteamérica.

Otheguy (2011: 504) emplea el término **convergencia conceptual** para definir los casos en que los hablantes bilingües muestran una tendencia a unificar la expresión de ideas en las dos lenguas en lugar de usar las formas comúnmente diferentes que suelen favorecer los hablantes monolingües. En cuanto a los hablantes bilingües estadounidenses, se habla de convergencia conceptual para indicar el hecho de que se dicen en español expresiones que serían semejantes en inglés. Otheguy (2011: 513) ofrece un ejemplo que ilustra esta tendencia a partir de los términos *secretario de estado* (denominación que se origina del inglés *secretary of state*) y *ministro de relaciones exteriores* (usualmente empleado en los países hispanos). Otro ejemplo ilustrativo podría ser el uso del término *escuela alta* el cual proviene del inglés *high school* en lugar de *escuela secundaria* o *educación secundaria* tal como se dice de manera normativa en variedades de español monolingüe. Cuando un hablante bilingüe dice *secretario de estado* para referirse al cargo de *ministro de relaciones exteriores* en un país latinoamericano o cuando dice *escuela alta* en lugar de *secundaria*, se evidencia una tendencia a favorecer la conceptualización que se hace en inglés.

La investigación de Otheguy (2011) hace referencia a la noción de **adaptación funcional** para referirse a procesos de simplificación, regularización y la preferencia por las formas no marcadas en variedades de contacto. En el capítulo 1 de este libro, hemos hablado de la **simplificación** como un proceso que implica la reducción. De hecho, Silva-Corvalán (1994: 3) define la simplificación como una reducción de las opciones en cuanto a formas lingüísticas, expresión de contenidos semánticos o funciones sintácticas. En la sección de conservación o pérdida del español, vimos el ejemplo del uso del indicativo en contextos donde se esperaría el subjuntivo como un ejemplo que Silva-Corvalán analiza como producto de la simplificación. El capítulo 1 del presente libro también hace referencia al concepto de **regularización** entendido como el proceso mediante el cual un patrón productivo con una aplicación más amplia en la lengua se impone frente a formas poco frecuentes y excepcionales (e.g. emplear el participio regular *imprimido* en lugar del irregular *impreso* o emplear *cubrido* en lugar de *cubierto*). La idea de formas no marcadas supone una preferencia por unidades lingüísticas que se consideran básicas y frecuentes en las gramáticas. Así por ejemplo, la preferencia por las formas de género masculino frente a las formas femeninas se podría considerar como un ejemplo que indica la marcadez de las formas del femenino en español. El trabajo de Montrul y Potowski (2007: 315) muestra que en grupo de niños monolingües y bilingües hubo mayor certeza en el uso de las formas masculinas en comparación con el femenino. Estos resultados se podrían interpretar como evidencia en favor de la idea de que las formas masculinas suelen ser más comunes, por lo cual los niños las adquieren primero que las formas femeninas.

En cuanto a la adaptación funcional, el trabajo de Otheguy (2011) ofrece algunos ejemplos de simplificación que suelen ser comunes en el habla de los bilingües de la ciudad de Nueva York. El primer ejemplo tiene que ver con la adaptación de préstamos del inglés a la fonología española en los que generalmente se eliden segmentos en posición final de sílaba. El segundo ejemplo muestra la adopción de préstamos del inglés que suelen ser de estructura más corta y simple. El tercer ejemplo tiene que con el predomino en el uso de las formas en masculino en los préstamos que se adoptan del inglés. Finalmente, la omisión de *a* en los objetos directos animados se presenta como un caso que ilustra la simplificación.

(12)   *Lánlol* en lugar de *landlord*. (Otheguy 2011: 506)

(13)   *Apoinmen* en lugar de *appointment*. (Otheguy 2011: 506)

(14)   *Grin car* en lugar de *green card*. (Otheguy 2011: 506)

Los ejemplos en (12), (13) y (14) son casos que muestran la españolización de palabras inglesas que emplean los hablantes bilingües en Nueva York. Con el término **españolización**, nos referimos al uso de la fonología del español para pronunciar los préstamos del inglés. Por ejemplo, en (12) observamos la eliminación de la consonante [d] en posición final de sílaba, así como la lateralización de la consonante "*r*" en *lord*. En (13) también se evidencia la eliminación de la consonante [t].

(15)   *el cash* en lugar de *el efectivo*. (Otheguy 2011: 506)

(16)   *el army* en lugar de *el ejército*. (Otheguy 2011: 506)

(17)   *way* en lugar de *manera*. (Otheguy 2011: 506)

En el caso de los ejemplos en (15), (16) y (17), Otheguy (2011) explica que las investigaciones de Shin (2010) han comprobado estadísticamente que los hablantes bilingües suelen emplear préstamos del inglés que tienen una estructura silábica más corta que las palabras correspondientes en español. Debido a este tipo de evidencia se considera que estos ejemplos se corresponden con la adaptación funcional.

(18)   *Tengo que ir a ver Rebeca* en lugar de *Tengo que ir a ver a̱ Rebeca*. (Otheguy 2011: 506)

(19)   *Sonia siempre supo convencer sus colegas* en lugar de *Sonia siempre supo convencer a̱ sus colegas*. (Otheguy 2011: 506).

Los dos últimos ejemplos se corresponden con la omisión de la preposición *a* que actúa como un marcador de objetos directos animados (i.e. a *Rebeca* y a *sus colegas*). Este es otro caso de simplificación estructural que ilustra la adaptación funcional.

La definición de convergencia conceptual, de acuerdo con lo que explica Otheguy (2011: 511), implica que las expresiones que emplean los hablantes bilingües se apartan de las variedades monolingües para reflejar la lengua mayoritaria con la que tienen contacto. Para los hablantes hispanos bilingües de los Estados Unidos, esto significa que se favorece el inglés en el proceso de conceptualización. Es decir, cuando se habla en español se favorecen las conceptualizaciones propias del inglés y no viceversa (Otheguy 2011: 513). La alineación con las expresiones en la lengua mayoritaria pueden darse en el nivel del significado léxico, así como en el nivel del significado gramatical. Veamos los siguientes ejemplos en su mayoría extraídos de Otheguy (2011: 514–515).

(20)   *Me tengo que lavar el pelo* en lugar de *Me tengo que lavar la cabeza*.

(21)   *Tengo que perder peso* en lugar de *Tengo que adelgazar*.

(22)   *Déjame saber* en lugar de *Avísame*.

(23)   *Vida en prisión* en lugar de *cadena perpetua*.

(24)   *Me rompí mi brazo* en lugar de *Me rompí el brazo*.

(25)   *Te llamo para atrás* en lugar de *Te devuelvo la llamada*.

Los ejemplos en (20 a 25) representan diferentes instancias en las que los hablantes bilingües favorecen la conceptualización proveniente del inglés. Por ejemplo, en (20) el uso de la frase nominal *el pelo* se alinea con la conceptualización inglesa *I have to wash my hair*. El ejemplo en (21) ilustra una expresión que se deriva de la conceptualización inglesa *I have to lose weight*, por lo cual se usa *perder peso*. La frase *déjame saber* en (22) se alinea con la expresión en inglés *Let me know*, para la cual los hablantes monolingües usan *avísame* o *avíseme* en su versión para la segunda persona formal (i.e. *usted*). El uso de la frase *vida en prisión* en el habla bilingüe proviene del inglés *life in prison*, concepto que se expresa en español como *cadena perpetua*. En (24) y (25) se ilustran ejemplos de significados gramaticales como el uso del posesivo para las partes del cuerpo <u>mi</u> *brazo*, un patrón típico del inglés en lugar de la versión española <u>el</u> *brazo* en la que se conceptualiza la especificidad del referente (Otheguy 2011: 515). La expresión en (25) se deriva del inglés *I will call you back* en lugar de la frase española *te devuelvo la llamada*. Lo que se revela en estos ejemplos es que los hablantes bilingües favorecen la expresión de significados de una manera en que se unifican las conceptualizaciones en español y en inglés. Si bien es cierto que estas nuevas conceptualizaciones no son empleadas en los países de habla hispana, éstas revelan las influencias del contexto cultural estadounidense y de la lengua mayoritaria: el inglés.

*Preguntas de comprensión*
1.   Define en tus propias palabras los procesos de *convergencia conceptual* y *adaptación funcional*.
2.   ¿Qué implica el uso de estos procesos que se documentan en el habla de los hablantes bilingües en los Estados Unidos?

## Para investigar y pensar:

Identifica cuatro ejemplos en los que se pueda ver la convergencia conceptual. Una vez que identifiques ejemplos diferentes de los presentados en este capítulo, contesta las siguientes preguntas: ¿cómo se expresan tales ideas en inglés y en español normativo? ¿Qué comunidades en los Estados Unidos emplean los ejemplos que has identificado? ¿Por qué crees que se tratan de buenos ejemplos de convergencia conceptual? Explica.

## Resumen

En la primera parte de este capítulo hemos visto que se calcula que el español es hablado por más de 400 millones de personas en el mundo. De hecho, el español es la cuarta lengua más hablada en el mundo después del mandarín, el inglés y el hindi. En el caso de los Estados Unidos se han contabilizado 32.300.000 millones de hablantes, lo cual representa que nuestro país es el quinto país donde se habla español por encima de países como Perú y Venezuela, entre otros. Según cálculos propuestos por investigadores como López Morales (2005), la población hispana seguirá creciendo y se espera que los hablantes de español lleguen a ser 535 millones. Esta misma tendencia de crecimiento se refleja en las cifras de la Oficina del Censo de los Estados Unidos de acuerdo con los datos correspondientes al 2010. Las mayores concentraciones de comunidades hispanas según el censo de 2010 se localizan en California, Texas, Florida, Nueva York, Illinois, Arizona, Nueva Jersey y Colorado.

También se ha discutido en este capítulo el tema relacionado con la conservación o pérdida del español entre los bilingües hispanos. En los trabajos dedicados a las diversas regiones donde la población hispana es numerosa se observa una tendencia a perder el español hacia la segunda y tercera generación. Una serie de factores relacionados con las características de las comunidades, aspectos socioculturales y de identidad se han tomado en cuenta para explicar este patrón que favorece la pérdida del español en los grupos de hispanos nacidos en los Estados Unidos. Entre los aspectos que destacan en todas las regiones estudiadas se pueden mencionar que la asimilación mediante la incorporación al sistema educativo y el establecimiento de redes sociales en las que se favorece el inglés contribuyen a explicar el bilingüismo de transición. De manera que los bilingües que llegan a los Estados Unidos temprano en la niñez y que se incorporan al sistema educativo tienden a la asimilación cultural y la consecuente pérdida del español aunque éste sea el idioma empleado en la casa y en contextos de intimidad. La apariencia de que el español permanece vivo en muchas áreas de los Estados Unidos se debe a la presencia de grupos de primera generación que se concentran en áreas donde viven otros hispanos, especialmente en estados como Texas y Nuevo México y, en ocasiones, en comunidades cercanas a la frontera con México. Sin embargo, los hallazgos de trabajos de investigación sobre este tema revelan que para la tercera generación se observa una asimilación completa de los hispanos hacia la cultura mayoritaria y su lengua.

La sección dedicada a la alternancia de códigos propuso una descripción del fenómeno según la cual éste se trata de un recurso comunicativo empleado por hablantes bilingües con competencias desarrolladas en ambos idiomas para expresar de manera sistemática mensajes que son complejos desde el punto de vista lingüístico, discursivo y social. Los hablantes bilingües que viven en comunidades donde la situación de contacto con el inglés ha sido prolongada muestran tendencias favorecedoras del uso tanto del inglés como del español en un mismo acto de habla. Se ha observado que la alternancia suele ocurrir con otros miembros de la misma comunidad en situaciones de intimidad en el intercambio con los amigos y con la familia. La alternancia suele ocurrir en ciertas fronteras lingüísticas específicas, lo cual revela que existe una estructura que es aceptable entre los hablantes que lo emplean. En cuanto a las funciones, hemos destacado los hallazgos del estudio de Zentella (1997), quien propone tres funciones generales: (1) las que sirven para indicar las bases o cimientos del intercambio comunicativo, (2) las funciones que sirven para expresar clarificación o énfasis y

(3) las que sirven para remediar la falta de una palabra o de una estructura. Los usuarios de la alternancia de códigos suelen emplearla cuando están con miembros de su propia comunidad en contextos íntimos como el hogar y el vecindario. En estudios recientes se plantea que la alternancia de códigos se ha convencionalizado, por lo cual resulta difícil identificar funciones específicas para justificar su uso.

La última parte de este capítulo la dedicamos a estudiar aspectos que son característicos del habla bilingüe entre los hispanos en los Estados Unidos. Estos fenómenos que se pueden atribuir a la influencia del inglés los hemos descrito siguiendo las propuestas de Otheguy (2011). En este sentido, hemos explicado la noción de convergencia conceptual, la cual implica que las expresiones que emplean los hablantes bilingües se apartan de las variedades monolingües para reflejar la lengua mayoritaria con la que tienen contacto. Para los hablantes hispanos bilingües de los Estados Unidos, esto significa que se favorece el inglés en el proceso de conceptualización. Asimismo, estudiamos el concepto de adaptación funcional para referirnos a procesos de simplificación, regularización y la preferencia por las formas no marcadas en variedades de contacto. El capítulo presenta numerosos ejemplos que ilustran ambos conceptos siguiendo la literatura previa.

*Ejercicios*

DEFINICIONES. Utiliza los términos de la lista para completar los espacios en blanco de las definiciones correspondientes.

| | |
|---|---|
| La adaptación funcional | La alternancia de códigos |
| La convergencia conceptual | La diglosia |
| Los dominios | La evaluación sociolingüística |
| La simplificación | Los préstamos léxicos/lingüísticos |
| El principio de equivalencia | |

1. _____ es el conjunto de factores sociales y lingüísticos que influyen en la adopción de la lengua mayoritaria y en la conservación o pérdida de la lengua minoritaria.
2. Los lugares donde ocurre el uso preferencial de una lengua se llaman _____.
3. _____ se define como la idea de que la alternancia de códigos consta de fragmentos lingüísticos completos, los cuales se consideran gramaticales.
4. La tendencia a unificar la expresión de ideas distintas en dos idiomas se conoce como _____.
5. _____ se describe como el uso de una lengua en ciertos contextos y de otra lengua en otros contextos.
6. _____ es la pérdida de un contraste lingüístico en ciertos contextos donde debe ocurrir según las reglas gramaticales (i.e. el uso del indicativo en *Dudo que vas*).

7. _____ es el empleo de una palabra en un idioma cuando se está hablando otro (e.g. I went to the *mercado* o Tuve que devolver el libro tarde, *you know?*).

8. _____ se define como el uso de dos lenguas en el mismo acto de habla.

9. La preferencia por las formas no marcadas en variedades de contacto lingüístico se llama _____.

*Aplicación*

Lee atentamente los siguientes textos (tomados del artículo "Spanish-English Code Switching among US Latinos" por Toribio 2002) y determina cuál de ellos representa una forma legítima de alternancia de códigos. El análisis se debe basar en la estructura gramatical correspondiente a cada texto. ¿Cuáles son los patrones que parecen respetar la descripción que se ha hecho en este capítulo sobre la alternancia de códigos? Razona y coloca ejemplos concretos de cada texto.

## 1   The Beggar Prince/EL PRÍNCIPE PORDIOSERO

EL REY ARNULFO TENÍA UNA HIJA MUY HERMOSA QUE SE LLAMABA GRACIELA. AL CUMPLIR ELLA LOS VEINTE AÑOS, EL REY INVITÓ many neighboring princes to a party. Since she was unmarried, he wanted her to choose UN BUEN ESPOSO. Princess Grace was sweet Y CARIÑOSA CON TODOS. TENÍA SOLAMENTE UN DEFECTO: she was indecisive. Surrounded by twelve suitors, she could not decide, and the King SE ENOJÓ. GRITÓ, "¡JURO POR DIOS QUE TE CASARÉ CON EL PRIMER HOMBRE that enters this room!" At the exact moment, a beggar, who had evaded A LOS PORTEROS, ENTRÓ EN LA SALA. EXCLAMÓ, "¡ACABO DE OÍR LO QUE DIJO USTED! JURÓ POR DIOS! The princess is mine!" There was no going back on such a solemn oath Y EL PORDIOSERO SE PREPARÓ PARA LA BODA. Everyone was surprised to see LO BIEN QUE SE VEÍA in his borrowed clothes. DESPUÉS DE ALGUNAS SEMANAS, the beggar made an announcement to the princess. EL NUEVO ESPOSO LE DIJO A LA PRINCESA that the time had come to leave the palace. They had to return to his meager work and a house QUE ERA MUY HUMILDE . . .

## 2   Snow White and the Seven Dwarfs/ BLANCANIEVES Y LOS SIETE ENANITOS

ÉRASE UNA VEZ UNA LINDA PRINCESITA BLANCA COMO LA NIEVE. SU MADRASTRA, LA REINA, TENÍA UN MÁGICO mirror on the wall. The queen often asked, "who is the MÁS HERMOSA DEL VALLE?" Y UN DÍA EL mirror answered, "Snow White is the fairest one of all!" Very envious and evil, the REINA MANDÓ A UN

CRIADO QUE MATARA A LA PRINCESA. EL CRIADO LA LLEVÓ AL BOSQUE Y out of compassion abandoned LA ALLÍ. A squirrel took pity on the princess and led her to a PEQUEÑA CABINA EN EL MONTE. EN LA CABINA, VIVÍAN SIETE ENANITOS QUE returned to find Snow White asleep in their beds. Back at the palace, the stepmother again asked the ESPEJO: "Y AHORA, ¿QUIÉN ES LA MÁS BELLA?" EL ESPEJO OTRA VEZ LE answered, without hesitation, "Snow White!" The queen was very angry and set out to find the CASITA DE LOS ENANITOS. DISFRAZADA DE VIEJA, LA REINA LE OFRECIÓ A BLANCANIEVES UNA MANZANA QUE HABÍA laced with poison. When Snow White bit into the apple, she CAYÓ DESVANECIDA AL SUELO. POR LA NOCHE, LOS ENANITOS LA found, seemingly dead . . .

*Términos importantes para estudiar y recordar*

Bilingüsmo
Evaluación sociolingüística
Dominios
Diglosia
Bilingüismo de transición
Ideología del monolingüismo
Alternancia de códigos
Préstamos lingüísticos
Calcos semánticos
Marcadores del discurso
Principio de equivalencia
Convergencia conceptual
Adaptación funcional
Simplificación
Españolización
Regularización
Spanglish

# Glosario

**Bilingüismo:** el término *bilingüismo* se emplea para hacer referencia a aquellas personas que hablan dos lenguas sin distinguir el nivel de dominio en cada una de ellas.

**Dominios:** el término *dominios* hace referencia al ámbito o contexto social en que se emplea una lengua determinada (e.g. la escuela, el trabajo, la familia, las amistades, etc.).

**Diglosia:** la palabra *diglosia* se emplea para describir la especialización en el uso de una lengua para determinadas situaciones.

**Evaluación sociolingüística:** se trata del conjunto de factores que inciden en la conservación o en la adopción de la lengua mayoritaria. Estos factores se pueden considerar como una combinación de las características de la comunidad de habla, algunas variables estructurales que describen aspectos socioculturales de los grupos involucrados y de los elementos relacionados con las actitudes de los individuos (Porcel 2011: 625).

**Bilingüismo de transición:** el concepto de *bilingüismo de transición* se emplea para describir el uso del español en la primera generación y el uso del inglés en las generaciones más jóvenes entre los hispanos que viven en los Estados Unidos. Este patrón de uso refleja la pérdida del español en la segunda y tercera generación.

**Ideología del monolingüismo:** de acuerdo con esta noción, el inglés se considera un instrumento fundamental de cohesión sociocultural. Porcel (2011: 263) cita las palabras del presidente Theodore Roosevelt las cuales reflejan en parte esta *ideología del monolingüismo*: "Debemos tener una sola bandera. Debemos tener una sola lengua [...] La grandeza de esta nación depende de la rápida asimilación de los extranjeros que acogemos en nuestro territorio". Los que proponen la ideología del monolingüismo defienden la noción de que cada nación tiene una sola lengua y de que esta unidad lingüística garantiza la homogeneidad y la unidad cultural.

**Alternancia de códigos:** la alternancia de códigos se puede definir como el uso de dos lenguas en un mismo acto de habla.

**Préstamos lingüísticos:** un préstamo lingüístico ocurre cuando se emplea una palabra del español cuando se habla inglés o viceversa (e.g. Tráeme el *check/el cheque* (la cuenta).

**Calcos semánticos:** un calco semántico consiste en la traducción literal de una expresión idiomática de una lengua a otra (e.g. *la máquina de contestar* en lugar de *la contestadora*).

**Marcadores del discurso:** los marcadores del discurso son unidades que se consideran como parte de una secuencia conectada las cuales sirven para marcar fronteras durante el acto de habla.

**Principio de equivalencia:** el principio de equivalencia plantea que la alternancia de oraciones se constituye de fragmentos en diferentes lenguas que se consideran gramaticales en la lengua a que corresponde cada estructura (Poplack 2004).

**Convergencia conceptual:** se emplea el término *convergencia conceptual* para definir los casos en que los hablantes bilingües muestran una tendencia a unificar la expresión de ideas en las dos lenguas en lugar de usar las formas comúnmente diferentes que suelen favorecer los hablantes monolingües. Este término es sinónimo de calco semántico (e.g. *escuela alta* en lugar de *escuela secundaria*).

**Adaptación funcional:** Otheguy (2011) hace referencia a la noción de adaptación funcional para referirse a procesos de simplificación, regularización y a la preferencia por las formas no marcadas en variedades de contacto.

**Simplificación:** se usa el término *simplificación* para hacer referencia a una reducción de las opciones en cuanto a formas lingüísticas, expresión de contenidos semánticos o funciones sintácticas.

**Españolización:** el término *españolización* hace referencia al uso de la fonología del español para pronunciar los préstamos del inglés.

**Regularización:** la regularización es el proceso mediante el cual un patrón productivo con una aplicación más amplia en la lengua se impone frente a formas poco frecuentes y excepcionales (e.g. emplear el participio regular *imprimido* en lugar del irregular *impreso* o emplear *cubrido* en lugar de *cubierto*).

**Spanglish:** spanglish es un término que se emplea en la cultura popular para hacer referencia a la alternancia de códigos entre el español y el inglés.

## Notas

1   Estas cifras provienen de Ennis, Sharon, Ríos-Vargas, Merarys y Albert, Nora. 2010. *The Hispanic population: 2010*. Oficina del Censo de los Estados Unidos. Disponible en www. census.gov/population/www/cen2010/glance/index.html.

2   Esta cifra se basa muy probablemente en un aproximado del censo del año 2000.

## Referencias bibliográficas citadas

Azevedo, Milton M. 2006. *Introducción a la lingüística española*. Upper Saddle River, NJ: Prentice Hall.

Braschi, Giannina. 1998. *Yo-yo boing!* Seattle: AmazonEncore.

Castellanos, Isabel. 1990. The use of English and Spanish among Cubans in Miami. *Cuban Studies* 20, 49–63.

Ennis, Sharon, Merarys Ríos-Vargas y Nora Albert. 2010. *The Hispanic population: 2010*. Oficina del Censo de los Estados Unidos. Disponible en www.census.gov/population/www/cen2010/glance/index.html (consultado el 3 de agosto de 2012).

Fishman, Joshua. 1972. Societal bilingualism: Stable and transitional. *Language in Socio-Cultural Change*, 135–152. Stanford, CA: Stanford University Press.

Greenfield, Lawrence y Joshua Fishman. 1968. Situational measures of language use in relation to person, place, and topic among Puerto Rican bilinguals. En Joshua Fishman, Robert Cooper, Roxana Ma et al. (eds.), *Bilingualism in the barrio*, 430–458. Nueva York: US Department of Health, Education and Welfare.

Hudson, Alan, E. Hernández-Chávez y G. Bills. 1995. The many faces of language maintenance: Spanish language claiming in five Southwestern states. En Carmen Silva-Corvalán. *Spanish in four continents: Studies in language contact and bilingualism*, 165–183. Washington, DC: Georgetown University Press.

Jenkins, Devin L. 2010. The state(s) of Spanish in the Southwest: A comparative study of language maintenance and socioeconomic variables. En Daniel Villa y Susana Mills (eds.), *Spanish of the Southwest: A language of transition*, 133–156. Madrid: Iberoamericana.

López Morales, Humberto. 2006. El futuro del español. *Enciclopedia del español en el mundo*. Madrid: Instituto Cervantes.

Montrul, Silvina y Kimberly Potowski. 2007. Command of gender agreement in school-age Spanish-English bilingual children. *International Journal of Bilingualism* 11.3, 301–328.

Oswald, Meryn. 2010. Death of the dutchy. Disponible en http://www.pabook.libraries.psu.edu/palitmap/PADutch.html (consultado el 12 de junio de 2012).

Otheguy, Ricardo. 2011. Functional adaptation and conceptual convergence in the analysis of language contact in the Spanish of bilingual communities in New York. En Manuel

Díaz-Campos (ed.), *The handbook of Hispanic sociolinguistics*, 504–529. Oxford: Wiley-Blackwell.

Poplack, Shana. 2004. Code-switching. En U. Ammon, N. Dittmar, K.J, Mattheir y P. Trudgill (eds.), *Soziolinguistik. An international handbook of the science of language*, second edition. Berlín: Walter de Gruyter.

Porcel, Jorge. 2006. The paradox of Spanish among Miami Cubans. *Journal of Sociolinguistics* 10, 93–110.

Porcel, Jorge. 2011. Language maintenance and shift among US Latinos. En Manuel Díaz-Campos (ed.), *The handbook of Hispanic sociolinguistics*, 623–645. Oxford: Wiley-Blackwell.

Saussure, Ferdinand de. 1945. *Curso de lingüística general*. Buenos Aires: Editorial Losada.

Shin, Naomi. 2010. Efficiency in lexical borrowing in New York Spanish. *International Journal of the Sociology of Language* 203, 45–59.

Silva-Corvalán, Carmen. 1994a. The gradual loss of mood distinctions in Los Angeles Spanish. *Language Variation and Change* 6, 255–272.

Silva-Corvalán, Carmen. 1994b. *Language contact and change: Spanish in Los Angeles*. Oxford: Oxford University Press.

Toribio, Almeida Jacqueline. 2002. Spanish English code-switching among US Latinos. *International Journal of the Sociology of Language* 158, 89–119.

Toribio, Almeida Jacqueline. 2011. *Code-switching among US Latinos*. En Manuel Díaz-Campos (ed.), *The handbook of Hispanic sociolinguistics*, 530–552. Oxford: Wiley-Blackwell.

Zentella, Ana Celia. 1997. *Growing up bilingual: Puerto Rican children in New York*. Oxford: Blackwell.

# Capítulo 9

# El español como lengua de herencia

En el capítulo 8 hemos estudiado que existe una población substancial de origen hispano en los Estados Unidos. Muchos de estos hablantes son de la segunda generación y crecen escuchando español en la casa, pero una vez que comienzan la escuela adquieren habilidades lingüísticas en inglés. Este proceso de escolarización monolingüe en inglés resulta fundamental para explicar uno de los factores que condiciona la pérdida del español y la transición completa hacia el inglés. El objetivo de este capítulo es discutir acerca de este tipo de hablantes que representan el caso de la segunda o tercera generación de hispanos, nacidos y formados en los Estados Unidos. En la primera sección se hacen algunas precisiones en cuanto al perfil de los hablantes de herencia. La ideología lingüística y el español en los Estados Unidos es el tópico que se desarrolla en la segunda sección. En la tercera sección se discute acerca de las políticas de planificación lingüística y su efecto en la población de los hablantes de lengua de herencia. La última sección de este capítulo está dedicada a una serie de temas relacionados con las necesidades educativas de esta población de hablantes bilingües. En resumen, las secciones que componen el capítulo son las siguientes:

- ¿Quiénes se consideran hablantes de herencia?
- Ideología lingüística y español en los EE. UU.
- Planificación lingüística en los EE. UU.
- Necesidades de los hablantes de herencia en la escuela

## 9.1 ¿Quiénes se consideran hablantes de herencia?

Con respecto al uso del término **lengua de herencia**, Valdés y Geoffrion-Vinci (2011: 598) argumentan que en los Estados Unidos se emplea para hacer referencia

*Introducción a la Sociolingüística Hispánica*, First Edition. Manuel Díaz-Campos.
© 2014 John Wiley & Sons, Inc. Published 2014 by John Wiley & Sons, Inc.

a un campo nuevo que se ocupa de la investigación, conservación y revitalización de lenguas minoritarias. En el caso particular que nos ocupa, el término haría referencia a las comunidades de hispanos y a la enseñanza del español en el contexto escolar. Según estos autores, la necesidad de hablar de estudiantes de lengua de herencia parece motivada por el crecimiento de la población de hablantes "nativos" en cursos dirigidos a estudiantes de segunda lengua. De hecho, en un documento sobre Estándares para la Enseñanza de Lenguas Extranjeras preparado por el *Consejo Norteamericano para la Enseñanza de las Lenguas Extranjeras* en 1996 (*American Council for the Teaching of Foreign Languages* ACTFL) se emplea por primera vez esta denominación que hace referencia a los hablantes de herencia (Valdés y Geoffrion-Vinci 2011: 600).

Estas ideas generales sobre lo que significa la palabra herencia en este contexto dejan abiertas una serie de preguntas sobre las implicaciones que sugiere el uso del término. Valdés y Geoffrion-Vinci (2011: 598) discuten las definiciones propuestas en la literatura previa y señalan la diversidad de criterios que se incluyen de acuerdo con algunos investigadores. Entre los elementos que se destacan encontramos los siguientes: (1) los hablantes de herencia tienen lazos familiares o culturales con lenguas diferentes del inglés en los Estados Unidos, (2) de igual forma estos hablantes poseen algún grado de habilidad lingüística para entender o comunicarse en la lengua patrimonial y, por último, (3) se sugiere que hay un componente individual de acuerdo con el cual el hablante de herencia reconoce su pertenencia y participación como parte del grupo minoritario. Estos tres elementos incluidos en la literatura previa apuntan a que el hablante de herencia tiene una conexión personal con la lengua patrimonial, lo que quiere decir que una gran mayoría de los hispanos en los Estados Unidos han crecido en hogares donde se habla español y poseen algún conocimiento de la lengua que les permite entender o comunicarse en español.

A pesar de que el grado de bilingüismo es variable según las habilidades lingüísticas de los hablantes, muchos investigadores y profesores de segunda lengua han notado que las necesidades de esta población son diferentes de las que típicamente tienen los hablantes monolingües de inglés que aprenden español (Valdés y Geoffrion-Vinci 2011). De manera que el término *estudiante de herencia* se emplea en el campo de la educación de lenguas extranjeras para destacar las necesidades de los hablantes nativos y las oportunidades de instrucción disponibles para ellos, así como los asuntos relacionados con las pruebas estandarizadas de evaluación para ubicar a los estudiantes en las clases más apropiadas (Valdés y Geoffrion-Vinci 2011: 598). Ésta es una situación particularmente importante en el contexto de los Estados Unidos donde hay una serie de bilingües que crecen hablando diferentes lenguas minoritarias entre las cuales se incluye el español. Recordemos que el censo del 2010 calcula en 50,5 millones la población hispana en los Estados Unidos, lo cual representa el 16% de la población en su totalidad y coloca a los hispanos como la minoría más numerosa del país. Potowski (2005) incluye dentro de los llamados hablantes de herencia a los hijos de inmigrantes mexicanos, centroamericanos y suramericanos. Muchos de estos inmigrantes llegaron en la niñez o adolescencia, mientras que otros han nacido en los Estados Unidos como segunda o tercera generación. Se incluyen también los hablantes que no son inmigrantes, sino que pertenecen a las generaciones de hispanos que permanecieron en los territorios que pasaron a las manos de los Estados Unidos tras la firma del tratado **Guadalupe-Hidalgo** (1848) y el **Gadsden Purchase** o **Venta de la Mesilla** (1853).

Potowski (2005) presenta en su trabajo una descripción general de la población hispana en los Estados Unidos. En el área suroeste, que incluye los estados de Nuevo México, Arizona, Texas, California y partes de Colorado, predominan los hispanos de origen mexicano. Recordemos que las nuevas cifras del censo del 2010 calculan que en el oeste se concentra el 41% de los hispanos y en el sur el 36%. Potowski (2005) señala que la población latina del noreste se concentra predominantemente en Nueva York. Una gran mayoría de la población en el noreste es de origen puertorriqueño y un porcentaje menor proviene de la República Dominicana. La tercera región que menciona el trabajo de Potowski (2005) es la Florida donde se concentra la población que salió de Cuba a raíz de la instauración del régimen comunista encabezado por Fidel Castro. Zonas en las cuales se ha observado un incremento importante de la población hispana incluyen el medio-oeste y el sur. De hecho, Potowski argumenta que cifras recientes muestran cambios demográficos importantes que tienen repercusiones directas en el sistema educativo de las áreas que reciben estas nuevas olas de hispanos. En el medio-oeste destaca el caso de Chicago donde se concentran mexicanos y puertorriqueños que viven en los mismos vecindarios.

Es indudable que la presencia del español se ha esparcido por todo el país. Sin embargo, como hemos visto en el capítulo 8, el patrón de conservación del español que se observa en las investigaciones dedicadas al tema revela que las generaciones nacidas en los Estados Unidos tienden a abandonar el español y a adoptar el inglés como producto de la asimilación cultural que propicia una serie compleja de aspectos socioculturales y factores como la inserción temprana en el sistema educativo monolingüe y las redes sociales en las que se favorece el uso del inglés (Hudson, Hernández-Chávez y Bills 1995; Porcel 2006, 2011; Silva-Corvalán 1994, entre otras investigaciones). Esto ocurre en mayor o menor medida en ciertas zonas según distingue el trabajo de Potowski (2005). De manera que esta gran presencia de hispanos supone una población de individuos que tienen una conexión cultural con la lengua española como se propone en algunas investigaciones. Según Potowski (2005: 17) en una visión pragmática sobre el tema, "un **hablante de herencia** es un individuo que ha sido expuesto al idioma, normalmente en casa únicamente, y tiene alguna capacidad receptiva y posiblemente productiva en el mismo. Sin embargo, las capacidades lingüísticas pueden variar muchísimo entre unos individuos y otros (. . .)".

*Preguntas de comprensión*
1.  ¿Cómo se define *lengua de herencia*? ¿Y *hablante de herencia*?
2.  ¿Cuál es la situación de los hablantes de herencia en cuanto a su experiencia y sus habilidades comunicativas en español?
3.  Potowski (2005) hace referencia a "repercusiones directas en el sistema educativo". ¿A qué se refiere Potowski (2005) cuando usa la palabra "repercusiones directas"?

## 9.2   Ideología lingüística y español en los Estados Unidos

¿Cuál ha sido el papel del español a través de la historia de los Estados Unidos? ¿Qué tipo de percepciones se han asociado con el español y con la comunidad hispanohablante en los Estados Unidos? ¿En qué forma afectan estas percepciones la conservación del español entre los llamados hablantes de herencia? Esta sección presenta algunas ideas que dan respuesta a estas preguntas y nos ayudan a entender la situación del español como lengua minoritaria frente al inglés en EE. UU. El trabajo de García (1993), precisamente, ofrece una perspectiva sobre la historia del español en el contexto estadounidense. García (1993) argumenta la existencia de dos tradiciones: una que se sustenta en la cultura para las élites con orientación europea y otra que se relaciona con los hablantes comunes de la calle, muchos de ellos pertenecientes a las clases populares y trabajadoras. Una metáfora que emplea García para ilustrar su argumentación se relaciona con la realidad de las clases trabajadoras de hispanos en Nueva York. En Washington Heights, donde se concentra una comunidad de dominicanos, las condiciones sociales revelan desempleo y falta de oportunidades y servicios. A muy poca distancia de Washington Heights se encuentra *The Hispanic Society of America* (La Sociedad Estadounidense de Hispanos), la cual es una institución en la que hay un museo y biblioteca dedicados a las artes y a la cultura española, portuguesa y latinoamericana. En el museo de la sociedad se encuentra una de las colecciones más completas de las pinturas de Francisco de Goya, pintor español representante del romanticismo (1746–1828). García (1993) argumenta que entre esta institución y la comunidad hispana que vive en Nueva York existe una desconexión indicativa de las dos tradiciones a las que ella se refiere: la de la cultura refinada, representada por los retratos de Francisco de Goya y la de la cultura de las comunidades populares de hispanos en Nueva York represen- tada por los frijoles de la conocida marca Goya.

Según García (1993: 71), la leyenda negra ha dominado la historia del español en los Estados Unidos. La **leyenda negra** se relaciona con la historia de intoleran- cia y persecución religiosa a raíz de la Inquisición en España (1478–1834). En particular, la persecución de protestantes fue un tema tratado por intelectuales europeos que retrataron de manera cruda los excesos cometidos por la corona española en la defensa del catolicismo. García establece una conexión histórica entre los estereotipos negativos que se han asociado con la España de la Inqui- sición y los hispanos en los Estados Unidos. La conexión que se hace entre ambos grupos implica un origen cultural inferior e incivilizado en comparación con la cultura anglosajona. En opinión de García, se ha limitado el papel del español y se le han asignado connotaciones negativas que se derivan de la versión histórica que destaca los aspectos atroces y brutales de la conquista y colonización española en Latinoamérica. El libro de Philip Wayne Powell (1971), *Tree of hate: Propaganda and prejudices affecting United States relations with the Hispanic world*, explica los orígenes de la hispanofobia y sus repercusiones en el sistema educativo, la religión y las relaciones internacionales de los Estados Unidos con Hispanoamérica. Pre- cisamente, Powell (1971: 11) provee una definición de carácter histórico sobre la leyenda negra que proviene del trabajo de Juderías (1954) en la que se plantea lo siguiente:

> La leyenda negra es una atmósfera creada por los fantásticos relatos de España, los cuales han sido publicados en casi todos los países; las descripciones grotescas que han sido hechas acerca del carácter de los españoles como individuos y como colectivo; la negación o, por lo menos, la sistemática ignorancia de cualquier cosa que sea favorable y merecedora de orgullo en las varias manifestaciones de cultura y arte; las acusaciones que se hacen en contra de España, basadas en hechos exagerados, mal interpretados, o completamente falsos; y, finalmente, la afirmación, contenida en libros de apariencia respetable y auténtica, y muchas veces reproducida, comentada, y ampliada en la prensa extranjera, que nuestro país constituye, desde el punto de vista de la tolerancia, de la cultura, y del progreso político, una lamentable excepción entre las naciones europeas. En resumen, entendemos como la leyenda negra la imagen de la España de la inquisición – ignorante, fanática, incapaz, ahora como en el pasado, de ser considerada entre las naciones civilizadas, debido a que preferimos siempre la represión violenta y a que somos enemigos del progreso y las innovaciones. O, en otros términos, la leyenda que empezó a extenderse en el siglo XVI, bajo el auspicio de la Reforma Protestante, y la cual desde entonces es infaliblemente empleada en contra nuestra, especialmente en los momentos críticos de nuestra vida nacional.

La leyenda negra como visión histórica de la cultura hispana se ha extendido hasta nuestros días perpetuando un estigma social que incluye todas las manifestaciones incluyendo la lengua. García argumenta que el simbolismo que representan las pinturas de Goya y las otras formas artísticas que reflejan el orgullo de la herencia hispana se ven negados en el caso de la comunidad hispanohablante en los Estados Unidos, puesto que predomina una visión que minimiza los aportes de sus miembros. Hasta cierto punto hay una relación contradictoria entre la leyenda negra y los hispanos en los Estados Unidos; pues, cuando se trata de negar el aporte de los hispanos en el país, se destacan aspectos culturales de España como en el ejemplo de Goya. García apunta que en los últimos cuarenta años hay una serie de investigaciones que rescatan el valor de las variedades de español que se hablan en los Estados Unidos, pero todavía existe la separación entre los latinos en los Estados Unidos y la tradición hispana foránea a la cual se presta más atención en los contextos educativos y culturales.

En un análisis histórico del papel que ha tenido la lengua española en los Estados Unidos, García (1993: 72) propone cinco generalizaciones que, de acuerdo con la autora, caracterizan la política lingüística no oficial que se observa en diferentes períodos de la historia estadounidense. Las generalizaciones propuestas por García son las siguientes: (1) el español ha sido empleado como un recurso para fines específicos que implica algún beneficio para los norteamericanos, españoles, latinoamericanos o inclusive los latinos en los Estados Unidos en posiciones privilegiadas; (2) el gobierno estadounidense ha empleado el español con propósitos que impliquen un beneficio político, (3) el uso del español entre los latinos en los Estados Unidos ha sido restringido o prohibido durante diferentes períodos históricos hasta la declaración de los derechos civiles. Desde ese entonces existe cierta tolerancia aunque en los años 80 se convirtió en el blanco de ataques de movimientos como *Sólo Inglés* (English Only); (4) se han reconocido diferentes variedades del español de acuerdo con la etapa histórica. Se han promovido la comunicación oral y las variedades habladas por los grupos de poder en Latinoamérica durante la expansión comercial de los Estados Unidos en la región. En otras épocas se ha promovido la alfabetización sobre la base del español europeo, lo cual aleja la conexión con las variedades que se hablan en los Estados Unidos y (5) el español raramente se ha relacionado como un símbolo positivo de afiliación étnica en la comunidad hispana.

Las generalizaciones anteriores se relacionan directamente con el contexto histórico y el papel de la lengua española según propone García (1993). La autora argumenta que se pueden distinguir cinco etapas: (1) el período colonial y la formación de las naciones suramericanas (1699–1840), (2) el siglo XIX, (3) la primera parte del siglo XX (1900–1968), (4) el período posterior a la aprobación de los derechos civiles y (5) desde 1980 hasta nuestros días. El período de la colonia y más tarde de independencia es caracterizado por el uso del español con el propósito de establecer relaciones de intercambio comercial entre Suramérica y los Estados Unidos. García (1993) menciona evidencia que indica la enseñanza del español en Nueva York con fines comerciales y la posición defendida por figuras como Benjamin Franklin y Thomas Jefferson en favor de la enseñanza del español como un recurso para la expansión comercial estadounidense. Durante la época independentista en América Latina, ciertas ciudades de los Estados Unidos fueron clave para la publicación y distribución de propaganda por parte de los *criollos* latinoamericanos que luchaban por la separación de España (García 1993: 74). Una vez que los países latinoamericanos lograron la independencia de España, las relaciones comerciales con los Estados Unidos se intensificaron. García (1993) apunta que el uso del español con el mismo fin utilitario de intercambio comercial se mantiene con las naciones recién independizadas y, a la vez, destaca que las élites latinoamericanas estudiaban inglés en los Estados Unidos desde los finales del siglo XVIII.

Durante el siglo XIX, ocurre la firma del tratado *Guadalupe-Hidalgo* (1848) y el Gadsden Purchase o Venta de la Mesilla (1853). Según García (1993: 74) "los norteamericanos tienen contacto directo con hispanohablantes sin poder ni riqueza y de piel morena" (mi traducción). La investigadora destaca que durante el proceso de conquista y asentamiento social y político en los territorios del suroeste hubo una gran necesidad de profesores de español en la armada, en las fuerzas navales y en el sector comercial. Ésta es la época en que, según García, se adopta una **posición eurocéntrica** que ignora la relación con Latinoamérica y se valora el español peninsular. El español se emplea para asimilar culturalmente a la población de los territorios recién adquiridos, pero contradictoriamente no son las variedades habladas en el suroeste las que se adoptan y se valoran sino una versión foránea sin raíces en la comunidad hispana de los Estados Unidos (García 1993: 74). García interpreta esta posición adoptada como una estrategia para estigmatizar las variedades locales y lograr el objetivo político de asimilación lingüística y cultural. En el campo académico se evidencia esta orientación hacia Europa con el inicio de los estudios de literatura española en la Universidad de Harvard. Sin embargo, en el siglo XIX no hay evidencia de estudios de literatura latinoamericana en los Estados Unidos. El español se enseña con fines limitados de aprender a leer y traducir y se resalta el valor de aprender sobre la literatura española y otros intereses lingüísticos (García 1993: 75).

La expansión de intereses estadounidenses en Latinoamérica se incrementa en el siglo XX con la apertura del Canal de Panamá y el crecimiento de la inversión comercial en los mercados de la región. García argumenta que al mismo tiempo el uso del español se continuaba asociando con grupos socialmente no favorecidos, lo cual origina actitudes discriminatorias inclusive en las asociaciones profesionales como MLA (Asociación de Lenguas Modernas) y AATSP (Asociación Norteamericana de Profesores de Español y Portugués). García (1993) presenta varios ejemplos en los que Lawrence Wilkins, el primer director de AATSP se opuso a la enseñanza del español en las escuelas primarias y a la contratación de profesores extranjeros nativos. También se opuso a la enseñanza del alemán y la declaró ilegal. Sin embargo, Wilkins promovió la enseñanza del español en las escuelas secundarias de Nueva York. Aurelio Espinosa, el primer editor de *Hispania* la revista de AATSP, también revela orientaciones eurocéntricas con el objeto de distanciarse de las variedades de español propias de los inmigrantes y de los hablantes de herencia en los Estados Unidos. García (1993: 77) también argumenta que durante este período la importancia de la enseñanza de lenguas modernas sufre un declive frente al estudio de las ciencias. De esta forma, el crecimiento de los intereses estadounidenses en Latinoamérica y a escala global no se ven reflejados en la capacitación de los norteamericanos para enfrentar estos nuevos retos. En 1953, se observan intentos por establecer programas que introducen el español en la educación de niños hispanos de origen puertorriqueño en la ciudad de Nueva York. No obstante, en términos generales la enseñanza del español había perdido importancia en este período.

Las tensiones raciales existentes en los Estados Unidos experimentan un punto de quiebre en la década de los 60, por lo cual García (1993) argumenta que desde 1968 hasta 1980 se puede establecer una etapa diferente (4). En esta época de lucha por los derechos civiles, el español adquiere un simbolismo que lo asocia a la identidad latina. En el campo profesional de la enseñanza del español, un artículo publicado en *Hispania* reconoce por primera vez el valor de las variedades habladas en los Estados Unidos. De acuerdo con García (1993: 78), emerge una nueva imagen de los latinos en los Estados Unidos como una población que no habla inglés. García interpreta que esta perspectiva y los programas educativos gubernamentales que enfatizan el inglés son indicativos de que el español no se considera una habilidad, sino un problema que requiere ser solucionado (García 1993: 78). Se plantea entonces la idea de que el progreso económico está directamente asociado con el aprendizaje del inglés y el monolingüismo. Sin embargo, esta visión limitada fue contra-argumentada por las asociaciones profesionales dedicadas a la enseñanza del español, quienes abogaron por una perspectiva positiva según la cual el español debe ser visto como un recurso y no como un problema.

Es importante destacar que la visión negativa del español en los Estados Unidos también ha estado acompañada por posiciones puristas del mundo hispanohablante (García 1993: 1979). En los años 80 emergen movimientos conservadores que bajo el nombre de **Inglés de los EE. UU.** y **Sólo Inglés** (dirección: http:// www.us-english.org/) inicia una ola de ataques en contra del uso del español y que propone el reconocimiento del inglés como lengua oficial de los Estados Unidos. De hecho, García (2011: 676) menciona que en 1981 el senador republicano Samuel Hayakawa (1906–1992) introduce una enmienda constitucional para hacer el inglés la lengua oficial de los Estados Unidos. Zentella (1995) en su artículo, "La hispanofobia del movimiento inglés oficial en los Estados Unidos por la oficialización del inglés", explica que las motivaciones de las organizaciones que impulsan la oficialización del inglés tienen su base en el hecho histórico de que la formación de las identidades nacionales en Europa surge en el mismo momento que se reconocen las variedades locales y la invención de la imprenta. Es decir, se identifica la identidad nacional con una sola lengua que sirve como factor de cohesión. Estos movimientos también argumentan que el conocimiento del inglés es la llave para el éxito social, profesional y económico en los Estados Unidos. Recordemos que en el capítulo 8, Hudson et al. (1995) reportan que la pérdida del español se relaciona con un mayor nivel socio-económico e integración a las redes sociales angloparlantes. Sin embargo, según Zentella (1995: 56) las legislaciones que surgen a partir de movimientos como *Sólo Inglés* e *Inglés de los EE. UU.* "obstaculizan más bien la competencia lingüística de la nación, la educación de los niños de las minorías lingüísticas, el suministro adecuado de los servicios sociales y médicos y la participación en los procesos electorales. Y, lo más importante, promueven el tipo de intolerancia lingüística y cultural que emergió en torno a la propuesta 187". Hay que recordar que **la propuesta 187** a la que hace referencia Zentella surgió en 1994 en California con el objetivo de negar servicios médicos y educativos a los residentes ilegales en ese estado.

Las asociaciones negativas de las que hemos hablando anteriormente continúan siendo una realidad en la sociedad estadounidense de nuestros días. Un caso reciente destaca la prohibición de hablar español entre los empleados de la tienda Whole Foods, ubicada en la ciudad de Albuquerque, Nuevo México (véase la siguiente noticia publicada por NBC News: http://www.nbcnews.com/business/ whole-foods-workers-suspended-over-speaking-spanish-6C10222989). Adicionalmente, Potowski (2005: 31) hace referencia a un caso judicial en el cual un juez del estado de Texas llevó a cabo un juicio en 1995 en contra de una madre hispana por hablar en español con su hija menor como si se tratara de un caso de abuso. Potowski (2005: 31) también menciona el caso de una maestra de Arizona que golpeaba a sus estudiantes si hablaban en español, el cual tuvo notoriedad pública al ser conocido en los medios de comunicación. Los difíciles tiempos económicos que se viven recientemente y los movimientos que asocian a la comunidad latina con una minoría recién llegada que no habla inglés desvirtúa la realidad de acuerdo con según la cual el 60% de los latinos han nacido en los Estados Unidos y, lingüísticamente, poseen mayor competencia en inglés que en español según se revela en las investigaciones previas (e.g. Porcel, 2011). En la actualidad predominan los programas bilingües de transición en los que se emplea el español como un recurso para enseñar el inglés e introducir a los niños en programas en los que sólo se emplea el inglés. Los programas bilingües para la conservación del español son escasos y, de acuerdo con la ideología dominante, no deben ser apoyados, dado que el objetivo último es la completa asimilación al sistema de educación monolingüe en inglés. De hecho, esta política implícita, que ha sido dominante durante la mayor parte de la historia de los Estados Unidos, ha logrado que la competencia en español a partir de la segunda generación sea en la práctica mínima. Es decir, hay una transición hacia el monolingüismo en inglés, y el español sólo se mantiene en los grupos de primera generación. En este contexto, la enseñanza del español a los hablantes de herencia se convierte en un gran reto debido a la naturaleza mixta de la población y a la falta de apoyo general que se revela en las actitudes negativas y políticamente apoyadas hacia el español como hemos visto en esta sección.

*Preguntas de comprensión*

1. ¿Cómo se puede explicar la "desconexión" a la que se refiere García (1993)?
2. ¿Qué es la *leyenda negra*? ¿Cómo se relaciona con el español en los Estados Unidos?
3. ¿Por qué fue el español una herramienta importante durante el período colonial de los Estados Unidos y el período de independencia de los países latinoamericanos?
4. ¿Cuándo surgió una visión "eurocéntrica" del español? ¿Cuáles fueron los efectos principales de esta nueva visión?
5. ¿Por qué resurgió un interés en Latinoamérica en el siglo XX? ¿Hay evidencia de cambios en la visión eurocéntrica? Explica.
6. ¿Cuál fue el período del siglo XX que fue clave para el español en los Estados Unidos? ¿Cómo cambió la perspectiva del español y de los hispanohablantes?
7. ¿Qué motivos originan los movimientos como *Inglés de los EE. UU.*? ¿Cómo explica Zentella la idea de oficializar el inglés?
8. Según investigaciones como Porcell (2011), ¿cuál es la situación de los hablantes de herencia en cuanto a sus habilidades lingüísticas en inglés?

## Para investigar y pensar:

Lee con atención la siguiente cita sacada del libro *César Chávez: A Triumph of a Spirit* de Richard Griswold del Castillo y Richard A. García:

Las experiencias escolares de Chávez son típicas como las de cientos de miles de mexicano americanos en aquella época. "Cuando hablábamos en español, el maestro arremetía en contra de nosotros. Recuerdo la regla y el sonido que hacía en el aire cuando los bordes me golpeaban en los nudillos". Si el castigo corporal no era suficiente, la humillación y la vergüenza pública por la mala pronunciación de las palabras era peor. Por eso, en sus años de niñez en la escuela en Yuma, Chávez descubrió el racismo. Los niños anglosajones insistentemente lo llamaban "mexicano sucio".

(Chávez's school experiences typified those of hundreds of thousands of Mexican Americans in that era. "When we spoke Spanish, the teacher swooped down on us. I remember

the ruler whistling through the air as its edge came down sharply across my knuckles."
If corporal punishment was bad, embarrassment and public humiliation for mispro-
nounced words were worse. Thus, in his early school years in Yuma, Chávez first
encountered racism. Anglo children contemptuously called him a "dirty Mexican . . .")

1.  ¿Qué tipo de leyes educativas restrictivas de otros idiomas o culturas existen en
    la actualidad en el suroeste o en otras partes de los Estados Unidos? ¿Cómo se
    puede justificar su existencia en una sociedad multi-étnica como la estadouni-
    dense? ¿En qué contraargumentos puedes pensar tú para defender una opinión
    contraria?
    Nota: Revisar legislación reciente aprobada en Arizona entre el 2008 y el 2012.

## 9.3   Planificación lingüística en los Estados Unidos

La definición de **planificación lingüística** implica la toma de decisiones de una
manera deliberada y de carácter oficial acerca de la forma y las funciones que
adopta una lengua en el contexto de una sociedad determinada (Trask 2008). Por
ejemplo, Trask (2008) menciona el caso del finlandés, el cual se convirtió en lengua
oficial una vez que Finlandia logró su independencia en 1918. Antes de esa fecha,
Finlandia en períodos diferentes había tenido como lengua oficial el sueco o el
ruso y el finlandés era una lengua hablada de manera común en la vida diaria
sin rango oficial. A través de políticas explícitas creadas por especialistas en
medios gubernamentales, se hicieron propuestas para la estandarización del
idioma las cuales fueron implantadas en el sistema educativo, el sistema legislativo, ámbitos oficiales y en los medios de comunicación. En el mundo hispano,
España constituye un excelente ejemplo en el diseño e implantación de la planificación lingüística en el rescate de las lenguas nacionales, tal como es el caso del
catalán luego de las reformas constitucionales con el inicio de la democracia al
final de los 70. Las lenguas de las comunidades autónomas en España gozan de
estatus oficial y son parte fundamental en los ámbitos educativo, legislativo y
administrativo.

García (2011: 668) explica que el trabajo de Haugen (1972), el cual se considera
pionero en el campo, plantea que la planificación lingüística tome en cuenta (1)
la selección de una norma lingüística; (2) la codificación de dicha norma, lo cual
implica un proceso de **estandarización** (o imposición de la norma en la comunidad); (3) establecer las funciones y educar a la población acerca de ellas; y (4)
identificar las funciones que se corresponden con las necesidades reales de la
comunidad. García (2011) señala que en sus inicios la planificación lingüística
estuvo fuertemente vinculada a la solución de problemas surgidos de las diferencias entre lenguas o variedades de lenguas empleadas en una sociedad. A pesar
de que ha habido cuestionamientos sobre la efectividad de la planificación, los
ejemplos anteriores sobre la situación de Finlandia y España muestran casos en
los que ha habido cierto éxito y en los que el papel del sistema educativo ha sido

fundamental en la revitalización de variedades políticamente marginadas. García (2011) señala que en las últimas décadas ha existido una evolución de la disciplina de acuerdo con la cual la planificación no sólo se conceptualiza como una imposición de las autoridades oficiales hacia la comunidad, sino que se incorporan los diferentes actores que estarían involucrados en tales procesos.

En el caso de los Estados Unidos, no existe una legislación a escala federal que regule el uso del inglés o de otras lenguas minoritarias que se hablan en el país. Sin embargo, el inglés es la lengua oficial de facto y ha sido declarada como oficial en un poco más de la mitad de los estados de la unión en legislaciones de carácter estatal y no federal como ya hemos dicho. García (2011: 677) indica que el inglés ha sido declarado como lengua oficial en 28 estados. Más alarmante resulta el hecho de que tres estados han promulgado legislación que prohíbe el uso del español y otras lenguas como medio para la educación bilingüe: la propuesta 227 en California, la propuesta 203 en Arizona, y la pregunta 2 en Massachusetts (véase García 2011: 277). El español se considera una lengua minoritaria que los hispanos en los Estados Unidos usan preferentemente en situaciones de ámbito familiar. Según García (2011), esta realidad contrasta con la situación histórica del español en España y Latinoamérica. El español goza en la actualidad de estatus oficial en los 21 países que forman parte del mundo hispanohablante. García (2011) argumenta que se revela detrás de esta situación una política legislativa explícita que incorpora las instituciones formales en la ejecución de dicha política. Es posible considerar que lo que hemos llamado la *ideología del monolingüismo* en el capítulo 8 ha predominado en la legislación que justifica el uso de una sola lengua como elemento de cohesión cultural en España y América Latina. De hecho, García (2011: 667) sugiere que tanto en España como en los países latinoamericanos el español ha estado ligado a la idea de identidad nacional. Esto refleja el hecho histórico al que Zentella (1995) se refiere en su artículo en relación con la conexión que se establece entre lengua y nación.

En la sección anterior dedicada a la ideología lingüística en los Estados Unidos hemos examinado las asociaciones negativas que se han hecho de los grupos de hispanos y de las variedades de español que hablan. Obviamente, las ideas imperantes en la sociedad estadounidense se reflejan en las decisiones políticas que implican la planificación lingüística indirecta. El trabajo de García (2011: 674) argumenta que la falta de una lengua oficial y de políticas explícitas sobre temas lingüísticos en los Estados Unidos tiene su raíz en la influencia filosófica inglesa de acuerdo con la cual las preferencias lingüísticas se consideran un asunto de libertad individual. Este mismo espíritu fue el que predominó cuando los precursores de la patria discutieron acerca de incluir el inglés como lengua oficial y decidieron no hacerlo para respetar la libertad individual de los ciudadanos. La presencia temprana del español en el territorio norteamericano ha debido contribuir a que se considerara una de las lenguas del país. No obstante, la ideología utilitaria y negativa que ha caracterizado el uso del español en los Estados Unidos ha contribuido a su marginación como lengua minoritaria y a la negación del papel histórico que ha tenido.

Los acontecimientos históricos que otorgan una gran parte del territorio mexicano a los Estados Unidos (i.e. Guadalupe-Hidalgo (1848) y el Gadsden Purchase o Venta de la Mesilla (1853)) generaron una situación histórica particular en la que la población hispanohablante se vio obligada a aprender inglés. Según García (2011), a pesar de que no hubo una planificación lingüística explícita, el sistema educativo fue un elemento clave en la promoción del inglés como la lengua predominante en esos territorios. En las escuelas del suroeste existen antecedentes que "criminalizaron" el uso del español por parte de alumnos y maestros. Hablar español se consideró suficiente para argumentar problemas de aprendizaje entre los niños hispanos, quienes sufrieron marginalización en el sistema (García 2011: 676). El caso de Nuevo México es revelador del proceso rápido de transición al inglés, ya que en 1863 había un 83% de hablantes de español. Sin embargo, ya para 1889 el 42% de las escuelas impartía educación sólo en inglés (García 2011: 675). Es decir, se operó un proceso que limitó la educación en español, la cual fue sustituida por educación monolingüe en inglés. Asimismo, hemos mencionado que las variedades locales del español que se hablan en los Estados Unidos han sido estigmatizadas bajo la influencia de actitudes puristas y prescriptivistas que no comprenden ni reflejan la realidad cultural de la comunidad hispana. Esto es parte de lo que García (2011) explica como una visión que niega el valor histórico del español en la formación de los Estados Unidos y lo presenta como una lengua minoritaria.

¿Cuál ha sido la historia de la educación bilingüe en los Estados Unidos dado el contexto que hemos presentado anteriormente? El trabajo de García (1997) destaca el hecho de que la tradición educativa europea se basa en el modelo grecorromano, el cual privilegiaba el uso del griego y el latín como la lengua de instrucción, ignorando las variedades vernáculas habladas por las comunidades locales. Un resultado obvio de la aplicación de este modelo consistía en la exclusión de los grupos menos favorecidos socialmente en el sistema educativo. Estos grupos menos favorecidos se veían impedidos de ascender profesional y socialmente. Este modelo histórico que privilegia la lengua de las élites se ha mantenido en la mayor parte del mundo y, por supuesto, en los Estados Unidos. No obstante, las grandes olas de inmigración y el crecimiento de los Estados Unidos durante los siglos XVIII y XIX propiciaron la existencia de escuelas bilingües donde se enseñaba en las lenguas de estos grupos de inmigrantes así como en inglés (García 1997: 406). Estas iniciativas por parte de grupos etnolingüísticos de organizar escuelas en las que se pudiera conservar el acervo cultural se vieron reducidas por el desarrollo de la idea de la educación pública universal y los sentimientos nacionalistas (García 1997: 406).

El trabajo de García (1997) plantea que en la década de los 60 se desarrollan una serie de eventos como la independencia de muchos países africanos, la declaración de los derechos civiles en los Estados Unidos, los cuales generan una mayor atención a las lenguas habladas por los grupos minoritarios. Por ejemplo, en Canadá con la oficialización del francés y el inglés en 1967, se crearon programas de inmersión en francés para los angloparlantes y programas bilingües que sirven para apoyar la formación educativa de los hablantes de herencia. En los Estados Unidos los programas de educación bilingüe que surgen en los años 60 se diseñan con la intención de atender los problemas educativos de los grupos mexicano-americanos y puertorriqueños. Sin embargo, García (1997: 407) argumenta que ya cuando se aprobó la legislación sobre la educación bilingüe en 1968, las lenguas minoritarias eran consideradas como un instrumento para programas bilingües de transición dirigidos a inmigrantes en los que se usa la lengua materna de los estudiantes mientras aprendían inglés. Esta situación es la que se favorece en los Estados Unidos donde predominan los programas bilingües de transición o programas de inglés como segunda lengua. García (1997: 407) señala que algunas decisiones judiciales como el caso **Lau versus Nichols** 1974, en el que una familia de origen chino demandó al distrito escolar por negarles oportunidades educacionales igualitarias a sus niños, ha reforzado la necesidad de mantener los programas bilingües para grupos minoritarios. Asimismo, García menciona la reautorización de la legislación sobre la educación bilingüe que permite el uso de fondos federales no sólo para los programas de transición, sino para los programas bilingües de inmersión y los programas bilingües de doble inmersión. Los **programas de inmersión** están diseñados para que los hablantes de una lengua mayoritaria aprendan una segunda lengua y la instrucción inicialmente se imparte en la segunda lengua. En los **programas de doble inmersión** se incluyen grupos que hablan la lengua mayoritaria y la lengua minoritaria y la instrucción se realiza en las dos lenguas según un determinado número de horas que se deben cumplir de instrucción en cada una de ellas.

En esta sección dedicada a la planificación lingüística hemos visto que no ha existido una política de carácter federal que regule el uso de las lenguas del país. Constitucionalmente, no existe una lengua oficial en los Estados Unidos y esto parece estar motivado por razones sociales e históricas que tienen su raíz en la cultura y filosofía británica de acuerdo con la cual el individuo tiene la libertad de elegir las lenguas que habla (García 2011). Sin embargo, movimientos conservadores y nacionalistas lograron movilizar una agenda política que no tuvo efecto a nivel federal en los años 80, pero que ha influido en la aprobación de legislación estatal que oficializa el inglés como lengua en 28 estados del país (García 2011). La ideología negativa que se ha asociado con el español, lengua hablada por los primeros colonos en ciertas áreas de Norteamérica (e.g. Juan Ponce de León descubre la Florida en 1513), ha estigmatizado el español y le niega su estatus como una de las legítimas lenguas históricas del país. A pesar de que no existe una política federal estrictamente hablando sobre las lenguas minoritarias, el sistema educativo en los estados de la unión ha contribuido a la imposición de un sistema de educación monolingüe que ocasiona la pérdida de las lenguas minoritarias, incluyendo el español. Los programas de educación bilingües surgidos a raíz de la lucha por los derechos civiles de las minorías no tuvieron el apoyo necesario y pronto evolucionaron hacia programas de transición, los cuales ofrecen apoyo al estudiante en su lengua materna, con el propósito de aprender inglés. Este tipo de programa de transición y las clases de inglés como segundo idioma son los modelos más predominantes hoy en día. Sin embargo, a una escala menor existe otro tipo de programas que tienden a favorecer el aprendizaje de otras lenguas, aunque todavía permanecen los prejuicios negativos apoyados por la ideología dominante del monolingüismo. En este contexto general tan complejo surgen los programas dirigidos a los hablantes de herencia de los cuales hablamos en la siguiente sección.

*Preguntas de comprensión*

1. Define la planificación lingüística y explica por qué se puede considerar España como un caso ejemplar de ella.
2. Según Haugen (1972), ¿cuáles son los cuatro elementos de la planificación lingüística?
3. ¿Cuál es la situación actual de la oficialización del inglés en los EE. UU.?
4. ¿Por qué se menciona el modelo grecorromano de educación?
5. ¿Por qué fue significativo el caso de *Lau vs. Nichols 1974*?

## Para investigar y pensar:

¿En qué consisten la propuesta 227 en California, la propuesta 203 en Arizona, y la pregunta 2 en Massachusetts? Haz una investigación breve e indica las motivaciones que impulsaron esos cambios legislativos.

## 9.4   Necesidades de los hablantes de herencia en la escuela

El español es la lengua mayoritaria en 20 países del mundo y su presencia en los Estados Unidos es cada vez mayor. En el capítulo 8 hemos visto que existe una demografía cambiante según la cual la población de origen hispano representa ahora el 16% de la población total de los Estados Unidos. En este contexto, existe una demanda en el sistema educativo con respecto a la enseñanza del español mayoritariamente entre hablantes de primera y segunda generación. Bateman y Wilkinson (2010: 325) afirman que, a pesar de esta demanda, la oportunidad para que un estudiante tome cursos formales de español ocurre, generalmente, en la escuela secundaria. Los tipos de clases más comunes incluyen el español como segunda lengua, así como escasos cursos dirigidos a los hablantes de herencia. En ciertos estados hay mejores opciones en cuanto a la oferta de cursos, debido a la numerosa presencia de hispanos como es el caso de Texas y California.

La necesidad de ofrecer cursos especiales para los hablantes de herencia se basa en una serie de diferencias que existen entre la población estudiantil angloparlante y los nativos que han crecido oyendo español en la casa. Los estudiantes de segunda lengua comienzan los cursos sin conocimiento previo de la lengua, sin competencia oral, escaso vocabulario y manejo de estructuras gramaticales. Por el contrario, los hablantes de herencia podrían poseer una buena comprensión oral y conocimiento nativo del vocabulario común (Bateman y Wilkinson 2010). Señalan Beteman y Wilkinson 2010 que los intereses de los hablantes de herencia no se pueden satisfacer en los cursos tradicionales porque éstos están diseñados con propósitos específicos de desarrollar habilidades orales elementales y conocimiento básico del vocabulario. Estos dos aspectos no sirven para cumplir con las expectativas y necesidades de los hablantes de herencia, quienes ya traen estas habilidades al salón de clase. Asimismo, el componente cultural de estos cursos incluye, en algunos casos, asuntos ajenos a los hablantes de herencia, ya que ellos viven una realidad bi-cultural que no se incluye en los libros de texto que están orientados hacia aspectos relacionados con ciertos países como España, México u otras regiones en Latinoamérica. Además de las diferencias señaladas anteriormente, se han identificado diferencias de rendimiento académico relacionadas con una serie de complejos factores socioeconómicos que se reflejan en las dificultades que los hablantes de herencia tienen en la escuela.

En la literatura sobre la enseñanza del español se ha destacado la importancia de desarrollar cursos que puedan satisfacer las necesidades de los hablantes de herencia. Por ejemplo, Bateman y Wilkinson (2010: 326) así como Potowski (2005: 30) coinciden en citar las siguientes ventajas de tomar cursos especiales de herencia según lo planteado por Valdés (1997): (1) los cursos dirigidos a los hablantes de herencia pueden contribuir a la conservación de la lengua patrimonial; (2) también contribuyen a la adquisición de la variedad normativa del idioma (e.g. adquirir una variedad de registros orales y escritos); (3) estas clases son importantes para el desarrollo de competencias lingüísticas semejantes tanto en inglés como en español; (4) y, por último, se menciona la posibilidad de transferir habilidades de alfabetización de una lengua a otra. Bateman y Wilkinson (2010: 326) señalan la existencia de reportes producidos por la *Asociación Estadounidense de Profesores de Español* (AATS por sus siglas en inglés) y Scalera (2000). En estos trabajos se destacan beneficios semejantes a los mencionados y se señala la ventaja de que los estudiantes desarrollen conocimientos sobre su identidad cultural. Potowski (2005) señala una serie de ventajas afectivas que podrían ser importantes para vencer las inseguridades de los hablantes de herencia debido a la ideología negativa dominante acerca del español en los Estados Unidos. Muchos hablantes de herencia tienen vergüenza acerca de la variedad de español que hablan, por causa de las asociaciones negativas y estigmatización prevalente no sólo en los Estados Unidos, sino entre los hablantes monolingües de español, quienes asumen posiciones prescriptivas frente a los fenómenos de contacto con el inglés que caracterizan las variedades vernáculas en el país. Los cursos que incorporan temas sobre el español en los Estados Unidos, su historia y sus características benefician a los hablantes de herencia porque aprenden a valorar las variedades de español que hablan (Potowski 2005).

El planteamiento central que motiva la creación de cursos especiales para los hablantes de herencia es la necesidad de cumplir objetivos diferentes que se relacionan con el desarrollo de destrezas de lectura, escritura, la expresión oral y el conocimiento formal de la estructura del idioma, como ocurre en los cursos de lengua dirigidos a hablantes nativos. De esta forma, las clases para los hablantes de herencia deberían tener objetivos similares a los planteados en los cursos de inglés que se enseñan para los hablantes nativos en la escuela secundaria o en la universidad y/o los cursos de castellano y literatura que se dictan en el mundo hispanohablante (Potowski 2005: 33). Estos cursos, a partir de una serie de materiales variados en nivel de dificultad, tópicos, géneros y estilos, pueden ser un instrumento para el desarrollo de competencias en la lectura y la escritura, así como de contenidos afectivos que instruyan a los hablantes de herencia sobre el valor del español.

La exigencia de ofrecer clases especiales para los hablantes de herencia no se ha visto reflejada en la oferta de cursos, ya que todavía es limitada. También es cierto que no hay mucha información disponible sobre los programas existentes. El trabajo de Bateman y Wilkinson (2010) ofrece algunos detalles acerca de los cursos que se ofrecen en estados como Texas y California basados en trabajos previos sobre estas regiones, las cuales tienen una alta tasa de población de origen hispano. En cuanto al estado de Texas (véase Pino 2006 para más detalles) se encontró que el 53% de los distritos escolares ofrece algún tipo de programa de español para estudiantes de herencia. Los datos indican que en Texas al menos el 61% de los distritos contemplan el uso de exámenes para ubicar a los estudiantes en la clase que les corresponde. En relación con California, se señala que en la muestra de escuelas secundarias encuestadas un 94% de ellas ofrece cursos de primer año para los hablantes de herencia y el 84% ofrece un segundo nivel (véase Valdés 2006). El enfoque que existe en California prepara a los estudiantes para aprobar los exámenes de la universidad y tienen un alto contenido de gramática formal y literatura. Texas y California son casos excepcionales debido a la fuerte presencia hispana, por lo cual no se puede decir que las cifras anteriores reflejen la realidad nacional. En el estado de Utah, por ejemplo, un 90% de los profesores entrevistados indican que su escuela secundaria no ofrece cursos para los hablantes de herencia (Bateman y Wilkinson 2010: 343). A nivel universitario, Potowski (2005) cita cifras del informe del Centro Nacional de Lenguas Extranjeras y de la Asociación Estadounidense de Profesores de Español en las que se revela que sólo el 18% de las universidades norteamericanas ofrecía español para los hablantes de herencia.

De acuerdo con Valdés y Geoffrion-Vinci (2011) el tema de la enseñanza de cursos especiales para hablantes de herencia no es reciente, pues hay referencias bibliográficas que datan de los 30. Sin embargo, no es sino hasta los años 70 y 80 cuando se observa un auge importante sobre esta problemática de la pedagogía dirigida a estos grupos. Entre los temas de interés acerca de la enseñanza a hablantes de herencia en la literatura previa se destacan los siguientes: (1) diferencias entre la enseñanza de nativos y estudiantes de segunda lengua; (2) la necesidad de definir qué tipo de variedad "normativa[1]" se debe enseñar; (3) la preparación de los profesores para enfrentar los retos de enseñar cursos a hablantes de herencia; (4) aplicaciones pedagógicas en el salón de clase; (5) la enseñanza de aspectos formales del idioma como la gramática y la ortografía; (6) la enseñanza de la lectura y escritura, entre otros tópicos.

Una serie de cambios ha ocurrido en la pedagogía de lenguas y existe una serie de recursos que se han desarrollado para facilitar los cursos para hablantes de herencia en las últimas décadas. Por ejemplo, Valdés y Geoffrion-Vinci (2011) mencionan una iniciativa del Centro Nacional para las Lenguas Extranjeras conjuntamente con la Asociación Estadounidense de Profesores de Español y Portugués que ha diseñado una página web, *Recursos para la Enseñanza y el Aprendizaje de las Culturas Hispanas* (http://www.nflc.org/REACH, consultado el 17 de junio del 2012), para facilitar los cursos dirigidos a hablantes de herencia. Esta página ofrece una serie de recursos entre los que se incluyen: un módulo para temas pedagógicos en el cual se pueden ver programas de cursos, temas a ser considerados y materiales de apoyo. Hay también un módulo dedicado a temas de lingüística española, como la variación y el cambio, que son importantes para entender los fenómenos del habla coloquial y el efecto de factores sociales. Otro de los temas que se incluye tiene que ver con los latinos en los Estados Unidos, su historia, su cultura y su situación actual. La cultura hispana es parte de un módulo individual así como una sección que incorpora muestras orales de latinos en los Estados Unidos, un módulo dedicado a estilos de aprendizaje y el último módulo cubre temas relacionados con la cultura andina. Estos materiales disponibles para los profesores facilitan la comprensión de las prácticas pedagógicas y de temas relacionados con la historia, la cultura y las características lingüísticas de los estudiantes hispanos.

Otro recurso importante que se puede consultar en la red electrónica es un documento titulado *Español para la educación de hablantes nativos: la actualidad del campo* (http://www.cal.org/sns/resources/stateofthefield.html, consultado el 17 de junio del 2012), producido por un grupo de profesores reunidos en un instituto de verano auspiciado por la *Universidad de California* en Los Ángeles y el *National Endowment for the Humanities* (NEH) en el año 2000. El informe discute asuntos relacionados con los beneficios de enseñar cursos dirigidos a los hablantes de herencia, las características de los estudiantes, la preparación profesional de los profesores, el diseño de programas, la evaluación y las regulaciones. En la actualidad hay una serie de recursos en línea destinados a facilitar la disponibilidad y acceso a materiales de enseñanza para profesores que trabajan con hablantes de herencia. Por ejemplo, la *Alianza para el Avance de las Lenguas de Herencia* (The Alliance for the Advancement of Heritage Languages) ofrece recursos en línea de carácter pedagógico, recursos bibliográficos para la investigación y otros temas especializados dedicados a lenguas minoritarias, incluyendo el español (http://www.cal.org/heritage/ consultado el 17 de junio del 2012). La tabla 9.1 presenta una compilación de algunos de los recursos que se pueden consultar en línea.

Los temas de aplicación práctica en el aula de clase que parecen destacarse de la discusión que hemos presentado anteriormente coinciden en señalar la importancia de reconocer la variación y la diversidad lingüística del mundo hispano y, particularmente, estudiar acerca de las variedades de español que se hablan en

**Tabla 9.1**  Recursos electrónicos en la red acerca de la enseñanza del español para hablantes de herencia.

| Nombre | Dirección |
| --- | --- |
| Recursos para la Enseñanza y el Aprendizaje de las Culturas Hispanas | http://www.nflc.org/REACH/ |
| Alianza para el Avance de las Lenguas de Herencia | http://www.cal.org/heritage/ |
| Español para la educación de hablantes nativos: la actualidad del campo | http://www.cal.org/sns/resources/ stateofthefield.html |
| Spanish for Native Speakers | http://www.uic.edu/orgs/actflsigsns/ |
| Center for Applied Linguistics | http://www.cal.org/about/index.html |
| National Foreign Language Center | http://www.nflc.org/ |

los Estados Unidos. Éste es un aspecto fundamental para corregir falsas creencias acerca de ideas negativas que se suelen asociar con el uso del español y de las variedades vernáculas que se hablan en los Estados Unidos. Desde el punto de vista de la lingüística moderna, ninguna variedad dialectal es mejor que otra y existen factores lingüísticos e histórico-sociales que explican la variación diatópica, diastrática y diafásica. Estos mitos negativos acerca del español en los Estados Unidos se pueden superar mediante la incorporación de descripciones lingüísticas que expliquen las razones que originan ciertos fenómenos en un nivel que sea pedagógicamente adecuado. El hecho de entender que todas las lenguas cambian a través del tiempo, de acuerdo con una serie de factores sociales y lingüísticos, ayuda a entender la propia naturaleza de las variedades del español que se hablan en el país y aprender a valorarlas. Éste es un tema que ayuda a canalizar los objetivos de carácter afectivo que reforzarían la seguridad de los hablantes de herencia. Un segundo tema que se deduce de la literatura revisada indica la necesidad de establecer conexiones culturales que sean relevantes para los hablantes de herencia en los Estados Unidos. Es decir, incluir temas que puedan reflejar la realidad del contexto social que ellos viven y que ejemplifiquen la vida de otros latinos estadounidenses que comparten con el estudiante experiencias semejantes. Ésta es una manera de establecer una conexión significativa entre el estudiante y su propio contexto social. De esta forma se provee información relevante que estimula la participación de los estudiantes a la vez que aprenden sobre su realidad cultural. La literatura previa que hemos revisado también sugiere incluir una serie de actividades variadas de lectura, escritura, expresión oral y cultura que sean de utilidad para desarrollar competencias lingüísticas que el estudiante generalmente no posee debido a que la escolarización ha sido en inglés. Como se ha mencionado, los variados niveles de competencia que se observan en los hablantes de herencia generan una situación mixta en el salón de clase y la inclusión de actividades de diversa naturaleza contribuyen a desarrollar habilidades que el estudiante quizá no posea, debido a que sólo emplea el español en situaciones coloquiales entre familiares y amigos.

El trabajo de Valdés (2011) señala que la enseñanza de las lenguas de herencia en los Estados Unidos no sólo es un área de interés por las implicaciones pedagógicas, sino también por la significación que ha alcanzado el tema en la investigación académica sobre el bilingüismo y la adquisición de lenguas. Valdés (2011) menciona la conformación de la *Alianza para el Avance de las Lenguas de Herencia* y la celebración de dos conferencias profesionales durante 1999 y el 2002 que reunieron a los profesionales en el área. Estos acontecimientos impulsaron definitivamente el interés por la conservación de las lenguas minoritarias y la fundación del *Centro Nacional de Recursos para las Lenguas de Herencia*. Valdés (2011: 604) resalta la importancia de estas iniciativas profesionales y la publicación de documentos importantes en el área tales como: *Heritage Languages in America*, Peyton et al. (2001) (Las Lenguas de Herencia en los Estados Unidos); volumen especial dedicado a los hablantes de herencia en la revista *Bilingual Research Journal*, Wiley y Valdés (2000) y un informe titulado *Directions in Research: Intergenerational Transmission of Heritage Languages*, Campbell y Christian (2003) (Direcciones de investigación: transmisión generacional de las lenguas de herencia). Estos aportes son importantes para los maestros e investigadores y demuestran un interés sobre el tema que hay en el país. Uno de los retos a vencer en la planificación y diseño de los programas de herencia es el hecho de que en las instituciones estadounidenses predomina una visión que favorece la llamada ideología del monolingüismo y nociones normativas que presentan a los hablantes de herencia como deficientes. Esa perspectiva refleja las ideologías negativas sobre el español y, como consecuencia acerca de otras lenguas minoritarias, que hemos discutido en la sección anterior.

Valdés (2011) afirma que otro reto en el avance de los estudios acerca de los hablantes de herencia se relaciona con el hecho de que hasta ahora se han desarrollado diferentes líneas de investigación en campos diferentes tales como la sociolingüística, la lingüística, la psicolingüística y la pedagogía. Los aportes que se hacen en cada área no se conocen generalmente entre profesionales de campos diferentes. Esto se debe a que se publican en revistas específicas que pertenecen a tradiciones académicas diversas y a que las perspectivas adoptadas no coinciden necesariamente. En este sentido, los investigadores no se benefician de los conocimientos que producen otros colegas que trabajan en el mismo tema. De esta forma, es importante para los estudios de hablantes de herencia mantener en mente que la investigación desde un campo particular contribuye a un diálogo general que aclara nuestros conocimientos sobre aspectos lingüísticos y educativos de esta población especial (Valdés 2011: 610). Sin embargo, uno de los retos de los estudios acerca de los hablantes de herencia es establecer un diálogo y agenda de investigación coherente.

*Preguntas de comprensión*

1.  ¿Cómo se distinguen los hablantes de herencia de los estudiantes de español como segunda lengua?
2.  ¿Por qué son inadecuados los cursos típicos de español en los Estados Unidos para los hablantes de herencia?
3.  ¿Cuáles son los posibles beneficios de los cursos dirigidos a los hablantes de herencia?
4.  ¿Cómo se puede minimizar el estigma de las variedades vernáculas del español con la enseñanza de cursos dirigidos a los hablantes de herencia?
5.  ¿Por qué es buena idea hacer referencia al contexto social en las clases de español dirigidas hacia los hablantes de herencia?
6.  ¿Cuál es el mayor reto que plantea Valdés (2011) en cuanto a los estudios de los hablantes de herencia?

## Resumen

La primera sección de este capítulo propone una aproximación a la definición de lo que se considera un hablante de herencia. A pesar de que las definiciones completas suelen ser poco comunes, se puede decir que un hablante de herencia es aquel que tiene algún lazo familiar o cultural con una lengua minoritaria. En muchos casos, estos hablantes han crecido oyendo o empleando dicha lengua en situaciones familiares, por lo cual poseen algún tipo de capacidad receptiva o productiva. La definición también sugiere que los hablantes de herencia tienen conciencia de su pertenencia a una cultura minoritaria y de su participación en la comunidad. El tema relacionado con los hablantes de herencia surge a raíz de la preocupación por conservar el acervo lingüístico de comunidades minoritarias que, debido a la presión de la cultura mayoritaria, tienden a abandonar la lengua patrimonial del todo hacia la segunda o la tercera generación. En el contexto de los Estados Unidos, se ha presentado una situación práctica que consiste en el aumento de la población nativo-hablante del español en cursos dirigidos a estudiantes de segunda lengua cuya lengua nativa es el inglés. Debido a la naturaleza diferente de cada tipo de estudiante en cuanto a sus necesidades, se ha desarrollado un interés profesional por canalizar las necesidades de los hablantes de herencia mediante la creación de cursos especialmente dirigidos a esta población.

La sección dedicada a ideología lingüística y español en los Estados Unidos trata de las asociaciones negativas que han prevalecido en este país a lo largo de la historia. Según se menciona en el trabajo de García (1993) y se expande en el trabajo de Powell (1971), existe una visión histórica negativa de la cultura hispana que se ha llamado la *leyenda negra*. Esta visión, obviamente adaptándose a los tiempos, ha prevalecido y se asocia con todas las manifestaciones culturales incluyendo la lengua. En este contexto el español se presenta como una amenaza a la unidad y homogeneidad cultural de los Estados Unidos. El español es visto como una deficiencia que impide el aprendizaje del inglés y el consecuente avance social. De esta forma se construye un discurso del español como lengua minoritaria que es hablada por un grupo de extranjeros inmigrantes que se niegan a asimilarse a la cultura nacional. Sin embargo, las investigaciones demuestran que un 60% de los latinos han nacido en los Estados Unidos y que muchos de ellos muestran competencia dominante en inglés. De esta forma se falsifica la realidad de las cifras y se estigmatiza no sólo a los latinos de primera generación, sino también a los latinos nacidos en territorio estadounidense.

En la sección que se dedica a la planificación lingüística hemos visto que no ha existido una política de carácter federal que regule el uso de las lenguas del país. De esta forma se puede afirmar que no hay una planificación oficial de carácter nacional. Constitucionalmente, no existe una lengua oficial en los Estados Unidos y esto parece estar motivado por razones sociales e históricas que tienen su raíz en la cultura y filosofía británica de acuerdo con la cual el individuo tiene la libertad de elegir las lenguas que habla (García 2011). Sin embargo, movimientos conservadores y nacionalistas lograron movilizar una agenda política que no tuvo efecto a nivel federal en los años 80, pero que ha influido en la aprobación de legislación estatal que legaliza el inglés como lengua en 28 estados del país (García 2011). La ideología negativa que se ha asociado con el español, lengua hablada por los primeros colonos en ciertas áreas de Norteamérica (e.g. Juan Ponce de León descubre la Florida en 1513), ha estigmatizado el español y le niega su estatus como una de las legítimas lenguas históricas del país. A pesar de que no existe una política federal estrictamente hablando sobre las lenguas minoritarias, el sistema educativo en los estados de la unión ha contribuido a la imposición de un sistema de educación monolingüe que ocasiona la pérdida de las lenguas minoritarias, incluyendo el español.

La literatura previa que hemos revisado, en la sección referente a las necesidades de los hablantes de herencia en la escuela, sugiere incluir una serie de actividades variadas de lectura, escritura, expresión oral y cultura que sean de utilidad para desarrollar competencias lingüísticas que el estudiante generalmente no posee debido a que la escolarización ha sido en inglés. Se trata de desarrollar habilidades lingüísticas diferentes de las que se programan en los cursos elementales de español como segundo idioma, los cuales se enfocan en las destrezas básicas. Los temas de aplicación práctica en el aula de clase que parecen destacarse de la discusión que hemos presentado anteriormente coinciden en señalar la importancia de reconocer la variación y la diversidad lingüística del mundo hispano y, particularmente, estudiar acerca de las variedades de español que se hablan en los Estados Unidos. Éste es un aspecto fundamental para corregir creencias negativas que se suelen asociar con el uso del español y de las variedades vernáculas que se hablan en los Estados Unidos. Desde el punto de vista de la lingüística moderna, ninguna variedad dialectal es mejor que otra y existen factores lingüísticos e histórico-sociales que explican la variación diatópica, diastrática y diafásica. El otro tema comúnmente señalado indica la necesidad de establecer conexiones culturales que sean relevantes para los hablantes de herencia en los Estados Unidos. Es decir, incluir temas que puedan reflejar la realidad del contexto social que ellos viven y que ejemplifiquen la vida de otros latinos estadounidenses que comparten con el estudiante experiencias semejantes. Ésta es una manera de establecer una conexión significativa entre el estudiante y su propio contexto social.

Hemos visto finalmente que el tema de los hablantes de herencia se ha investigado desde diversos puntos de vista, incluyendo campos tales como la sociolingüística, la psicolingüística, la lingüística y la pedagogía. Como se trata de un tema en el cual recientemente se observa un interés mayor, el establecimiento de una agenda de intereses comunes y de un diálogo más amplio entre disciplinas resulta un reto para el futuro.

*Ejercicios*

DEFINICIONES. Utiliza los términos de la lista para llenar los espacios en blanco de las definiciones correspondientes.

| | |
|---|---|
| Lengua de herencia | Hablante de herencia |
| La leyenda negra | La planificación lingüística |
| Lau vs. Nichols 1974 | Inglés de los EE. UU. |
| La Proposición 187 | |
| El tratado Guadalupe-Hidalgo/Venta de la Mesilla | |

1  _____ es el fenómeno de la estigmatización del idioma español y de la cultura hispana y como consecuencia la cultura hispana se considera un desafío para la cohesión de la cultura estadounidense.

2  _____ es la ley en California que proponía negar servicios sociales y educativos a los inmigrantes ilegales.

3    Una persona que tiene lazos culturales y/o familiares con una cierta lengua que se considera minoritaria y en la cual no tiene escolarización se conoce como _____.

4    La adquisición por parte de los Estados Unidos de tierras anteriormente poseídas por México se logró mediante _____.

5    _____ es un caso judicial de una familia china que demandó al distrito escolar por no haber ofrecido oportunidades iguales a sus niños.

6    La toma de decisiones gubernamentales para regular y establecer una lengua en ciertos contextos educativos y oficiales es _____.

7    _____ es un movimiento que abogaba por establecer el inglés como idioma oficial.

8    _____ se define como el idioma al que una persona está expuesta en la casa o en la comunidad pero que no necesariamente se aprende formalmente en la escuela.

### Aplicación

Escucha con atención el siguiente debate: http://www.youtube.com/watch?v=FLNbQ8aHFuk, y contesta las siguientes preguntas:

1.    ¿Cuál es la relación histórica entre Puerto Rico y los Estados Unidos?
2.    ¿Cuáles son las lenguas oficiales de Puerto Rico?
3.    ¿Cuáles son los argumentos que se discuten en el debate?
4.    ¿Cuál es tu opinión y cómo convencerías a tus compañeros acerca de lo que tú opinas?

### Términos importantes para estudiar y recordar

| | |
|---|---|
| Lengua de herencia | La estandarización |
| Hablante de herencia | La visión eurocéntrica |
| La leyenda negra | Programas de inmersión |
| Tratado Guadalupe-Hidalgo | Programas de doble inmersión |
| Venta de la Mesilla | |
| Planificación lingüística | |
| Lau vs. Nichols 1974 | |
| Inglés de los EE. UU./Sólo Inglés | |
| La Propuesta 187 | |

## Glosario

**Lengua de herencia:** el término *lengua de herencia* se emplea en los Estados Unidos para hacer referencia a un campo nuevo que se ocupa de la investigación, conservación y revitalización de las lenguas minoritarias. En el caso particular que nos ocupa, el término haría referencia a las comunidades de hispanos y a la enseñanza del español en el contexto escolar.

**Hablante de herencia:** Según Potowski (2005: 17) "un **hablante de herencia** es un individuo que ha sido expuesto al idioma, normalmente en casa únicamente, y tiene alguna capacidad receptiva y posiblemente productiva en el mismo. Sin embargo, las capacidades lingüísticas pueden variar muchísimo entre unos individuos y otros (. . .)"

**La leyenda negra:** La leyenda negra se relaciona con la historia de intolerancia y persecución religiosa a raíz del período de la Inquisición en España (1478–1834). En particular, la persecución de protestantes fue un tema tratado por intelectuales europeos que retrataron de manera cruda los excesos cometidos por la corona española en la defensa del catolicismo. García (1993) establece una conexión histórica entre los estereotipos negativos que se han asociado con la España de la Inquisición y los hispanos en los Estados Unidos. La conexión que se hace entre ambos grupos implica un origen cultural inferior e incivilizado en comparación con la cultura anglosajona.

**Tratado Guadalupe-Hidalgo:** fue un acuerdo oficial que cerró la paz entre México y los Estados Unidos al final de la guerra entre estos dos países en 1848. Mediante este tratado México cedió más de la mitad de su territorio a los Estados Unidos.

**Venta de la Mesilla:** el Gadsden Purchase o la venta de la Mesilla (1853) fue un acuerdo entre México y los Estados Unidos mediante el cual México vendió parte de su territorio. Se trata de una extensión que hoy forma parte del sur de los estados de Arizona y Nuevo México. La compra estuvo motivada por la construcción de una línea de ferrocarril que conectaría el sur de este a oeste.

**Planificación lingüística:** La definición de planificación lingüística implica la toma de decisiones de una manera deliberada y de carácter oficial acerca de la forma y las funciones que adopta una lengua en el contexto de una sociedad determinada (Trask 2007).

**Lau vs. Nichols 1974:** se trata de un caso judicial en el que una familia de origen chino demandó al distrito escolar por negarles oportunidades educacionales igualitarias a sus niños. Este caso tuvo implicaciones legales en cuanto a la necesidad de mantener los programas bilingües para los grupos minoritarios.

**Inglés de los EE. UU./Sólo Inglés:** es una asociación civil, fundada por el senador republicano Samuel Ichiye Hayakawa, que promueve el inglés como el idioma oficial de los EE. UU.

**La Propuesta 187:** fue una reforma legal que se presentó al electorado de California en 1994 para impedir el acceso a los servicios médicos y educativos a los inmigrantes ilegales.

**La estandarización:** es el proceso de imposición de una variedad considerada como normativa y prestigiosa en la comunidad. Este proceso regularmente se canaliza a través del sistema educativo y el uso regular de tal variedad en contextos sociales oficiales.

**La visión eurocéntrica:** la visión eurocéntrica se relaciona con resaltar las costumbres culturales europeas como superiores y negar el valor de otras culturas. En el caso particular que nos ocupa se trata de negar las culturas latinoamericanas y presentarlas como inferiores a la cultura europea.

**Programas de inmersión:** es una forma de educación bilingüe en la cual los programas de inmersión están diseñados para que los hablantes de una lengua mayoritaria aprendan una segunda lengua y la instrucción inicialmente se imparte en la segunda lengua.

**Programas de doble inmersión:** es una forma de educación bilingüe en la cual los programas de doble inmersión incluyen grupos que hablan la lengua mayoritaria y la lengua minoritaria y la instrucción se realiza en las dos lenguas según un determinado número de horas que se deben cumplir de instrucción en cada una de ellas.

## Nota

1 Determinar una variedad "normativa" es una tarea subjetiva y arbitraria. La sociolingüística moderna valora positivamente todas las variedades asociadas con una lengua, debido a que no existen evidencias lingüísticas para establecer diferencias. Las características sociales y las actitudes de los individuos son las que determinan las valoraciones subjetivas en que se basan las normas.

## Referencias bibliográficas citadas

The Alliance for the Advancement of Heritage Languages. Disponible en http://www.cal.org/heritage/ (consultado el 17 de junio del 2012).

Bateman, Blair E. y Sara L. Wilkinson. 2010. Spanish for heritage speakers: A statewide survey of secondary school teachers. *Foreign Language Annals* 43.2, 324–353.

Campbell, R. y D. Christian. (eds.). (2003). Directions in research: Intergenerational transmission of heritage languages. *Heritage Language Journal* 11, 1–44.

Consejo Norteamericano para la Enseñanza de las Lenguas Extranjeras en 1996. Español para la educación de hablantes nativos: La actualidad del campo. Disponible en http://www.cal.org/sns/resources/stateofthefield.html (consultado el 17 de junio del 2012).

García, Ofelia. 1993. From Goya portraits to Goya beans: Elite traditions and popular streams in U.S. language policy. *Southwest Journal of Linguistics* 12, 69–86.

García, Ofelia. 1997. World languages and their role in a U.S. city. En Ofelia García y Joshua A. Fishman (ed.), *The multilingual apple: Languages in New York City*, 3–50. Berlín: Mouton de Gruyter.

García, Ofelia. 2011. Planning Spanish: Nationalizing, minoritizing and globalizing performances. En Manuel Díaz-Campos (ed.), *The handbook of Hispanic sociolinguistics*, 667–685. Oxford: Wiley-Blackwell.

Haugen, Einar. 1972. *The ecology of language*. Stanford, CA: Stanford University Press.

Hudson, Alan, E. Hernández-Chávez y G. Bills. 1995. The many faces of language maintenance: Spanish language claiming in five Southwestern states. En Carmen Silva-Corvalán (ed.), *Spanish in four continents: Studies in language contact and bilingualism*, 165–183. Washington, DC: Georgetown University Press.

Juderías, Julián. 1954. En Philip Wayne Powell (ed.), *The tree of hate: Propoganda and prejudices affecting United States relations with the Hispanic world*. Nueva York: Basic Books.

National Foreign Language Center. Disponible en http://www.nflc.org/ (consultado el 17 de junio del 2012).

Peyton, J.K., D.A. Ranard y S. McGinnis, S. (eds.). (2001). *Heritage languages in America: Preserving a national resource.* Washington, DC y McHenry, IL: The Center for Applied Linguistics and Delta Systems.

Porcel, Jorge. 2006. The paradox of Spanish among Miami Cubans. *Journal of Sociolinguistics* 10, 93–110.

Porcel, Jorge. 2011. Language maintenance and language shift among U.S. Latinos. En Manuel Díaz-Campos (ed.), *The handbook of Hispanic sociolinguistics*, 623–645. Oxford: Wiley-Blackwell.

Potowski, Kimberly. 2005. *Fundamentos de la enseñanza del español a hispanohablantes de los EE. UU.* Madrid: Arco/Libros.

Recursos para la Enseñanza y el Aprendizaje de las Culturas Hispanas. Disponible en http://www.nflc.org/REACH (consultado el 17 de junio del 2012).

Scalera, Diana 2000. Teacher beliefs and the heritage language learner: What will you teach your students? En J.B. Webb y B.L. Miller (eds.), *Teaching heritage language learners: Voices from the classroom. ACTFL Foreign Language Education Series 2000*, 71–85. Yonkers, NY: ACTFL.

Silva-Corvalán, Carmen. 1994. The gradual loss of mood distinctions in Los Angeles Spanish. *Language Variation and Change* 6, 255–272.

Trask, R.L. 2007. *Language and linguistics: The key concepts.* Nueva York: Routledge.

Valdés, Guadalupe. 1997. The teaching of Spanish to bilingual Spanish-speaking students: Outstanding issues and unanswered questions. En M.C. Colombi y F.X. Alarcón (eds.), *La enseñanza del español a hispanohablantes: Praxis y teoría*, 8–44. Boston, MA: Houghton Mifflin.

Valdés, Guadalupe. 2006. The teaching of heritage languages. En G. Valdés, J.A. Fishman, R. Charles y W. Pérez (eds.), *Developing minority language resources: The case of California*, 235–269. Clevedon, Reino Unido: Multilingual Matters.

Valdés, Guadalupe y Darren Geoffrion-Vinci. 2011. Linguistic imperialism: Who owns global Spanish. En Manuel Díaz-Campos (ed.), *The handbook of hispanic sociolinguistics*, 747–765. Oxford: Wiley-Blackwell.

Wayne Powell, Philip. 1971. *The tree of hate: Propoganda and prejudices affecting United States relations with the Hispanic world.* Nueva York: Basic Books.

Wiley, T.J. y Guadalupe Valdés. 2000. Special issue on heritage languages. *Bilingual Research Journal* 24.4, i–v.

Zentella, Ana Celia. 1995. La hispanofobia del movimiento "inglés oficial" en los Estados Unidos por la oficialización del inglés. *Alteridades* 5.10, 55–65.

# Capítulo 10

# Actitudes e identidad lingüísticas

Hemos visto en el primer capítulo de este libro la importancia de considerar el contexto sociolingüístico en el cual el hablante hace uso de sus lenguas o variedades de éstas. El estudio de este contexto nos permite entender la posición que el hablante tiene frente a otros individuos y quién es éste según la posición dentro de su grupo. La posición del individuo alude a aspectos relacionados con las actitudes y la referencia a *quién* se relaciona a su identidad. Según Edwards (2009: 257), la **actitud** se puede definir como una postura psicológica frente a algo que nos genera una reacción emocional, la cual motiva conductas determinadas. La **identidad**, siguiendo a Edwards (2009: 258), es un tipo de autodefinición individual o grupal generalmente relacionada con aspectos tales como la clase, la región, la etnicidad, la nación, la religión, el sexo, la lengua, entre otros. Se trata de dos elementos muy importantes en la interpretación del significado social que tiene el repertorio lingüístico de un individuo, de un grupo de hablantes o de una comunidad lingüística. El presente capítulo explora investigaciones en el campo de la sociolingüística que incluyen intereses en el estudio de las actitudes lingüísticas de fenómenos de variación y cambio bajo los parámetros de una metodología cuantitativa, así como otras perspectivas más cualitativas, basadas en métodos antropológicos. La primera sección es de carácter introductorio y tiene el propósito de proponer algunas definiciones básicas, así como de explicar las metodologías más frecuentemente usadas en el estudio de las actitudes. La segunda sección se basa en los estudios más comunes en el campo de la sociolingüística variacionista. Se trata de investigaciones que emplean la técnica imitativa (i.e. *matched-guise* como se le conoce en inglés). La tercera sección se centra en algunos estudios antropológicos sobre el español y el uso del español particularmente en los Estados Unidos. La cuarta y última sección estudia las creencias acerca del lenguaje y los

*Introducción a la Sociolingüística Hispánica*, First Edition. Manuel Díaz-Campos.
© 2014 John Wiley & Sons, Inc. Published 2014 by John Wiley & Sons, Inc.

aportes de los estudios sobre este tema. En resumen las secciones que componen
el capítulo son las siguientes:

- ¿Cómo estudiar actitudes lingüísticas?
- La técnica imitativa y el estudio de la variación
- Perspectivas antropológicas en el estudio de las actitudes
- El estudio de las creencias acerca del lenguaje

## 10.1   ¿Cómo estudiar actitudes lingüísticas?

El diccionario de la Real Academia Española (2001), en una de las acepciones
de la palabra *actitud*, la define como "una disposición de ánimo manifestada de
algún modo". Obviamente, esta definición que provee el diccionario es sólo un
punto de partida, puesto que, en su acepción sociolingüística, las actitudes se relacionan con la visión, la opinión que tiene un individuo sobre algún asunto. El
trabajo de Edwards (2009: 83) define el término *actitud* como "una disposición a
reaccionar favorable o desfavorablemente hacia una clase de objetos. Esta disposición está compuesta de tres elementos: sentimientos (el elemento afectivo), pensamientos (el elemento cognitivo) y, de manera subsiguiente a los anteriores,
predisposiciones a actuar de una cierta forma (elemento de conducta)". La clase
de objetos a la que se refiere Edwards (2009) se relaciona con la forma de hablar
de las personas, ya sea por su forma de pronunciar o por su forma de emplear
ciertas estructuras lingüísticas o por el uso de una lengua o variedad particular
en ciertos contextos sociales y no en otros. En otras palabras, se trata de estudiar
las reacciones que generan una pronunciación particular o el uso de alguna estructura morfosintáctica o la selección de una lengua. Precisamente, una investigación
fundamental en el campo del estudio de las actitudes lingüísticas es el trabajo de
Lambert et al. (1960). En este estudio se examinaron las actitudes de un grupo de
hablantes de francés e inglés en Canadá hacia el uso de ambas lenguas. De esta
forma, podemos decir que no sólo se trata del estudio de fenómenos particulares,
sino de aspectos más generales como las opiniones que tienen los hablantes sobre
el uso de lenguas en contextos sociales.

El enfoque en aspectos de usos lingüísticos es más comúnmente adoptado en
las investigaciones sociolingüísticas con una orientación variacionista y cuantitativa. Por ejemplo, en los capítulos 2, 3 y 4 hemos estudiado acerca de una serie de
fenómenos que muestran variación en su producción. Si un hablante dice [kalne]
en lugar de [karne] *carne*, ¿qué tipo de reacciones, sentimientos, pensamientos y
conductas genera en sus oyentes? Si una persona dice *hubieron niños* en lugar de
*hubo niños*, ¿qué actitudes genera en sus oyentes? Existen pocas investigaciones
en el área de lingüística hispánica que hayan adoptado esa perspectiva. Un trabajo
pionero es el de Silva-Corvalán (1984), quien analiza las actitudes hacia el uso
variable de tres formas verbales en las cláusulas condicionales entre la población
de Covarrubias, España (e.g. *Él si saldría otra cosa, se marchaba . . .* en lugar de *Él
si saliera otra cosa, se marcharía . . .* [tomado de Silva-Corvalán 1984: 594]). Silva-
Corvalán adopta una versión de la técnica imitativa y la emplea en su estudio. En

los resultados de su investigación Silva-Corvalán reporta que los hablantes evalúan las variantes normativas de manera positiva y, muchos de ellos reportan no usar las variantes regionales, a pesar de que los datos de las entrevistas revelan lo contrario. Más recientemente el trabajo de Casesnoves y Sankoff (2004) estudia las actitudes de un grupo de estudiantes valencianos de secundaria hacia el uso del catalán, valenciano y castellano, utilizando la técnica imitativa y encuestas en las que se les preguntaba a los participantes acerca de sus afiliaciones políticas y sobre sus opiniones acerca del uso de las tres lenguas. Los participantes exhiben una mayor competencia en valenciano aunque el castellano sigue siendo la lengua favorecida en un mayor número de contextos, según las respuestas obtenidas en la encuesta. Sobre los detalles de estas investigaciones profundizaremos en la sección 10.2, dedicada a los estudios en español sobre la técnica imitativa.

Una tendencia importante de investigación que se enfoca en las actitudes desde el punto de vista de los hablantes es la llamada lingüística popular. Esta corriente representada por el trabajo de Preston (2004) y Newall (2012) se basa en la descripción de las opiniones de los hablantes acerca de los diferentes aspectos relacionados con los usos lingüísticos que incluyen formas de pronunciar, estructuras morfosintácticas, usos léxicos, diferencias semánticas, entre otros. De acuerdo con Preston (2004), la indagación de aspectos relacionados con las creencias de los individuos en una comunidad pueden ser relevantes para entender con más profundidad los fundamentos de las actitudes que se manifiestan hacia ciertos fenómenos lingüísticos. El trabajo de Preston es particularmente relevante con relación al estudio de las variedades regionales de inglés que se hablan en los Estados Unidos. Mediante el empleo de una metodología que se basa en mapas dibujados por los participantes, Preston logra captar las ideas de los hablantes acerca de las variedades que éstos son capaces de identificar, así como sus impresiones y opiniones sobre los diferentes dialectos del inglés estadounidense. Por otro lado, en español la investigación de Newall (2012) estudia las actitudes hacia el uso de *vos*, *usted* y *tú* en Cali, Colombia mediante el uso de mapas siguiendo la metodología de Preston. Los resultados del trabajo no sólo muestran la habilidad de los hablantes de reconocer las variedades regionales con las que los participantes están más familiarizados, sino también las actitudes que se asocian con el uso de las formas de tratamiento.

Los investigadores también emplean otros enfoques cualitativos, apoyándose en las herramientas metodológicas de disciplinas como la antropología. En estos estudios se presta atención al valor simbólico que tiene la lengua de acuerdo con el contexto sociocultural. La investigación de Jane Hill acerca del español empleado como recurso para burlarse (*mock Spanish* en inglés) de la cultura hispana por parte de angloparlantes en el suroeste de los Estados Unidos es un ejemplo de esta tendencia. Su estudio sobre la burla de la lengua y la cultura hispana se basa en un enfoque antropológico en el que no solamente se toma en cuenta lo puramente lingüístico, sino también aspectos contextuales que ayudan a explicar e interpretar las actitudes que generan el uso del español con fines peyorativos y burlones.

Los estudiosos enfrentan ciertos retos al estudiar las actitudes hacia la lengua y la evaluación afectiva de su uso. Preston (2004) describe algunos de los métodos más comúnmente empleados en el estudio de las actitudes basadas en asuntos lingüísticos entre los cuales se pueden mencionar los cuestionarios, las entrevistas, las técnicas de escala y algunos métodos de evaluación indirecta de las actitudes como la técnica imitativa. Preston (2004) menciona que uno de los desafíos de obtener datos sobre actitudes a través de cuestionarios y entrevistas es obtener información que refleje verdaderamente las opiniones de los hablantes. Es frecuente encontrar que los participantes cuando se les pregunta directamente sobre un asunto de actitudes, generalmente responden de una forma que pretende presentar una cara positiva de sí mismos, por lo cual no ofrecen una respuesta sincera que revele las verdaderas actitudes. De acuerdo con Preston (2004), los estudios de la psicología social fueron fundamentales en el desarrollo de técnicas en las que, a través de medios indirectos, se investiga acerca de las actitudes. Por ejemplo, el desarrollo de la técnica del **diferencial semántico** permite la evaluación afectiva que los hablantes tienen de un determinado objeto lingüístico. Originalmente, esta técnica fue desarrollada para estudiar las reacciones emocionales que los hablantes tenían frente a ciertos elementos léxicos (Crystal 2008). Por ejemplo, para el estudio de las reacciones hacia fenómenos lingüísticos se podría pensar en el siguiente caso: si un hablante empleara la forma *haiga* en lugar de la forma normativa *haya*, ¿qué actitudes generaría en un grupo de participantes dada la escala a continuación?

El ejemplo en la figura 10.1 muestra cómo se emplea una serie de adjetivos opuestos que sirve para establecer una evaluación de la forma *haiga*. De esta manera, se establece un patrón de respuesta que se basa en una escala a la que se pueden asignar puntos. Este aspecto es variable según el diseño de la investigación, así como los adjetivos que se seleccionan para el estudio de un fenómeno en particular.

Preston (2004) también destaca el desarrollo de otras metodologías provenientes de la psicología social en las que, de manera indirecta, se evalúan las actitudes de los hablantes. Ya hemos mencionado el trabajo de Lambert et al. (1960), en el cual precisamente se emplea la **técnica imitativa**. Este método consiste en usar a un mismo hablante (o a varios hablantes) que puede emplear dos o más variedades de manera nativa. Debido a que los oyentes evalúan al mismo hablante que produce variedades distintas se obtienen datos que permiten valorar estas variedades sin la influencia de otros aspectos como la cualidad de la voz. En particular el trabajo de Lambert et al. (1960) emplea a un grupo de cuatro hablantes bilingües en inglés y francés, con el propósito de obtener datos acerca de las actitudes hacia

Un hablante que emplea la forma *haiga* se puede describir como:

Urbano      — — — — — — — — —  Rural

Simpático — — — — — — — — —  Antipático

Culto        — — — — — — — — —  Inculto

**Figura 10.1**   Ejemplo que ilustra el uso de la técnica del diferencial semántico.

el uso de las dos lenguas en Canadá. El uso de esta técnica ha sido ampliamente extendido en investigaciones similares a las de Lambert et al. (1960) con el propósito de evaluar actitudes hacia otras lenguas: el español y el quechua en Perú (e.g. Wölck 1973), el castellano y el catalán en España (e.g. Woolard 1984; Woolard y Gahng 1990; Casesnoves y Sankoff 2004), entre otras lenguas (véase el trabajo de Campbell-Kibler 2006 para una revisión más completa). Asimismo, la técnica imitativa ha sido importante para el estudio de variedades regionales, como el caso del inglés con acento hispanizado (e.g. Mckirnan y Hamayan 1984), así como una serie de investigaciones sobre variedades del inglés en los Estados Unidos e Inglaterra (e.g. Arthur, Farrar y Bradford 1974). Sobre la técnica imitativa se ofrecen más detalles en la sección 10.2.

En resumen, hemos visto que el estudio de las actitudes puede incluir métodos como las encuestas, las entrevistas y las investigaciones que emplean escalas de evaluación, así como la técnica imitativa. Las encuestas y entrevistas implican una averiguación de manera directa acerca de las actitudes hacia lenguas, variedades o variantes lingüísticas. Las escalas y la técnica imitativa emplean una metodología que se basa en estrategias indirectas que nos ayudan a obtener las evaluaciones de los hablantes. El estudio de las actitudes en sociolingüística ha estado relacionado con el reconocimiento de rasgos lingüísticos y/o aspectos más globales que pueden ser reveladores en la identificación de variedades sociales y/o regionales y, muy particularmente, de las opiniones que tienen los participantes acerca de las personas que producen tales fenómenos (Preston 2004). En estas investigaciones se busca obtener de manera directa o indirecta la reacción de los participantes hacia la forma en cómo habla un cierto grupo dentro de la comunidad. Las evaluaciones reflejan las opiniones que existen sobre tales hablantes y, muchas veces, son indicativas de visiones estereotípicas que se asocian con ellos en el contexto social en el que viven. De hecho, Edwards (2009: 82) señala que la base fundamental de la evaluación lingüística resulta de las convenciones sociales. De esta forma muchas de las evaluaciones negativas podrían ser el reflejo de prejuicios sociales que persisten en ciertas comunidades. El trabajo de autores que se centran en indagar las creencias de los hablantes acerca de fenómenos lingüísticos (Preston 2004; Newall 2012, etc.) representa otra forma de estudiar las actitudes. Particularmente, el trabajo de Preston es importante debido a que se estudian las actitudes hacia variedades del inglés en los Estados Unidos mediante el dibujo de mapas y la evaluación mediante categorías, tales como *placentero* y *correcto*. Asimismo, hemos introducido la idea de que los estudios antropológicos sobre actitudes hacia el uso del español en el suroeste de los Estados Unidos ofrece una perspectiva que se basa en un análisis de carácter cualitativo que toma en cuenta aspectos que forman parte del contexto sociocultural. Estos estudios ofrecen un análisis de las actitudes que se basa en la ideología subyacente hacia grupos sociales minoritarios en una comunidad.

*Preguntas de comprensión*
1. Define *actitud* en tus propias palabras.
2. Según Edwards (2009: 258), ¿cuál es la meta principal del estudio de las actitudes?

3. ¿Cuál es el resultado fascinante de la investigación de Silva-Corvalán (1984)?
4. ¿Por qué es útil la investigación de Hill (1993)?
5. Describe las ventajas del estudio de las actitudes a través del diferencial semántico.
6. Según Edwards (2009), ¿qué reflejan las actitudes?

## Para investigar y pensar:

Investiga en las referencias bibliográficas de este capítulo por lo menos dos artículos cuyos fenómenos sean interesantes para el estudio de las actitudes. ¿Harías una encuesta o entrevista? ¿Cómo diseñarías un estudio para emplear una técnica que sea indirecta? Organiza tus ideas por escrito y elabora un informe breve.

## 10.2   La técnica imitativa y el estudio de la variación

En la sección introductoria (10.1.) hemos visto que la *técnica imitativa* es un método indirecto que se ha empleado para el estudio de las actitudes. Un grupo de hablantes con la habilidad de ser completamente bilingüe o bidialectal produce el mismo estímulo en cada una de las variedades empleadas para ser evaluados por participantes en una investigación sobre la base de características sociales asociadas con la competencia profesional, la personalidad y los atributos físicos. Inicialmente, éste fue un método desarrollado por psicólogos sociales como Lambert et al. (1960) para el estudio de actitudes hacia lenguas como en el caso del inglés y el francés en Canadá. Esta técnica indirecta resulta productiva para evitar los problemas que comúnmente se presentan con los cuestionarios y las entrevistas. Cuando un hablante contesta un cuestionario o una entrevista, puede favorecer respuestas que no reflejan sus verdaderas opiniones, sino aquellas que parecen ser socialmente aceptables. De manera que es posible que ciertas encuestas predispongan a los participantes a contestar de una manera **políticamente correcta**, es decir, reflejando una opinión que se considera socialmente aceptable. Es por ello que la técnica imitativa resulta una forma más reveladora para investigar las opiniones y reacciones de los participantes y obtener datos que reflejen sus verdaderos sentimientos. De igual forma, la técnica imitativa tiene la ventaja de que se puede emplear para entender aspectos concretos del uso de lenguas, variedades o variantes. La técnica imitativa permite ir más allá de las opiniones que se pueden obtener a través de una encuesta o entrevista u otros trabajos que exploran las creencias acerca de las variedades sociales. La importancia de investigar estas reacciones y actitudes de los hablantes se relaciona con el papel que juega el uso de recursos lingüísticos en la construcción de la identidad sociolingüística de los hablantes. La percepción de los rasgos que caracterizan las variantes regionales o sociales se pueden considerar índices sociales que proveen información acerca de los hablantes y de sus afiliaciones en la comunidad.

Campbell-Kibler (2008) destaca el hecho de que los estudios de percepción de variedades sociales en los cuales se emplea la técnica imitativa han contribuido a revelar los estereotipos que se asocian con el uso de variedades regionales o de otras lenguas en contextos multilingües. El ya mencionado trabajo de Lambert et al. (1960) estudia las actitudes de 64 participantes cuya lengua nativa era el inglés y 66 participantes cuya lengua nativa era el francés. Los informantes evaluaron muestras de habla empleando una escala de 6 puntos y una serie de características tales como inteligencia, confiabilidad, simpatía y apariencia personal. Los resultados de este estudio indican que las muestras de hablantes de inglés recibieron puntajes mayores que las muestras de hablantes de francés en una serie de características relacionadas con el éxito económico (e.g. inteligencia, liderazgo, atractivo físico) y la simpatía percibida o atribuida a las muestras. Estos hallazgos revelan que los hablantes de francés también se ven influidos por los estereotipos que existen hacia su propio grupo en la comunidad. En otros términos, de acuerdo con la evaluación positiva de las muestras de hablantes de inglés, los nativos de este idioma se consideran poseedores de atributos que se asocian con el éxito y con cualidades de personalidad como la simpatía. Esto indica que la ideología dominante de la mayoría angloparlante se ha impuesto en los grupos minoritarios.

Un estudio interesante que evalúa la variedad regional hablada por los hispanos de origen mexicano en la ciudad de Los Ángeles es el que presentan Arthur, Farrar y Bradford (1974). La investigación examina las actitudes de un grupo de estudiantes angloamericanos hacia hablantes mexicoamericanos que usan el inglés normativo y una variedad vernácula conocida como inglés chicano. El **inglés chicano** es una variedad del inglés hablada por la comunidad de ascendencia mexicana nacida en el suroeste de los Estados Unidos. Básicamente, el estudio investiga si la variedad étnica empleada por los chicanos evoca actitudes basadas en estereotipos que existen en la comunidad. Los autores emplean la técnica imitativa para colectar datos. Las muestras orales recogidas para el experimento de percepción pertenecían a cuatro hablantes de origen chicano que leyeron un mismo párrafo usando inglés estándar e inglés chicano. Había dos voces masculinas y dos voces femeninas. Un par de sujetos, un hombre y una mujer, se emplearon adicionalmente como prueba al inicio del experimento. Un total de 48 participantes angloamericanos completaron el experimento de percepción y evaluaron las voces empleando los siguientes adjetivos agrupados en pares de antónimos: (1) amistoso–hostil, (2) rudo–gentil, (3) deshonesto–honesto, (4) trabajador–flojo, (5) nivel socioeconómico bajo–nivel socioeconómico alto, (6) despreocupado–ambicioso, (7) inteligente–estúpido, (8) confiable–poco fiable, (9) sin talento–talentoso, (10) mente abierta–mente estrecha, (11) atinado–desatinado, (12) autoestima alta–autoestima baja, (13) educado–maleducado, (14) serio–divertido, (15) callado–hablador. Los resultados del estudio revelan que las muestras producidas en la variedad estándar recibieron evaluaciones más positivas que las muestras vernáculas. De esta forma, las voces en la variedad estándar se asocian con adjetivos positivos como educado, inteligente, amistoso, confiable, talentoso, entre otros. El inglés chicano recibe evaluaciones bajas como una variedad no normativa y distante del dialecto hablado por los universitarios angloamericanos que presentaron la prueba de percepción.

Existe una serie de estudios en los que la técnica imitativa se ha empleado con el propósito de examinar elementos más detallados de la variación lingüística. En estos trabajos se observa la habilidad de los hablantes en la identificación de diferencias de pronunciación que se asocian con factores sociales, así como la determinación de si los resultados obtenidos se asemejan a los datos que reflejan los estudios de producción (Campbell-Kibler 2008). La técnica imitativa también se ha empleado en estudios que exploran el efecto de factores sociales como la edad, el sexo y el origen regional en la percepción de dialectos, así como en investigaciones que examinan el papel de los hábitos lingüísticos propios en la evaluación del habla de otros (Campbell-Kibler 2008: 638).

Un trabajo reciente que emplea la técnica imitativa para analizar el significado social implícito en la variación sociolingüística es el de Campbell-Kibler (2008). La investigación se centra en el estudio de la pronunciación variable de (ING): [In]/[ən] versus [Iŋ] ([ˈkɔːlIn/ˈkɔːlən] versus [ˈkɔːlIŋ] *calling*) y de cómo los oyentes relacionan este rasgo lingüístico con información social acerca del hablante. La muestra que conforma el estímulo lingüístico escuchado por los hablantes proviene de grabaciones obtenidas de ocho hablantes de dos variedades del inglés estadounidense (i.e. 4 de California y 4 de Carolina del Norte). Los ejemplos empleados en la prueba de percepción provienen de entrevistas de las cuales se escogieron pedazos cortos de 10 a 20 segundos. Las muestras fueron alteradas para manipular la pronunciación de (-*ing*). La investigadora recogió datos cuantitativos usando la técnica imitativa y también se recogieron datos cualitativos a través de entrevistas. Ciento veinticuatro participantes completaron la prueba cuantitativa, mientras que cincuenta y cinco participantes completaron la porción cualitativa mediante una entrevista. Los resultados muestran que los participantes en la prueba de percepción evaluaron como menos educados o inteligentes a aquellos hablantes que empleaban la pronunciación no normativa (i.e. [ˈkɔːlIn/ˈkɔːlən] *calling*). De esta forma, la autora considera que uno de los significados principales de (-*ing*) se asocia con la educación y la inteligencia, aunque también se asocia con los niveles de formalidad (i.e. casual/informal). Sin embargo, Campbell-Kibler (2008) descubre que este efecto se relaciona con la percepción de los hablantes según su origen regional o su nivel socioeconómico. Los hablantes clasificados como del nivel socioeconómico bajo (quienes emplean la pronunciación no normativa i.e. [In]/[ən]) muestran evaluaciones más bajas en cuanto a inteligencia y educación. Un efecto parecido se observa en el caso de los hablantes clasificados como sureños en comparación con los hablantes californianos que fueron caracterizados por tener un acento "neutro". Es decir, si un hablante fue percibido como sureño y de nivel socioeconómico bajo, las evaluaciones fueron mucho más bajas en cuanto a su inteligencia y educación cuando había pronunciaciones no normativas de (-*ing*).

El artículo de Campbell-Kibler representa un ejemplo reciente en el que se emplea la técnica imitativa para el estudio de la variación sociolingüística con éxito. En el pasado se han hecho críticas importantes con relación al uso de esta metodología (véase Agheyisi y Fishman 1970; Labov 1966; Lee 1971). Agheyisi y Fishman (1970) señalan que en comunidades bilingües y multilingües podría haber alternancia entre dialectos, o alternancia de códigos, de acuerdo con factores tales como dominio, tópico, lugar, papel en la conversación, tipo de interacción o el tipo de red social. Por eso, Agheyisi y Fishman (1970) consideran que la técnica imitativa no puede captar ni contestar interrogantes acerca de los repertorios de habla y su función en la representación de estereotipos propios de una comunidad. Por su parte Lee (1971) critica la validez sobre los estudios de percepción dialectal, argumentando que las muestras que se emplean como estímulo no han sido suficientemente probadas. Además, Lee indica que estas muestras elaboradas en contextos de laboratorio altamente controlados no representan el habla espontánea. Labov (1966) también señala algunas críticas relacionadas con el hecho de que es difícil aislar las variables que se quieren estudiar. En su estudio sobre el inglés de la ciudad de Nueva York, Labov (1966) analiza el efecto de la variable (oh), pero señala que en la muestra había otras variables de interés (æh)[1], una de las cuales ha podido influenciar los resultados obtenidos. De igual forma, Labov había incluido hablantes de diferentes orígenes étnicos y de diferentes clases sociales. Factores como estos últimos deben ser controlados cuando se emplea la técnica imitativa.

El trabajo de Purnell, Baugh e Idsardi (1999) presenta evidencia que muestra la validez de la metodología implícita en la técnica imitativa; pues compara al sujeto que imita las tres voces (el inglés estándar, el inglés africano americano y el inglés chicano) con datos de individuos que pertenecen a las comunidades africano americana, europeo americana y latina. El experimento analiza cómo los agentes de bienes raíces que alquilan viviendas en California reaccionan a las tres variedades de inglés incluidas. La reacción se mide según el número de llamadas devueltas de acuerdo con la etnicidad que se percibe en la voz presentada como estímulo. En su investigación los autores demuestran que el hablante escogido para imitar estas variedades es evaluado de manera semejante cuando se compara con muestras de otros hablantes de cada una de ellas. Los resultados obtenidos en esta comparación fueron consistentes y demuestran la validez de la técnica. Los resultados indican que el hablante que imita los tres dialectos fue identificado como representativo de esos dialectos en un 80%. Éste es un resultado importante que demuestra que el hablante que imita puede cambiar de variedad y hacerlo de manera adecuada. La investigación también muestra datos de los elementos acústicos en el habla del imitador que generan las características propias de las variedades que produce. El trabajo de Purnell et al. (1999) tiene implicaciones para los estudios de actitudes, puesto que los autores logran demostrar que la identificación de rasgos étnicos en el habla se asocia con prácticas discriminatorias en el mercado del alquiler de inmuebles en el estado de California en los Estados Unidos. La evidencia presentada indica que sólo el uso de la voz es suficiente para reconocer rasgos étnicos que impiden el acceso a obtener una cita para alquilar un apartamento. Las críticas que comentamos anteriormente no necesariamente presentan datos cuantitativos que invalidan la técnica imitativa, la cual se ha empleado en estudios más recientes con éxito (e.g. Campbell-Kibler 2006, 2008; Díaz-Campos y Killam 2012).

En español hemos comentado anteriormente que pocas investigaciones han empleado la técnica imitativa para estudiar las actitudes hacia las lenguas habladas en una misma región, variedades dialectales, así como fenómenos lingüísticos particulares. El trabajo de Silva-Corvalán (1984) es uno de los primeros en los que se emplea una adaptación de la técnica imitativa para el estudio de una estructura sintáctica en Covarrubias, España (e.g. *Él si saldría otra cosa, se marchaba . . .* en lugar de *Él si saliera otra cosa, se marcharía* [tomado de Silva-Corvalán 1984: 594]). En cuanto al estudio de las actitudes hacia lenguas diferentes que se hablan en una misma región, el estudio de Blas Arroyo (1995) presenta un análisis sobre cómo se perciben el español y el catalán en la Comunidad Autónoma Valenciana. Blas Arroyo incluye a la vez dos variedades dialectales de cada lengua con el objetivo de evaluar también las reacciones de los participantes hacia diversas variedades. En el caso del español, se incluyeron muestras del español del centro norte y del español canario (i.e. de Tenerife). En relación con el catalán, se seleccionaron muestras del valenciano y del barcelonés. Setenta y tres sujetos pertenecientes a una escuela secundaria de la comunidad Camp de Túria tomaron la prueba de percepción. Los participantes evaluaron las muestras de habla presentadas, basados en las siguientes características: (1) competencia personal y estatus socioeconómico, (2) integridad personal, y (3) atractivo social. La figura 10.2 muestra los resultados de la prueba de percepción en la que se evalúa el castellano y el canario.

De acuerdo con los datos presentados por Blas Arroyo (1995), las muestras de hablantes de castellano reciben mejores evaluaciones en las categorías relacionadas con competencia personal y estatus socioeconómico, así como atractivo. Por su parte, el canario resulta más favorecido en cuanto a las características que se asocian con la integridad personal, tales como la humildad, la honestidad y la sencillez. La figura 10.3 muestra las evaluaciones obtenidas en cuanto al valenciano y al barcelonés, según la competencia personal y el estatus socioeconómico, la integridad personal y el atractivo social.

La comparación de las actitudes entre el valenciano y el barcelonés indica que el valenciano recibe mejores evaluaciones en cuanto a la competencia personal, el estatus socioeconómico y el atractivo social. Las características de integridad

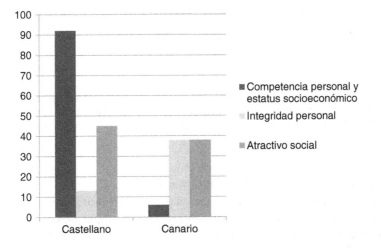

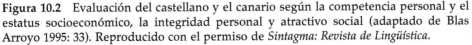

**Figura 10.2**  Evaluación del castellano y el canario según la competencia personal y el estatus socioeconómico, la integridad personal y atractivo social (adaptado de Blas Arroyo 1995: 33). Reproducido con el permiso de *Sintagma: Revista de Lingüística*.

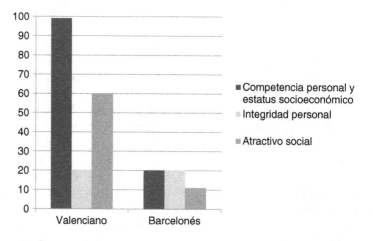

**Figura 10.3**    Evaluación del valenciano y el barcelonés según la competencia personal y el estatus socioeconómico, la integridad personal y atractivo social (adaptado de Blas Arroyo 1995: 35). Reproducido con el permiso de *Sintagma: Revista de Lingüística*.

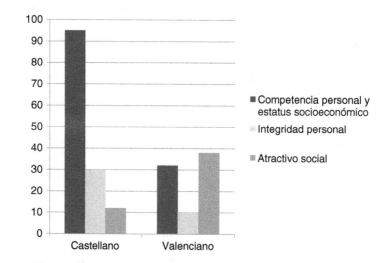

**Figura 10.4**    Evaluación del castellano y el valenciano según la competencia personal y el estatus socioeconómico, la integridad personal y atractivo social (adaptado de Blas Arroyo 1995: 36). Reproducido con el permiso de *Sintagma: Revista de Lingüística*.

personal recibieron evaluaciones semejantes en ambas variedades. Blas Arroyo (1995) interpreta los resultados obtenidos acerca del valenciano como indicativos de que el valenciano se empieza a relacionar con cualidades que lo asocian con el progreso social y material en la sociedad española moderna. Obviamente, estos resultados indican una valoración positiva hacia la variedad local del catalán, el valenciano, lo cual es indicativo de que la identidad regional predomina en este caso. Finalmente, la figura 10.4 presenta los resultados de la evaluación del castellano y el valenciano bajo las mismas dimensiones introducidas anteriormente.

La comparación de las actitudes hacia el castellano y el valenciano es indicativa de que el castellano sigue siendo claramente evaluado como la lengua que se asocia con características positivas que tienen que ver con la competencia personal y el estatus socioeconómico. Las características de integridad personal también fueron evaluadas positivamente en castellano por encima del valenciano. Sin embargo, los atributos relacionados con el atractivo social recibieron mejores calificaciones en el caso del valenciano. En el trabajo de Blas Arroyo (1995) se logran descubrir algunos de los estereotipos sociales que se asocian con el uso de lenguas diferentes y con variedades dialectales de tales lenguas mediante el uso de la técnica imitativa que como hemos señalado es una metodología que permite indirectamente obtener datos sobre estos asuntos. La investigación más reciente de Casesnoves y Sankoff (2004) sobre actitudes hacia el valenciano, el catalán barcelonés y el castellano revela que en la ciudad de Valencia continúan predominando los hablantes de castellano, por lo cual se favorece esta lengua en los dominios públicos. En cierta medida, las actitudes reportadas por Blas Arroyo (1995) para la comunidad de Camp de Túria son muy semejantes a las que presentan Casesnoves y Sankoff para la ciudad de Valencia. A pesar de que cifras oficiales reportan un aumento en el uso del valenciano, el dominio de preferencia para su uso es el hogar. El avance en el uso del valenciano, según los datos de Casesnoves y Sankoff (2004: 29), se observa en los estudiantes con orientaciones políticas "nacionalistas", ya que éstos suelen ser "más competentes en valenciano, políticamente progresistas y más orientados hacia el catalán" (mi traducción).

El español también comparte espacios sociales en España con el euskera. Las actitudes hacia ambas lenguas en la ciudad de San Sebastián en la Comunidad Autónoma del País Vasco se examinan en un artículo reciente (Echeverría 2005). Al igual que el catalán, el euskera ha sido revitalizado en el sistema educativo y se emplea como una de las lenguas requeridas en el dominio gubernamental. Los datos del trabajo de Echeverría (2005) se basan en muestras obtenidas de 288 estudiantes de una escuela secundaria en la ciudad de San Sebastián. Los participantes escucharon muestras producidas por cuatro hablantes que podían imitar perfectamente las siguientes variedades: español normativo, euskera normativo y euskera vernáculo. Como ya hemos visto en investigaciones anteriores, el trabajo de Echeverría incluye 17 características que se pueden considerar dentro del mismo ámbito de la competencia personal, la integridad y el atractivo. Los hallazgos de la investigación indican que el euskera ha ganado terreno, puesto que obtiene evaluaciones positivas inclusive por parte de estudiantes que reciben instrucción mayoritariamente en español. La autora reporta que la variedad vernácula recibe evaluaciones positivas por encima de la variedad normativa y del español, lo cual es interpretado como una señal de que la juventud en San Sebastián asocia el euskera vernáculo con atributos que se relacionan con el atractivo social. En este caso parecería que los rasgos que son parte de la identidad juvenil tuvieran relación estrecha con la variedad vernácula.

El estudio de las actitudes hacia fenómenos de variación sociolingüística es un tema explorado en algunas investigaciones que se dedican únicamente al español. La investigación de Díaz-Campos y Killam (2012) examina la percepción y las reacciones de un grupo de hablantes de Caracas, Venezuela hacia la elisión y

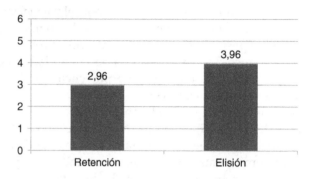

**Figura 10.5**   Evaluación de la retención y elisión de la /ɾ/ final de sílaba (adaptado de Díaz-Campos y Killam 2012: 93).

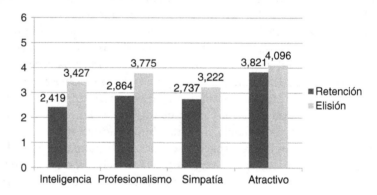

**Figura 10.6**   Evaluación de la retención y elisión de la /ɾ/ final de sílaba de acuerdo con los atributos de inteligencia, profesionalismo, simpatía y atractivo (adaptado de Díaz-Campos y Killam 2012: 95).

retención de la /ɾ/ final de sílaba y la /d/ intervocálica. La prueba de percepción se basa en la técnica imitativa, en la cual se incluyen las muestras de cuatro hablantes, dos hombres y dos mujeres, que produjeron 16 oraciones en las que se manipuló la presencia o ausencia de la /ɾ/ final de sílaba y la /d/ intervocálica. Los participantes de la prueba evaluaron las muestras de acuerdo con las siguientes características: inteligencia, profesionalismo, simpatía y atractivo físico. La escala de evaluación consistía de 6 puntos, el 1 representa una evaluación positiva, mientras que el 6 una negativa. La figura 10.5 presenta la evaluación de la retención y elisión en el caso de la /ɾ/ final de sílaba.

Los resultados en la figura 10.5 muestran una escala que va del cero al seis. Una evaluación cercana al uno revela una evaluación positiva, en tanto que una evaluación cercana al seis revela una evaluación más negativa. De acuerdo con esto, la figura 10.5 revela una clara tendencia según la cual la elisión recibe evaluaciones negativas, mientras que la retención se percibe como la variable que se asocia con cualidades positivas. La figura 10.6 muestra los resultados de la evaluación según los atributos de inteligencia, profesionalismo, simpatía y atractivo.

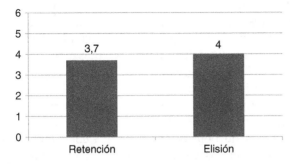

**Figura 10.7** Evaluación de la retención y elisión de la /d/ intervocálica (adaptado de Díaz-Campos y Killam 2012: 96).

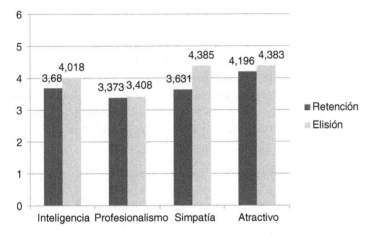

**Figura 10.8** Evaluación de la retención y elisión de la /d/ intervocálica de acuerdo con los atributos de inteligencia, profesionalismo, simpatía y atractivo (adaptado de Díaz-Campos y Killam 2012: 98).

Las tendencias reportadas indican que las muestras en las que ocurre la retención se perciben de una manera positiva en cuanto a todas las características incluidas en el estudio. Sin embargo, las diferencias que alcanza a ser estadísticamente significativas se relacionan con la competencia personal: inteligencia y profesionalismo. La figura 10.7 muestra que en el caso de la /d/ intervocálica, los resultados de la prueba de percepción revelan que no existe una diferencia significativa entre la retención y la elisión.

A pesar de que existe una tendencia en la misma dirección de la /ɾ/ final de sílaba, en cuanto a la retención, la diferencia no llega a ser relevante desde el punto de vista del análisis estadístico, lo cual revela que hay mayor aceptación de este fenómeno en la comunidad caraqueña. Esta observación se puede corroborar al ver los resultados según las características de inteligencia, profesionalismo, simpatía y atractivo. Las diferencias que se observan en cuanto a la evaluación de la retención versus la elisión parecen indicar que no existen actitudes negativas asociadas con este rasgo del habla cotidiana (figura 10.8).

El estudio de las actitudes mediante el empleo de la técnica imitativa indica en los estudios anteriores que esta metodología es útil para obtener información acerca de los estereotipos sociales que se asocian con los hábitos lingüísticos de los hablantes, ya sea que se trate del uso de dos o más lenguas, variedades sociales o fenómenos de variación más específicos. En una buena parte de los estudios el uso de lenguas mayoritarias o de variedades normativas se asocia con la percepción de los miembros de la comunidad con evaluaciones positivas en cuanto a la competencia personal y el estatus socioeconómico. Esto quiere decir que los oyentes de las pruebas de percepción tienden a considerar como inteligentes, educados, exitosos y atractivos a aquellos hablantes que usan las lenguas mayoritarias, las variedades estándares y las variantes normativas. La técnica imitativa, como método indirecto de investigación de las actitudes, parece ser un instrumento útil y válido que permite obtener datos que de otra forma sería difícil de recolectar mediante una encuesta o entrevista. Por ejemplo, en el trabajo de Purnell et al. (1999) no sólo se obtienen datos sobre actitudes hacia variedades de inglés en California, sino que también se logra demostrar como los prejuicios asociados con variedades minoritarias impiden el acceso a la vivienda. Recordemos que en el experimento un hablante hábil en tres variedades (i.e. inglés estándar, africano americano y chicano) llama por teléfono a personas que alquilan apartamentos para comprobar que muchos de estos propietarios discriminan y no devuelven la llamada si detectan que el cliente no habla inglés estándar.

*Preguntas de comprensión*
1.  ¿Por qué es la técnica imitativa una herramienta apropiada para la investigación de las actitudes?
2.  ¿Cuál es la conexión entre las actitudes de los hablantes y los recursos lingüísticos?
3.  ¿Cuál es el aporte de la investigación de Lambert et al. (1960)?
4.  ¿Por qué es importante el resultado de la investigación de Purnell et al. (1999)?
5.  Revisa las figuras de resultados de Blas Arroyo (1995). ¿Qué significan las diferencias entre los valores de *competencia personal* y *estatus socioeconómico* y *atractivo social*?
6.  ¿Cuál es el significado de la evaluación de la /d/ intervocálica y cómo se distingue de la evaluación de la /ɾ/ a final de sílaba?

## Para investigar y pensar:

¿Cómo se puede justificar la posición de la lingüística contemporánea acerca de que no existen lenguas o variedades mejores ni peores que otras? Si la posición que adoptan los lingüistas es cierta, ¿cómo se puede explicar por qué el público en general piensa que hablar una variedad estándar indique inteligencia, mayor educación y éxito profesional? ¿Se trata de un asunto que se basa en factores lingüísticos o en factores de tipo social, o de los dos? Piensa bien tus argumentos y desarrolla un ensayo corto en español de una página.

## 10.3   Perspectivas antropológicas en el estudio de las actitudes

La **antropología lingüística** es una disciplina que estudia las relaciones que se establecen entre lengua, cultura y sistemas de creencias en las sociedades humanas (Crystal 2008). La lengua y sus variedades se pueden considerar como instrumentos útiles que proveen información acerca de la cultura y la organización social de los pueblos. Este enfoque en las creencias provee datos importantes acerca de las actitudes e ideología que las motiva. Por ejemplo, en un titular de prensa como el siguiente: *Horda ataca con piedras sedes de partidos políticos*, la palabra *horda* hace referencia a un grupo de gente indisciplinada y violenta y el verbo *atacar* refuerza esta idea. El uso de *horda* podría suponer una perspectiva que implicaría una actividad delictiva, es decir, contra la ley. En contraste, si el titular se expresara como *Manifestantes protestan frente a sedes de partidos políticos*, la selección de las palabras *manifestantes* y *protestan* implicaría que podría tratarse de un acto de manifestación civil. En este sentido, la lengua que empleamos no es neutra y revela nuestra visión de los eventos sociales y culturales en los que participamos.

La investigación antropológica que revisamos ahora se puede clasificar como lo que Martínez (2006: 6) denomina **perspectivas críticas**. El objetivo de estos trabajos es el estudio del uso de las lenguas en el contexto bilingüe de los Estados Unidos y de cómo se revela un sistema ideológico, de dominación y subordinación, que refleja la estructura social. Martínez (2006) argumenta que en estos estudios se analiza la forma en que la lengua y el discurso social acerca de las lenguas se emplean para la reproducción de los esquemas de dominación. En este sentido, el término **ideología** se emplea como un sistema de creencias que tienen los individuos acerca de la lengua. Estas creencias se articulan de una manera que reflejan las propias percepciones de los usuarios y la organización social (Martínez 2006: 8). El planteamiento esencial consiste en el hecho de que la ideología lingüística es un instrumento de control social y político de aquellos grupos que son diferentes. La estrategia implícita que destaca Martínez consiste en presentar la lengua mayoritaria como un vehículo para el progreso social y nuevas oportunidades. Como por ejemplo, el comercial de *Inglés sin barreras*, un conocido método para aprender inglés, tiene como eslogan, "Usted puede mejorar su vida y la de su familia". Los grupos que hablan la lengua mayoritaria se presentan como personas educadas que usan la variedad históricamente válida, lógica, neutra y correcta. En contraste, el otro idioma o variedad se trivializa y se presenta como ilógico, pintoresco, incorrecto y gracioso. Por ejemplo, la alternancia de códigos según la ideología dominante es una "desviación" o versión "corrupta" que mezcla el inglés y el español. Ésta es una variedad considerada como "deficiente" según el punto de vista de los hablantes de la lengua mayoritaria, e inclusive por quienes mantienen posiciones puristas acerca del español en Latinoamérica y España.

Dentro de los enfoques de las perspectivas críticas que revisaremos en esta sección tenemos el estudio de las actitudes que se manifiestan en el uso del español como instrumento de burla entre los angloparlantes del suroeste de los Estados Unidos. La investigación de autores como Schwartz (2011), Hill (1993, 1998, entre otros) y Zentella (2003) examina el uso aparentemente humorístico del español entre angloparlantes. Estos investigadores argumentan que este fenómeno esconde en el fondo sentimientos de rechazo e inclusive racismo hacia los hispanos en el país. Schwartz (2011: 649) explica que el **español para burlarse** (i.e. *mock Spanish*), y las referencias culturales que se asocian con la lengua, son recursos simbólicos que se emplean para reiterar la dominación económica y social que sufren las minorías hispanas en el suroeste de los Estados Unidos. Lo que en apariencia parece un chiste inocente revela un profundo rechazo por lo hispano y representa el orden de dominación social propio de esta minoría. Un ejemplo que se analiza con frecuencia en este tipo de literatura se refiere a los famosos comerciales de Taco Bell durante los años 90 (Hill 1994, 2008; Schwartz 2011). De acuerdo con Schwartz (2011), la frase empleada por el chihuahua de Taco Bell (i.e. *Yo quiero Taco Bell*) reduce la funcionalidad del español en la expresión de la necesidad animal de satisfacer el hambre (véanse los siguientes enlaces: http://www.youtube.com/watch?v=M8sZ1DWsAHE http://www.youtube.com/watch?feature=endscreen&v=CklS8s0moVw&NR=1). Schwartz plantea que se establece una analogía entre chihuahuas y México, entre México, comida mexicana, tacos, Taco Bell y la asociación humorística con la comida mexicana como consecuencia. El elemento clave de esta analogía subyace en el concepto de índice, pues el español se emplea en este comercial para referirse a la lengua española y a la cultura hispana como elementos que no se pueden tomar como algo serio. El uso del español para burlarse permite el acceso a estereotipos culturales negativos acerca de la cultura hispana que presentan una visión estereotipada, de acuerdo con la cual los hispanos se presentan como irresponsables, borrachos, holgazanes, entre otros estereotipos que denigran de los hispanos. Un **índice** puede ser un término, una forma de construir o pronunciar una palabra que se emplea con el propósito de evocar una asociación que requiere un conocimiento cultural por parte del interlocutor. Analicemos los siguientes ejemplos (adaptados de Hill 2008: 41–42; Schwartz 2011: 651):

(1)   Let's get together for a few *cold ones*. "Vamos a tomarnos unas frías".

(2)   Let's get together and crack a few *cervezas*. "Vamos a tomarnos unas cervezas".

El análisis que subyace al uso del término *cerveza* entre anglohablantes en el suroeste de los Estados Unidos se relaciona con una referencia a un terrible estereotipo cultural que alude al mexicano como borracho e irresponsable que solamente puede ser evocado por el uso de la palabra *cerveza*. El significado de la expresión en (2) hace referencia a una interpretación según la cual el hablante quiere decir que tomarán bebidas alcohólicas de manera relajada en lugar de hacerlo de manera responsable y cuidadosa como lo haría un angloamericano (Schwartz 2011: 651; Hill 2008: 42). En este contexto el uso del español, que inicialmente parece ser de manera humorística, refleja una ideología basada en estereotipos negativos de la cultura hispana. Los usuarios del español para mofarse son angloparlantes que se dirigen a otros miembros de su mismo grupo cultural. Los índices culturales que son necesarios para entender el "humor" detrás de las expresiones en donde se usa el español hacen una representación de los latinos como "estúpidos, corruptos, desenfrenados sexualmente, glotones, perezosos, sucios y desordenados" (Schwartz 2011: 651). Obviamente, estas actitudes negativas reflejan una estrategia global que se relaciona con lo que hemos discutido en el capítulo 9 acerca del dominio de la leyenda negra y la negación del papel histórico del español y de los hispanos en los Estados Unidos.

No es sorprendente que éste sea un fenómeno especialmente acentuado en el suroeste de los Estados Unidos. En Arizona la actual gobernadora del estado, Janice Brewer, ha aprobado recientemente leyes anti-inmigratorias y leyes en contra de los estudios étnicos en las escuelas públicas. Los detalles sobre esta legislación se pueden leer en la siguiente dirección: House Bill No 2281 http://www.azleg.gov/legtext/49leg/2r/bills/hb2281s.pdf. Estas leyes son una vuelta al pasado en estados como Arizona donde existen antecedentes históricos en los que se evidencia la negación de la cultura local y la prohibición de la lengua española en las escuelas. En particular, la ley aprobada en contra de los estudios étnicos, según medios periodísticos, se dirige a atacar los cursos de cultura chicana en las escuelas del estado. Recomendamos repasar el capítulo 9 y leer con atención la sección 9.2 con el propósito de entender el contexto histórico.

Schwartz (2011) plantea que el uso del español para mofarse no sólo hace referencia a índices que evocan estereotipos negativos de la cultura hispana y, particularmente, de la cultura mexicana, sino que también crea un espacio para marcar la diferencia que existe entre lo extraño y la cultura propia que se considera aceptable y normal. A través de la diferenciación, la cultura angloparlante y "monolingüe" se presenta como el orden establecido y la cultura hispana se presenta como el "otro" marginalizado. Según Hill (1993), esta manera de representar al otro es parte de una estrategia que permite la producción y reproducción de la estructura de dominación social que refleja el papel subordinado de las minorías y, en el caso particular que nos ocupa, de los hispanos en el suroeste de los Estados Unidos.

El trabajo de Hill (1993) explica en detalle los orígenes y las características que se asocian con el uso del español en el suroeste de los Estados Unidos. Recordemos que el contacto entre hispanos y angloamericanos en el suroeste se incrementa debido a la firma del tratado *Guadalupe-Hidalgo* (1848) y el *Gadsden Purchase* o *Venta de la Mesilla* (1853) cuando una buena parte del territorio mexicano pasa a las manos de los Estados Unidos. Según Hill (1993) de estos primeros contactos se observa el uso de terminología relacionada con la vida del campo, la crianza de ganado y, vocabulario relacionado con la alimentación, entre otros aspectos. El segundo uso que destaca Hill (1993) tiene que ver con el empleo de español para fines de la promoción del turismo y de la venta de propiedades. Hill emplea el término *español nouvelle* para referirse a estos usos que evocan una historia idealizada del período de la colonización española que presenta la región como un lugar exótico y pintoresco. La tercera forma en la que se emplea el español en el habla anglosajona en el suroeste es el español para mofarse del cual hemos descrito algunos detalles.

El concepto de índice resulta crucial para entender lo que encubre el uso del español en el suroeste de los Estados Unidos. Recordemos que índice se refiere a cualquier palabra, estructura o forma de pronunciación que evoca algún tipo de conocimiento cultural compartido por los interlocutores. Se trata de interpretar los enunciados en los que se usa el español sobre la base de una serie de imágenes negativas de la cultura hispana. En el caso del español para mofarse se han identificado por lo menos cuatro estrategias en las que el uso del español evoca algún tipo de contenido negativo. Schwartz (2011: 653), basado en la investigación de Hill (1998), resume tales estrategias de la siguiente forma: (1) el uso de palabras del español con connotaciones semánticas peyorativas, (2) el uso de eufemismos en español para hacer referencia a obscenidades, (3) el uso incorrecto de estructuras gramaticales del español, (4) la pronunciación híper-anglosajona del español. Algunos ejemplos que ilustran estos usos se presentan a continuación:

*Connotaciones peyorativas*
  (3)  *Adiós, José* (usado en una pancarta de una protesta anti-inmigratoria en California, Hill 1998: 684)

Eufemismos u obscenidades

  (4)  *Casa de pee-pee* (escrito en la puerta de un baño de damas, Hill 1998: 682)

Uso incorrecto de la gramática

  (5)  *Lava sus manos* en lugar de *lávese las manos* (Hill 1998: 682)

Pronunciación exageradamente híper anglosajona

  (6)  *Hasty lumbago* por *hasta luego* (Hill 1998: 683)

Para entender estos ejemplos hace falta proveer un poco de contexto y explicar las imágenes de la cultura hispana que se asocian con cada uno de ellos. En el primer caso se hace referencia a la inmigración ilegal, ya que este ejemplo proviene de una pancarta de una protesta anti-inmigratoria en California. Si bien es cierto que la inmigración ilegal es un problema grave en el país, un 60% de la población hispana es legal y nacida en territorio estadounidense. Muchos de los hispanos han estado en los territorios del suroeste por generaciones (Porcel 2011). La asociación hispana como equivalente de ilegal falsifica en cierta forma la realidad de las cosas. El segundo ejemplo tiene que ver con el uso de palabras que hacen referencias escatológicas (i.e. excrementos) u obscenidades con supuestas motivaciones "humorísticas". En este caso se hace referencia al baño de damas como *casa de pee-pee*. En (5) y (6) el propósito es el distanciamiento de la cultura hispana mediante el uso de un español agramatical y pronunciado con un exagerado acento influenciado por el inglés. De manera que se revela un asunto de identidad según el cual la producción del español normativo y con pronunciación nativa implicaría la aceptación de una identidad diferente a la angloamericana. Esta aceptación es rechazada de plano en un contexto donde lo hispano es asociado con elementos negativos.

En resumen, el planteamiento de la literatura que acabamos de estudiar (Schwartz 2011; Hill 1993, 1998, entre otros) propone un análisis del uso del español entre angloparlantes en el suroeste de los Estados Unidos como un instrumento que reproduce las estructuras de dominación social. Esto quiere decir que la cultura hispana, su gente y su lengua se presentan como un elemento marginal. Se desvalorizan los aportes históricos y sociales de la cultura hispana en esa región cuya presencia data de tiempos coloniales. Las estrategias que se emplean para lograr este objetivo tienen que ver con el uso del español asociado con imágenes negativas de la cultura hispana. Como señala Hill (1998: 683) los índices que se tienen que saber para entender el "humor" detrás del español para mofarse se relacionan con la "racialización de los chicanos y latinos mediante estereotipos según los cuales éstos son estúpidos, corruptos, sexualmente descontrolados, perezosos, sucios e indisciplinados". El español para mofarse de esta forma es un recurso que sirve para distanciarse de la cultura hispana y establecer un espacio propio que refuerza la "normalidad" de la cultura mayoritaria. Este análisis concuerda perfectamente con los argumentos que propone Martínez (2006) en el sentido de que la ideología lingüística es un instrumento de control social y político de aquellos grupos que son diferentes tal como se explicó al inicio de esta sección.

*Preguntas de comprensión*
1. ¿Por qué es importante el campo de la antropología lingüística en cuanto al estudio de las actitudes?
2. ¿Cuál es la perspectiva de Schwartz (2011) en cuanto a las actitudes hacia el español en los Estados Unidos?
3. ¿Cómo se define *español nouvelle*? Provee un ejemplo.
4. Explica el concepto de índice. ¿Cómo puede ser significativo en el estudio del lenguaje humano?

## Para investigar y pensar:

La ley aprobada en Arizona (House Bill No. 2281 http://www.azleg.gov/legtext/49leg/2r/bills/hb2281s.pdf) es un excelente ejemplo para entender los contenidos ideológicos que se pueden identificar. Analiza el documento y contesta la siguiente pregunta: ¿En qué forma este documento refleja el sistema ideológico de dominación y subordinación que se ve en la estructura social en nuestro país y particularmente en Arizona?

## 10.4 Las creencias populares como elemento para el estudio de las actitudes

Las creencias populares tienen una conexión con la formación de actitudes (Preston 2004). De hecho, como estudiamos en la sección anterior, tales creencias pueden reflejar ideologías acerca de la lengua o lenguas que se emplean en cierto contexto social. Preston (2004) describe una corriente en la que el estudio de las actitudes ha estado relacionado con la observación de las creencias, las presuposiciones y los estereotipos de la población. Mediante el uso de encuestas y el dibujo de mapas, estas investigaciones obtienen datos sobre las creencias de los participantes en cuanto a otras variedades regionales como, por ejemplo, de dónde son los hablantes, cuán distintos son y cómo se les caracteriza según la percepción de las personas encuestadas. Preston (2004) denomina esta corriente como una **teoría popular de la lengua**. La teoría popular estudia lo que los individuos piensan acerca de las variedades lingüísticas propias y ajenas. Estas caracterizaciones de los usuarios suelen expresarse en términos de si se trata de variedades "correctas" o "incorrectas", "agradables" o "desagradables", "semejantes" o "diferentes". La investigación de estos elementos subjetivos contribuye a sistematizar de una forma objetiva el estudio de las actitudes.

Preston (2004) propone que una manera de investigar las actitudes hacia otras variedades consiste en identificar aquellas que se consideran diferentes. Para este fin, la colección de datos que propone Preston se basa en el dibujo de mapas dialectales en los que los hablantes pueden identificar regiones y describir éstas según sus propias creencias. Los resultados de este tipo de trabajo permiten obtener datos acerca de la representación mental y las percepciones de los hablantes. El procedimiento que propone Preston (2004) para el estudio de las actitudes se basa en métodos de la psicología social (e.g. el diferencial semántico) mediante el empleo de adjetivos antónimos, tales como feo-bonito, formal-espontáneo, simpático-antipático, educado-maleducado, etc. Como hemos visto en la sección 10.2., este tipo de estudio suele proveer resultados según los cuales existen dos dimensiones de la evaluación lingüística: aquellas que se relacionan con el estatus social y las que se relacionan con la solidaridad grupal (Preston 2004). Este resultado es típico de lo que hemos visto con respecto a la técnica imitativa. Es decir, las variedades consideradas normativas reciben evaluaciones altas con respecto a características relacionadas con el estatus social, mientras que las variedades vernáculas reciben evaluaciones altas en cuanto a la solidaridad grupal. Los hallazgos de las investigaciones de Preston (2004) sobre un grupo de participantes de Michigan indican que las zonas más comúnmente identificadas son el norte y el sur. Los participantes de Michigan califican su variedad regional de manera alta en categorías tales como inteligencia, educación y "buen inglés", mientras que los hablantes del sur de los Estados Unidos reciben mejores evaluaciones en cuanto a cortesía, simpatía y sinceridad. La actitud que se revela de este resultado indica que los participantes de Michigan consideran que la variedad de inglés que hablan es superior a la que se habla en el sur y, por eso, la evalúan muy alta en cuanto a características asociadas con el estatus social. Los hablantes de Michigan consideran que la variedad local es perfectamente representativa de un inglés que se puede clasificar como "correcto".

El uso de mapas y de encuestas ha servido en las investigaciones de Preston para obtener datos que son reveladores de las actitudes y las creencias populares acerca de las variedades lingüísticas. Una de las limitaciones de este tipo de metodología es que los participantes, generalmente, tienen dificultades en la

identificación de otras variedades. Estudios acerca de la identificación de variedades de inglés en los Estados Unidos (e.g. Clopper and Pisoni 2005; Clopper,
Conrey y Pisoni 2005, etc.) indican que los participantes logran acertar en un 30%
de sus respuestas. En español, un estudio sobre identificación de dialectos entre
participantes españoles y venezolanos obtuvo un 34% de respuestas correctas, lo
cual resulta consistente con los datos del inglés (Díaz-Campos y Navarro-Galisteo
2009).

La teoría popular de la lengua se ha empleado en algunos estudios sobre variedades del español (Moreno Fernández y Moreno Fernández 2002; Newall 2012).
El método que emplea Moreno Fernández y Moreno Fernández en su artículo,
"Madrid Perceptions of Regional Varieties in Spain", emplea un mapa de España
y una serie de cuestionarios. Los sujetos tenían que determinar con un mapa de
España, dividido en sus regiones autónomas, si las variedades habladas en las
distintas regiones eran semejantes o diferentes. En una escala del 1 al 4, los participantes debían emplear el 1 para indicar "en esta región hablan exactamente
como yo" y 4 para indicar "es difícil entender cómo hablan en esta región". Los
resultados obtenidos en esta investigación revelan que los madrileños clasifican
como diferentes a los participantes de las zonas bilingües como Barcelona y
Galicia. De igual forma, Andalucía y las Islas Canarias fueron clasificadas como
diferentes, mientras que las variedades del centro y norte fueron clasificadas como
semejantes. Esta investigación sigue muy de cerca el modelo de Preston (2004), en
cuanto a que los autores intentan identificar las variedades que se consideran
diferentes como primer paso en la determinación de las actitudes que manifiestan
los hablantes.

El trabajo de Newall (2012) es otro ejemplo importante en el que se emplea la
metodología propuesta por Preston (2004) para estudiar las actitudes. Newall
estudia el uso de *usted*, *tú* y *vos* y las actitudes hacia las formas de tratamiento en
Cali, Colombia. Para el estudio de las actitudes, Newall empleó un mapa de
Colombia e instruyó a los participantes a dibujar las diferentes regiones dialectales
que ellos eran capaces de identificar. Luego de dibujar las regiones, los participantes ofrecieron sus opiniones evaluativas acerca de estas variedades, lo cual
permitió obtener datos afectivos, indicativos de las actitudes hacia el dialecto
propio y hacia otras variedades de español en Colombia.

Las zonas más comúnmente identificadas por los caleños de arriba hacia abajo
son las siguientes: (1) costeño (incluye ciudades como Santa Marta, Barranquilla,
Cartagena, etc.), (2) el choco, (3) el paisa (en la zona de Antioquia), (4) el bogotano,
(5) el caleño (zona del valle del Cauca), (6) el pastuso (zona de Nariño).

En cuanto a las actitudes de los caleños hacia las variedades de español habladas
en Colombia, Newall reporta los siguientes resultados que se resumen en la tabla
10.1.

Los datos que presenta Newall (2012) resultan interesantes, pues revelan que la
variedad que se valora más dentro de las categorías asociadas con el estatus social
es el bogotano. El bogotano es caracterizado como formal, fácil de entender,
aunque también hay algunas características negativas en cuanto a la solidaridad
grupal. La valoración del bogotano tiene sentido, pues éste es el dialecto que se
asocia con los grupos de mayor prestigio social en el país y es el modelo de habla

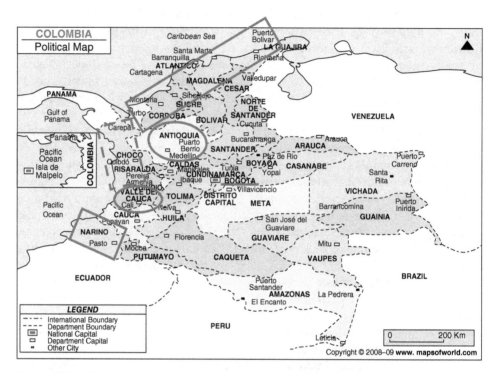

**Figura 10.9**   Dialectos colombianos más comúnmente identificados por los participantes caleños (tomado de Newall 2012: 206). Reproducido con el permiso de Gregory M. Newall.

**Tabla 10.1**   Dialectos comúnmente identificados por los caleños y su caracterización afectiva. Se reproduce este material con el permiso de Gregory M. Newall.

| Dialecto | Rasgo frecuente | Otros |
|---|---|---|
| 1. Costeño | Rápido, informal, se comen las letras. | Incorrecto, confuso, gritado, vulgar. |
| 2. El Choco (Costa Pacífica) | Incorrecto, se comen las letras. | Agresivo, informal, mezcla de paisa y costeño. |
| 3. El Paisa | Melodioso, lento, simpático. | Gracioso, alargan las palabras, informal. |
| 4. Bogotano | Formal, vocabulario distinto, fácil de entender, simpático. | Fastidioso, pretencioso, arrogante. |
| 5. Caleño | *Vos* popular, informal. | Lento, redundante, feo. |
| 6. Pastuso | Cantado, sonoro, tono suave, formal. | Melodioso, ignorante, se pronuncia mucho la (s). |

que predomina en los medios de comunicación no locales. Bogotá es la capital de Colombia y es el centro político y financiero de mayor importancia. El dialecto caleño se considera informal, lo que quizá indica que se valora positivamente en el ámbito de la solidaridad. Sin embargo, en cuanto a los rasgos de formalidad se le considera feo, lento y redundante. Estas actitudes revelan que los caleños tienen una mejor percepción del bogotano que del caleño en cuanto a la caracterización como variedad "normativa". Esta investigación es otro ejemplo que ilustra como las creencias y opiniones de los hablantes se pueden incorporar en el estudio de las actitudes hacia las variedades regionales en este caso particular. Este sistema de creencias refleja la ideología de la comunidad acerca de las lenguas que emplean sus miembros.

*Preguntas de comprensión*
1.  ¿De qué se trata la *teoría popular de la lengua*? ¿Por qué se considera útil en la investigación de las actitudes?
2.  Según las investigaciones de Preston, ¿cuál es la conexión entre el prestigio y la evaluación de los dialectos?
3.  Analiza los resultados de Newall (2012) y explica cómo el dialecto caleño puede considerarse prestigioso y estigmatizado entre sus hablantes.

## Para investigar y pensar:

Busca un mapa del mundo hispano y entrevista por lo menos a 5 hablantes nativos (de una misma región sería ideal). Pídeles a los hablantes que identifiquen las zonas dialectales que reconocen y cómo las caracterizarían a través del uso de adjetivos. ¿Qué conclusiones se pueden obtener de este pequeño estudio piloto? Escribe un resumen de tus resultados en un informe breve de dos páginas.

## Resumen

El estudio de las actitudes ha demostrado ser un área importante desde el punto de vista sociolingüístico porque permite identificar el sistema de creencias comunes que comparte los miembros de una comunidad lingüística. Las opiniones y contenidos afectivos que relacionamos con ciertos grupos y su forma de hablar tienen un efecto en la forma como nos comportamos lingüísticamente, los grupos con los cuales establecemos afiliaciones y también aquellos de los cuales nos distanciamos. Hemos visto que el estudio de las actitudes emplea metodologías como las encuestas, las entrevistas y los métodos indirectos como la técnica imitativa. La técnica imitativa es un método derivado de la psicología social, el cual consiste en usar a un mismo hablante que puede emplear dos o más variedades de manera nativa. Los participantes evalúan a este hablante sobre la base de características que se asocian con el estatus social y la solidaridad grupal. La técnica imitativa ha sido empleada con éxito para estudiar las actitudes hacia diferentes lenguas en zonas bilingües, las variedades regionales y los fenómenos de variación.

Una segunda tendencia en los estudios de actitudes e identidad es el estudio antropológico que examina de manera cualitativa los sistemas de creencias de los individuos. Los ejemplos de investigaciones donde se examina el español para mofarse (Schwartz 2011; Hill 1993, 1998, entre otros) proponen un análisis del uso del español entre angloparlantes en el suroeste de los Estados Unidos como un instrumento que reproduce las estructuras de dominación social. Esto quiere decir que la cultura hispana, su gente y su lengua se presentan como un elemento marginal. Se desvalorizan los aportes históricos y sociales de la cultura hispana en esa región, cuya presencia data de tiempos coloniales. Las estrategias que se emplean para lograr este objetivo tienen que ver con el uso del español asociado con imágenes negativas de la cultura hispana. Martínez (2006) argumenta que la ideología lingüística es un instrumento de control social y político de aquellos grupos que son diferentes. Los estudios acerca del español para mofarse interpretan este fenómeno como parte de esta estrategia general de racialización que refleja actitudes negativas hacia el español.

La última tendencia que revisamos fue la teoría popular de la lengua. La teoría popular estudia lo que los individuos piensan acerca de las variedades lingüísticas propias y ajenas. Estas caracterizaciones de los usuarios suelen expresarse en términos de si se trata de variedades "correctas" o "incorrectas", "agradables" o "desagradables", "semejantes" o "diferentes". La investigación de estos elementos subjetivos contribuye a sistematizar de una forma objetiva el estudio de las actitudes. El trabajo de Moreno Fernández y Moreno Fernández (2002) sobre las actitudes de los hablantes madrileños es un ejemplo que provee datos sobre aquellas variedades que se consideran diferentes. Asimismo, el trabajo de Newall (2012) emplea mapas y encuestas para identificar las variedades de español en Colombia que los caleños son capaces de identificar y sus actitudes hacia el dialecto propio y hacia otros dialectos.

*Ejercicios*

DEFINICIONES. Utiliza los términos de la lista para completar los espacios en blanco de las definiciones propuestas.

| | |
|---|---|
| Actitud | Índice |
| Identidad | Diferencial semántico |
| Políticamente correcta | Español empleado como recurso para burlarse |
| Ideología | Teoría popular de la lengua |
| Técnica imitativa | Inglés chicano |

1. _____ es una autodefinición grupal o individual basada en la clase, la región, la etnicidad, la nación, la religión, el sexo, la lengua, etc.
2. La variedad de lengua que emplea términos socialmente aceptados para evitar vocabulario ofensivo se caracteriza como _____.
3. La relación establecida entre lengua, cultura y sistemas de creencias en las sociedades humanas recibe el nombre de _____.
4. _____ es una propuesta formal para examinar los pensamientos de los individuos hacia su propia lengua y hacia otras variedades lingüísticas.
5. Se puede definir _____ como una postura psicológica frente a algo que genera una reacción emocional que puede motivar cierta conducta.

6. Una manera de investigar las actitudes de los individuos hacia cierta forma o producción lingüística, en la cual se evalúa tal forma de manera bipolar (e.g. *bueno-malo, inteligente-tonto*) es _____.

7. Otro método de investigar las actitudes es _____, en la cual los individuos evalúan la misma construcción o elemento lingüístico producido por la misma persona en varios dialectos o idiomas que domina.

8. _____ se define como una forma de construir o pronunciar una palabra, empleada con el propósito de evocar una asociación que requiere un conocimiento cultural por parte del interlocutor.

9. Mientras el _____ es una versión del idioma dominante hablado por personas hispanas en el suroeste de los Estados Unidos, _____ es una versión del idioma español que se usa con el fin de mostrar actitudes negativas hacia la cultura hispana.

*Aplicación*

*Dos teorías*   Preston (2004: 64) sugiere que una manera de analizar la variación en los idiomas es la que emplea la teoría lingüística. En esta teoría, el idioma en sí es un ente abstracto que se puede estudiar a través de versiones concretas y reales, producidas por los hablantes (e.g. los dialectos e idiolectos). Las actitudes son fenómenos ajenos al análisis del lenguaje según esta perspectiva de análisis.

Por otra parte, la teoría folklórica del lenguaje sí incluye las actitudes de los hablantes en el análisis de los fenómenos de variación. La teoría incluye nociones tales como "buen lenguaje" según los juicios de valor de los hablantes. El lenguaje ordinario es otra conceptualización que incluye todos los dialectos del idioma pero también se puede referir al "buen lenguaje" o al lenguaje que se considera "erróneo". Según esta teoría, mientras más distinta de la variedad normativa sea la producción lingüística, más fuerte y negativa será la evaluación de la producción.

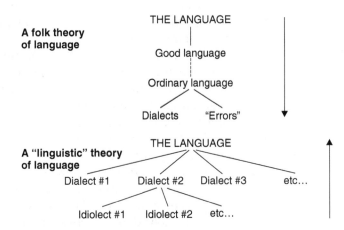

**Figura 10.10**   Representación de la teoría popular del lenguaje y de la teoría lingüística según Preston (2004: 64).

Revisa las investigaciones de fenómenos fonológicos y morfosintácticos de este libro (incluso los de este capítulo). Identifica las variantes "buenas" y "malas" de tres variables fonológicas y de tres morfosintácticas. Para cada variable, intenta "llenar" o "remplazar" las partes de la figura de la teoría popular del lenguaje. Escribe un párrafo breve para cada variable en que explique las actitudes y/o evaluaciones de los hablantes hacia las variantes.

*Términos importantes para estudiar y recordar*

Actitud
Índice
Identidad
Diferencial semántico
Español empleado como recurso para burlarse
Políticamente correcta
Inglés chicano
Antropología lingüística
Perspectivas críticas
Ideología
Repertorio lingüístico
Técnica imitativa
Teoría popular de la lengua

## Glosario

**Actitud:** la actitud se puede definir como una postura psicológica frente a algo que nos genera una reacción emocional, la cual puede motivar conductas determinadas.

**Índice:** un índice puede ser un término, una forma de construir o pronunciar una palabra que se emplea con el propósito de evocar una asociación que requiere un conocimiento cultural por parte del interlocutor.

**Identidad:** la identidad, siguiendo a Edwards (2009: 258), es un tipo de auto-definición individual o grupal generalmente relacionada con aspectos tales como la clase, la región, la etnicidad, la nación, la religión, el sexo, la lengua, entre otros.

**Diferencial semántico:** el diferencial semántico es una técnica que permite la evaluación afectiva que los hablantes tienen de un determinado objeto lingüístico. Para este fin se emplean una serie de adjetivos opuestos que el hablante evalúa a través de una escala a la que se puede asignar puntos.

**Español empleado como recurso para burlarse:** en el suroeste de los Estados Unidos los angloparlantes emplean el español de manera irónica como un recurso simbólico para reiterar la dominación económica y social que sufren las minorías hispanas. Lo que en apariencia se podría considerar un chiste inocente revela un profundo rechazo por lo hispano y representa el orden social de dominación propio de esta minoría.

**Políticamente correcto:** se califican como políticamente correctas aquellas opiniones que se consideran socialmente aceptables.

**Inglés chicano:** el inglés chicano es una variedad del inglés hablada por la comunidad de ascendencia mexicana nacida en el suroeste de los Estados Unidos.

**Antropología lingüística:** la antropología lingüística es una disciplina que estudia las relaciones que se establecen entre lengua, cultura y sistemas de creencias en las sociedades humanas.

**Perspectivas críticas:** el término *perspectivas críticas* se asocia con los estudios antropológicos cuyo objetivo es el análisis del uso de las lenguas en el contexto social y de cómo se revela un sistema ideológico, de dominación y subordinación, que refleja la estructura social. En estos estudios se analiza la forma cómo la lengua y el discurso social acerca de las lenguas se emplea para la reproducción de los esquemas de dominación.

**Ideología:** en el presente capítulo, el término *ideología* hace referencia al sistema de creencias que tienen los individuos acerca de la lengua. Estas creencias se articulan de una manera que reflejan las propias percepciones de los usuarios y la organización social.

**Repertorio lingüístico:** este término hace referencia a los registros de habla (estilos) que un mismo individuo emplea según diferentes interlocutores y situaciones.

**Técnica imitativa:** es un método que consiste en usar a un mismo hablante (o a varios hablantes) que puede emplear dos o más variedades de manera nativa. Debido a que los oyentes evalúan al mismo hablante que produce variedades distintas se obtienen datos que permiten valorar estas variedades sin la influencia de otros aspectos como la cualidad de la voz.

**Teoría popular de la lengua:** es una corriente de estudios en sociolingüística que se basa en la descripción de las opiniones de los hablantes acerca de los diferentes aspectos relacionados con los usos lingüísticos que incluyen formas de pronunciar, estructuras morfosintácticas, usos léxicos, diferencias semánticas, entre otros.

## Nota

1   Este símbolo representa una de las realizaciones abiertas de la variable (eh) en el inglés de Nueva York en palabras como *grand* y *black*.

## Referencias bibliográficas citadas

Agheyisi, Rebecca y Joshua A. Fishman. 1970. Language attitudes studies: A brief survey of methodological approaches. *Anthropological Linguistics* 12, 137–157.

Arthur, Bradford, Dorothee Farrar y George Bradford. 1974. Evaluation reactions of college students to dialect differences in the English of Mexican-Americans. *Language and Speech* 17, 255–270.

Blas Arroyo, José Luis. 1995. De nuevo el español y el catalán, juntos y en contraste: Estudio de actitudes lingüísticas. *Sintagma: Revista de Lingüística* 7, 29–41.

Campbell-Kibler, Kathryn. 2006. Listener perceptions of sociolinguistic variables: The case of (ing). Tesis de doctorado. Stanford University.

Campbell-Kibler, Kathryn. 2008. The nature of sociolinguistic perception. *Language Variation and Change* 21, 135–156.

Casesnoves Ferrer, Raquel y David Sankoff. 2004. The Valencian revival: Why usage lags behind competence. *Language in Society* 33, 1–31.

Clopper, Cynthia, Brianna Conrey y David Pisoni. 2005. Effects of talker gender on dialect categorization. *Journal of Language and Social Psychology* 24.2, 182–206.

Clopper, Cynthia y David Pisoni. 2005. Perception of dialect variation. En David Pisoni y Robert Remez (eds.), *The handbook of speech perception*, 313–337. Oxford: Blackwell.

Crystal, David. 2008. *Dictionary of linguistics and phonetics*. Hoboken, NJ: John Wiley & Sons.

Díaz-Campos, Manuel y Jason Killam. 2012. Assessing language attitudes through a match-guise experiment: The case of consonantal deletion in Venezuelan Spanish. *Hispania* 95.1, 83–102. The American Association of Teachers of Spanish and Portuguese.

Díaz-Campos, Manuel e Inmaculada Navarro-Galisteo. 2009. Perceptual categorization of dialect variation in Spanish. En Joseph Collentine et al. (eds.), *Selected Proceedings of the 11th Hispanic Linguistics Symposium*, 179–195. Somerville, MA: Cascadilla Proceedings Project.

Echeverría, Begoña. 2005. Language attitudes in San Sebastián: The Basque vernacular as challenge to Spanish language hegemony. *Journal of Multilingual and Multicultural Development* 26.3, 249–264.

Edwards, John. 2009. *Language and identity: An introduction*. Cambridge: Cambridge University Press.

Hill, Jane. 1993. "Hasta la vista, baby": Anglo Spanish in the American Southwest. *Critique of Anthropology* 13, 145–176.

Hill, Jane. 1994. Junk Spanish, Anglo identity, and the forces of desire. Trabajo presentado en Third Annual University of New Mexico Conference on Ibero-American Culture and Society, Albuquerque, NM.

Hill, Jane. 1998. Language, race and white public space. *American Anthropologist* 100.3, 680–689.

Hill, Jane. 2008. *The everyday language of white racism*. Oxford: Wiley-Blackwell.

House Bill No 2281. Disponible en http://www.azleg.gov/legtext/49leg/2r/bills/hb2281s.pdf (consultado el 9 de agosto del 2012).

Labov, William. 1966. *The social stratification of English in New York City*. Washington, DC: Center for Applied Linguistics.

Lambert, Wallace, Richard Hodgson, Richard Gardner y Samuel Fillenbaum. 1960. Evaluational reactions to spoken languages. *Journal of Abnormal and Social Psychology* 60.1, 44–51.

Lee, Richard R. 1971. Dialect perception: A critical review and re-evaluation. *Quarterly Journal of Speech* 57, 410–417.

Martínez, Glenn A. 2006. *Mexican Americans and language: Del dicho al hecho*. Tucson: University of Arizona Press.

Mckirnan, David y Else V. Hamayan. 1984. Speech norms and attitudes toward outgroup members: A test of a model in a bicultural context. *Journal of Language and Social Psychology* 3, 21–39.

Moreno Fernández, J. y F. Moreno Fernández. 2002. Madrid perceptions of regional varieties in Spain. En D. Long y D. Preston (eds.), *Handboook of percepual dialectology*. 295–320. Amsterdam: Benjamins.

Newall, Gregory M. 2012. Second person singular address forms in Caleño Spanish: Applying a theory of language regard. Tesis de doctorado. Indiana University.

Porcel, Jorge. 2011. Language maintenance and language shift among U.S. Latinos. En Manuel Díaz-Campos (ed.), *The handbook of Hispanic sociolinguistics*. 623–645. Oxford: Wiley-Blackwell.

Preston, Dennis. 2004. Language with an attitude. En J.K. Chambers, Peter Trudgill y Natalie Schilling-Estes (eds.), *The handbook of language, variation and change*, 40–66. Oxford: Blackwell.

Purnell, Thomas, John Baugh y William Idsardi. 1999. Perceptual and phonetic experiments on American English dialect identification. *Journal of Language and Social Psychology* 18, 10–30.

Real Academia Española. 2001. *Diccionario de la lengua española*. Madrid: Espasa Calpe.

Schwartz, Adam. 2011. Mockery and appropriation of Spanish in white spaces: Perceptions of Latinos in the United States. En Manuel Díaz-Campos (ed.), *The handbook of Hispanic sociolinguistics*, 646–664. Oxford: Wiley-Blackwell.

Silva-Corvalán, Carmen. 1984. The social profile of a syntactic-semantic variable: Three verb forms in Old Castile. *Hispania* 67.4, 594–601. The American Association of Teachers of Spanish and Portuguese.

Wölck, Wolfgang. 1973. Attitudes toward Spanish and Quechua in bilingual Peru. En R. Shuy y R. Fasold (eds.), *Language attitudes: Current trends and prospects*, 129–147. Washington, DC: Georgetown University Press.

Woolard, Kathryn A. 1984. A formal measure of language attitudes in Barcelona: A note from work in progress. *International Journal of the Sociology of Language* 47, 63–71.

Woolard, Kathryn A. y Tae-Joong Gahng. 1990. Changing language policies and attitudes in autonomous Catalonia. *Language in Society* 19, 311–330.

Zentella, Ana Celia. 2003. José can you see? Latino responses to racist discourse. En Doris Summer (ed.), *Bilingual games: Some literary investigations*, 51–66. Nueva York: Macmillan.

# Capítulo 11

# La lengua y las leyes

La sociolingüística moderna ha sido fundamental en cuanto el estudio y la desmitificación de creencias falsas acerca de las variedades minoritarias, la discriminación lingüística y las implicaciones educativas que tienen estos asuntos. Particularmente, el estudio de la variación y del inglés africano-americano ha aportado conocimientos importantes que destacan su validez frente a otras variedades históricamente favorecidas. En este capítulo estudiaremos el uso del análisis lingüístico y de los testimonios de expertos como William Labov en el ámbito legal. Particularmente, hacemos referencia al juicio sobre el inglés africano-americano en Ann Arbor, aunque también se incluyen otros ejemplos de lingüística forense. La lingüística como disciplina ha experimentado un gran crecimiento gracias al perfeccionamiento de las metodologías de estudio y a la disponibilidad de nuevas tecnologías que han contribuido en la obtención de resultados más precisos. Este crecimiento ha hecho posible que los conocimientos de la lingüística se puedan aplicar en áreas relativamente nuevas como la lingüística forense. Se trata de un campo en el que la lengua y las leyes se convierten en disciplinas complementarias. La **lingüística forense** es un área en la que se aplican las metodologías que se emplean en el estudio del lenguaje con el objetivo de investigar crímenes. Por ejemplo, la identificación de la voz o de la autoría de un texto son algunos de los campos específicos en los que se emplea la lingüística forense. La lengua se convierte en parte de la evidencia jurídica que se debe investigar de manera objetiva como parte del proceso de resolución de un crimen. En este capítulo nos dedicaremos a estudiar algunos aspectos básicos de la lingüística forense. La primera sección explora la definición de esta disciplina y las diferentes ramas que la componen. En la segunda sección profundizamos con respecto al uso del análisis lingüístico como evidencia jurídica en las cortes y lo ejemplificamos

---

*Introducción a la Sociolingüística Hispánica*, First Edition. Manuel Díaz-Campos.
© 2014 John Wiley & Sons, Inc. Published 2014 by John Wiley & Sons, Inc.

con casos concretos en los que la participación de lingüistas ha sido clave. El tema del uso del español en las cortes estadounidenses es abordado en la sección 11.3. La última sección aborda algunas de las dificultades que se presentan cuando el acusado o los miembros del jurado no dominan la lengua en que se realiza el juicio. En resumen, las secciones que componen el capítulo son las siguientes:

- ¿En qué consiste la lingüística forense?
- El uso del análisis lingüístico como evidencia legal
- El uso del español en el sistema legal estadounidense
- Barreras lingüísticas e implicaciones legales

## 11.1   ¿En qué consiste la lingüística forense?

Hemos dicho que la lingüística forense es una disciplina que se emplea cuando la lengua como tal se convierte en parte de la evidencia que se analiza para resolver una investigación judicial. Esta evidencia puede ser una nota escrita, una grabación u otro objeto que se haya encontrado en la escena del crimen. Esto quiere decir que en la investigación criminal se emplea el análisis lingüístico con el propósito de identificar o asociar a los acusados con la evidencia recolectada en el lugar donde ocurrieron los hechos. Tiersma y Solan (2002) plantean que se han empleado a expertos en lingüística en casos relacionados con variedades no estándares del inglés, variedades regionales, la interpretación de textos, la identificación de los implicados en casos judiciales (ya sea por la voz o por la autoría), la determinación de la competencia lingüística y los casos de marcas comerciales, entre otros ejemplos.

Un ejemplo particular sobre el uso de expertos fue el caso de la niña JonBenét Patricia Ramsey, quien fue asesinada en su casa en Boulder, Colorado en 1996. En el lugar donde ocurrió el crimen se recolectó una nota (véase http://www.scribd.com/doc/2519790/Jon-Benet-Ramsey-Ransom-Note) en la cual se pedía una recompensa a la familia Ramsey por la devolución de la niña. Esta nota se convirtió en una pieza clave de la investigación en la cual los principales sospechosos del crimen, según la policía, eran los propios padres. Por eso, hubo una investigación acerca de quién fue el autor de la nota y se descartó que la propia madre, Patricia Ramsey, la hubiera escrito. El caso Ramsey sólo es una pequeña muestra de cómo la lingüística forense puede ser útil en la investigación de casos judiciales. De acuerdo con Coulthard y Johnson (2007: 5), el término *lingüística forense* se emplea por primera vez en la obra, *The Evans Statements: A case for forensic linguistics*. Esta obra hace un análisis de los testimonios hechos por el acusado Timothy Evans en 1949 como parte de la investigación acerca de la muerte de su esposa e hija. El análisis de estos testimonios se puede considerar como el trabajo pionero que marca el inicio de la lingüística forense como se ha dicho. El estudio de los testimonios judiciales con el propósito de identificar inconsistencias o la autoría mediante la observación del estilo, léxico, estructuras empleadas o tipo de letra parece haber sido importante en los años iniciales y continúa siendo fundamental en nuestros días.

Coulthard y Johnson (2007) plantean que el trabajo que al inicio requería la creación de metodologías innovadoras basadas en experiencias particulares, ha evolucionado en los últimos quince años para convertirse en un campo con métodos propios. Según estos investigadores, se ha hecho más común en las cortes el uso de expertos en lingüística. Los esfuerzos interdisciplinarios de la lingüística, el derecho, la antropología, la sociología y la psicología han contribuido al análisis de la lengua como parte de la evidencia judicial. Entre los posibles temas de estudio se pueden mencionar la semejanza fonética y morfológica, la complejidad sintáctica, la ambigüedad léxico-gramatical, la selección léxica, el análisis pragmático, la estructura de la narrativa y el uso de técnicas de fonética acústica para la identificación de los hablantes. Coulthard y Johnson (2007: 6) señalan que el crecimiento de la disciplina ha estado acompañado por la creación de dos asociaciones profesionales: la Asociación Internacional de Lingüística Forense (International Association of Forensic Linguistics, IAFL) y la Asociación Internacional de Fonética y Acústica Forense (International Association for Forensic Phonetics and Acoustics, IAFPA). La disciplina también cuenta con una revista profesional, *The International Journal of Speech, Language and the Law*. La creación de las asociaciones y la fundación de la revista son indicativas de la productividad del campo y del interés en la materia. Algunos recursos que se pueden consultar en el internet son los siguientes:

**Tabla 11.1**   Enlaces a recursos sobre lingüística forense en el internet.

| | |
|---|---|
| International Association of Forensic Linguists | http://www.iafl.org/ |
| International Association for Forensic Phonetics and Acoustics | http://www.iafpa.net/ |
| Programa en Lingüística Forense en la Universidad Pompeu Fabra, Barcelona, España. | http://www.idec.upf.edu/ programa-de-postgrado-de-linguistica-forense-peritaje-linguistico-forense |
| Forensiclab – Laboratorio de Lingüística Forense | http://www.iula.upf.edu/forensiclab/ fpresuk.htm |

*Preguntas de discusión*
1. Define la lingüística forense e indica por qué es útil para las investigaciones criminales.
2. ¿Cómo se utilizó la técnica forense en el caso de JonBenét Ramsey?
3. Según Coulthard y Johnson (2007), ¿qué tipos de evolución se han notado en el campo de la lingüística forense?
4. ¿Qué elementos del idioma se pueden incluir en un análisis que incorpora la lingüística forense?
5. Visita la siguiente página web: http://www.idec.upf.edu/programa-de-postgrado-de-linguistica-forense-peritaje-linguistico-forense. ¿Qué trabajos podrían realizar los diplomados en el programa de lingüística forense y en qué contextos se podría aplicar el conocimiento adquirido?

## Para investigar y pensar:

Visita la siguiente página web y lee la siguiente lectura http://www.helenfraser.com.au/downloads/HF%20LADO.pdf. En los análisis lingüísticos de casos legales, ¿qué importancia tiene el estatus como hablante nativo? ¿Y el estatus como un lingüista? ¿Qué recomendaciones se hacen para resolver estas cuestiones? ¿Tienes otras recomendaciones? Explica.

## 11.2   El uso del análisis lingüístico como evidencia legal

La evidencia lingüística, como hemos comentado, puede emplearse de maneras diversas en la identificación de la autoría, de la voz o de aspectos relacionados con características asociadas con los hablantes, como el origen regional, la educación, el nivel socioeconómico, la diferenciación entre productos de marcas comerciales y la confusión en la interpretación de documentos jurídicos, entre otras áreas (Coulthard y Johnson 2007). Lucena Molina (2005) explica que las técnicas de identificación de la voz están ligadas a la aparición del espectrógrafo en el año 1941. Lawrence G. Kersta de los Laboratorios Bell fue el primer investigador en emplear el espectrógrafo con el propósito de identificar la voz humana porque se dio cuenta de que cada voz tiene rasgos particulares como si se tratara de una "huella dactilar". La conformación de nuestro aparato fonador tiene características únicas debido a la anatomía de nuestro pecho, pulmones y cavidades oral y nasal. Sin embargo, hay una serie de factores que confluyen en la identificación de la voz (Lucena Molina 2005: 2). Entre los factores que se reconocen están los siguientes: la edad, el estado emocional, el estado físico, la velocidad de la articulación, el tipo de habla, así como otros aspectos relacionados con el canal o el medio a través del cual se ha captado la voz ya sea una grabación de mala o de buena calidad. Las investigaciones en el área de la lingüística que toman en cuenta aspectos fonéticos, sociolingüísticos y de otra naturaleza contribuyen al procesamiento de la señal acústica en casos judiciales. Aspectos particulares relacionados con la producción de los sonidos y de su significado social pueden ser esclarecedores cuando se analizan datos lingüísticamente. Las técnicas de análisis acústico han mejorado considerablemente en nuestros días y su uso en casos criminales también es más común. Sin embargo, todavía se reconocen limitaciones en cuanto a la certeza de los resultados.

El análisis de la voz en asuntos forenses, según explican Coulthard y Johnson (2007), se concentra mayoritariamente en el estudio de la identificación de personas involucradas en actividades criminales. Obviamente, esto requiere que existan grabaciones de los implicados en el crimen. Coulthard y Johnson (2007) destacan que ésta es una labor compleja, pues las características de una misma persona pueden variar en la misma grabación aunque sea la misma persona y se haga con la misma máquina. Esto quiere decir que la voz humana es muy variable por lo cual resulta difícil este tipo de análisis. Dadas estas condiciones, la tarea de los forenses en fonética es tratar de identificar si las diferencias entre muestras son lo suficientemente menores para concluir que se trata de la misma voz. Asimismo, los especialistas forenses identifican los patrones que son constantes en las muestras de habla para establecer conclusiones. Coulthard y Johnson (2007) indican que se pueden combinar **técnicas de fonética articulatoria** que emplean fonetistas entrenados para oír y transcribir, así como **técnicas de fonética acústica** que emplean medios computarizados para captar las características físicas de la voz. Las técnicas de fonética articulatoria, por ejemplo, emplean a un especialista con conocimiento de las convenciones propuestas en el alfabeto fonético internacional (http://www.langsci.ucl.ac.uk/ipa/) para elaborar transcripciones del habla que constituye parte de la evidencia judicial. Las técnicas de fonética acústica emplean programas de computación que permiten analizar en detalle elementos de la voz, tales como la duración, la intensidad y el tono que se asocian con los segmentos y otras unidades mayores en el habla.

Existe un caso muy conocido, el **Estado de Alaska versus George L. Coon** del año 1999, en el cual un jurado declaró culpable a George L. Coon de realizar tres llamadas telefónicas terroristas. La Corte Suprema aceptó el uso de evidencia producto del análisis espectrográfico de las características físicas de la voz en el cual se concluía que, en efecto, Coon había hecho las llamadas. La decisión estuvo basada en las normas aprobadas para admitir evidencia sustentada en nuevas tecnologías y disciplinas según los precedentes como el caso de *Daubert versus Merrell Dow Pharmaceuticals, Inc.* del año 1993 (Corte Suprema de los Estados Unidos). Coon fue presuntamente acusado de amenazar de muerte por teléfono al ciudadano David Rudolph, por lo cual el estado lo acusó de haber realizado amenazas terroristas. Las llamadas fueron grabadas en una contestadora y se emplearon como evidencia. Un analista de la voz, Steve Cain, comparó las grabaciones con muestras de la voz de George Coon y se admitió la opinión de este experto como parte del juicio que finalmente sentenció a Coon. Lo interesante de este caso es que en las apelaciones a la decisión se consideraron las normas federales para la aceptación de evidencia en las cuales se establece que la metodología debe ser científicamente válida y adecuada para ser empleada en el análisis de la evidencia del asunto en cuestión. En este caso, se trata del análisis acústico de la voz. La admisión de tecnologías nuevas, como el análisis espectrográfico, exige una fuerte evaluación antes de ser permitidas en la corte. Entre los aspectos que se toman en cuenta según normas federales están los siguientes: (1) si la técnica o teoría se ha podido comprobar de manera empírica, (2) si la técnica o teoría ha sido evaluada y publicada en reconocidas revistas arbitradas por especialistas, (3) si los márgenes de error en su aplicación son aceptables y, finalmente, (4) si tal técnica o teoría cuenta con la aceptación de los expertos. El uso de técnicas de análisis acústico no es aceptado en todos los estados de los Estados Unidos, pero el caso que hemos descrito en Alaska es una muestra de cómo se ha empleado el conocimiento lingüístico en el campo legal. Este aspecto de las normas federales también es mencionado por Tiersma y Solan (2002) quienes señalan que la lingüística es una disciplina robusta que posee revistas arbitradas de manera profesional. Quizá la divergencia en la aceptación de estas nuevas técnicas se deba a que los

criterios establecidos se basan en la consideración de las cortes de casos individuales con evidencias criminales que varían ampliamente.

El uso del análisis lingüístico y de la pericia de especialistas fue muy importante
en el caso del juicio del inglés africano-americano en Ann Arbor (Labov 1982). El
28 de julio de 1977 un grupo de padres de la Escuela Primaria Martin Luther King
inició una demanda legal contra la escuela, el distrito escolar y el Departamento
de Educación del Estado de Michigan. La acusación legal argumentaba que las
autoridades habían fallado en reconocer los factores culturales, sociales y económicos que impedían a los niños africano-americanos de las familias **demandantes**
(*plaintiff*, en inglés) progresar normalmente en su rendimiento académico. Las
acciones que motivaron la demanda de los padres se justifican por el hecho de
que las autoridades habían colocado a ciertos alumnos en clases para niños con
necesidades mentales especiales, habían expulsado o amenazado con expulsar a
otros estudiantes, habían retrasado académicamente a otros alumnos y habían
promovido a grados superiores a estudiantes sin la preparación necesaria (Labov
1982: 168). Por el uso de una variedad lingüísticamente diferente, los niños fueron
clasificados como "alumnos con problemas de aprendizaje", y como "mental y
emocionalmente incapaces". En la audiencia preliminar del caso, el juez a cargo
de la demanda declaró que los factores de carácter social, cultural y económico
no podían ser tomados en cuenta en la demanda, pero se aceptó el hecho de que
las autoridades no habían tomado las medidas para superar las barreras lingüísticas de los niños. El título 20 del Código de los Estados Unidos, Sección 1703 (f)
establece que para ofrecer condiciones educativas igualitarias se deben tomar
medidas en caso de que existan barreras lingüísticas. Recordemos el caso *Lau
versus Nichols* en el cual las barreras lingüísticas tuvieron un papel central en el
juicio. Los demandantes argumentaron que los niños hablaban una variedad vernácula de inglés, el **inglés africano-americano**, el cual era muy diferente del
sociolecto formal hablado en la escuela. El término **sociolecto** se emplea para
distinguir el habla de diferentes grupos sociales según la etnicidad, el nivel socioeconómico, el nivel educativo, etc. Este término refleja las diferencias en el habla
debido a barreras que existen entre diferentes grupos en una misma sociedad.
Sobre la base de este alegato se procedió a resolver la disputa presentada por los
representantes de los niños. Labov (1982) destaca el hecho de que el juez de la
causa no encontró ningún precedente legal que especificara que las barreras
lingüísticas se relacionaran con hablantes de lenguas extranjeras como en el caso
de *Lau versus Nichols*. De acuerdo con la interpretación del juez, la noción de barreras lingüísticas podía incluir a individuos que hablaran variedades "no normativas" del inglés. Este sería el caso de la variedad hablada por los niños de la Escuela
Martin Luther King.

La argumentación legal se basó entonces en las diferencias lingüísticas que
había entre la variedad del inglés hablada por los niños y la variedad hablada en
la escuela. Labov (1982) destaca que un aspecto crucial era poder demostrar que
las barreras lingüísticas tenían una conexión histórica con la época de la segregación racial en los Estados Unidos. Esto quiere decir que las diferencias lingüísticas se asociarían con la situación de aislamiento social que existió en el pasado
en el país. Sin embargo, los alegatos de barreras sociales y económicas no podían

ser empleados en el juicio, ya que no había méritos legales para sustentar el caso bajo esos argumentos constitucionalmente. Kenneth Lewis fue el abogado acusador y, con la ayuda de expertos en el inglés africano-americano, como Geneva Smitherman, el juicio se centró en aspectos de naturaleza lingüística. La Doctora Smitherman consiguió evidencia de que la escuela había utilizado pruebas en las que se ignoraban las diferencias sociolingüísticas que caracterizan el inglés africano-americano. Un ejemplo concreto fue el uso de la prueba de discriminación auditiva Wepman en la cual se ignora la neutralización que ocurren en los casos de *pin* vs. *pen, sheaf* vs. *sheath, clothe* vs. *clove* (Labov 1982). La consecuencia es que se diagnosticaron problemas auditivos en niños con una capacidad auditiva completamente normal debido a que se ignoraron las características sociales de la variedad que hablaban los niños. Para poner un ejemplo en español, algo semejante sería diagnosticar un problema de percepción auditiva en niños puertorriqueños o andaluces donde no se distingue entre [ɾ] y [l] en palabras como *balcón* o *mar* en las que se podría oír *barcón* o *balcón* así como *mar* y *mal*, sin distinción.

Labov (1982) incluye ejemplos en su artículo de algunas de las características lingüísticas propias del inglés vernáculo africano-americano como el uso del verbo *to be* para indicar habitualidad (e.g. *When it be raining, I be taking it to school* en lugar de *When it rains, I will be taking it to school* "Cuando llueva, lo llevaré al colegio") o la ausencia de las formas verbales de la tercera persona (e.g. *It don't sound like me, do it?* en lugar de *It does not sound like me, does it?* "¿No suena como yo? ¿O sí?"). La asesoría técnica de Smitherman fue fundamental para sustentar el caso, pues se extrajeron ejemplos lingüísticos que eran consistentes con otras variedades vernáculas del inglés africano-americano en otras ciudades del país. De igual forma, se contó con el testimonio de lingüistas expertos que ayudaron en la presentación de los alegatos de la parte acusadora. Según Labov (1982) la experta en inglés africano-americano, Geneva Smitherman, extrajo 184 ejemplos de usos particulares correspondientes a la variedad hablada por los niños. De igual forma, ella mostró la validez sociolingüística de esta variedad al compararla con sociolectos africano-americanos hablados en Harlem, Detroit, Los Ángeles y Washington. Smitherman encontró semejanzas estructurales entre estas variedades y la hablada por los niños. Este hallazgo invalida la idea de que los niños tuvieran problemas de aprendizaje. En particular los datos relativos al análisis de la omisión de la cópula (i.e. to be: *He/She Ø tall*) pudieron mostrar que la variedad africano-americana posee una estructura propia que la distingue de otros dialectos del inglés.

Los testimonios que se presentaron durante el juicio permitieron llegar a conclusiones que caracterizaban el inglés africano-americano como un subsistema del inglés con sus propias reglas fonológicas y morfosintácticas (Labov 1982: 192). También se puede considerar como una variedad con influencias de los dialectos del sur de los Estados Unidos. Las evidencias presentadas, de igual forma, indican una conexión con un criollo temprano semejante a las variedades criollas habladas en el Caribe anglosajón (recordemos también la variedad criolla que se habla en Carolina del Sur). La caracterización de los especialistas reveló diferencias importantes en cuanto al sistema aspectual que indican desarrollos propios en la semántica de esta variedad. La decisión del juez fue a favor de los padres demandantes.

El juez ordenó que el distrito escolar desarrollara un plan para corregir las deficiencias y entrenar a los maestros para ayudarlos a mejorar sus métodos de enseñanza. Entre las tareas, los maestros debían aprender a distinguir a los hablantes de inglés africano-americano y emplear este conocimiento en la enseñanza de la lectura. Este juicio marca un hito extremadamente importante porque se trata de un veredicto que reconoce el valor de las variedades minoritarias y la obligación de encausar las necesidades de los niños que las hablan. Mediante el análisis lingüístico y el testimonio de expertos en el área se logró establecer el carácter único del inglés africano-americano como un subsistema del inglés con propiedades estructurales propias.

Recientemente en un juicio realizado en Murcia, España, se hizo polémica la decisión de un juez con respecto al uso del término *zorra* por parte de un hombre que amenazó verbalmente de muerte a su esposa (véase la nota de prensa http://www.laprovincia.es/sociedad/2011/10/09/zorra/406508.html). La palabra *zorra* puede usarse con diferentes sentidos para hacer referencia a un animal, a un carrito para transportar objetos, a una persona astuta y, en un sentido despectivo con carga sexual, a una prostituta. El juez que llevaba el caso decidió que el uso de la palabra *zorra* no se había hecho de manera insultante, lo cual ocasionó una polémica en la opinión pública de España. A pesar de que en este juicio no se empleó la figura de un experto en lingüística para determinar la intención del acusado al emplear la palabra *zorra*, es interesante notar la importancia que adquirió el lenguaje como parte de la evidencia discutida en el caso. Expertos españoles consultados con respecto a este asunto opinaron que la decisión tomada en la corte de Murcia fue inadecuada. De acuerdo con estudios previos, realizados por catedráticos españoles (Gómez Molina 2003), se revela una tendencia entre los hombres a utilizar insultos hacia las mujeres con términos que llevan una carga sexual (por ejemplo, *puta*, *zorra*, etc.), mientras las mujeres prefieren insultos que descalifican la capacidad intelectual de la persona afectada (por ejemplo, *imbécil*, *estúpido*, etc.).

La evidencia lingüística también ha sido útil en la resolución de casos relacionados con marcas comerciales. Un caso muy famoso fue el juicio entre **McDonald's versus Quality Inns International** en 1988, debido a la intención de Quality Inns de promover una cadena de hoteles bajo el nombre McSleep (Tiersma y Solan 2002). McDonald's demandó por considerar que se violaban sus derechos legales de propiedad comercial de la marca por el uso del prefijo *Mc* en el nombre de la nueva cadena de hoteles. Según McDonald's, *Mc* es un prefijo asociado con la marca comercial de la compañía que generalmente se usa con un término base tal como *McNuggets*, *McBacon*, *McPollo*, etc. Este argumento fue estudiado por la corte y dos expertos prepararon encuestas para presentar evidencia sobre el caso. El experto de la parte acusada (i.e. Quality Inns) encontró un porcentaje de confusión entre los términos *McSleep* y su relación con el nombre *McDonald's* que alcanzó el 16,3% en una de las condiciones examinadas sobre el uso del prefijo *Mc*. Por su parte, la parte acusadora presentó evidencia de que la confusión en las encuestas realizadas por su experto alcanzó aproximadamente un 31%. La decisión de la corte concluyó que *Mc* es un prefijo asociado a la corporación *McDonald's* por lo cual se prohibió el uso del nombre *McSleep* a Quality Inns International. De esta forma, la evidencia presentada contribuyó a comprobar la naturaleza del prefijo *Mc* en este caso legal.

En una revisión breve hemos visto casos en los que se ha empleado la evidencia lingüística así como el testimonio de expertos en lingüística en casos legales (véase también Shuy 1993 y su participación como experto en juicios en los Estados Unidos). Se ha mencionado el hecho de que las técnicas de análisis de la voz se han empleado para determinar la identidad de los acusados. Debido a los avances en las técnicas de análisis acústico, los resultados de su aplicación son más confiables. Sin embargo, todavía existen reservas legales en su uso. Hemos visto algunos ejemplos particulares como el caso del inglés africano-americano en Ann Arbor, Michigan. La evidencia presentada y el testimonio de los expertos contribuyeron a demostrar que el inglés africano-americano es una variedad particular que pertenece al subsistema del inglés. El juez falló a favor de los demandantes y sentenció que el distrito escolar y la escuela debían tomar acciones para superar las barreras lingüísticas que afectaban el rendimiento académico de los estudiantes. Se mencionó el caso de *McDonald's versus Quality Inns International*, en el cual el testimonio de los expertos en lingüística contribuyó a que se estableciera que *Mc* es un prefijo morfémico que el público consumidor relaciona con la empresa McDonald's.

## Para investigar y pensar:

Las cortes en los Estados Unidos todavía emplean con cierta reserva la evidencia que proviene del análisis lingüístico.

¿Piensas que el desarrollo de ciertas disciplinas como la fonética acústica y la sociolingüística permite el empleo confiable de estos análisis como evidencia en la defensa de casos criminales?

Piensa en los criterios federales para la admisión de evidencia proveniente de nuevas tecnologías.

*Preguntas de comprensión*

1.  ¿Para qué se utilizó el espectrógrafo por primera vez? ¿Qué características se pueden analizar o identificar con un análisis de la voz humana?
2.  ¿Cuáles son los problemas se asocian posiblemente con el uso de tal tecnología? ¿Qué tipo de preguntas se hacen antes de admitir evidencia de análisis en una corte?
3.  Piensa en el caso de la Escuela Primaria Martin Luther King en Detroit. ¿Por qué se pudo defender que los niños no tenían problemas de aprendizaje?
4.  ¿Cómo fue útil el análisis lingüístico para probar el caso de la Escuela Primaria Martin Luther King y cuáles fueron las consecuencias del veredicto?
5.  ¿Cuál fue la cuestión legal del caso entre Quality Inns International y McDonald's? ¿Por qué McDonald's ganó la demanda?

## 11.3   El uso del español en el sistema legal estadounidense

En el capítulo 8 de este libro hemos mencionado que los Estados Unidos tiene
una población de 32.300.000 hispanos en diferentes áreas del país. Se menciona
también en el capítulo 8 que este número de habitantes supera el de muchos países
de habla hispana y convierte a los Estados Unidos en el quinto país del mundo
donde se habla español. Obviamente, esta realidad tiene implicaciones en cuanto
a las necesidades de la población relacionadas con el sistema legal. Berk-Seligson
(1990) explica que desde los años 60, época de los movimientos defensores de los
derechos civiles, el sistema judicial estadounidense ha incorporado en mayor
número la asistencia de traductores para aquellos ciudadanos que no hablan
inglés. Berk-Seligson (1990: 1) indica que la aprobación en 1978 de la ley de traductores federales de la corte (Ley pública No. 95–539) motivó la aparición de
leyes semejantes a nivel estatal y municipal en las que se estipula la asistencia a
través de traductores para hablantes no nativos. De acuerdo con lo que plantea
Berk-Seligson, se podría interpretar que la aparición de este tipo de medidas
legales se relaciona con la idea fundamental según la cual no ofrecer el servicio
de traducción a un ciudadano sordo o no nativo de inglés es una violación de sus
derechos constitucionales de recibir un juicio justo. No obstante, la traducción por
sí misma puede ofrecer ciertas complicaciones que se relacionan con la adecuada
transmisión de lo que dice el ciudadano acusado y de la forma en que se traduce
lo que dicen las autoridades de acuerdo con factores relacionados con el contenido
sociolingüístico y pragmático del mensaje (véase Berk-Seligson 1990: 1–3).

La tabla 11.2 a continuación ofrece datos sobre el uso del español en el sistema
legal estadounidense según una encuesta parcial realizada por Berk-Seligson
(1990: 4).

Los datos sobre el uso de traductores de español en el sistema judicial estadounidense demuestran claramente que el español es la lengua que tiene mayor
demanda en cuanto a traductores. De acuerdo con los datos de Berk-Seligson,
entre las diez lenguas más empleadas en el sistema legal se pueden mencionar: el
criollo de Haití, el árabe, el francés, el italiano, el portugués, el ruso, el mandarín,

**Tabla 11.2**   Uso de traductores en español versus otras lenguas en los Estados Unidos.

|  |  | *Suroeste/ Federal 1982* | *Noreste/ Federal 1987* | *Suroeste/ Estado 1982* | *Medio-oeste/ Estado 1985* |
|---|---|---|---|---|---|
| Traductores de español | N | 1.298 | 2.636 | 3.331 | 8.574 |
|  | % | 96,6 | 81,3 | 96,3 | 92 |
| Traductores de otras lenguas | N | 45 | 607 | 129 | 741 |
|  | % | 3,4 | 18,7 | 3,7 | 8 |
| Total |  | 1.343 | 3.243 | 3.460 | 9.315 |

el coreano, el turco y el chino. Estas cifras también revelan que para el momento en que se tomó la información las cortes federales emplearon los servicios de traductores en por lo menos 47 lenguas diferentes.

Los traductores especializados en las cortes estadounidenses se rigen según la ley de traductores federales de la corte. A pesar de que esta ley no señala la presencia obligatoria de traductores en determinadas instancias, se observa la presencia de traductores legales en una serie de procesos tales como: audiencias preliminares, audiencias para el pago de fianzas, peticiones o cambios en las peticiones, sentencias y juicios, entre otros (Berk-Seligson 1990: 6). Berk-Seligson también observa que, a pesar de que la ley exige la presencia de traductores a nivel de cortes federales, las cortes estatales muestran el uso de traductores en una serie de instancias muy parecidas. Berk-Seligson (1990) apunta que en sus datos las cortes estatales presentan mayor uso de los intérpretes que las cortes federales, lo cual la autora atribuye al hecho de que las cortes estatales atienden una serie de aspectos más generales que no están necesariamente relacionados con los casos criminales que atienden las cortes federales. En el caso de los juicios civiles se observa una gran diferencia, pues no existe la obligación de proveer servicios de traducción para hablantes no nativos de inglés. La tabla 11.3 muestra una serie de procedimientos legales donde se emplean traductores legales del español.

**Tabla 11.3**   Número de casos en que hubo uso de traductores legales en español (adaptado de Berk-Seligson 1990: 10).

|  | Corte Federal-Costa Este | Corte Federal-Suroeste | Corte Superior Estatal-Suroeste |
|---|---|---|---|
| Juicio | 72 | 49 | 132 |
| Audiencia inicial | 42 | 243 | 297 |
| Acuerdo judicial | 82 | 108 | 138 |
| Declaración | 37 | 157 | 54 |
| Moción | 15 | 112 | 36 |
| Fianza | 7 | 85 | – |
| Audiencia preliminar | 94 | 4 | 246 |
| Sentencia | 84 | 143 | 228 |
| Audiencias varias | 117 | 55 | 450 |
| Conferencia abogado-cliente | 60 | 13 | 557 |
| Conciliaciones | – | – | 27 |
| Relaciones domésticas | – | – | 182 |
| Civil | – | – | 94 |
| Juvenil | – | – | 321 |
| Testimonios | – | 35 | – |
| Exenciones | – | 206 | – |
| Ofensas menores | – | 101 | – |
| Citas con abogados | – | 36 | – |
| Total | 610 | 1.347 | 2.105 |

El lenguaje legal en cualquiera de sus modos, ya sea oral o escrito, posee características particulares. Estos rasgos únicos tienen un papel central en la presentación de los testimonios y evidencia legal. Es por este motivo que el papel del traductor tiene una importancia fundamental en el desarrollo del proceso legal. Muchas veces el discurso legal no es necesariamente transparente para los hablantes nativos de inglés por su contenido técnico y elementos formales. Resulta importante, entonces, detenerse en el estudio de algunas de las características del lenguaje legal para entender las complicaciones que enfrenta el traductor legal en el sistema judicial estadounidense.

Berk-Seligson (1990: 15) señala que el lenguaje en el sistema legal estadounidense posee elementos formales que reflejan la cuidadosa planificación que es propia de la escritura. Sin embargo, en el campo legal, los estilos orales también suelen ser planificados y muchas veces son el producto de la lectura de un texto. A pesar de que estas mismas características sean ciertas para el lenguaje legal en otras lenguas, nos interesa destacar las necesidades de los hablantes no nativos de inglés en el sistema legal estadounidense. La discusión de las características del lenguaje jurídico se basa en el estudio de Berk-Seligson (1990) del cual se toman los ejemplos. En cuanto al vocabulario, el lenguaje legal en las cortes estadounidenses posee algunas de las siguientes características: (1) el uso de palabras técnicas (e.g. *default* "por defecto"), (2) el empleo de palabras comunes con significados diferentes (e.g. *assignment* "asignación" que se emplea para indicar la transferencia de un derecho, interés o título), (3) el uso de palabras de origen latino, francés o del inglés antiguo (e.g. la palabra de origen latino *insolvent* "insolvente"), (4) la utilización de palabras multi-silábicas (e.g *collateral* "colateral"), (5) el empleo de frases preposicionales poco frecuentes y de cierta complejidad (e.g. *in the event of* "en el caso de") y (6) la combinación de palabras de diferente origen, (e.g. *will, testament* "testamento", etc.).

Algunas de las características que destaca Berk-Seligson (1990: 16) en cuanto a la sintaxis del discurso legal son las siguientes: (1) el uso de nominalizaciones (e.g. *make assignment* en lugar de *assign* "asignar"), (2) el uso de las estructuras pasivas (e.g. *may be provided by law* "podría ser provisto por ley"), (3) el uso del condicional (e.g. *in the event of default* "en el caso de incumplimiento"), (4) la repetición de un mismo referente en lugar de usar los pronombres anafóricos (e.g. *any collateral on the borrower's part . . . or the undersigned borrower . . .* "cualquier garantía del prestatario o el prestatario firmante"), (5) omisión de los pronombres relativos (e.g. *all the rights and remedies available to a secured party* "todos los derechos y enmiendas disponibles a una tercera persona"), (6) el uso de determinantes particulares (e.g. *in such event* "en tal evento"), (7) la preferencia por los usos impersonales (e.g. *the party* "la parte", *the borrower* "el prestatario," etc.), entre otras características que indican un nivel de tecnicismo y formalidad complejo para el ciudadano común. Estas características generan la necesidad de que los traductores legales reciban un entrenamiento especial o que posean conocimientos del lenguaje jurídico para poder realizar su trabajo de manera satisfactoria. El lenguaje que se emplea en una corte, ya sea por parte de los testigos, de los abogados de la defensa o de la parte acusadora, así como de los jueces, tiene un papel central en cómo se percibe e interpreta el caso jurídico. Por eso, el trabajo de los traductores también es muy importante, precisamente porque éstos tienen que reflejar de manera fiel lo que se dice en la corte. Solamente profesionales en el área de la traducción entrenados en temas jurídicos y conocedores del sistema de justicia pueden realizar una labor adecuada y eficiente.

Bucholtz (1995), precisamente, analiza casos en los que el uso de lenguas diferentes del inglés se convierte en una desventaja en cuanto al proceso judicial de interpretación de la evidencia. Bucholtz argumenta que en muchos casos relacionados con el tráfico de drogas y estupefacientes ciertas injusticias y desbalances en la aplicación de sentencias se podrían atribuir al inadecuado reconocimiento de los derechos lingüísticos de los ciudadanos que no son hablantes nativos de inglés. Bucholtz (1995) explica que, por ejemplo, se ofrecen sentencias cortas a informantes que colaboran con el gobierno para delatar a otros implicados en actividades ilícitas de tráfico y venta de drogas. Generalmente, estos informantes son hablantes nativos de inglés. La investigadora indica que los métodos de recolección de evidencia implican el uso de grabaciones que si ocurren en inglés se emplea la grabación misma y una transcripción de la misma. Sin embargo, si la grabación es obtenida en otro idioma, sólo se emplea la transcripción escrita de la misma en inglés, lo cual genera un desbalance en la presentación de la evidencia. El desbalance que argumenta Bucholtz proviene de datos que analiza la autora de grabaciones traducidas al inglés y empleadas como evidencia en cortes federales estadounidenses. El punto central del trabajo de Bucholtz se relaciona con el hecho de que una grabación oral al ser traducida se recontextualiza y se transforma. El término **recontextualizar** significa que un texto producido en una situación oral informal adquiere nuevos significados al ser traducido y presentado formalmente en el sistema judicial. La autora indica que existen discrepancias entre la grabación oral y el texto escrito producto de la traducción. Estas diferencias entre oralidad y escritura también incluyen diferencias pragmáticas que son producto de la traducción. A pesar de que Bucholtz no comenta sobre eso en particular, es posible especular que las características de la voz que se pierden en una traducción escrita podrían tener efectos positivos o negativos en el análisis que los jurados hacen de la evidencia criminal.

Bucholtz analiza los datos de un juicio criminal contra una red de distribución de marihuana en el suroeste de los Estados Unidos. Se trata de las conversaciones telefónicas de un informante y dos de sus cómplices. El informante de la Oficina Federal de Investigaciones, a quien llamaremos Luis, habla por teléfono con el acusado, a quien llamaremos José. Los cargos de la acusación tienen que ver con la posesión de marihuana y con la intención de distribuirla. En las conversaciones telefónicas se empleó el español. Estas conversaciones fueron traducidas por la Oficina Federal de Investigaciones (FBI, por sus siglas en inglés). La transcripción escrita de las conversaciones traducidas fue empleada como evidencia por el gobierno federal en la corte. El análisis de Bucholtz argumenta que uno de los aspectos problemáticos de la evidencia recolectada es el hecho de que la conversación grabada en español no puede ser empleada como evidencia, sino el texto escrito producto de la traducción. De acuerdo con la autora, la interpretación correcta de las conversaciones en este caso depende del contexto en el que se produce originalmente. El producto de una conversación "espontánea" se convierte en un documento escrito de carácter oficial que se recontextualiza nuevamente a través de la lectura del oficial en la corte. Bucholtz (1995: 122–123) ofrece un ejemplo particular de como la interpretación de un texto puede ser alterada en el proceso de recontextualización producto de la traducción y transcripción de la conversación oral. Con el propósito de hacer más clara la presentación hemos creado nombres ficticios como se explicó anteriormente.

(1) Luis:  OK. Look, it's a good thing . . . Damn! That's great because tomorrow or the day after I was going to deliver to them the money from over there. Because . . . and then . . . I even asked them, "Listen, how many pounds did you give me?"

   José:  Yeah.

   Luis:  And then they would tell me, "No, no we'll talk about that later [Luis: Backchannel] and all that bullshit." And I told him, "No, what do you mean talk?" Maybe they don't know how many. I told him . . . and I did tell him that you had given me 200 . . . uh . . . uh . . . 207 pounds of marijuana.

   José:  Yeah.

El ejemplo en (1) es producto de la traducción de la conversación en español. Recordemos que sólo el texto escrito que fue presentado por el oficial de la corte tiene carácter de evidencia legal en el caso. La respuesta de José en ambos casos es *Yeah*. La interpretación del jurado de este documento puede simplemente concluir que José expresa que acepta y está de acuerdo con lo que se dice. Sin embargo, en el contexto de una conversación oral elementos como *yeah, uh huh* en inglés o *sí, está bien, ajá* en español pueden simplemente indicar que se está prestando atención a lo que dice la otra persona y manteniendo el curso de la conversación. Obviamente, en el contexto judicial una u otra interpretación pueden ser cruciales en la demostración de la culpabilidad de las personas involucradas. La dinámica de una conversación oral incluye elementos que van más allá de lo que se dice (i.e. el contenido proposicional) e incluye aspectos de contenido pragmático que se derivan del contexto y de la entonación. Todos estos elementos desaparecen en el documento escrito producto de la traducción. En el caso de la transcripción que ejemplifica Bucholtz (1995), la interpretación de que José está de acuerdo con lo que se dice al emplear *yeah* es una posibilidad debido a que el documento traducido no ofrece los elementos contextuales propios de una conversación oral donde se podrían emplear otras pistas en la interpretación de la evidencia.

En resumen, la información presentada en esta sección nos indica que el español es una de las lenguas que requiere traductores profesionales en las cortes federales y estales de los Estados Unidos. De hecho, el español es la lengua con la mayor demanda de traductores en el país. La presentación de la evidencia es un aspecto crucial por lo cual la traducción debe estar a cargo de personas entrenadas especialmente para tratar con casos de naturaleza legal. Esto es así porque el lenguaje legal tiene características especiales que lo hacen complejo en cuanto a vocabulario, estructura sintáctica y contenido en general. Por ejemplo, es posible que un hablante nativo del idioma no entienda las implicaciones propias del lenguaje jurídico. Aunado a este hecho relacionado con las dificultades del lenguaje legal, están las complejidades de la traducción y la recontextualización de la que habla Bucholtz (1995) en su artículo. Es un hecho que la traducción de una conversación no puede reflejar los elementos entonacionales, las inferencias pragmáticas y culturales de una interacción dinámica que la traducción escrita convierte en un texto hasta cierto punto estático. Precisamente el trabajo de Bucholtz señala algunos de los desbalances que se observan en las cortes estadounidenses en el uso de la evidencia lingüística. En particular, la autora se refiere a los casos en que la evidencia producida en una lengua extranjera sólo se puede emplear en la corte en su versión traducida en transcripciones escritas y en donde el proceso de recontextualización genera diferencias con el texto original que pueden ser decisivas en el proceso judicial.

## Para investigar y pensar:

Identifica algún tipo de ejemplo en el que la traducción de una estructura sintáctica de un idioma a otro altere el significado de lo que se quiere decir. ¿Es posible que se altere la evidencia mediante una traducción que no refleje la forma en la que el testigo o acusado estructura sus ideas? Analiza, por ejemplo, el caso de Luis Candelario Mitjans (véase la sección 11.4).

*Preguntas de comprensión*

1. ¿Cuál es la estipulación principal de la Ley pública No. 95-539? ¿Cómo se relaciona con los derechos constitucionales?
2. ¿Por qué se pueden producir dificultades comunicativas entre el traductor legal y el ciudadano común en el sistema judicial estadounidense?
3. ¿Cuál es el problema de usar las traducciones de grabaciones de discurso oral que menciona Bucholtz (1995)?
4. ¿Qué sugerencias tienes para la resolución de tal problema?

## 11.4   Barreras lingüísticas e implicaciones legales

Como hemos visto, la investigación de Bucholtz (1995) argumenta la existencia de desbalances en los procesos judiciales y en las sentencias criminales debido al desconocimiento de los derechos lingüísticos de los ciudadanos que no son hablantes nativos de inglés. En particular, Bucholtz indica que los testigos que se escogen como informantes de los casos criminales son de preferencia hablantes de inglés debido a que el uso del inglés aumenta la credibilidad y simpatía que éstos puedan ganar frente a los miembros de un jurado o juez. Bucholtz también argumenta que el uso de traducciones no refleja necesariamente de manera fiel la evidencia que ha producido la persona acusada en su idioma nativo. Estos dos ejemplos son reveladores de barreras lingüísticas con implicaciones legales.

El trabajo de Berk-Seligson (1990) destaca el hecho de que los traductores legales alteran los testimonios de los testigos y las preguntas de los abogados, lo cual tiene consecuencias en la forma en que el jurado y los asistentes al juicio perciben la evidencia que se analiza en determinado caso. Su trabajo presenta evidencias que demuestran el efecto que tienen las alteraciones en la percepción de las personas que participan durante el juicio. Berk-Seligson también indica que ha aumentado la conciencia entre los abogados acerca de la calidad del trabajo de los traductores legales. En muchos casos, el cuestionamiento de la calidad de la traducción y el efecto directo de una sentencia equivocada según la argumentación de los abogados ha provocado un aumento en el número de apelaciones. Berk-Seligson (1990: 1998) señala que los datos encontrados por ella revelan que se registran 23 casos de apelaciones debidas a traducciones de un total de 48 casos registrados. Las razones más comunes que se argumentan incluyen las siguientes: (1) la falta de la corte en contratar a un traductor oficial, (2) el sesgo del intérprete o traductor, así como la existencia de un conflicto de intereses, (3) el uso de técnicas y procedimientos inadecuados, (4) la intervención de los jurados durante el proceso de traducción y (5) el hecho de que el testimonio del traductor sea de oídas (*hearsay*), es decir, que se trata de algo que el traductor ha obtenido de una fuente indirecta.

Los datos obtenidos sobre las apelaciones relacionadas con la traducción indican que en el 48% de los casos se argumenta que hubo errores en la traducción o interpretación (Berk-Seligson 1990). De acuerdo con las cifras que revisa la autora desde 1945 hasta 1987, se observa un aumento sustancial en el período que incluye desde 1981 hasta 1987. Berk-Seligson señala que las peticiones de apelaciones en casos en que se argumentan errores de traducción generalmente son rechazadas y se mantiene la decisión tomada en la corte de menor rango. La razón mediante la cual se puede explicar esta tendencia, según Berk-Seligson, es la falta de evidencia concreta que indique que los errores en la traducción o interpretación hayan ocurrido. El problema fundamental es que en los archivos judiciales solamente se emplea el inglés y no existe ningún rastro de la lengua original en la que se presenta un testimonio. Por eso, resulta difícil verificar los errores que se han podido cometer en la traducción. Berk-Seligson explica que, desde el punto de vista legal, los jueces indican que para aceptar la viabilidad de una apelación por errores de traducción, debe haber en los archivos del juicio evidencia de que el traductor produjo respuestas inadecuadas, confusas o incomprensibles u objeciones a la forma como el traductor interpretó lo que se dijo en una lengua extranjera. Berk-Seligson (1990: 201) interpreta este patrón en las decisiones como un indicativo de que las objeciones a la traducción deben hacerse durante el juicio y no cuando ha culminado. En la medida en que el testimonio traducido tenga sentido y sea adecuado como respuesta a lo que se pregunta, los jueces y abogados suelen considerar que no hay problemas sustanciales para llevar adelante una apelación.

Berk-Seligson (1990) documenta casos específicos en los que la apelación por errores en la traducción e interpretación ha sido aceptada. Se trata del caso de

Willie Starling, quien fue sentenciado por robo en 1974 en la ciudad de Chicago. Según explica la autora, en el juicio la fiscalía empleó el testimonio de Sergio Bolañis, un hablante nativo de español. Bolañis afirmó en su testimonio que Starling y su novia le habían robado la cantidad de $480 dólares. La apelación de Starling se basó en el hecho de que se le había negado el derecho de confrontar los alegatos del testigo. En primer lugar, Bolañis habló exclusivamente en español. En segundo lugar, se argumentó que el traductor era incompetente y, finalmente, el traductor frecuentemente discutía con el testigo asuntos que no fueron grabados. La corte de apelaciones quería determinar, entonces, si el testimonio traducido se podía considerar comprensible e inteligible y si este hecho le había negado el derecho al acusado de confrontar el testimonio. Berk-Seligson (1990) explica que el juez de apelaciones, en efecto, encontró méritos para argumentar que al acusado se le había negado el derecho de confrontar el testimonio de Bolañis. Durante el juicio hubo evidencia de incomprensión del testimonio de Bolañis de acuerdo con la traducción del intérprete legal. El segundo día del juicio el abogado de la defensa trajo a la corte un nuevo traductor que no pudo trabajar debido a la ausencia de Bolañis. Esto se puede considerar revelador de que había problemas con el primer intérprete. Al día siguiente se empleó nuevamente el traductor originalmente contratado. También hubo quejas de la defensa y de la fiscalía en relación con la calidad y la comprensibilidad del testimonio traducido por el intérprete. El juez a cargo del caso también estaba al tanto de los problemas de traducción tal como consta en los archivos del caso. En este juicio ninguno de los abogados ni el juez podía entender la lengua del testigo y se evidenció que el intérprete no estaba traduciendo las preguntas y respuestas de manera completa y fiel. Como se ve en este caso, la aceptación de la apelación tiene que ver con el hecho de que había evidencias durante el juicio de que el trabajo del intérprete había sido inadecuado.

Un segundo ejemplo de apelación exitosa es el caso de Luis Candelario Mitjans ocurrido en 1986. En este caso la apelación se basó en traducciones erróneas durante el juicio así como la calificación profesional del primer traductor asignado al caso luego de la detención del acusado. El primer traductor fue el policía Anatoli Globa. Según la apelación, su papel como traductor representaba un conflicto de intereses, pues se trataba de la persona encargada de colectar evidencia para sentenciar al acusado, Mitjans. El segundo argumento para la apelación tenía que ver con los errores en la traducción, pues el traductor designado por la corte, Luis Borges, hablaba una variedad distinta del dialecto hablado por el acusado, Mitjans, quien había nacido en Cuba. La petición hecha por la defensa de emplear a Daniela Savino, una intérprete nacida en Cuba, fue negada, pero se le permitió participar en la mesa de los abogados de la defensa para hacer traducción simultánea al acusado. Savino fue fundamental durante la apelación para mostrar las inexactitudes que ella encontró en la forma como se presentó el testimonio de Mitjans en la traducción hecha por el traductor legal de la corte, Luis Borges. Particularmente importante es el hecho de que Savino afirmó que parte del testimonio, en el cual se explicaban los acontecimientos ocurridos antes del disparo que mató a un hombre durante una pelea en un bar, no fue traducido por el traductor oficialmente encargado. Por ejemplo, Savino señaló que en el testimonio se omitió la parte en la que Mitjans explicaba que fue atacado y que la víctima lo agarró por el cuello. También se omitió la explicación según la cual Mitjans manifestaba que pensó que el hombre con el que peleaba lo atacaría para quitarle el arma de fuego que llevaba en su poder "para dispararle". De hecho una parte importante que no se incluía era una descripción de cómo la víctima embistió (i.e. atacó) con su cuerpo hacia donde estaba el acusado, Mitjans. Savino testificó que la traducción de dos palabras, *caucionarlo* y *embestir*, fueron equivocadas en el testimonio del acusado. El traductor oficial, Borges, empleó la palabra *coerción* (i.e. *coerce* en inglés) para indicar el significado de *caucionarlo*. Savino explicó que lo que quiso decir el acusado en su testimonio fue que cuando el hombre quiso quitarle el arma él lo *previno*, le *advirtió* que no lo hiciera. En cuanto a la traducción del término *embestir* se empleó la palabra *abordar* (i.e. *tackle*, *he came to tackle me*, "él vino y me abordó"). Savino explicó que la traducción más adecuada era *ir con ímpetu* como el toro que ataca al torero. La decisión del juez de apelaciones concluyó que había habido problemas sustanciales en momentos en los que se presentaban testimonios fundamentales para el juicio. De igual forma se citaron en la apelación palabras del propio juez de la causa en las que se le llamaba la atención al traductor, Borges, por resumir y dejar fuera elementos del testimonio. Estos fueron elementos que contribuyeron a que se aceptara la apelación sobre la base de que los errores cometidos afectaron el derecho del acusado de recibir un juicio justo.

Los ejemplos que se muestran en esta sección indican que el papel del traductor es fundamental en cuanto a cómo el juez y los miembros del jurado se forman una impresión acerca de la persona acusada y de los testimonios que se dan a favor y en contra de él o ella. En muchos casos el hecho de que el testimonio sea completamente archivado en inglés impide la verificación de errores que se hayan cometido en la traducción de la versión original en el idioma extranjero. La presencia de hablantes nativos del idioma en cuestión o el hecho de que el abogado sea bilingüe contribuye a la verificación de que los testimonios hayan sido adecuadamente traducidos. En general, la apelación de un caso por errores de traducción resulta difícil y tiene que haber evidencias de que durante el juicio hubo objeciones a la traducción e inconsistencias que impedían la comprensión de las respuestas a las preguntas. Es evidente, por los casos que hemos discutido, que las funciones de un traductor legal requieren un entrenamiento especial ya que la presentación de la evidencia es crucial en la sentencia final del caso. Por eso esta sección señala el hecho de que existe una gran barrera lingüística para aquellos acusados que no son hablantes nativos de inglés y que dependen de la traducción de su testimonio en la corte. Solamente el profesionalismo y el conocimiento legal del intérprete pueden garantizar que los testimonios del acusado sean fielmente transmitidos.

*Preguntas de comprensión*

1. Según Berk-Seligson, destaca los problemas principales que se discuten en la sección anterior con relación a los casos en los que ha habido apelaciones a sentencias judiciales. ¿Cómo se convierte en un problema cuando se considera la evidencia criminal?

2.  ¿Por qué es difícil que una apelación tenga éxito cuando se atribuye a problemas con la traducción? ¿Por qué sí tuvieron éxito las apelaciones en los casos de Willie Starling y Luis Candelario Mitjans?

## Para investigar y pensar:

Lee el siguiente texto: http://www.lingref.com/cpp/hls/13/paper2487.pdf
¿Cuáles son los datos que se investigaron? ¿Cómo fueron erróneas las traducciones de los intérpretes? ¿Por qué resulta difícil distinguir entre errores de competencia y errores de actuación?

## Resumen

En este capítulo se ha ofrecido un breve panorama de la lingüística forense. En primer lugar, hemos discutido la definición de lingüística forense como una disciplina en la que se aplican las metodologías que se emplean en el estudio del lenguaje con el objeto de investigar crímenes. El lenguaje es parte de la evidencia que se analiza en la resolución de casos judiciales. En este sentido los lingüistas pueden colaborar como expertos que son consultados para ofrecer opiniones o para investigar la evidencia que se presenta en un determinado caso. Se ha discutido también que, de acuerdo con las normas federales para la admisión de evidencia, la lingüística es una disciplina que cumple con muchos de los requisitos, pues las teorías y metodologías que proponen los investigadores están sujetas a la revisión por parte de expertos cuando se publican en revistas profesionales. Más específicamente, para la aceptación de evidencia lingüística o de otra naturaleza se requiere que la metodología que se emplea haya sido probada, que se haya publicado sobre ella en revistas arbitradas, que se sepa la tasa de error y que se trate de un método ampliamente aceptado por la comunidad científica (Tiersma y Solan 2002).

El capítulo ofrece en la primera sección una serie de direcciones electrónicas donde se puede conseguir información sobre lingüística forense incluyendo cursos, publicaciones y otras actividades profesionales. Tiersma y Solan (2002) plantean que se han empleado expertos en lingüística en casos relacionados con variedades no estándares del inglés, variedades regionales, la interpretación de textos, la identificación de los implicados ya sea por la voz o por la autoría, la determinación de la competencia lingüística, los casos de marcas comerciales, entre otros ejemplos. La segunda sección revisa algunos ejemplos clave que estudian en profundidad cómo la evidencia lingüística se ha empleado en casos relacionados con el uso de análisis acústico para la identificación de la voz, la presentación de testimonios en el caso del inglés africano-americano y la resolución de conflictos que involucran marcas comerciales. Todos estos casos revelan la utilidad y la aceptación de análisis lingüísticos y la aceptación de los testimonios de expertos en el área en el sistema jurídico estadounidense. En la sección dedicada al uso del español en el sistema legal en Norteamérica se menciona el hecho de que el español es una de las lenguas en las que se emplea el mayor número de traductores. Desde el período de aprobación de las leyes de los derechos civiles, ha aumentado la asistencia que se ofrece a aquellos ciudadanos que requieren ayuda por no saber inglés o por algún impedimento auditivo. Esta asistencia que es obligatoria a nivel federal se ha extendido a otras cortes de carácter estatal o municipal. Entre las lenguas en las que se emplean traductores con frecuencia se pueden mencionar las siguientes: el criollo de Haití, el árabe, el francés, el italiano, el portugués, el ruso, el mandarín, el coreano, el turco y el chino. La sección también explica las características del inglés formal que se emplea en las cortes y la necesidad de contar con traductores e intérpretes especializados y con experiencia en el campo legal. Bucholtz (1995) argumenta acerca de los problemas de recontextualización que se presentan cuando el testimonio informal de una conversación es introducido en la corte como un documento escrito que no refleja fielmente el contenido de la conversación original.

En la última parte se han presentado algunos ejemplos que tienen que ver con las dificultades que ocurren por errores cometidos en la traducción e interpretación de lo que se dice durante el juicio y las consecuencias legales de tales errores. Muy pocas veces se admiten recursos de apelaciones a la traducción cuando no existe evidencia de que durante el juicio había problemas de comprensión, inconsistencias o que alguna de las partes haya dejado constancia de su insatisfacción con el resultado de la traducción. Las apelaciones más comunes argumentan lo siguiente: (1) la falta de la corte en contratar a un traductor oficial, (2) el sesgo del intérprete o traductor, así como la existencia de un conflicto de intereses, (3) el uso de técnicas y procedimientos inadecuados, (4) la intervención de los jurados durante el proceso de traducción y (5) el hecho de que el testimonio del traductor sea de oídas (*hearsay*), es decir, que se trata de algo que el traductor ha obtenido de una fuente indirecta. La sección presenta un par de ejemplos en los que los jueces han aceptado la apelación de la sentencia debido a problemas relacionados con la traducción e interpretación de los testimonios presentados en la corte. Estos ejemplos son representativos del tipo de problemas que se presentan en el sistema legal estadounidense cuando se emplean traductores.

*Ejercicios*
DEFINICIONES. Utiliza los términos de la lista para completar los espacios en blanco de las definiciones correspondientes.

| | |
|---|---|
| Lingüística forense | Técnicas de fonética articulatoria |
| Técnicas de fonética acústica | *Estado de Alaska versus George L. Coon* |
| Inglés africano-americano | *McDonald's versus Quality Inns International* |
| Sociolecto | |
| Recontextualizar | |

1. _____ son metodologías utilizadas por lingüistas entrenados para oír y analizar el habla y se basan en el conocimiento de los órganos utilizados para producir los sonidos.

2. _____ es un caso judicial en el cual se dedujo, de acuerdo con análisis espectrográficos, que el acusado había hecho llamadas telefónicas terroristas.

3. _____ son metodologías que se basan en el análisis de las características físicas de los sonidos a través de programas computarizados.

4. _____ es un campo aplicado de lingüística utilizado en el dominio de la ley en el cual se analiza el lenguaje escrito u oral para determinar autoría o culpabilidad basándose en evidencia lingüística.

5. Un tipo de habla específico que emplea un grupo étnico o etario o un grupo socioeconómico específico se llama _____.

6. Una variedad del inglés americano, hablada por los descendientes de los africano-americanos, se conoce como _____.

7. El caso judicial en el cual se determinó que el morfema *Mc* se asocia pública- mente con *McDonalds* se llama _____.

8. El proceso por el cual un texto oral informal adquiere nuevos signifi- cados cuando se presenta en el contexto judicial se conoce como _____.

*Aplicación*

1. Explica brevemente en español el veredicto o el efecto de los siguientes casos jurídicos o leyes federales.

   *Lau vs. Nichols*
   *Estado de Alaska vs. George L. Coon*
   *Ley pública No. 95-539*
   *Padres de la Escuela Primaria Martin Luther King*

2. Visita la siguiente página web y revisa la lista de destrezas de los intérpretes. ¿Qué destrezas no fueron utilizadas en los casos de Willie Starling y Luis Candelario Mitjans?

   http://www.uscourts.gov/FederalCourts/UnderstandingtheFederalCourts/ DistrictCourts/CourtInterpreters/InterpreterSkills.aspx

3. Revisa los estándares de conducta de los intérpretes en la siguiente página web. Además de mantener precisión lingüística, ¿cuáles son los otros estándares? ¿Crees que debe haber otros? Explica.

   http://www.uscourts.gov/uscourts/FederalCourts/Interpreter/Standards_ for_Performance.pdf

*Términos importantes para estudiar y recordar*

---

Lingüística forense
Técnicas de fonética articulatoria
Técnicas de fonética acústica
*Estado de Alaska versus George L. Coon*

Demandantes
Inglés africano-americano
Sociolecto
*McDonald's versus Quality Inns International*
Recontextualizar

---

## Glosario

**Lingüística forense:** la lingüística forense es un área en la que se aplican las metodologías que se emplean en el estudio del lenguaje con el objetivo de investigar crímenes. Por ejemplo, la identificación de la voz o de la autoría de un texto son algunos de los campos específicos en los que se emplea la lingüística forense.

**Técnicas de fonética articulatoria:** son metodologías basadas en el conocimiento de los órganos que participan en la producción de los sonidos (i.e. modo de articulación, punto de articulación y sonoridad) que emplean fonetistas entrenados para oír y transcribir el habla.

**Técnicas de fonética acústica:** son metodologías basadas en el conocimiento de las propiedades físicas de los sonidos (i.e. duración, amplitud, frecuencia) que emplean medios computarizados para describir el habla.

**Estado de Alaska versus George L. Coon:** es un caso judicial del año 1999 en el cual un jurado declaró culpable a George L. Coon de realizar tres llamadas telefónicas terroristas. La Corte Suprema aceptó el uso de evidencia producto del análisis espectrográfico de las características físicas de la voz en el cual se concluía que, en efecto, Coon había hecho las llamadas.

**Demandantes:** término jurídico que se usa para hacer referencia a las personas que introducen una petición o solicitud legal ante una corte.

**Inglés africano-americano:** es una variedad vernácula del inglés hablada por los descendientes de africano-americanos en los Estados Unidos. Se considera diferente del sociolecto formal hablado en la escuela.

**Sociolecto:** el término *sociolecto* se emplea para distinguir el habla de diferentes grupos sociales según la etnicidad, el nivel socioeconómico, el nivel educativo, etc.

**McDonald's versus Quality Inns International:** caso judicial en el cual el testimonio de los expertos en lingüística contribuyó a que se estableciera que *Mc* es un prefijo morfémico que el público consumidor relaciona con la empresa McDonald's.

**Recontextualizar:** el término *recontextualizar* significa que un texto producido en una situación oral informal adquiere nuevos significados al ser traducido y presentado formalmente en el sistema judicial.

## Referencias bibliográficas citadas

Berk-Seligson, Susan. 1990. *The bilingual courtroom: Court interpreters in the judicial process.* Chicago: University of Chicago Press.

Bucholtz, Mary. 1995. Language in evidence: The pragmatics of translation and the judicial process. En Marshall Morris (ed.), *Translation and the Law*, 115–129. Philadelphia: Benjamins.

Coulthard, Malcolm y Alison Johnson. 2007. *An introduction to forensic linguistics: Language in evidence*. Londres y Nueva York: Routledge.

Alaska versus George L. Coon. 1999. Disponible en http://caselaw.findlaw.com/ak-supreme-court/1386791.html (consultado el 28 de septiembre del 2012).

Forensiclab – Laboratorio de Lingüística Forense. Disponible en http://www.idec.upf.edu/programa-de-postgrado-de-linguistica-forense-peritaje-linguistico-forense (consultado el 28 de septiembre del 2012).

Gómez Molina, José Ramón. 2003. El insulto: Una aproximación sociolingüística. En Francisco Moreno Fernández, Francisco Gimeno Menéndez, José Antonio Samper, M. Luz Gutiérrez Araus, María Vaquero, César Hernández (eds.), *Lengua, variación y contexto*, 639–653. Madrid: Arco Libros.

International Association of Forensic Linguistics. Disponible en http://www.iafl.org/ (consultado el 28 de septiembre del 2012).

International Association for Forensic Phonetics and Acoustics. Disponible en http://www.iafpa.net/ (consultado el 28 de septiembre del 2012).

González, Antonio. 2011. Ser una zorra. Disponible en http://www.laprovincia.es/sociedad/2011/10/09/zorra/406508.html (consultado el 28 de septiembre del 2012).

Carta del secuestro de Jonbenet Ramsey. Disponible en http://www.scribd.com/doc/2519790/Jon-Benet-Ramsey-Ransom-Note (consultado el 28 de septiembre de 2012).

Labov, William. 1982. Objectivity and commitment in linguistic science: The case of the black English trial in Ann Arbor. *Language in Society* 11, 165–201.

Lucena Molina, José Juan. 2005. *La acústica forense*. Madrid: Instituto Universitario de Investigación Sobre Seguridad Interior.

Orofino, Suzanne. 1996. *Daubert v. Merrell Dow Pharmaceuticals, Inc.*: The battle over admissibility standards for scientific evidence in court. *Journal of Undergraduate Sciences* 3, 109–111.

Programa en Lingüística forense en la Universidad Pompeu Fabra, Barcelona, España. Disponible en http://www.idec.upf.edu/programa-de-postgrado-de-linguistica-forense-peritaje-linguistico-forense (consultado el 28 de septiembre del 2012).

Shuy, Roger. 1993. *Language crimes*. Oxford: Blackwell.

Tiersma, Peter y Lawrence M. Solan. 2002. The linguist on the witness stand: Forensic linguistics in American courts. *Language* 78.2, 221–239.

# Índice de tópicos

---

*Introducción a la Sociolingüística Hispánica*, First Edition. Manuel Díaz-Campos.
© 2014 John Wiley & Sons, Inc. Published 2014 by John Wiley & Sons, Inc.

8ord8 d.

Diacrónico   75, 87
Entrevista sociolingüística   11, 26
GoldVarb   15–16
Método comparativo   18, 26
Muestreo al azar   8, 25
Muestreo intencionado   8, 25
Redes sociales   8, 26
Sincrónico   75, 87
Sociolingüística cuantitativa   5, 25
Tiempo real   18, 27, 36, 61
Tiempo aparente   18, 26, 30, 31, 33, 36–37, 61
VARBRUL   15–16, 23, 76
Modelo de difusión lingüística en S   37
Morfosintaxis   13, 26
Motivación social del cambio lingüístico   30
Mutuamente inteligibles   203, 211

Paradoja del observador   12, 26
Paradoja en el comportamiento lingüístico de las mujeres   40, 61
Perífrasis   155
Perspectivas críticas   281, 293
Pre-cópula   159, 175
Principio de equivalencia   227, 238
Procesos fonéticos/fonológicos
    Alzamiento   109, 117, 187
    Apócope   185, 210
    Asibilación   39, 102, 117
    Asimilación   71, 86
    Aspiración   74, 87, 98–99, 103, 198
    Ceceo   32–33, 100, 117
    Coarticulación   71, 86
    Diptongación   110–111, 117
    Distinción   32, 100, 116
    Distinción meridional   33, 37 (ver también *seseo* y *ceceo*)
    Efecto coarticulatorio progresivo   73, 87
    Elisión   3, 9–10, 25, 66, 76, 86
    Epéntesis vocálica   185, 210
    Geminación   71, 87
    Generalización o regularización   19, 27, 170, 177, 231, 235, 238
    Lambdacismo   101, 117
    Lenición   36, 96
    Neutralización   124, 150 ver también distinción entre variantes
    Posteriorización   72–73, 87
    Resilabeo   110, 117
    Reducción   108, 117
    Resolución de hiatos   111, 117

Retención   134, 152
Rotacismo   101, 117
Seseo   32–33, 100–101, 117, 198
Sheísmo   99, 116
Sonorización   73, 87
Vocalización   95, 116
Yeísmo   105, 117, 198, 206 ver también distinción /ʎ/ y /j/ (distinción de palatales)   113, 198
Zheísmo   99, 116
Proposicional   136, 152

Ramas de la lingüística
    Antropología lingüística   281, 293
    Dialectología   6, 25
    Lexicografía   7, 25
    Lingüística forense   296–297, 314, 317
    Sociolingüística   5–8, 14, 18, 20, 25

Sociolecto   301, 317
Solidaridad   41, 62

Técnica imitativa   13, 26, 269, 271, 289, 293
Técnicas de fonética acústica   300, 317
Técnicas de fonética articulatoria   300, 317
Tiempo, aspecto y modo (TAM)
    Aspecto   132–133, 151
    Forma preferente   167, 175
    Futuro morfológico   129, 151
    Futuro perifrástico   129, 151
    Habitual   132, 151
    Modo   132, 151
    Presente perfecto   166, 175
    Pretérito perfecto   166, 175
    Progresivo   132–134, 151
    Tiempo   131–132, 151
Tipos de cambio
    Cambio en progreso   33, 61, 138, 152
    Cambio estable   37
    Cambio inconsciente   138, 152
    Cambio lingüístico   17–22, 67
    Cambios por analogía   19–20, 27
Tipos de variables
    Variable dependiente   3, 16, 25
    Variable independiente   14, 26
    Variable lingüística   31, 35, 66–67, 83, 86, 148, 156
    Variable sociolingüística   3, 25, 125, 150
    Variable sociolingüística estable   35, 61